KB154077

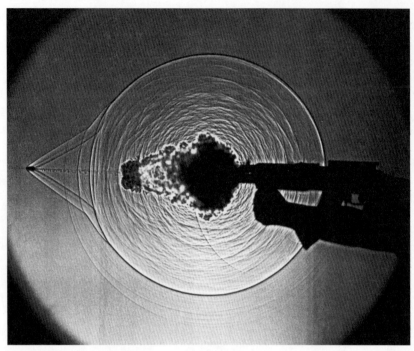

ak-47 firing, shadowgraph, Dr. Gary S. Settles/Science Photo Library.

존재권력
ONTOPOWER

전쟁과 권력, 그리고 지각의 상태

브라이언 마수미 지음   최성희·김지영 옮김

존재권력
Ontopower

지은이	브라이언 마수미
옮긴이	최성희 · 김지영
펴낸이	조정환
책임운영	신은주
편집	김정연
디자인	조문영
홍보	김하은
프리뷰	권혜린
총서 분류	아우또노미아총서 74 Mens
도서 분류	1. 정치철학 2. 철학 3. 사회학
	4. 정치경제학 5. 사회사상
ISBN	9788961952781 93300
값	22,000원
초판 인쇄	2021년 8월 16일
초판 발행	2021년 8월 19일
종이	화인페이퍼
인쇄	예원프린팅
라미네이팅	금성산업
제본	정원제책
펴낸곳	도서출판 갈무리
등록일	1994. 3. 3.
등록번호	제17-0161호
주소	서울 마포구 동교로18길 9-13
전화/팩스	02-325-1485/070-4275-0674
웹사이트	galmuri.co.kr
이메일	galmuri94@gmail.com

일러두기

1. 이 책은 Brian Massumi의 *Ontopower: War, Powers, and the State of Perception* (Durham and London: Duke University Press, 2015)를 완역한 것이다.

2. 외국 인명과 지명은 원어 발음에 가깝게 표기하려고 하였으며, 널리 쓰이는 인명과 지명은 그에 따라 표기하였다.

3. 인명, 지명, 책 제목, 논문 제목 등 고유명사의 원어는 맥락을 이해하는 데 원어가 꼭 필요하다고 생각되는 경우를 제외하고는 본문에서 원어를 병기하지 않았으며 찾아보기와 참고문헌에 모두 수록하였다.

4. 본문의 내주 인명은 모두 한글로 바꾸고 각주의 내주 인명은 원어 그대로 두었다.

5. 단행본과 정기간행물에는 겹낫표(『 』)를, 논문에는 홑낫표(「 」)를, 블로그 제목, 영화 제목에는 가랑이표(〈 〉)를 사용하였다.

6. 저자의 대괄호는 [ ]를 사용하였고, 옮긴이가 이해를 돕기 위해 첨가한 내용이나 대체 역어는 [ ] 속에 넣었다.

7. 영어판에서 이탤릭체로 강조된 것은 고딕체로 표기하였다. 단, 영어판에서 영어가 아니라서 이탤릭으로 강조한 것은 한국어판에서 강조하지 않았다.

8. 지은이 주석과 옮긴이 주석은 같은 일련번호를 가지며, 옮긴이 주석에는 앞에 * 라고 표시했다.

차례

2부 지각의 권력들

3부 정동하는 권력

이 책에 기록하고 있는 커다란 변화를 촉발했던 세계무역센터에 대한 9·11 공격이 발생한 지 이십 년이 되었다. 이 서문을 쓰고 있는 지금 조지 W. 부시가 주장한 선제 독트린을 실행하기 위해 시작된 '테러'에 대한 '장기전'은 끝을 향해 가고 있는 것 같다. 선제 논리의 가장 뚜렷한 표현인 아프가니스탄과 이라크에 대한 미국의 침공은 거의 모든 미군이 철수함으로써 종결을 향해 낑낑거리며 나아가고 있다. 이십 년은 대중의 기억과 담론에서 영원의 시간이다. 오늘날의 대학 신입생들은 9·11 때 태어나지도 않았다. 놀랍게도 미국인의 16퍼센트가 조지 W. 부시라는 이름을 들어본 적이 없다고 말한다. 그렇다면 이 책에서 수행한 선제권력에 대한 복잡한 이론적 조사는 오늘날 무슨 관련성이 있을까?

그에 대한 짧은 대답은, 개인은 잊어버릴 수 있지만, 세계의 역사적 과정은 그렇지 않다는 것이다. 『존재권력』이 기록하는 것은 특정한 사건이 아니라 사건을 통해 자신을 표현하는 경향들이다. 이러한 경향들은 잠재력을 보유하고 갱신하는 다종다양한 구성체들이 구성하는 복잡한 관계 영역에 내재되어 있다. 그 경향들은 잊힐 수 있지만 잊지 않는다. 경향들의 경향은 되돌아오기 때문이다. 그 경향들은 변화와 함께 반복된다. 한 번의 잠재력은 영원한 잠재력이다. 사건은 과거로 후퇴한다. 이 책에서 말하는 경향들, 즉 '작동논리'는 스스로를 움직이는 힘으로 미래에 자신을 투사한다. 그것들은 섞이고 변하고 휴면 상태가 될 수 있지만 죽지는 않는다. 『존재권력』은 최종 결론을 내는 데 관심이 없다. 이 프로젝트는 문제를 정의하여, 희망컨대 미래에 경향들의 혼합과 돌연변이가 발생할 때 이를 이해하기 위한 도구를 제공하는 것이다.

문제란 이렇다. 선제행동을 하기 위해서는 그 독트린에서 노골적으로 밝히듯이 아직 완전히 출현하지 않은 것에 대해 행동해야 한다. 출현에 대해 행동하는 것은 사물의 존재로-도래함을 감지하거나 방향짓는 권력과 관련 있다. 『존재권력』의 문제는 권력을 (더 이상 금지나 억압의 부정적인 힘이 아닌) 존재론적으로 생산적인 힘으로 재구성하는 것이다.

아프가니스탄과 이라크 전쟁이 만들어낸 '창의 날카로운 끝'은 무디어졌을지 모르지만, 측면의 칼날은 훨씬 더 잘 갈렸다. 장기전이 시작된다. 미국은 신속한 선제공격이 가능하도록 설계된 141개 이상의 국가에 수백 개의 기지로 구성된 어두운 글로벌 네트워크를 계속 유지하고 있다. 세계는 원래의 세계로 돌아가지 못하고, 선제를 필요로 하는 종류의 위험을 끊임없이 생성하는 '위협 환경'으로 남아 있다. 기후변화가 극심한 기상 현상으로 불안해져서 식량 안보에 영향을 미치고 지속적인 이주 위기를 부채질하기에, 위협 환경의 한도는 생물권 자체를 포함하게끔 확대되었다. 전쟁의 신기술이 전선에서 귀환하여 국내 전선에 자리를 잡게 되고, 그에 따라 해외 군사영역에서 설계된 전략이 같이 국내로 들어오면서 미국과 같은 국가들의 내부 갈등은 점점 더 군사화되고 있다. 위협의 원형인 테러리스트의 망령이 배경으로 물러났지만 사라지지는 않았다. 그것은 국내의 적과 함께 실존적 위협의 근원으로 인식되어 과거 민간영역의 정치적 경쟁자를 적으로 전환시켰다. 지난 1월 미국 국회의사당 공격이 보여주듯 내전과 맞먹는 상황이 미국에서 벌어지고 있고, 그 문턱을 새로이 넘나드는 나라는 미국만이 아니다. 테러와의 전쟁의 '전역적'full spectrum, 全域 '연성 권력'의 끝은 이제 점점 더 급속히 퍼지는 감시 기술에 의해 지배되고, 출현하는 위협이 움직이기 시작하는 조그만 낌새를 찾아 위협 환경을 뒤진다.

『존재권력』은 작동 중인 경향에 대한 진단이, 경향들이 섞이고 변형됨에 따라 변화하는 권력 구성물들에 대한 이해를 포괄하기에 충분히 유연한 개념을 제공할 수 있기를 희망한다. '권력 메커니즘들'에서 복수형이 중요하다. 핵심 개념은 '권력의 생태계'이다. 권력 양식들이, 그들에게 동력을 공급하는 경향들처럼 휴면 상태가 될 수 있지만 죽지는 않는다는 생각이다. 권력 형태들은 주변의 변화하는 분야에 적응하여 버티거나 되돌아온다. 이에 권력의 다양한 양식들을 인식하고, 그들 사이의 릴레이와 그들이 겪는 갈등과 공생을 이해하기 위해 노력하는 권력에 대한 접근 방식이 요청된다. 이는 권력을 국가의 권력으로 축소하거나, 군 및 경찰 폭력의 '경성' 권력으로 축소하지 말라고―그러나 또한 무시하지도 말라고―경고하는 역할을 한다. 더욱 비공식적이고 암시적인 권력의 형태들이 함께 시스템을 형성한다. 권력의 본성에 대해 전제를 한다든지, 주권이나 사회 계약과 같은 선험적 개념에 대한 분석을 기반으로 한다든지, 단 하나의 형태로 환원한다든지 하지 않는 것이 중요하다. 권력 양식의 다양성과 그것들이 서로 수용하는 가소성은 단지 생태계에 견줄 수 있는 것이 아니라 바로 하나의 생태계인 끊임없이 진화하는 복잡한 시스템을 형성한다.

이것을 기억하는 이유는 단순히 권력의 작용을 보다 정확하게 설명하기 위함이 아니라, 훨씬 표적에 집중한 개입을 가능하게 하고자 함이다. 폴 비릴리오는 모든 기술이 고유한 사고accidents를 유발하며(자동차 없는 자동차 사고가 없다!), 기술이 유발하는 사고의 방식이 기술의 기능을 분석하는 데 필수적이라고 자주 말하곤 했다. 이와 유사하게, 모든 권력 양식은 권력의 이면이거나 밑면이거나 또는 건너편인 대항 권력의 잠재력을 만들어낸다. 권력의 생태학이 작동하는 방식에 조율하는 것은 상황의 복잡성에 생태학적으로 적응하면서 다른 식으로 힘을 부여하는 대항 권력의 전략을 파악할 수 있게 할 것이다. 궁극적으로 『존재권력』 프로젝트는 부당한 형태의 권력, 특히 출현 수준에서 존재론적으로 작동하여 생성을 납치하는 권력 형태에 직면하여 저항의 사고와 실천에 기여하려고 시도하는 것이다.

2021년 7월
브라이언 마수미

이 책은 2001년 9월 11일, '세상이 바뀐 날'에 시작되었다.

물론 이 말은 과장이다. 모든 것을 바꾸는 사건이란 없다. 하지만, 뭔가가 변했고, 그 변화는 특별하다. 9·11의 여파로 현재 우리 삶의 많은 점들이 '선제성'preemption이라는 새로운 지배소를 중심으로 재편성되었다. 이 책의 주제는 조지 W. 부시의 '테러와의 전쟁'을 특징짓는 선제 독트린[정책원칙]이 권력의 재편성을 위한 추동력이 되었다는 것이다. 그것은 부시 정부가 끝난 뒤에도 살아남았으며 여전히 우리가 아직 이름 짓지 못한 것에 온전한 영향력을 미치고 있다. 단지 하나의 독트린 이상인 선제성은 그 자체의 생명력을 지니게 되었다. 그것은 위협이 느껴지는 곳이면 어디서나 가동되기 시작한다. 오늘날의 다면적인 '위협 환경' 속에서 선제성은 어디서나 존재한다.

이 책에서는 선제성이 오늘날 작동 방식 면에서 볼 때 새로이 확립되는 권력 양식의 중심부에 놓여있다고 주장할 것이다. 새로운 권력 양식에는 새 이름을 붙일 만하다. 다음 장에서 그것에 '존재권력'ontopower 이라는 이름을 붙인다. 존재권력은 이전 권력들을 대체하는 것이 아니다. 오히려 선제성이라는 새로운 발판 주변에 이전 권력들을 재조직, 재통합하며, 그런 과정에서 그것의 대상과 작동 방식을 바꾸어 놓는다. 존재권력은 일종의 변화하는 '권력의 생태학'을 의미한다. 이런 권력의 생태학이 선제성을 회전축으로 도는 방식은 오직 형이상학적 문제라고만 불릴 수 있는 것에 새로운 긴급성을 부여한다. 선제성이란 하나의 시간 개념이다. 그것은 '~이전의'before 시간에 대해 조치를 취하는 것을 의미한다. 즉, 위협의 시간에, 위협이 뚜렷하며 현재적인 위험으로 드러나기 전에. 이 '이전의' 시간이란 무엇인가? 그것에 어떻게 조치를 취할 수 있는가? 아직 결과가 나오지 않아서 다른 형태를 띨 수도 있는 그런 파악불가능성에도 불구하고, 그런 조치를 취함이 어떻게 하나의 결정을 이미 구성할 수 있는가?

선제성은 시간, 지각, 행위, 결정의 본성에 관련된 이런 문제들을 그냥 하릴없이 제기하기만 하는 것이 아니라, 그 문제들을 작동하게 만든다operationalizes. 선제성은 그런 문제들을 무기화한다. 선제성이 생산적인 방식으로 그런 문제들을 무기화한다니 역설적이다. 존재권력은 부정적인negative 권력이 아니라, '관장하는-권력'power-over이다. 그것은 '향하는-권력'power-to이다. 생명이 막 움직임을 시작하며 아직 있는 듯 없는 상태로barely there 존재가 되려는 찰나, 세상의 구멍에서 자신을 넌지시 암시하는 창발을 조장하고 방향 짓는 권력이다. 그것은 존재하게 만드는 적극적인positive 권력이다(그래서 '~쪽으로'onto라는 접두사가 붙는다.) 『존재권력』의 목표는 이러한 작동가능화가 어떻게 작용하는지를 탐구하는 것이다. 특히, 이 책에서는 매우 생산적인 어떤 권력이 선제성을 중심으로 도는 역설을 파헤치려고 한다. 존재권력은 수없이 많고 다양하다. 선제성은 존재권력의 핵심적 주춧돌이자 앞서는 칼날cutting edge이다.

이 책은 역사책이 아니다. 이 책은 똑같이 실행적이며pragmatic(그것은 어떻게 작용하는가?) 또한 사변적이다('어떻게 작용하는가?'는 오늘날 권력의 생태학이 우리로 하여금 기본적인 범주들을 재사유하도록 강제하는 방식에 대해 철학적으로 무엇을 말해주는가?). 각 장은 9·11 이후의 문화와 정치의 역사에서 매우 특정한 사건들에서부터 촉발되었다. 하지만 분석의 대상은 이런 역사적 순간들 각각이라기보다 그것들을 뚫고 지나가며 그 형성을 추동하는 힘이다. 선제성은 역사적 순간들을 관통하며through 나아가는 형성적 경향으로서 다루어진다. 그것은 관冀역사적이다transhistorical.

온통 아직 발생하지 않은 것에만 관련된 관역사적 경향을 진단하려는 이 기획은 어려움투성이다. 단지 근본적인 철학적 물음을 제기할뿐만 아니라, 역사의 형성적 움직임에 대한 철학적 고찰이 어떻게 역사지誌와 관련되는지에 대한 물음 또한 제기한다. 이것은 사변적으로 실행적인 사유와 경험적 연구 사이의 관계에 대한 문제이다. 이 문제는중간에 잠시 쉬어가는 자기성찰적인 부분인 5장에서 다룬다. 그리고이전 부분에 대한 뒤늦은 숙고인 후기에서 이 문제로 다시 돌아간다.후기는 아직-완전히-출현하지 않은 것의 관역사적 힘에 대해 사유하는 이 프로젝트가 왜 역설적이게도 그 자체를 '현재의 역사'로 간주해야 하는지에 대한 후-생각afterthought이다.

후기는 이 프로젝트의 사변적-실행적 성격 때문에 대두되는 개념적 문제를 상당히 길게 다루며 동시에 (각 장의 요약을 포함하여) 서론의 기능 중 많은 부분을 담당한다. 후기의 주요 작업은 이 책 전체에걸쳐 '작동논리'라고 불리는 것을 더 깊이 파고드는 것이다. 이 용어는관역사적 경향들이 그 전체로 그리고 일부로in and of themselves 사변적으로실행적인 형성적 힘이라는 점을 보여준다. 즉 그 경향들은 (형이상학적문제를 형성적으로 정립하고 작동시키는 식으로) 실질적으로 개념적변화의 힘을 지닌다. 또한 이 말은 개념들 자체에 대한 용어로서, 개념들이 현재의 역사를 실용적으로 숙고한다는 임무를 성공적으로 수행할 때 그 개념들은 관역사적 경향으로서 권력을 행사할 수 있다는 의미를 띤다. 개념들은 '그 전체로 그리고 일부로' 작동논리, 즉 변화의 힘일 것이다. 이 점에서 개념과 역사의 형성적 힘 사이의 차이가 관점의 문제가 된다. 그런 연유로, 감히 말하건대, 역사지는 결코 철학과 분리될 수 없다. 특히 선제성이나 존재권력 같은 근본적으로 아리송한 주제들과 관련된 문제일 경우 철학과 분리되지 않는다. 역사지만으로는 그 주제들에 접근할 수 없다. 하물며 대항-존재권력이 어떤 것일지와 관련된 미래에 대한 문제라면 더욱 그렇다.

특별히 철학적 성향을 지닌 독자들은 이 서문과 함께 후기를 먼저 읽으면 더 즐거울지도 모른다. 다른 독자들은 곧장 1장부터 읽으면서 선제적으로 머리가 띵한 독서를 겪는 쪽을 원할 수도 있다. 이 책 이곳 저곳에서 산발적으로 서술되는 선제성이 부시 행정부에서부터 오바마 행정부까지 어떻게 행해졌는지에 대한 세부적인 사항이 궁금한 독자들은 후기 중간쯤에 길게 삽입된 '스테로이드 맞은 부시?'라는 제목의 절로 곧장 나아가면 좋을 듯하다.

1장

선제 우선주의

위협의 작동논리[1]

만일 우리가 위협이 완전히 가시화되길 기다린다면, 우리는 너무 오래 기다린 것일 겁니다. 우리는 그것들이 드러나기 전에 적에게 싸움을 걸어 그의 계획을 붕괴시키고 가장 나쁜 위협에 맞서야 합니다. 우리는 이미 그 세계에 들어섰으며, 안전에 이르는 유일한 길은 행동의 길입니다. 이제 이 나라는 행동에 나설 겁니다. ─ 조지 W. 부시

이 말은 조지 W. 부시가 2002년 6월 웨스트포인트 육군사관학교의 졸업생들 앞에서 한 연설로서, 그는 여기서 처음으로 이후 자기 정부의 외교 정책의 특징이 될 접근법을 노골적으로 표현하였다(2002).[2] 그 선제 독트린은 아프가니스탄 침공에서부터 이라크 전쟁까지 미국을 이끌고 부시 자신이 2004년 재선되는 데 한몫했을 터이다.[3] 또 허리케인 때문에 난리를 겪고 미국의 거대 도시 하나[4]가 거의 초주검이 된

---

1. 1장은 원래 "Potential Politics and the Primacy of Perception", *Theory and Event* 10, no. 2 (2007)에 실렸던 글이다. 허가를 얻어 여기 다시 싣는다.
2. 부시 행정부가 2002년 9월 17일 발행한 〈미국의 국내 보안 전략〉에 명시되어 있다. (United States Government 2002).
3. * 이 문단에서 저자인 마수미는 과거의 사실을 기술하면서 계속 조사 'would'를 사용하고 있다. 실제로 일어났던 사건에 대한 가정이라는 생경한 효과를 일으키는 이런 어법은 이후 기술될 부시 정부의 조건문 어법에 대한 일종의 미러링이 아닌가 싶다.
4. * 허리케인 카트리나로 피해를 입은 뉴올리언스를 말한다.

사태 등이 일어났던, 짧지만 다사다난했던 2년이 지난 후 2006년 중간 선거에서 여당이 참패한 결과에도 영향을 주었을 것이다. 그런 패배의 가장 직접적인 피해자는 부시 대통령 자신이 아니었으리라. 추락은 바로 국방장관 도널드 럼스펠드, 선제 독트린과 이를 이라크에 대한 행동으로 옮긴 사람으로 대중들에게 가장 깊이 각인된 그의 몫이 될 것이었다. 그는 선거 결과가 나온 지 24시간 안에 내각에서 퇴출될 것이었다. 일반적으로 거론되는 선거 패배의 이유는 이라크의 상황에 아무런 가시적 변화가 없다는 사실에 미국인들이 점점 더 불만을 품게 되었다는 점이었다.

그 선거에 앞서 일어났던 한 가지 변화로 인해 세계는 이라크로부터 반쯤 물러나고 북한으로 돌아서게 되었다. 비록 2006년 10월 핵무기 실험을 했다는 북한 정부의 발표가 미국의 총선 여론에 긴장감을 조성하지 못하였고, 선거 결과에 어떤 가시적인 영향을 끼칠 만큼 언론에서 인용되지 못하긴 했으나, 그 사건은 부시 행정부를 규정하는 선제 독트린이 빠르게 역사의 뒤안길로 사라지고 있음을 보여주는 또 다른 징조였던 듯하다. 여기에 '완전히 가시화된' 위협이 있었음에도 부시 행정부가 일방적인 '행동의 길'을 구사하는 식으로 달려들지 않았기 때문이다. 대신 부시 행정부는 다각적이고 비군사적인 응대를 하겠노라고 강조했는데, 이는 그의 정부가 이라크 침공으로 달려들 때는 전혀 고려하지 않았던 방식이었다. 북한의 발표가 있은 후 첫 기자회견에서 부시는 "미국은 한반도에 어떤 핵무기도 없다고 확신한다. 우리는 북한을 공격할 의도가 전혀 없다. … 미국은 여전히 외교에 집중하고 있다."(부시 2006)라고 세계에 천명했다. 같은 자리에서 부시는 처음으로 이라크에 대한 그의 어조를 바꾸었다. 공화당의 인기에 이라크 전쟁이 미친 파괴적인 영향력을 보여주는 여론조사를 의식하며 그는 지난 몇 달간 소리높여 외쳤던 이라크에 대한 슬로건을 다시 풀이하였다. 그는 "끝까지 간다"는 것은 실은 "일을 마무리할 때까지 떠나지 않는다"는 뜻이며, 일을 마무리하는 것은 때로 "전술을 바꾼다"는 의미를 띠기도 한다고 말하였다.[5]

지금까지 자기 정부의 결정이 완전하지 않을 수 있다는 가능성을 한 번도 생각해 본 적이 없을 정도로 고집스러운 한 대통령의 입에서 나온 말이기에 이 메타적 발언은 매우 중요해 보인다. 이 진술은 언론에 포착되고, 반복되며, 해석되고, 블로그에 오르내리며, 분석되고, 갑작스러운 지혜의 공습이라고 여기저기서 인용되었으며, 때늦은 감이 있는 우왕좌왕이라고 비웃음을 샀다. 어쨌거나 그 말은 대중의 관심을 끌어모았다. 북한에 대한 발언도 함께 보도되었지만 그렇지 않았다. 아마 미국 유권자 중 북한에 대한 자기 정부의 정책을 정확하게 파악할 수 있었던 사람은 극소수였을 테지만, 뉴스나 심지어 연예 프로그램마저 전혀 보지 않는 몇몇을 빼고는 다들 대통령이 더 이상 이라크에 대해 "끝까지 간다"는 걸 그대로 고집하지 않는다는 사실을 알아챘을 것이다. 변화의 필요를 대통령이 인정하고 뒤이어 민주당이 상하 양원을 다시 장악함으로써, 많은 사람들은 이 나라가 곧 주요한 방향 전환을 하게 될 것이라는 결론을 내리게 되었다.

하지만 부시가 '전술'tactics의 변화를 언급했지 '전략'stategy의 변화를 언급한 것이 아니라는 점을 짚고 넘어갈 필요가 있다. 선제는 부시 행정부가 끝날 때까지 미국의 공식적인 군사 전략으로 남았다. 아니 오히려, 이 책의 후기에서도 논하다시피, 그 개념은 더 본질적인 측면에서

---

5. 부시 대통령의 2007년 1월 연두교서에서 발표된 이런 전술 변화는 다음 달 초에 이라크에서 미군의 군대 수를 '급증'시키는 형태로 드러났다.

두 번에 걸친 오바마 대통령의 내각 전반에서 미국의 국내 안보의 정책을 실질적으로 지탱하는 역할을 지속했다.[6]

선제는 특정한 행정부의 특수한 군사 원칙 이상이다. 선제는 한 정치시대를 정의하는 권력의 작동논리라고 주장하는 것도 가능하다. 냉전시대를 정의했던 '억제'deterrence[7]의 논리가 그랬듯이 무한히 공간을 채우며 교묘하게 침투하는 하나의 방식으로서 말이다. 내가 말하는 '작동' 논리란 존재론과 인식론이 결합된 논리로서 어떤 자가추진하는self-propelling 경향으로서 드러난다. 이것은 단지 어느 특정한 기존 형성물의 움직임 속에만 존재하는 것이 아니라, 자체 동력으로 그 형성물들 모두를 휩쓸며 또 완전히 쓸어버리는 것도 가능하다.

선제, 예방, 억제

---

6. 오바마는 정치적으로 어떤 국면에서 부시 행정부와 거리를 두는 것이 불가피했으나, 그가 부시 정부의 어휘 사용과 거리를 두는 방식은 일관성이 없었다. 오바마 행정부의 어휘는 그 순간의 정치적 편의에 따라 오락가락하지만, 2014년 오바마 법무장관의 말에 대한 뉴스 기사에서 나타나듯이 언제나 재-부시화할 태세를 취하고 있었다. "에릭 H. 홀더 Jr. 국무장관은 지난 화요일 더 많은 유럽국가들이 잠재적 테러리스트가 시리아로 여행하는 것을 방지하기 위해 잠복 공격을 포함하여 미국식 대테러법과 전술을 채택해 줄 것을 요청하였다. … 홀더 장관은 최근 노르웨이와 프랑스가 테러를 저지를 의도를 가지는 것을 범죄화하는 법을 채택한 점을 높이 치하하였다. 그는 '위협이 너무 심각하기 때문에 우리는 더 이상 수동적으로 대처할 여유가 없습니다.'라며 준비해온 연설을 하였다. '이제 우리는 이 문제에 맞서 선제적으로 대처할 수 있는 수사 및 검찰 장치를 이용할 필요가 있습니다'"(Apuzzo 2014).

7. * 군사 전략 용어에서 '억제'(deterrence)는 어떤 행동으로 얻을 수 있는 이익보다 그것으로 초래할 비용이 훨씬 크다는 것을 인식시켜 상대의 행동을 단념케 하는 것을 말한다. 1950년대에 등장한 '핵 억제' 개념이 대표적이다. 핵전력 보유가 상대적으로 더 강한 적국의 예기치 않은 공격으로부터 보호할 근거가 된다는 이론이다. '억제'란 말은 '겁먹게 하다'는 뜻의 'terrere'에서 유래한 것으로, '억제 전략'은 '나는 확실한 복수 능력을 갖고 있기 때문에, 만약 네가 공격하면 너도 죽게 된다'는 식으로 작동한다. (김연철, 『협상의 전략』, 휴머니스트, 2016 참조.)

선제는 예방prevention이 아니다. 물론 이 둘 모두의 목표가 위협을 상쇄하는 것이지만, 인식론적·존재론적인 면에서 근본적으로 다르다. 인식론적인 면에서, 예방은 위협에 경험적으로 접근하여 그 원인을 알아내는 능력을 전제로 한다. 일단 원인이 밝혀지면 그것이 실현되는 것을 피하기 위해 적당한 방법을 찾는다. 예방은 객관적으로 파악이 가능한 세계에서 작동한다. 그런 세계에서 불확실성은 정보의 부족을 의미하며, 사건들은 원인부터 결과까지 예측가능한 선형적 경로를 따른다. 앞으로 살펴보겠지만, 이것은 선제의 인식론적 전제와는 매우 다르며, 이로 인해 존재론적 차원에서도 예방과 갈라진다. 사실 예방은 그것의 개입이 있기 전에 이미 주어진 객관적 실재를 다룬다는 점을 전제하므로 아무런 자체의 존재론이 없다. 이는 실천적인 면에서, 예방의 대상이 다른 형성물에 의해 미리 정해진 채 주어져 있으며, 따라서 그 구성체의 여건과 영역 속에서 예방이 작동해야 한다는 것을 의미한다. 예컨대, 사회적 갈등에 대한 예방적 접근에서, 그 갈등을 경제나 건강의 지표 등 객관적으로 양화할 수 있는 가난의 효과라고 분석할 수 있다. 각 지표는 그 영역에 특수한 규범과 관련하여 (경제나 의료 등) 전문가 구성체에 의해 규정되며, 이를 해결하기 위한 목표가 설정되고 성공 여부가 평가될 것이다(연 수입, 사망률, 수명 등). 그래서 예방적 조치는 관련 전문 영역의 정치적 확장으로 작동하게 될 것이다(예를 들어, 경제분석은 원조와 개발 등의 정치로 확장되고, 의료는 예방접종 프로그램으로 확장되는 식이다). 예방 조치는 각 영역에 고유한 전문가 논리에 따라 규제될 것이다. 예방은 고유한 대상도, 그 자체의 영역도, 전매 특허의 논리도 없다. 그것은 파생적이다. 그것은 주어진 결말을 향한 수단이다. 이 때문에 예방 조치는 자립적이지 않다. 그것들은 바깥의 다른 근거에 따라 적용되어야 한다. 그것들은 자체적으로 조직하는 힘이 아니라, 빌려온 힘을 사용해 작동한다.

억제는 이러한 과정의 끝에, 예방 조치가 실패했을 때 대두된다. 억제는 예방이 취하는 것과 동일한 인식론을 이용하는데, 인지가능성과 객관적 측정가능성을 전제한다는 점에서 그러하다. 하지만 예방이 끝나는 지점에서 시작하기 때문에 억제는 실수의 여지가 없다. 임박한 위협은 완성되어 언제라도 터질 준비가 되어 있기에 억제는 확실성을 가지고 알고 있어야 한다. 적이 폭탄과 그것을 발사할 수단을 가지고 있기 때문이다. 그런 위협의 임박성 때문에 억제는 다른 영역에서 부과되는 목표, 규범, 기준에 스스로를 종속시킬 수 없다. 만약 종속되었을 경우, 위협의 임박성에 맞춰 즉각 대응해야 할 억제의 능력이 제대로 발휘되지 못할 것이다. 그리고 자체의 지식에 대해 확신을 갖지 못할 것이기 때문에, 위급한 상황이 되면 그것은 외부에서 오는 지식에 들어있을 법한 불완전함이라는 유령에 잠식될 것이다. 한편 작동이 외부 영역에 의해 중재될 것이기 때문에, 억제는 그 자체의 행동에 대해 직접적인 열쇠를 쥘 수 없을 것이다. 또 그 자체의 특정 영역 바깥에 있는 원인에 반응할 것이므로 자체의 효과를 통제할 수도 없을 것이다.

억제에 필수적인 인식론적 직접성 같은 것을 갖추려면 억제의 프로세스는 나름의 명분[원인]을 가지는 것, 그리고 그것을 자기 속에 꽉 붙들고 있는 것만이 유일한 방법이다. 한 프로세스가 나름의 명분을 획득하는 가장 빠르고 가장 직접적인 방법은 그것이 원인을 생산하는 것이다. 이를 위한 가장 쉬운 길은 예방을 통해 상쇄하지 못한 바로 그 위협의 임박성을 붙들고 그것을 새로운 프로세스의 토대로 삼는 것이다. 달리 말해, 억제의 프로세스는 그것이 피하고자 하는 결과(핵으로 인한 멸망)를 취하면서 그 주변에 스스로를 자체 동력을 가진 원인(억제)으로서 조직해야 한다. 그것은 아직 실현되지 못한 결과를 원인, 즉 미래 원인으로 변환시켜야 한다. 과거의 원인들은 어쨌든 이미 설명되었다. 그것들은 이미 기능하고 있는 다른 구성체들로 꽉 찬 세계에 의해 지식의 대상과 작동 영역으로 천명되어 왔다.

미래 원인이 어떤 가시적인 효과를 일으키기 위해서는 어느 정도 현재에 작동할 수 있어야 한다. 이는 생각보다 훨씬 더 쉽고, 훨씬 덜 신비로운 일이다. 일단 당신은 임박한 위협을 분명한 현재적인 위험으로 번역하면서 시작한다. 이는 위협을 예방하는 능력보다는 알아차리는 능력을 갖춤으로써 행할 수 있다. 만일 당신의 이웃이 핵무기를 가지고 있다면, 당신은 '핵겨울'을 재촉함으로써 결국 자멸하는 대가를 치른다 해도 적을 궤멸시킬 핵무기를 구축할 것이다. 사실 당신의 적과 더불어 당신 자신까지 파괴할 능력이 더 클수록 더 좋다. 당신은 적이 당신과 그들 자신을 궤멸시킬 능력을 획득하기 위해 당신 뒤를 따르리라는 것을 확신할 수 있다. 임박한 위협은 양쪽 모두에게 너무나 임박하고 그 위협적인 미래성 속에서 너무나 직접적으로 현재하기 때문에 오직 미친놈이나 자살 충동에 사로잡힌 체제만이 그 균형을 깨뜨리고 버튼을 누를 것이다. 이것은 '상호 확증 파괴'mutually assured destruction(이하 MAD)라는 이상한 논리를 지닌 상호성을 발생시킨다.

상호 확증 파괴는 곧 평형-찾기이다. 이것은 일종의 '공포의 균형'을 창조하는 경향을 띤다. MAD는 확실성의 제곱이다. 객관적으로 위협이 존재한다는 확실성에, 위협이 균형 잡혔다는 확실성이 더해진 것이다. 두 번째 확실성은 역동적이며 유지관리를 필요로 한다. 확증은 원인을 계속해서 아주 생생하게 현재로 불러들이는 조건을 생산함으로써 유지되어야 한다. 당신은 계속 위험한 미래로 움직여 들어가야 한다. 점점 더 빠르게 앞으로 달려 나가야 한다. 무기를 더 많이, 더 빨리, 더 좋게 만들어야, 몇 명의 목숨 정도는 차이가 있더라도 당신의 시스템이 적의 살상력과 대등해지는 것을 확실히 할 수 있다. 그 프로세스는 곧 자율 주행이 된다. 상호 확증 파괴의 논리는 이 프로세스의 동력이 된다. 그것은 자가 추진력을 가진다. 일단 당신이 시작하고 나면 웬만하면 멈출 수 없다.

인식론적 조건(당신과 당신의 적이 행할 수 있는 것에 대한 확실성)으로 시작된 것이 존재론 또는 존재양식(소중한 생명을 위한 경주)으로 활성화된다. 억제는 이처럼 작동논리의 자격을 갖추는데, 자신의 전매특허인 인식론을 특이한 존재론과 결합시키기 때문이다. 물론 이 과정이 매끄럽게 굴러가기 위해서는 여전히 다른 영역에서 빌려온 다른 논리들을 가동시킬 필요가 있다. 몇 가지만 예를 들어 보자면, 무기 적재와 운반 능력, 지속적인 정보 입력, 양질의 지리적 데이터 등 양적인 수치들이 필요하다. 그 필수적인 수치들은 자체의 논리를 가진 인접 영역에서 작동하는 다른 구성체들이 제공한다. 그러나 이런 사실이 하나의 작동논리인 억제의 지위를 훼손하지는 않는다. 왜냐하면 그 수치 자체나 전문가 논리는 억제의 논리에 의해 그것들에 부과되는 기준만큼 중요하지 않기 때문이다. 기준이 되는 것은 생사를 가르는 상호성lethal life-defining mutuality을 이루는 데 필수적인 양적 균형이다.

억제가 달성하는 평형상태는 안정적 상태가 아니다. 그것은 끊임없는 운동 위에 구축된 준안정성metastability 또는 역동적 평형이다. 억제란 어떤 위협이 그 자체로 자가추진적 운동이 될 정도로 현재에 가장 구체적인 가능성들로 완전히 현실화된 채로 미래성 속에 붙들려 있는 것을 말한다. 위협의 미래성은 현재에서 확고하게 포착되기 때문에 그 자체의 결과에 합선을 일으킨다. 그것은 스스로를 저지한다self-deters. 이 말은 위협의 미래성이 원인으로 작용하길 그쳤다는 뜻이 아니라, 그것의 인과성이 전치되었다는 뜻이다. 위협의 미래성은 더 이상 그 본래의 결과, 즉 멸망을 실현시키는 위치에 있지 않다. 대신에 그것은 다른 무엇의 결정자가 된다. 바로, 경주race이다. 위협의 미래성은 원인으로 남지만, 다른 결과에 대해서이다. 억제는 미래의 결과(상호 멸망)를 (종착역이 다른) 자신의 운동의 원인으로 만들기 위해 붙잡는다. 그것은 종착-결과end-effect의 이러한 잠재적 차이를 자기-원인되기를 위한 수단으로서 붙잡는다. 그것은 종착의 잠재력the potential 8을 스스로를 만들어내기 위한 수단으로 취한다. 억제의 논리는 스스로를 포위하여 자신의 자기-만들기의 자기-원인적 고리를 형성할 때 성공한다. 억제는 이러한 닫힌 자기-원인적 고리 속에서 작동하기 때문에 그것의 인식론은 일원론적이며(단일한 확실성을 중심에 두며), 그것의 존재론은 단일체적이다monolithic(양쪽이 양극 구조 속에서 응집하는 단일한 지구적 역학 속에 들어있다). 이렇게 말하는 것이 좀 이상하게 들리겠지만, 종들의 전멸이 임박한 시점에 여전히 암묵적으로 심리적 전제에 안주하고 있다는 점에서 억제는 이 과학기술시대에 휴머니즘의 절정으로 볼 수 있겠다. 여기서 심리적 전제란, 티끌만큼 남아있는 인류에 대한 걱정과 우리가 최소한으로 공유하고 있는 온전한 정신이 발휘되어 극한 충돌을 막을 수 있으리라는 전제이다.

---

8. * 'potential' 과 'virtual'은 마수미가 가장 많이 쓰는 용어인데, 그는 이 두 단어를 거의 유사한 의미로 쓰고 있다. 'virtual'은 들뢰즈 철학에 의거하고, 'potential'은 퍼스와 화이트헤드에게서 가져온 것이자, 이 말의 뿌리는 스피노자의 '포텐시아'(potentia)에서 찾을 수 있다. 스피노자는 각 개체에 정동하고 정동되는 관계 속으로 들어갈 수 있는 역량, 즉 '정동적 역량'이 있다고 보았으며 이것이 '포텐시아'로 지칭된다. 들뢰즈에게서 'the virtual'(잠재적인 것)은 'the actual'과 대별되며 개념쌍을 이루는 것으로, "현실적으로 현재적이지 않은 모든 것"을 지칭하는 매우 광범위한 의미를 띤다. 이 책에서는 명사 'potential'을 어떤 조건이 갖추어지면 펼쳐질 역량이라는 의미에서 '잠재력'(또는 '잠재성')으로, 'the virtual'을 '잠재적인 것'으로 번역하였다. 형용사로 쓰일 경우, 별 구별없이 둘 다 '잠재적'으로 번역하였으며, 형용사 'virtual'은 맥락에 따라 '잠재적'과 '가상적'을 함께 사용하였다.

억제는 서로 규모가 다른 계^{*}들을 가로질러 작동하지는 않는다. 오로지 잠재적으로 동등한 군사적 지위를 가졌다고 스스로 인식하는 권력들만이 상호적으로 파괴를 자신할 수 있다. 억제는 마치 적들 중 하나가 다른 비인간 존재이거나 잠재적으로 자살행위를 할(그냥 미친, 비자본화된) 상대로 간주하며 작동하는 것도 아니다. 억제의 조건들이 맞지 않는 곳에서 핵 위협의 발생은 다른 작동논리를 필요로 한다. 바로 북한의 경우가 그러하다. 김정은의 핵 능력은 기존의 핵 보유 권력들과 절대로 대등한 수준이 아니다. 보통 서방의 언론과 정책 문건에서 그는 그의 아버지와 마찬가지로 (아마도 불가능할) 그의 적을 확실히 파괴하기 위해 자기 나라를 기꺼이 파괴할 지점까지 이를 정도로 비인간성을 지닌, 불안정하고 미친 자로 그려진다. 예방은 실패했고, 억제에 필요한 양적인 조건도 심리적 전제도 맞지 않다. 이런 관점에서 보자면 북한이나 기타 지역에서 발생하는 현재의 핵 상황을 이해하기 위해서는 다른 작동논리를 사용해야 한다. 현존하는 핵 위협의 표면적인 상황을 냉전 논리의 회귀로 잘못 이해해서는 안 된다.

움직이기와 움직이게 하기

선제는 억제와 몇 가지 특징들을 공유한다. 억제와 마찬가지로 선제는 미래의 위협에 대해 현재에 작동한다. 또한 그것은 그 현재적 미래성을 자기 프로세스의 동력으로 만드는 식으로 작동시켜 버린다. 그러나 그 프로세스는 질적으로 차이가 난다. 부시 대통령은 2002년 연설 서두에서 선제가 그의 국가 안보 전략에서 지도 원리가 될 것이라고 처음으로 공표하였다. 여기서 그는 냉전 시대의 억제 패러다임과 "테러와의 전쟁"이 본질적으로 다르다고 주장했다. 부시의 군사적 선제 정책은 "잠재적 공격자를 저지할 수 없는 무능력"에 입각해 있다고 그는 말한다. 이 말은 현재 일어나고 있는 일들의 사태를 정의하면서 나왔다.[9]

선제의 인식론은 단순히 지식의 부족에 기인하는 것이 아닌 후안무치한 불확실성의 인식론이라는 점에서 억제의 인식론과는 다르다. 위협이 아직 완전히 형체를 갖추지 않았기 때문만이 아니라, 선제에 대한 부시의 처음 정의에 의하면, 그것이 아직 출현조차 하지 않았기 때문에 존재하는 불확실성이다. 달리 말해, 위협은 여전히 미결정된 채로 잠재되어 있다. 이것은 하나의 존재론적 전제이다. 즉, 위협의 본성은 구체화될 수 없다는 것. 그것은 어떤 주변환경 내에서는 대량살상무기와 관련될 수 있지만, 다른 환경에서는 그렇지 않을 것이다. 그것은 이상한 하얀 가루의 형태로 다가올 수도 있고, 사제폭발물로 드러날 수도 있다. 적 또한 특정할 수 없다. 위협은 적이 없이 오기도 하고, 내부로부터 예기치 못한 상태에서 솟아오르기도 한다. 아마도 전형적인 관점에서 그 적이 아랍인이나 무슬림처럼 어떤 민족 집단이나 종교 집단의 일원이라고 예상할지 모르지만, 절대 확신할 수는 없다. 그 적은 스니커즈 운동화를 신은 영국인일 수도 있고 미국의 한복판 출신의 푸에르토리코인일 수도 있다(유명한 두 사례를 들자면, 존 리드John Reid와 호세 파디야Jose Padilla). 그 적은 어떤 점조직의 알려지지 않은 일원이거나 '불량배' 국가의 고위 지도자일 수도 있다. 위협의 성격에 대한 지식의 결여는 결코 극복될 수 없다. 그것은 그 상황의 객관적 조건들을 규정하는 것 중 일부이다. 즉, 위협은 자유자재로 모양을 바꾸며proteiform 예상할

---

9. "불량국가와 테러리스트의 목적을 생각한다면 미국은 더 이상 단지 과거의 수동적인 자세에만 기댈 수 없다. 잠재적 공격자를 저지할 수 없음, 오늘날 위협의 즉각성, 우리의 적이 선택한 무기가 초래할 피해의 잠재적 규모는 그런 선택을 허용하지 않는다. 우리는 우리의 적들이 먼저 공격하도록 해서는 안 된다"(Bush 2002).

수 없이 확산되는 경향이 있다.

객관적으로 보아 그 상황에서 유일하게 확실한 건 위협이 가장 예상치 못한 곳에 출현한다는 것이다. 왜냐하면 지금껏 현재화된 것은 구체적인 위험 또는 위험들의 집합이 아니며, 여전히 더 많은 위험들이 경고 없이 출현하리라는 잠재성potential뿐이기 때문이다("잠재적 공격자를 저지하는 것"은 불가능하다). 전 지구적 상황은 위협적이라기보다는 위협을 생성하는 것, 즉 위협-유발threat-o-genic에 가깝다. 이러한 상황을 결정짓는 것은 어떤 순간이든, 모든 순간마다 새로운 위협을 만들어내는 세계의 능력이다. 우리는 럼스펠드가 "알려진 미지"(분석되고 한정될 수 있는 불확실성)라고 부르는 것에서 "알려지지 않은 미지"(객관적 불확실성)로 넘어온 세상에 살고 있다(럼스펠드 2002a). 객관적 불확실성이란 인식론적인 범주인만큼이나 직접적으로 존재론적인 범주이기도 하다. 위협은 미결정적 잠재력이라는 존재론적 지위를 갖춘 것으로 알려져 있다.

알려지지 않은 미지는 그 잠재성이 오늘날 삶의 객관적 조건에 속하는 것이기에 없앨 수가 없다. 그러므로 아무리 이해하려고 노력해도 명확한 답을 내지 못할 것이다. 알려지지 않은 미지에 대해 생각하는 것은 단지 똑같이 상황 파악이 안 될 때 나오는 질문인, '왜 그들은 우리를 그토록 미워하지?'라는 말을 반복하게 할 뿐이다. 9·11 이후 수년 동안 미국의 언론에서 계속 되물어진 이 질문은 심리적 전제에 기반하여 최근의 갈등 논리를 설명할 수 없다는 불가능성을 표현한다. 적의 성격과 동기는 전혀 이해할 수 없는 것이어서 우리에게 충격을 준다. 남은 유일한 가설은 그들이 단지 '악'하며 가장 악질적인 '인류에 대한 범죄'를 저지를 수 있다는 것. 그들은 단지 '비인간적'일 뿐이다. 적을 집단적으로 규정하는 유일한 방식은 부시의 공식에서처럼 "악의 축"으로서이다. 그렇게 특징짓는다고 해서 새로운 지식이 추가되진 않는다. 그것은 도덕적으로 무지와 다를 바 없다. 그것의 기능은 '우리' 쪽의 행동을 정당화하기 위해 '인간성'을 전적으로 한쪽에 몰아주는 데 있다. 만일 적이 인간적이라고 간주되는 혜택을 입는다면, 우리 쪽의 행동들(고문, 시민 거주지들을 겨냥한 공격, 인권과 전쟁법 위반)은 인류에 대한 범죄로 간주될 테니까. '악'에 대한 그런 표면상의 도덕적 판단은 스스로를 도덕적 제한에서 면제하여 무한한 전략을 선택할 수 있게 하는 장치로서 매우 실용적으로 기능한다. 이것이 바로 억제 같은 전술들이 계속 기능하는 유일한 이유이다. 즉, 도덕적 판단은 적절하게 도덕적이거나 윤리적인 논리가 작동하지 않도록 저지하는 식으로 사용된다. 작동논리는 이와는 완전히 다른 평면 위에서 기능할 것이다.

선제의 논리가 부상하는 상황은 본래 평형상태와는 거리가 멀다. 균형을 이룰 가망이 전혀 없고 그래서 균형을 이룰 생각도 아예 하지 않는다. 이러한 비평형상태는 많은 차원에서 발생한다. 인간적인 것과 '비인간적인 것' 사이에는 방금 말한 포스트휴머니즘의 도덕적 불균형이 존재한다. 군사적으로 이런 불균형은 '비대칭전'asymmetrical warfare이라는 이름으로 통한다. 이 말은 두 적국의 공격 능력이 규모 면에서 차이가 난다는 점을 의미한다. 군대와 기술 자원, 무기, 그리고 자금의 크기 면에서 양적으로 우세한 국가-선수가 반드시 현장에서 이점을 누리는 건 아니다. 왜냐하면 존재론적 차이라는 형태를 띠는 다른 비대칭성이 존재하기 때문이다. '테러리스트'의 존재양식은 명시화되지 않은 unspecified 위협의 잠재력과 결합된다. 반면, 테러리스트의 적-국가의 존재양식은 너무나 구체적이며, 막강한 방어 구조를 완전히 갖추고 있다. 이런 점 때문에 '테러리스트'는 매우 중대한 뜻밖의 유리함을 갖게 된다. 그리고 그런 점은 그 혹은 그녀에게 육중한 국가 구성체를 넘어서는 인식론적 우위를 제공한다. 국가 구성체는 규모가 커서 쉽게 눈에 띄지만, 모습을 자유자재로 바꾸는 '테러리스트'는 본성상 반대편 국가의 유리한 위치에서도 감지하기가 불가능하다. 이런 상황이 보통 말하는 '테러의 불균형'이다.

'테러의 불균형'에 직면하여 상대편 국가는 자신의 일부 구조를 변형시켜 자신이 싸우고자 하는 것의 형상으로 만들어야 한다. 상황이 너무나 비대칭적이어서 전장戰場으로 기능할 만한 공통된 바탕이 없다면 당신은 적을 끌어들일 수가 없다. 그럴 땐 적어도 부분적으로라도, 당신은 당신을 미워하고 또 당신이 미워하는 것이 되어야 한다. 당신 스스로 테러리스트 되기를 수행해야 한다.[10]

"군사 혁신"으로 더 널리 알려져 있는 럼스펠드의 "군대 변신" 기획은 방어구조를 이러한 테러리스트 되기의 운동으로 교체하는 것과 연관된다. 적의 방식을 미러링하여 좀 더 소규모의 신속전개와 신속대응 능력에 기반한 방어구조로 재편성하려는 것이다.[11] 이얄 바이츠만의 기

---

10. 이런 점은 스탠리 맥크리스털이 부시 정권의 미국 합동특수전사령부 사령관과 오바마 정권에서 아프가니스탄전 나토 사령관으로 임한 그의 역할에 대해 회고하는 말에서 드러난다. "알-카에다에 대한 반테러리즘 활동이 시작되었을 때, 그것은 아주 좁은 범위에 집중되었다. 우리는 고도의 정보를 가지고 엄중하게 비밀을 유지하며 필요할 때만 작전을 수행했다. 이런 방식은 9·11 이전의 환경에서는 잘 맞았다. 하지만, 9·11 이후의 환경에선 ─ 특히 이라크의 2003년 이후의 환경에서는 ─ 알-카에다와 그와 연계된 움직임이 폭발적으로 늘었다. 이런 것이 우리에게 일종의 적의 네트워크를 제공하였다. 그것은 단지 수동적으로 대응만 할 수 있는 것이 아니라 실질적으로 해체해야 하는 것이었다. 또한 단지 테러리즘이 아니라 사회적 문제, 내란, 종파 간 폭력을 포함하는 매우 복잡한 전장을 제공하였다. 그래서 2003년 말에 내가 맡았을 때 우리가 처음 한 일은 문제를 더 잘 이해할 필요가 있다는 사실을 깨닫는 것이었다. 이를 위해, 우리는 우리 스스로 하나의 네트워크가 되어야 했다. 그 전장의 모든 부분들에 걸쳐 연결되게 하여, 무슨 일이 발생하고 우리가 거기서 기밀정보나 경험을 수집할 때마다, 정보들을 아주, 아주 빨리 흘려보냈다"(McChrystal 2013). "네트워크 중심의 전쟁"과 정보의 역할에 대해서는 4장을 참조.

11. 도널드 럼스펠드(2002b)는 다음과 같이 말한다.: "이 새로운 세기에 우리의 도전은 미

록에 따르면, 이와 유사하게 적을 모방하려는 분명한 기획이 이스라엘 국방부 내에서 진행되었고, 이것이 (적어도 2006년 레바논 전쟁 때까지 는) 가장 효율적인 첨단의 국가 전투력으로 간주되었다.[12] 덜 명시화되 고 더 잠재적인 가능능력들capabilities의 재편성은 기술이 발달한 인지 수단의 도움을 받아야 한다. 가장 미미한 적의 행동 기미를 포착하기 위한 모니터링 시스템이 필요하다. 그러나 어떤 감지 시스템이라도 에

지의 것, 불확실한 것, 보이지 않는 것, 예상치 못한 것으로부터 우리나라를 지키는 것 이다. … 우리는 편하게 생각하고 계획하는 방식은 제쳐 두어야만 … 아직 우리에게 도 전하기 위해 등장하지 않은 적들을 저지하고 물리칠 수 있다. … 아마 그들은 비대칭적 으로 우리에게 도전할 것이지만 말이다"(23). 그는 여전히 "저지"(deterrence)라는 용 어를 사용하고 있지만, 냉전에 대한 그의 발언을 보건대 새로운 선제 독트린을 선호하 는 것으로 인해 이 말의 옛날 의미는 완전히 철수되었음이 분명하다. 럼스펠드는 "번개 (lightning) 공격"과 "즉시 이동"을 가능하게 하기 위해 군사 장치를 가볍게(lightening) 할 것을 권장한다. 이를 위해서는 "가능능력 기반"(capabilities-based) 계획, 즉 "우리 를 위협할 수도 있는 사람 또는 위치에 초점을 맞추지 않고 우리가 위협을 받을 수도 있는 방식에 더 초점을 맞추는 계획"에 대한 재조정이 필요하다(24, 가능능력-기반 계 획에 대한 자세한 내용은 4장 참조). 적이 본질적으로 불특정하기 때문에 공격 방식 (manner)만 계획할 수 있다. 중요한 것은 무엇이 우리에게 타격을 가했는지 알기 전에 도 번개의 속도와 절대적인 전술적 "이동 능력"으로 대응할 수 있는 가능능력이다. 이 것은 존재함과 앎 사이의 거리를 좁히는 일종의 군사적 방식주의(military mannerism) 이다. 응답 가능능력은 유사시 자동적으로 개입하여 분석이나 이해를 기다리지 않고 즉시 작동하기 위해 잠재되어 있다. 그것은 반성적이고 경험적인 대상-지식(knowing-that)이 아니라 실행 가능한 노하우(know-how)를 기반으로 한다. 이러한 종류의 지식 은 그 자체로 인지적이라기보다는 근본적으로 정동적이다. "가능능력-기반"이란 영향 을 직접 행동으로 옮기는 방식으로 정동되는 능력을 기반으로 하고 있음을 의미한다. 지각적으로, 이 탐지(detection)의 정동적 양식이 지각(perception)과 관련해서 우선적 이다. 탐지는 존재의 '희미한 등록'(bare registering, 실제로 아직 존재하는 것이 아니 라 움직임[movement]일 뿐인 것)이다. 지각은 그것이 누구며 무엇인지에 대한 인지, 즉 그 움직임을 포섭하고 설명하는 정체성을 인지하는 것과 관련된다. 탐지는 비-식별적 이며, 심지어 전개체적(proindividual)이다. 기본 결정이란 위협의 방식(manner)에 따라 결정되는 것이지 그 위협의 모든 특성성을 결정하는 것이 아니기 때문이다. 선제적 체 제에서 지각은 항상 탐지에서 시작되며, 작동적인 면에서 탐지에 종속된다.

12. "군은 게릴라 네트워크 조직의 영향을 받아 재편성하려고 한다. 이 모방 행위는 군사 이론가인 존 아퀼라와 데이비드 론펠트가 주장한 '네트워크와 싸우려면 네트워크가 필요하다'는 가정에 기반한다."(Weizman 2006, 64).

러가 생기거나 놓치기 쉽다. 사실 적이 불분명하기 때문에 그가 행동을 개시하기 전까지 그의 존재는 감지불가능한 상태로 남아있을 것이다. 당신은 가능한 한 그 움직임이 시작되는 순간부터 감지하기 위해 애를 쓴다. 그러나 테러리스트 공격이 펼쳐지는 속도를 생각하면, 그 움직임이 감지할 수 있을 정도로 시작되자마자 그것은 이미 끝나있을 것이다. 최상의 모니터링 기술의 도움을 받는다 해도 방어 태세만으로는 충분치 않다. 군사 기계는 공격적인 것에 근거해야 한다.[13] 적이 먼저 움직일 때까지 기다리는 것은 위험하다. 당신이 먼저 움직여서 그들이 움직이게 해야 한다.[14] 당신은 "그들이 쏟아져 나오게"flush them out 해야 한다. 시험하고 찌르고 쏟아져 나오게 하면서 어떤 반응을 촉발하겠다는 생각으로 그들이 하듯이 당신은 무작위로, 예측할 수 없게, 도처에서 움직인다. 당신 자신이 고정된 목표물이 되는 것을 피한다. 적이 움직이도록 만들기 위해 당신은 적과 같은 방식으로 움직인다. 적은 쫓겨서 어떤 활성 형태가 될 것이다. 활성 형태를 띠면서 탐지할 수 있는 것이 되고 따라서 공격 가능해진다. 달리 말하자면, 공격적 태세를 취해서 적이 잠재적인 상태에서 드러나 실제적 모양을 띠도록 만든다는 것이다. 당신이 행사하는 권력은 선동적이다inciatary. 그것은 위협이 실제로 출현하게 하는 데 기여한다. 달리 말해, 위협은 어차피 증식하는 것이기에, 당신이 할 수 있는 최선의 선택은 위협이 더 많이 증식하도록 돕는 것이다. 그러니까 (희망컨대) 당신의 편에 유리하도록 더 많이 증식되기를

---

13. 도널드 럼스펠드는 다음과 같이 말한다. "테러리즘 및 기타 대두하는 위협으로부터 방어하려면 우리는 적과의 전쟁을 해야 한다. 최선의, 그리고 어떤 경우엔 유일한 방어는 좋은 공격이다."(Rumsfeld 2002b, 31).

14. 부시가 럼스펠드에게, 2001년 9월 26일 : "봐요, 우리의 전략은 혼란을 만들고, 공백을 만들고, 나쁜 놈들을 움직이게 하는 것이오. 우리는 그들을 움직이게 할 수 있고, 볼 수 있고, 공격할 수 있소"(Woodward 2002, 153).

돕는 것이다. 명시화되지 않은 위협과 싸우는 가장 효과적인 방법은 능동적으로 그것을 생산하는 데 기여하는 것이다.

잠재적 정치

이러한 공동생산적 논리는 부시 행정부의 정책과 연설에 잘 나타나 있으며, 부시가 이라크 전쟁이 실패했음을 절대로 인정하지 않았던 이유를 말해준다. 그는 정확히 말해 그것은 아직 승리가 아니며 중반에 "전술적 변화"가 필요하다는 사실을 인정하는 순간조차 실패를 인정하지 않았다. 2005년 6월의 발언을 살펴보자. "사담 후세인에게서 권력을 제거하려는 나의 결정에는 다만 몇몇이 동의할지 모르지만, 세계의 테러리스트들로 인해 이라크가 테러와의 전쟁에서 중심 전선이 되었다는 점에 대해서는 우리 모두가 동의할 수 있다"(부시 2005a). 이런 게 이라크에 대량살상무기가 없다는 사실을 부시가 인정하는 방식이었다. 객관적으로 그의 침략 이유들은 거짓이다. 그러나 오늘날의 세계에서 위협은 객관적이지 않다. 그것은 잠재적이다. 잠재적 위협은 잠재적 정치를 요청한다. 부시와 그의 정부 구성원 중 다수는 사담 후세인이 대량살상무기를 보유했을 수 있었을could have 것이며, 만약 그가 그것을 가졌더라면 그것들을 사용했었을would have 거라고 주장했다. '했을 수 있다. 했었을 것이다. 만약.' 위협의 잠재적 성격은 조건문의 논리를 필요로 한다. 조건문은 틀릴 수 없다. 첫째 조건문은 단지 잠재적인 것을 주장하기 때문이고, 둘째 특히 잠재적인 것처럼 아주 파악하기 힘든 무언가의 경우, 그것에 대한 부정을 증명할 수 없기 때문이다. 만일 그것이 실제로 거기에 존재하지 않더라도, 그것은 항상 거기에 잠재적으로 계속 존재하게 될 것이다. 즉, 사담은 어느 때라도 그의 무기 기획을 다시 시작했을 수 있다. 행동의 이유가 객관적이지 않은 한, '했을 수 있다 등'과 '했을 것이다 등'에 기반하여 행동하는 것은 정의상 옳다.[15] 잠재적 정치와 관련해서 자기 행동에 경험상의 이유를 대는 것은 단순히 범주의 오류일 뿐이다. 이것이 바로 부시 정부의 인사들이 "현실에 기반한 집단"[16]을 시대에 뒤떨어져 구제할 희망이 없다면서 비웃을 때 의미했던 바이다(서스카인드 2004). 요즘 시대에는 정치적으로 조건부를 사용하고 그렇게 하는 것에 대한 좋은 이유가 있는 한, 그 행동은 정의상 옳다.

공포fear는 정치적 조건문을 사용하는 데 항상 좋은 이유가 된다. 공포는 위협적인 미래 원인이 현재하는present 상황에서 만져질 수 있는 palpable 작용이다. 공포는 결정적이든 아니든 정말 손으로 만질 수 있는 것처럼 작용한다. 공포는 당신의 결심을 약화시키고 스트레스를 만들어내며 소비자 신뢰를 떨어뜨리고, 또 결국엔 개인적이고/이거나 경제적인 마비를 일으킬 수도 있다. 당신의 공포를 더욱 가중시키거나 더 높은 수준으로 공포를 옮겨갈지도 모를 이런 마비를 피하기 위해 당신은 "행동개시를 하게 된다"go kinetic(우드워드 2002, 150).[17] 당신은 당신을 놀라게 하는 잠재적인 것과 같은 수준으로 행동에 뛰어든다. 다시 말하지만, 잠재적인 것을 선동해서 당신이 반응할 수 있는 실제적 형태를 띠도록 그렇게 하는 것이다. 당신은 당신이 두려워하는 것이 생산되도록 촉발한다. 당신은 객관적으로 미결정적인 원인을 실제 효과로 바꾼다. 그래야 당신이 그것을 실제로 어떤 식으로든 다룰 수 있을 테니까. 행동

---

15. '했을 것이다/했을 수 있다'(would have/could have)와 정치적 조건법에 대해 더 보려면 7장을 참조.

16. * reality-based community. 이 말은 정치적 판단을 현재의 현실에 기반해서 내려야 한다고 주장하곤 하는 미국의 좌파들을 가리킬 때 쓰는 정치적 명칭이다. 이 말은 부시 정부가 반대자들을 비판하면서 처음 사용되기 시작했다. (위키피디아 참조.)

17. 앞의 13번 주석 참조.

을 취할 필요를 느낄 때마다 당신은 그저 공포를 가동시키기만 하면 된다.[18] 그 효과의 생산은 반사작용처럼 매끄럽게 뒤따른다. 이러한 정동적 역학은 여전히 매우 많이 작동되고 있다. 그 역학은 공포가 정치적으로 가동될 수 있는 상태를 유지하는 한 그대로 유지될 것이다.

선제의 논리는 이러한 정동적 평면 위에서, 이러한 증식적인 혹은 **존재생성적**ontogenetic 방식으로 작동한다. 이것은 특정한 위협의 존재를 반사하여 생산하는 것에 기여하는 방식이다. 당신은 이라크가 테러리스트의 온상일까 봐 걱정하는가? 이라크가 그랬을 수는 있다. 만약 그럴 수 있었다면, 이라크는 그런 온상이 되었을 것이다. 그러니 앞으로 나아가서 해내어라. "다 덤벼!" 부시는 할리우드식으로 습관화된 특유의 반사행동을 취하며 말했다(롤린 2003). 그는 그것을 "직감적으로"[19] 알았다. 그는 틀렸을 수가 없다. 그의 반사행동은 옳다. 왜냐하면, 이라크가 '테러리스트'의 온상이라는 실제적 사실을 "이제 우리 모두가 동의할 수 있기" 때문이다. 그 사실은 잠재성이 항상 거기에서 존재했다는 사실을 증명할 뿐이다. 이전에는 후세인이 권력에서 물러나야 한다는 것에 대해 어떤 면에서 약간의 의심이 존재했다. 몇몇은 그가 물러나야 한다는 것에 동의했고 몇몇은 동의하지 않았다. 이제 우리 모두 동의할 수 있다. 그를 제거하는 것으로 인해 이라크가 향상될 수도 있었던 그런 모양이 될 수 있기 때문에 그렇게 해야 한다. 그리고 그런 것이 진실이다.

이 새로운 세계 질서 속에서 진실은 본성상 소급적이다. 사실fact이

---

18. 공포의 정치에 대해 더 보려면 6장 참조.
19. 부시 : "나는 범생이가 아니오. 나는 직감으로 승부하지"(Woodward 2002, 137). 부시 대통령은 종종 "직감 본능"에 대한 언급을 했으며, 대통령 재임 기간 언론은 그 효과에 대해 널리 인용하였다.

미결정적으로 현존하는 미래성이라는 정동의 땅에서 조건부로 자라난다. 그것은 현재가 이미 취해진 선제행동의 효과로서 반사적으로 펼쳐질 때 객관이 된다. '현실에 기반한 집단'은 경험적 사실성을 연구하면서 시간을 낭비한다고 부시파[20]는 말한다. "우리는 사실을 창조하였다." 그리고 이 때문에 "우리" 선제주의자들preemptors은 항상 옳을 것이다. 우리는 당신네들의 신중한 연구를 위해 재귀적인 진리-결과를 객관적으로 생산했기 때문에 우리가 선제행동을 하는 것은 항상 옳을 것이다 will have been right. 당신들이 되돌아보며 그것의 진리를 연구하는 동안 우리는 또 반사적인 속도로 행동하여 새로운 현실을 지어내고 있을 것이다.[21] 우리는 언제나 '테러와의 전쟁' 말고는 선택의 여지가 없을 것이며 모든 잠재적 전선에서 더욱 경계하고 더욱 강도 높게 임할 것이다. 우리, 선제주의자들은 당신네 세계의 프로듀서이다. 이에 익숙해지라. 이라크 전쟁은 선제적인 '테러와의 전쟁'의 생산성을 스스로 지속하는 운동으로 만들었다는 점에 한해서 성공이었다. 이것은 오늘날까지 변형된 형태로, 다른 이름으로 배회한다drones on(스캐힐 2013).

선제는 현재를 미래의 원인으로 만들어서 스스로 지속하는 운동

---

20. * Bushites. 전 미국 대통령 부시의 편을 드는 사람들이나 그들의 엉터리 정치를 비꼬는 말로, 'Bush + Bullshit'의 합성에서 나왔다.

21. "보좌관은 나 같은 사람들이 '현실 기반 집단'이라고 불리는 곳에 속한다'고 말했는데, 그는 이 말이 '분별 가능한 현실을 현명하게 연구하는 데서 해결책이 나온다고 믿는 사람들이라고 정의했죠. 내가 고개를 끄덕이며 계몽적 원칙과 경험주의에 대해 몇 마디 중얼거리자, 그가 내 말을 끊더군요. '그건 더 이상 세상이 실제로 작동하는 방식이 아닙니다.' 그는 계속해서 말했어요. '우리는 이제 제국이기 때문에 우리가 행동하면 우리 자신의 현실을 창조합니다. 그리고 당신이 그 현실을 연구하는 동안 — 당신은 현명하게 그러고 싶을 거예요 — 우리는 다시 행동하여 다른 새로운 현실을 창조할 것입니다. 그러면 당신은 또 연구하겠죠. 이런 식으로 일이 진행됩니다. 우리는 역사의 행동가입니다. … 그리고 당신은, 당신들 모두는 단지 우리가 하는 일을 연구하고 있겠지요"(Suskind 2004).

을 작동시키는 식으로, 전매특허의 인식론을 특이한 존재론과 결합한다는 점에서 억제와 비슷하다. 선제가 억제와 다른 점은 객관적으로 미결정적이거나 잠재적인 위협을 완전히 형성되고 명시화된 위협으로서가 아니라 자신의 구성적 원인으로 받아들이는 데 있다. 선제는 존재발생적 잠재성의 기반 위에 자리 잡는다. 거기서 선제는 공포스런 결과를 억제시키는 것이 아니라, 잠재적인 것을 자기가 대응할 수 있을 만한 형태로 현실화시킨다. 그것은 잠재적 위협을 증식시키는 양상을 띠며 자신의 작동 속에 그런 증식 능력을 반영하여 모방한다. 선제는 증식적인 것이 된다. 그것은 평형상태와는 거리가 먼 객관적 불균형을 영원한 조건으로 받아들인다. 선제는 그 불균형을 바로잡으려고 하지 않고 그것을 붙들어 자신을 위한 기회로 삼는다. 또 선제는 경주가 시작되게 한다. 그러나 이것은 혼돈의 끄트머리the edge of chaos 22에서 진행되는 경주이다. 이것은 밀어내기 운동, 탐지, 지각, 그리고 정동이 가동되는 경주이며 회복할 수 없이 혼돈스럽거나 혼돈과 유사한 상태에서 진행된다. 선제의 경주는 얼마든지 구간을 설정할 수 있으며, 각 구간은 위협이 현실 효과를 낼 때마다 끝난다. 각 위협의 현실화가 끝나자마자 다음 구간이 시작되는데, 처음과 같은 방향에서 연속해서 진행되거나 다른 영역에서 다른 방식으로 작동한다.

작동논리

억제는 객관적 원인을 중심으로 회전한다. 선제는 증식적 효과의

---

22. * 광범위한 여러 체계들 내에 존재하리라고 생각되는 불안정과 안정 사이에 있는 이행적 영역을 말하며, 여기서는 복잡성이 최대치가 된다.

주위로 회전한다. 이 둘 다 (예방과 달리) 작동논리에 해당한다. 하지만 억제의 작동논리는 그 원인의 결과로 대체된다 하더라도 원인적인 것으로 남아있다. 선제는 원인적 작동논리가 아니라 **효과적 작동논리**이다. 선제의 기반은 잠재적이기 때문에 그것이 스스로를 주변에 조직하는 데 대한 아무런 실제적 원인이 없다. 그것은 현재의 효과를 생산함으로써 실제적 원인의 부재를 보상한다. 선제가 운동의 동력을 만드는 방식은 다음과 같다. 그것은 미래의, 잠재적[가상적] 원인virtual cause을 바로 현재의 실제 효과를 내는 것으로 전환시킨다. 이 일은 정동적으로 이루어진다. 선제는 정동을 이용하여 인과성을 효과적으로 촉발한다.[23] 선제란 불특정한 위협의 미래성이 잠재적 출현/비상이라는 영구적 상태로 현재에 정동적으로 전개되어, 현실화의 운동이 단지 자기항진할 뿐만 아니라 또한 효과상으로, 불명확하게, 존재론적으로 생산적인 것으로 촉발되는 때이다. 그런 생산성은 그것이 어떤 각각의 현실화도 다 소모시키지 못하는 잠재성을 가진 가상의 원인에 의해 작동하기 때문에 발생한다.

선제의 작동 변수는 그것이 결코 일원론적이 아니라는 점을 보여준다. 선제는 모호함과 객관적 불확실성이라는 요소 속에서 작동한다. 선제의 증식적 성격 때문에 그것은 단일한 구조일 수 없다. 선제의 논리는 억제의 논리처럼 자기-원인이 되는 것으로 끝나지 않는다. 그것은 스스로의 생산적 논리 속에 본질적인 개방성을 포함하고 있다.[24] 그것

---

23. 정동 정치와 잠재적 인과관계에 대해 더 보려면 6장과 7장 참조.

24. 움베르토 마투라나와 프란시스코 바렐라의 정의에 따르면 저지/억제(deterrence) 기능을 하는 작동적 폐쇄의 조건은 자기생성적(autopoietic) 시스템으로 규정할 수 있다. 선제의 개방 조건은 이것이 이런 정의에 맞지 않는다는 것을 뜻한다. 억제와 선제는 모두 자가생산한다는 의미에서 또는 그들을 구성하는 요소를 적극적으로 생산한다는 의미에서 존재생성적이다. 억제는 그것이 생산하는 것을 폐쇄 루프(순환적 군비 경쟁) 속에 가둔다. 그러나 선제는 자신과는 다른 타자다움(otherness)이 출현하도록 적극적으로 자극한다. 그것은 자신의 타자성(alterity)을 만듦으로써 스스로 생산하는 것이

은 자기의 적수를 선동하여 새로 드러나는 형태를 띠게 한다. 그런 다음 영원히 신생하는 자기의 적수가 그러듯이 자유자재로 변하는 다변형이고자 애쓴다. 그것은 자율주행하는 것만큼이나 형태를 요리조리 바꾼다. 그것은 경계들을 넘어 침투하고, 횡단하는 자신의 운동 속에서 기존의 구성체들을 다 쓸어버린다. 자신의 작동논리로 쓸어버리거나, 치울 수 없을 정도로 관성이 강한 육중한 구성체들을 맞닥뜨렸을 때는 지나갈 수 있는 기회의 창을 여는 것에 만족한다. 미국의 국내법과 사법 구조가 이런 경우에 해당한다. 선제의 논리로는 그것들을 다 쓸어버릴 수 없었다. 그러나 그것들 속에 자신을 위한 탈출구를 마련할 수는 있었다. 부시 치하에서 이런 것들이 가장 극적으로 정부의 권력을 광대하게 확장하는 공식 조항들로 제정되었다. 그래서 부시는 총사령관의 역할을 맡은 대통령의 신분으로 선제행동이 지속적인 흐름을 유지하도록 하기 위해 정상적인 정부의 진로를 중단시킬 수 있었다. 오바마 치하에서는 그러한 예외적 권한에 대한 주장이 덜 공공연하고 더욱 우회적인 형식을 취하는 경향을 띠었다.[25]

다. 선제의 논리는 자신을 정동적으로 정당화하고 스스로 행동하기 위해 테러리스트의 타자다움을 필요로 한다. 타자다움은 선제의 논리에 내재되어 있는 반면, 억제는 자기-참조적이며 정당화와 행동을 하기 위해서는 상호성에 대한 자체 기준만 필요하다. 선제는 타자다움을 생산하는 개방된 존재생성적 시스템이기 때문에 펠릭스 가타리라면 이것은 엄밀히 말해서 자가생산 시스템이 아니라 이종생성(heterogenetic) 시스템이라고 부를 듯하다(Guattari 1995, 33~42).

25. 부시 행정부는 대통령에게 고문에 대한 권한까지 포함하여 최고 사령관으로서의 역할에 대해 사실상 무제한의 재량권을 부여하는, 단일 집행 이론(Unitary Executive Theory)에 대한 급진적 해석을 주장하였다(Calabresi and Yoo 2008, 410~411). 이 해석에 따라 예외권을 부여하는 두 가지 주요 입법 조항이 통과되었다. 첫째, 2006년 군사위원회법은 "불법적 전투원"의 지위와 이를 채용할 대통령의 재량을 성문화했다. 같은 법안은 적 전투원에 대하여 적법한 절차를 거칠 헌법적 권리(고문을 통해 얻은 풍문 증거 및 증거에 반대하는 인신보호영장[habeas corpus] 및 조항 포함)가 정지될 수 있는 군사 법원 시스템을 만들었다. 둘째, 2006년 국방수권법(National Defense Au-

선제는 무제한의 충돌을 대표한다. 평화를 위한 잠재력은 영원히 선포되지 않은 전쟁상태가 되는 것으로 수정되었다. 이러한 것이 발터 벤야민이 선견지명으로 기술했던 "영구적 비상상태"이다(2003, 392). 최근의 부시 정부의 용법에서 그것은 "장기전"으로 불리며 냉전을 대체하는 말이 되었다. 즉, 절대로 끝나지 않는 경향을 내재한 선제적 전쟁을 말한다.

억제는 부산물로서 비대칭적인 충돌을 생산했다. MAD스러운[미친

---

thorization Act)에 포함된 1807년 반란법(Insurrection Act)의 개정은 미국 정부 체제의 기본 원칙 중 하나를 뒤집었다. 즉, 군은 민간인에 대해 국내에서 행동을 취할 수 없다는 원칙이다. 군사위원회법의 급진성은 2008년 대법원이 적 전투원의 인신보호영장을 복원하고 민간인 재판에 대한 권리를 복원하는 결정에 의해 완화되었지만, 비밀스러운 "블랙 사이트"에 감금된 '적 전투원'에게는 실질적인 차이가 거의 없다(이 책 후기 참조). 후자의 경우, 관타나모 수용소의 구금자를 본토로 이송하는 것에 대한 정치적 반대 움직임으로 인해 세상에 더 알려지게 되었다(이로 인해 오바마가 시설 폐쇄를 하는 것은 정치적으로 불가능한 것이 되었다). 반란법 개정안은 2008년에 완전히 폐지되었다. 이러한 완화 조치에도 불구하고 행정권이 사법부와 군부에 침투하려는 일반적인 경향은 바뀌지 않았다. 다시 한번 부시 시대의 관행으로 돌아가자는 압력이 우익 쪽에서 자주 감지된다(예를 들어, 테러 용의자들이 일반 형사 법원에서 재판을 받고 있는 데 대한 지속적인 비판, 미국-멕시코 국경의 감시에 더욱 무장을 강화하자는 촉구;Roberts 2014a). 미국 정부의 법적, 사법적 구조 속에 도피처를 침몰시켜 버리는 예외적 조치의 가능성은 공식적으로든 비공식적으로든 여전히 매우 많이 존재한다(이 점에 대한 추가 논의 역시 이 책의 후기 참조). 예를 들어, 공식적인 "서명 진술서"로 의회 조치를 회피할 수 있다. 이것은 부시가 사용하고 (비록 덜 사용하기는 했으나) 오바마가 채택한 관행으로(Tumulty 2014), 이에 따르면 대통령은 상황에 따라 필요할 때 국가 안보를 위하여 어떤 특정 조항을 무시할 수 있는 행정 특권을 주장하는 성명을 자신이 서명하는 입법 법안에 추가할 수 있다. 좀 거칠게 말하면, 대통령은 군 통수권자로서 역할을 주장하듯이 단일행정부(the unitary executive)의 원칙[미국 행정부는 대통령이 통제하는 하나의 단일 기관이며, 행정부에 속한 모든 기관은 대통령 권한의 연장이라는 것. 미국의 주 정부에서 선거로 장관이 선출되어 주지사가 통제할 수 없는 것과 대비됨]을 마음대로 발동할 수 있다. 이것 역시 명백히 부시 행정부의 관행이었지만, 항상 조항을 완화하여 적용했다(예:사후 의회 승인이 없는 경우 개입에 대한 시간 제한). 오바마 대통령은 2011년 리비아 폭격을 결정하면서 이런 실행을 최대한도로 끌어올렸고, 전쟁 권한법(War Powers Act, 군사력을 사용하기 위해서는 의회 승인을 필요로 한다는, 행정부와 입법부 간의 권력 균형을 규제하는 기본법안)을 무시한 최초의 미국 대통령이 되었다(Greenfield 2011).

듯한/상호 확증 파괴적인] 균형을 유지하는 동-서 양극 구도가 남-북이라는 하위 양극구도를 분리해냈다. 이것은 하나의 양극성이 아니라 불균형의 축이다. '남'은 제2의 서구도 아니고 또 다른 동구의 제2형도 아니며 동구도 아니다. 그것은 기형적인 제3형이다. 이러한 혼돈스런 '제3세계'에서 현재의 '테러의 불균형'을 예고하는 국지적 충돌들이 마구 발생한다. "테러와의 전쟁"이라는 구절은 사실 1972년 뮌헨 올림픽에서 이스라엘 선수들에 대한 습격에 대응할 때 리처드 닉슨이 처음으로 공식적으로 사용했다. 당시 이스라엘-팔레스타인 충돌이 북쪽[유럽]으로 번져가고 있었던 것이다. 하지만 비대칭적 충돌[상대의 허를 찌르는 식으로 싸우는 양상]은 억제의 통제 논리 안에서는 단지 억제를 반영하는 것으로밖에 인식되지 않았다. 억제의 역학은 비대칭적 충돌에 과도하게 부여되었다. 그런 충돌들의 역학이 가진 이질성은 익숙한 미국-소련 쌍에 의해 지나치게 규범화되었다. 세계적으로 그러한 충돌들은 축소된 규모에 기반하여 테러의 세계적 균형을 재생산할 수 있는 기회로만 이해되었다. 그것들에 대해 적용된 '봉쇄' 전략은 지배적인 미국-소련 양국이 각각 국지적 무대에서 자기들의 영향력을 전체적으로 균형 맞추는 식으로 대리권을 발동하는 것이었다. 뮌헨 사건 이후 닉슨은 "나는 우리가 균형을 유지해야 한다고 결심했다."(라드너 2002)고 말했다. 그는 부시가 9·11 이후 했던 것처럼 일방적으로 "행동개시를 하면서" 사태를 왜곡하려고 결심하지는 않았다. "테러와의 전쟁"이라는 수사는 1970년대의 남은 기간 동안 사용이 중단되었다. 남반구의 비대칭들이 지역적 재균형 잡기로 의미가 바뀌는 경향을 띠었고, 행동개시는 국지적 이상 상황에만 적용되도록 '봉쇄'되었기 때문이다.

소련 연방의 몰락은 봉쇄를 과거의 일로 만들었다. 균형 잡힌 양극성은 더 이상 필수불가결한 조건으로 상정되지 않는다. 비대칭적 전쟁은 억제의 재의미화 아래서 나왔다. 9·11 이후 변칙이 도처에 산재한다. 테러와의 전쟁은 복수로 되돌아왔고, 회복불능의 위협-유발적 환경 속에서 번식한다. 장기전은 선제적인 자기-영속 속에서 힘차게 경주를 시작했다.

바로 이러한 맥락에서 최근에 북한이 핵보유국의 지위로 솟아오른 것을 이해해야 한다. 이라크 침공의 배후였던 뻔뻔한 미국의 신보수주의자들이 실제로 그것에 접근한 것은 정확히 그런 맥락에서였다. 2006년 11월에 신보수주의적 사상의 주요 기관 중 하나인 『논평』*Commentary* 잡지가 최근의 정치지리학적 상황에 대한 특별 호를 발간했다. 북한이 그 이전 달에 핵 보유 능력을 천명했다는 사실을 사람들은 거의 몰랐을 것이다. 그것은 지나가는 말로 언급되었고 단지 이란에 대한 군사공격을 정당화하기 위한 것이었을 뿐이다. 하지만 이란은 아직 핵 위협이 아니었다. 이 잡지에서 전개한 생각은 북한이 자기들의 민간 핵 프로그램을 군사적인 것으로 변형시켜 이란을 지원함으로써 핵 위협을 증식시키는 데 그 능력을 사용할지도 모른다는 것이었다. 북한은 족히 핵 테러리즘의 온상지가 될 수도 있을 것이다. 선제의 시대에 위협은 무기류보다 빠르게 증식한다.

우리가 이런 주장을 이전에 어디서 들은 적이 없는가? 할 수 있었을 것이다. 했을 것이다… 이란에 폭탄을 투하하는 것이 맞았을 것이다. 북한의 상황에 대한 신보수주의자들의 주된 관심은 직접적이지 않다. 그들의 가장 주된 관심은 한반도의 핵 증식 사안을 지렛대로 사용하여 다른 곳에서 선제를 증식시키는 것이다. 비록 작전상의 수정일지라도 이라크에서 전체적인 전략 프로세스를 유지해야 했기 때문이다. 북한은 그들의 지도 위에 거의 존재하지 않았고, 이러한 연결에서 바깥에 위치해 있었다. 왜냐하면 그들의 지도 위에 있었던 것은 석유였기 때문이다. 이란이 공격받아야 하는 궁극적인 이유는 서방에 대한 석유 공급을 막아 경제를 위험에 처하게 하려고 자신의 핵 능력을 믿고 호르무즈 해협에 "질식"을 일으키는 일을 족히 할 수 있기 때문이었다. 이러한 잠재적 위협은 다시금 선제를 옳은 것으로 만들었다. 미국 자본주의를 위해 그 지역을 안전하게 만들려면 다시 한번 중동에서의 체제 변화가 조건적으로 "필수불가결하게" 된다(허먼 2006).

2006년 이러한 논의가 이루어진 이래 몇 년간 이란 공격은 그 상황에 대한 반복적 진리가 되지 못했다. 그 사안에 대해 신보수주의자들이 가슴을 치며 통탄하는 일도 그치지 않았으며 은밀한 미국의 특수작전도 멈추지 않았다. 그러나 오바마 정권하에서 직접적 개입에 대한 요청벨은 울리지 않았다. 북한에 대해서는 전통적인 압박 전술과 외교적 노력이 다시 부활했다. 선제는 다른 곳, 드론의 날개 위에서 흐른다. 이 중 아무것도 이 대담하고도 새로운 잠재적 정치 세계에서 선제의 작동논리가 오직 하나의 확실성만을 제공하는 전 지구적 상황을 변화시키지 못한다. 그 유일한 확실성이란, '선제적 모험은 아직 끝나지 않았다'는 것이다. 그 나머지는 어딘가에서, 어떤 규모로, 직접 개입이나 또는 (오바마가 선호했듯) 대리 개입으로 다시 산발적으로 행동개시를 하는 일이 급증할 것이라는, 미래의 정동 사실을 '비대칭적으로' 확인해주었다.

선제 논리의 스스로-영속화하는 성격은 강한 관심을 받는 주제가 되어야 한다. 북한과 같은 상황이 발생하는 위협-유발 환경은 빠르게 움직이는 전쟁 작동논리를 배양하는 경향이 있다. 그 논리는 구성적으로 균형이 맞지 않고 평형상태와는 거리가 먼 지구적 상황 아래서 번성하며, 그런 상태 속에서 위협은 무기뿐만 아니라 분석이나 협상보다도 더 빠르게 증식한다. 혼돈의 위협의 칼날 위에 서 있는 전쟁같은 미래로 향해 곤두박질치는 날갯짓은 꾸역꾸역hard way 26 현재를 사는 방식이다. 반드시 선제를 무장해제시킬 수 있는 새로운 작동논리를 찾아야 한다. 예방이든 억제든 낡은 논리들로 되돌아가는 것은 유효하지 않을 것이다. 특정 행정부를 낙선시키는 것도 중요하지만, 그것은 잘해봐야 임시방편이고 최악의 경우 의도치 않은 스테로이드 복용 같은 것임이 증명되었다. 비대칭전이라는 개념을 창안한 사람들 중 한 사람에 의하면, 대안을 모색하기 위해서는 지금 현재 세계의 상황에 대한 근본적인 평가가 철저히 이루어져야 한다.

'전쟁'에 대한 우리의 이해와 정의는 절망적으로 시대에 뒤떨어진 것이며 이는 '평화'에 대해서도 마찬가지이다. 오늘날 국제전쟁법은 기본적으로 하찮은 것이 되었고 나는 그것이 다시 중요해지지 않을 것이라 본다. … 국가 안보 목표들은 시의적절한 방식으로 정식화되어 선명하게 결정되지 못할 것이다. 또는[달리 말해] 국가의 의지에 의해 완전히 승인받지 못할 것이다. (바네트 2003, 135)

다른 비대칭전 전사는 다음과 같이 말한다.

사람들이 민주주의와 자본주의, 그리고 법의 역할이 주는 혜택을 알게 되면 배부르고 행복해진다. … 그때가 될 때까지 우리 모두는 전투를 준비할 필요가 있다. (버코위츠 2003, 221)

---

26. * 'hard way'는 '어쩔 도리 없이 쉬지 않고 계속 나아가는 것'을 뜻하는 군사용어로도 쓰인다.

국제법의 선제적인 "하찮음" 및 미국과 다른 많은 나라들의 정부 구조에 뚫려있는 비상탈출구를 생각해보면, 법의 역할은 어려운 시절로 떨어진 것처럼 보인다. 그러한 시절들에 추구되었던 집단적 목표들은 "국가의 의지에 의해 완전히 승인받지 못할" 것이기에 민주주의 역시 궁지에 빠진 것처럼 보인다. 오직 자본주의만이 남아 있다. 우리는 이제 "배부르고 행복"한가?

그럼 그때 다시….

2장

국가사업 비상사태

권력 생태학을 향한 행보[1]

전쟁과 날씨

조지 W. 부시 대통령은 허리케인 카트리나[2] 이후 느긋한 3주를 보내고 뉴올리언스에 착륙했다. 그는 구시가지인 프랑스 거리[3] 쪽에서 나와서 간소하지만 송 에 뤼미에르[4]식으로 번쩍이는 단상이 마련된 취재단 속으로 들어갔다. 전국에 방송된 그의 연설은 적절하게 긴박함을 전달하는 어조를 띠고 있었는데, 그가 실제 대처에서 보여준 무기력함과는 대조되는 신중함이 보였다. 부시는 자연재해를 당한 이 해안 교두보에 행정부 수반으로서가 아니라, 9·11 이후 집권기에 들어선 군 통수권자로서 상륙했던 것이다. 그는 힘주어 "육·해·공 상으로" 지원이

1. 2장은 원래 *Theory, Culture & Society*, no. 6(2009) : 153~185. DOI:10.1177/0263276409347696에 실렸다. 재출판 승인받음.

2. * 2005년 8월 말 미국 남동부를 강타한 대형 허리케인. 이로 인한 재해로 해수면보다 지대가 낮은 곳이 대부분인 뉴올리언스에서 2천 5백여 명의 사망·실종이 발생했다.
3. * 뉴올리언스의 구시가지로 뉴올리언스에서 가장 오래된 유럽풍 건물이 많다. 지대가 높은 이곳은 허리케인 카트리나에 의해 상대적으로 피해가 적었다.
4. * 'son et lumière.' 사적지 등에서 특수 조명과 음향을 곁들여 역사를 설명하는 쇼.

이루어지고 있다고 말했다(부시 2005b).[5] 당시 이라크에서 돌아온 주 방위군이 "자비의 군대"(자원봉사 단체들)의 선봉에 설 것이라고 말했다. 여기에 아프가니스탄에서 임무를 마치고 막 돌아온 미국 육군의 82공수사단이 합류하게 될 것이었다.

전 세계의 절반을 전쟁으로 고조시키다가 휙 돌아서, 태풍이 휘갈긴 남부 국경지대로 옮겨가는 이러한 이동이 전쟁과 날씨 사이에 연결선을 긋는다. 이들 각각의 갈등의 드라마들, 지리정치적이면서 사회-기후적인 그 드라마들은 사실상 보조가 잘 맞는다. 이례적으로 도시를 공습하는 세력처럼 나타나는 날씨는 위협의 스펙트럼에서 이미 중요한 지위를 차지하였다. "이것은 정상적인 허리케인이 아닙니다."라고 부시는 다시 환기시켰다. 이전에 왔던 정부 공무원들도 입을 모아 "자연은 무차별적입니다."라는 말을 반복했었다. 국가적 비상사태로까지 확대된 이 허리케인이 자연의 무차별성이 총력적으로 표현된 것이 아니면 대체 무엇이었으랴. 카트리나는 처음엔 즉흥적인 조치였다가 나중엔 엄청난 수고를 들이게 된 미국의 이라크 전쟁에 상응하는 기상학적 등가물인 셈이었다. 허리케인과 날씨의 관계는 테러리스트의 반란이 '국가-건설'과 맺는 관계와 같다. 각각의 폭격은 그 지역 고유의 불안정한 배경 조건들을 정확히 보여주는 자기-조직된 미세사건인 것이다. 원-카트리나의 발발과 함께 카오스 이론에 대한 대중적 이해를 견인한 '나비의 날갯짓' 비유처럼, 그 동요들은 거품처럼 일어나고 굳어져 위기 수준으로까지 번져갈 수 있다. 불안정한 배경 조건들이 계속 규모를 키워서 안전용 제방이 갈라지고, 잘 정리된 수로들을 집어삼키고, 견고한 방파제

---

5. 달리 명시되지 않는 경우, 이 절의 모든 인용문은 이 대통령 연설에서 인용한 것이다. 이 연설 무대에 대한 구체적 설명은 Englehart (2005) 참조.

가 파손되거나 붕괴하는 지경에 이를 수 있다.

이런 것이 오늘날 위협의 양상이다. 갑자기 들이닥치며, 국지적으로 자기-조직하고, 체계적으로 자가-증식하는 대규모의 붕괴. 이런 위협의 형식은 무차별적이며, 어디선가 불쑥 나타나는 것처럼 어디서나, 언제라도 일어날 뿐만 아니라, 또한 식별할 수 없는 것이기도 하다. 배후에서 끊임없이 일어나는 미세 날갯짓은 그것을 일반적 환경, 즉 이제 부단히 요동하는 기후를 지닌 환경과 구별할 수 없는 것으로 만든다. 갑작스러운 침입들이 이루어지는 사이 위협은 카오스적인 배경과 섞이고, 이미 활성화되었지만 여전히 감지불가능한 자신의 전치증폭된[6] 시초들 속으로 잠겨들어간다. 환경의 상 자체가 변한다. 즉, 자연적 균형을 이룬 조화로운 모습에서 영구히 뭔가가 만들어지는 요동치는 위기의 온상으로 변한다. 이러한 허리케인은 지금까지 족히 비정상적인 것으로 자리매김되어 왔을 것이다. 그런데 그것의 지역적인endemic 위협-형태가 너무나 포괄적이어서 전쟁과 기후라는 양극단의 전체 스펙트럼이 연결될 정도로 일반화된 위기 환경의 정상성을 보여주었다.

질문들: 미셸 푸코는 신자유주의의 출현과 함께 등장한 현시대의 지배적 권력 체제의 특징을 "환경적"이라고 말한다. 즉 "환경에 작용을 가하여 그 변수들을 체계적으로 조정하려는 통치성"이라는 뜻이다(푸코 2008, 271). 이러한 권력 양식에서 조치 행위들은 "표준화"standardizing하지 않는다는 점을 그는 강조한다 (2008, 261). 환경은 정상화normalization의 범위 밖으로 튕겨져 나

---

6. * preamplified. 전치증폭기는 미세한 소리나 신호를 증폭시켜 별다른 저하 없이 주 증폭기에 연결되도록 보조하는 장치이다. 마수미를 이를 동사화하여 사용하고 있다.

왔다. 환경은 그 자체의 정상성, 위기의 정상성을 주장한다. 즉, 어디서나, 언제나 비정상적인 것이 발생할 잠재성을 주장한다. 환경에는 변수들, 영구히 요동치는 변수들 말고는 달리 없다. 권력의 관점에서 볼 때 그 변수들에서 가장 유의미한 점은 [정상성의] 종형곡선으로 설명되지 않는 그것들의 위협적 경향이다. 권력의 한 양식으로서의 환경성environmentality은 아쉬운 대로 이런 비정상적으로 생산적인 "자율성"으로 설명할 도리밖에 없다 (2008, 261). 환경의 자율적 활동이 지닌 무차별성을 고려하면, 환경성이란 틀림없이 원인이 아닌 "결과의 조절"regulation of effects을 통해 체계적으로 작동하는 것이리라. 환경성은 분명 작동 면에서 "미지의 것에 열려" 있으며(감지불가능한 움틈stirring), "횡단적 현상들"transversal phenomena(비선형적 승수효과multiplier effects)을 붙들고 있다가 초기의 움튼 것들이 실제적인 위기 수준으로 증폭되게 된다(2008, 261). 이것은 어떤 체계성일까?

추가 질문 : '권력이 환경적인 것이 된다'는 것이 "의미하는 바"는 정치적으로 "우리가 자연적 주체들을 다루고 있다는 말인가?[강의원고의 끝]"(2008, 261).

푸코의 질문이 끝나는 지점은 오늘날 우리가 질문을 시작해야 하는 지점이다. 푸코가 1979년에 얼핏 목격한 권력 재구성의 여명이 그 이후 전개되었던 방식을 고려하면서 말이다. 푸코의 권력 이론의 맥락 속에서 보자면, '이것 역시 생명정치인가?'라는 물음이 생긴다.

푸코는 생명권력이란 "죽이는 것 (또는 살려두는 것)"을 공식으로 하는 주권권력이 전도된 것이라고 정의했다. 생명권력의 공식은 "살리는 것 (또는, 죽게 내버려두는 것)"이다(푸코 1978,

135~138; 푸코, 2003, 239~242). 생명권력은 "힘을 극대화하고 이끌어" 냄으로써 "삶의 상태를 최적화"하는 걸 추구한다. 그것이 힘을 뽑아내는 원천은 "우발적aleatory 사건들"이다. 생명권력, "또는 생명을 보장하는 권력"은 "이런 현상들이 결정되는 차원에서 개입한다"(2003, 246, 253).

19세기에 신자유주의의 전신으로 발동되기 시작할 때만 해도 생명권력 메커니즘들은 우발적 사건들이 결정되는 차원을 일종의 '일반성'으로 이해했다. 일반성은 결국 통계적인 용어로 이해되었는데, 이는 대수의 법칙[확률론]을 따라 이해되었다는 의미다(2003, 246). 생명권력이 우발적인 것을 포용하는 방식은 "대규모화하기"massifying였다(2003, 243). 비록 "그 자체로는 우발적이고 예측불가능하지만", 19세기 사람들은 사건들이 "집단적 차원에서는 쉽게 밝혀낼 수 있는, 혹은 적어도 그런 게 가능한 상수들을 보여준다."고 추정하였다(2003, 246). 이로 인해 "조절 메커니즘들"이 사건들의 "이러한 우발적 영역에서 변수들을 보완"하여 "항상성" 혹은 "평형상태를 확립"할 수 있다는 생각이 납득할 만한 것이 되었다.

문제시되는 우발적 사건들이 발생한 영역은 인구였다(푸코 2007, 245~246). 그것은 "한마디로, 종으로서의-인간의 생물학적 과정들을 통제하고, 그것들이 규율되는 것이 아니라 조절되는 것임을 확실히 하는" 문제였다(2003, 247). 생명권력이 통제하려고 한 것은 "하나의 종이라는 점에서의 인간 존재들, 그리고 그들의 환경" 사이의 관계였다(2003, 245). 생명권력의 조절 메커니즘들은 그 자체로 규율적이지 않지만 규율권력과 상호적으로 작용하였다. 규율 메커니즘들이 인류라는 종 집단으로부터 시작하여 전도된 경로를 따라간 것이다. 그 메커니즘들은 인구를 구성하는 개별 신체들의 행위가 행동규범에 순응하게 만드는 식으로, 인간의 다수성을 개별화시키기 위해 그 다수성을 관장 하였다. 쉬운 일은 아닐지라도, 집단적 차원에서 '상수'를 확립할 가능성을 만들어낸 것은 바로 개별 신체들에서 규범화된 행동 을 생산하는 것이었다.

생명권력 메커니즘들은 이를 더 용이하게 만들기 위해 개 인의 규범화된 순응성이 집단 차원의 상수로 넘어가는 추론에 방해가 될 수 있는 우발적 사건들을 관장했을 것이다. 이 메커 니즘들은 규율화된 신체가 자라나는 삶의 환경을, 우발적 사 건들이 결정되는 '일반적' 수준에 조절함으로써 이를 실행하려 했을 것이다. 그런 환경 안에서는 해당 사건들의 통계적 특징들 이 인구의 생물학적 프로세스에 부속되었다. 규율권력과 생명 권력은 함께 "유기적인 것과 생물학적인 것 사이에, 신체와 인 구 사이에 놓인" 연속체를 다 포함하였다. 그들의 공통 작동 영 역은 "신체라는 한쪽 끝과 인구라는 다른 쪽 끝" 사이에 뻗어 있다(2003, 253).

그 균형은 변화를 겪을 수밖에 없었다. 생명권력은 "단지 생 명을 관리하는 것이 아니라 생명을 번성시키기"를 추구하였다 (2003, 253). 중농주의 시대부터 생명을 번성시키는 것은 경제를 성장시키는 것을 의미했다. 개인적 순응에서 집합적 상수로 이 행해가는 것이 보장되어야만 경제 메커니즘을 제한할 수 있었 고, 이는 20세기 들어 기술혁신의 전제로 간주되게 된다. "기술 혁신, 다시 말해 새로운 기술, 자원, 생산형식의 발견이면서 새 로운 시장이나 새로운 인력의 원천의 발견이기도 한" 기술혁신은 "완전히 자본주의의 작동과 동일체적인" 것이 되었다(2008, 231). 기술혁신을 극대화하기 위해 규율권력이 조장했던 규범들은 더 넓은 변화의 궤도와 재빠른 순응성의 재편성을 허용할 수 있도록 느슨해졌다. 이런 느슨함은 생명권력이 규율권력과 힘을 합쳤을 때 이미 작동하고 있었다. 사실, 그들의 결합된 작동이 규범의 성격 자체를 바꾸었다. 규범은 더 이상 "어떤 법적 당위에 고유한" 것이거나 심지어 도덕적 당위에 고유한 것이 아니다. 이제 그것은 자본주의의 작용과 동일체적인 인간종의 인구, 그리고 그것의 혁신적 진화라는 생물학적 과정에 고유한 것이 된다. 이렇게 경제화된 '정상적[규범적]인 것'이란 집단적 차원에서 통계적 상수로 나타나는 모든 것이다. 그것은 일반적으로 삶을 가능하게 하는 경제적 조건들과 합치하며, 이때 그 조건들은 계속적으로 변화하는 것으로 간주된다. 항상성homeostasis은 더 이상 정지상태stasis가 아니다. 항상성은 간간이 중단되며, 하나의 평형상태에서 다른 평형상태로 옮겨가면서 새로운 것의 움직임을 따른다. 이는 (비)정지상태의 '일정성'homeo을 띤다.

지금 우리가 더불어 살아가는 것으로서 규율권력과 생명권력 사이에 있는 권력 연속체의 글로벌 동력은 단속평형[7]의 창발적 자기조직이다. 규범들 자체는 일종의 결과로서 발생한다. 규율권력은 더 이상 선험적 도덕이나 법의 모형을 좇는 강제적인 주형imperative molding이 아니다. 그것은 이제 새로 창발

---

7. * punctuated equilibrium. '단속평형설'은 생물의 진화가 짧은 기간 급격히 변화한 다음 그 후 안정된 상태를 유지한다는 이론으로, 화석 기록에서 진화의 중간형이 발견되지 않는다는 점에 주목한 최근의 진화생물학에서 주장하고 있다. 다윈의 진화론을 일부 수정한 이 학설을 처음 주창한 사람은 미국의 고생물학자 엘드리지(Niles Erdredge)이며, 진화생물학자 스티븐 굴드(Stephen Jay Gould)가 이를 정리, 발전시켰다.

하는 규범적 변이들을 교정하는 재흡수 메커니즘이 된다. 이로 인해 규율권력은 그 전체로 생명권력의 조절 작용 속에 편입된다. 여기에서 생겨나는 새로운 규율의 영역을 푸코는 "정상화"normalization에 반대되는 것으로서, "규범화"normation라고 명명한다(2007, 57). 이런 식으로 규율권력이 조절적 생명권력regulatory biopower에 부속될 때, 하나의 전체로서 권력 연속체의 작동 양식은 새로운 모양cast을 띠게 된다. 푸코는 이런 글로벌한 작동양식을 "통치성"governmentality이라고 부른다.

상호적인 권력 체제에 대한 그의 논리의 바로 이 지점에서 푸코는 다시 우리가 여전히 자연적 주체natural subjects를 다루고 있는지를 묻는다. 경제화된 주체는 여전히 자연적 주체인가? 『생명관리정치의 탄생』(2008)에서 여러 쪽에 걸친 푸코의 대답은 표면적으로는 '아니다'인 것 같다. 신자유주의적 개인은 주권적 주체도, 도덕적 주체도, 법의 주체도 아니다. 그것은 이런 것들과는 "이질적"인, "이해관계의 주체"subject of interest이다(2008, 274~276). 조절의 문제는 이제 인구-기반의 생물학적 프로세스에 대한 것일 뿐 아니라 이에 못지않게 개인적 자기-이해관계의 계산에 대한 것이기도 하다. 우발적 사건들로 점철된 변화무쌍한 환경에서 이해관계의 계산이란 곧 위험의 계산이다. 위험의 계산과 관련된 합리성의 형태는 여전히 통계에 매여있다. 그러나 자기-이해관계를 위한 "계산"인 합리성은 적어도 이성적인 것 못지않게 정동적이다(마수미 2015a). 예컨대, 그것은 경쟁이나 성공의 기회에 대한 것만큼이나 고통에 대한 것이다(푸코 2008, 271~277). 또한 고통은 그럴싸한 이유에서 비롯되기도 하지만 공감이나 반감에서 나오기도 한다. 이런 것은 어떠한 계산인가?

정동적 '계산'이 합리화된 조절을 위태롭게 하지 못한다고 장담할 수 있을까? 권력 작용의 양식이 합리성에서 정동성으로 기울지 않는다고 장담할 수 있을까? 이제 생명정치의 '생명'은 어디에 있는가? 생명정치적 삶의 환경은 여전히 통치 가능한가? 아니면, 생명권력과 통치성 저 너머의 또 다른 지구적[글로벌] 권력 작동 양식 — 이젠 신자유주의적인 자본주의와 혁신적으로 합치된 — 으로 옮겨가는 변동이 발생하고 있는가? 그 권력 연속체는 단속평형의 잠정적 안정조차 넘어서서 돌이킬 수 없이 평형과는-거리가-먼 상태로 기울어지고 있는가? 이것은 어떤 질서인가? 이것은 여전히 한 체계의 합리성을 지니는가? 앞서 설명했듯이, 자연에 대한 푸코의 질문은 이러한 상황과 맞서기 위해 어떤 새로운 개념이 필요한지에 대한 질문이 된다.

이 장의 출발점이 되는 대항–질문counter-question은 이렇다. 무차별적인 위협이 항상 존재하고, 비정상적인 것이 창궐할 잠재성이 언제 어디서나 도사리고 있으며, 위협적인 자율성에 사로잡혀 있는 것이 비표준적인 환경의 형상이라면, 그리고 권력이 조치를 취하기 위해 역설적으로 그 환경을 존중해야 하고, 영원히 평형과는-거리가-먼 치명적인 조건을 가진 세계의 환경이라면 — 이런 환경이 어떻게 중대한 변동이 아닐 수 있겠는가? 부시의 카트리나 연설은 이에 대한 하나의 대답의 시작을 보여준다. 바로, 자연 자체에 대한 새로운 개념이다. 그렇지만 이것은 질문을 증폭시키는 그런 종류의 대답이다.

권력 연속체의 양 끝에 더 이상 유기적 개인의 신체와 인구라는 종적 존재를 놓지 않고, 일단 거칠게 어림잡아, 전쟁과 날씨를 둔다면 대체 자연이란 무엇인가? 환경을 특징짓는 우발적 사건들이 초기에 결정되는 수준이 일반적이지 않고 독특하다면 singular, 즉 한 세기에-한 번-있을-법한 허리케인이 자가증식적으로 형성되는 만큼이나 독특하다면 어쩌겠는가? 환경성은 규범화조차도, 그리고 그것과 결부된 권력의 생명정치적 메커니즘도 넘어서지 않는가? 이러한 대항-질문들은 새로운 긴급성과 변화된 결합가 valence를 지니고서 자연적 주체에 대한 질문을 배가시킨다.

다음의 논의는 최고통수권자인 부시가 '자연스럽게' 뉴올리언스로 가게 만들었던 격동의 권력 벡터를 좇아가는 데 필요한 개념적 도구 중 일부를 구성하기 위한 것이다. 그리고 그 이후 세계는 위협적인 궤도를 그리며 움직이게 되었다. 일면 이는 방금 말한 사안들, 즉 정동성, 합리성, 통치성에 대한 사안들에 접근하기 위한 예비 작업이다. 푸코 이후의 푸코, 부시 이후의 부시에서부터 시작하여 신보수주의와 관련성이 있는 신자유주의를 거쳐, 마지막으로 암울하긴 하나, 모든 것을-망라하는 all-encompassing 전쟁의 지평 내에서 살펴볼 것이다.

전쟁 기후

부시는 그의 연설에서 전쟁-날씨의 연속체를 재강조하면서도 동시에 이 둘의 대칭성을 깨트리는 전략을 썼다. "이 테러 위협과 대량살상무기의 시대에 우리 시민들에 대한 그것의 위험은 범람지대보다 훨씬 더 광대합니다."(부시 2005b). 무차별적인 위협에 대한 일반적인 모델로 가장 널리 남아있는 것은 전쟁에서의 적이다. 여기서 '가장 널리'라는 말은 가장 강렬하게라는 뜻이다. 잠재적으로, 더 끈질기게 시작하고 incipient, 더 어디에나 있다는 뜻이다. 사제폭탄IED 사태에서 날씨 조건이 주요 형성요인일 것 같진 않지만, 대규모-날씨-관련 혼란은 족히 적을 자극할 것이다. 2007년 가뭄으로 유발된 그리스의 화재에 대해 그 나라의 대테러 사무국이 조사를 시작했다. 왜? 왜냐면 아무도 방화가 아니다라고 확실히 말할 수 없었기 때문이다. 그러한 불확실성을 감안하며 그리스 공공정책장관은 "이것은 정말이지, 어떤 설명도 없이, 비대칭적 위협을 조성한다고 말할 수 있습니다."라고 말했다(파피티스 2001).8 불확실성은 정말이지 그 어떤 설명보다 위협이 잠재적인 국가 안보의 관심사가 되게 만든다.9 위기-경향의 환경에서 위협은 그 환경에 고유한 특징이다. 불확실성은 어디에나 있다. 음성적인negative 것은 결코 증명될 수 없다. 그래서 양성적인positive 군사적 대응은 언제나 대기상태에 있어야 한다. 그런 항상-대기상태, 즉 어디서나-대기-중인everywhere-on-the-ready 군사대응은 민간영역을 전쟁수행에 병합하는 작용을 한다. 민간의 삶이 전쟁과의 연속체 위로 떨어지며, 영원히 잠재적으로 이미-군사화된, 그 스펙트럼의 한 축이 된다. 시민의 삶의 리듬을 방해하는 잠재성과 위협을 함께 품는 영역은 어떤 것이든 비슷하게 병합되어 있으며, 여기에 기후도 포함된다.

부시 행정부는 날씨와 같이 자기-조직하는 다른 시스템의 환경들과 상호의존하는 혼돈의 와중에 이러한 민간영역의 작동적 병합을 정식화했는데, 그것은 두 가지 상호적 움직임과 관련된다. 한편에선 전통적으로 국내의 위기 상황에서 봉사하는 연방경찰이었던 주 방위군을

---

8. 그리스 정부에서 말한 방화 혐의는 보수 단체들과 야당인 사회당으로부터 경험적 증거가 부족하다는 비판을 받았다.
9. 느낌상의 조건적 가능성이 동어반복적 진리가 되는 프로세스에 대한 분석은 7장을 참조할 것.

해외인 이라크로 확대함으로써 군사화하였고, 다른 한편에선 국내 문제에 미국 국방군을 배치하지 않는다는 오랜 금기를 깨고 군대의 범위를 그 반대 방향으로 넓혀서 민간인들 사이에서 적극적인 병역을 행하게 하였다.[10] 이러한 서로 전도된 작동의 확장은 무차별적인 위협의 전 스펙트럼에 걸치는 민간-군사 연속체 구성의 전조가 되었다. 이 작전 연속체와 함께 어떤 순간에라도 노골적인 군사 개입을 할 수 있는 잠재적 여지들이 생겼다. 이 여지들은 인신보호영장이나 사생활 보호권 같은 시민권 보장에 임의로 '예외'를 적용할 수 있다는 형태로 생겨났다.

이 목적은 전쟁 대응을 그것이 대적하려고 하는 무차별적 위협만큼이나 편재적으로 끼어들 수 있는 것으로 만드는 데 있었다. 민간영역은 지금까지 규정돼 왔듯 반대항인 군사영역의 바깥이 더 이상 아니게 될 것이다. 민간영역은 전쟁 무력과 작전상의 지속성을 지니며 연속체를 이루면서, 심지어 평화 시에도 전투 잠재성으로 가득 차 있는, 불가피하게 준군사적인 것이 될 것이다.

그 연속체는 스스로를 정부 행정력이 고도화된 수준으로 표현하면서 제도의 양 축 사이에서 운영된다. 한 축에는 미국 국방부 체제의 많은 부서와 담당들이 있고, 다른 축에는 부시 행정부에서부터 지속돼온 기념물인, 뻗어나가는 촉수들을 갖춘 국토안보부[11]가 있다.

자연 안보

---

10. 이것은 나중에 의회법에 의해 뒤집혔다. 1장 주석 25 참조. 그러나 이러한 물러섬은 경찰 자체가 군사화를 유지함으로써 보상되었다.
11. * Homeland Security Department. 미국 행정부 내의 각 부처에 분산된 대테러 기능을 통합할 목적으로 9·11 이후 신설된 부서.

오바마 행정부가 권력의 이러한 전역적 재구성을 근본적으로 뒤집거나 그렇게 할 마음이 없을 수도 있다는 전조는 오바마 대통령이 사실상 업무를 시작하기 전에 의도치 않게 드러났다. 오바마의 국가 안보팀이 언론에 발표한 성명에는 무심결의 오류telling typo가 들어 있었다. 그 성명은 "이 불확실한 세계에서, 테러와의 전쟁"이라는 지속적인 핍박 때문에 미국의 모든 형태의(전역적) 힘들을 "능수능란하게 통합"할 필요가 있다고 말한다. 여기에는 "인간이 만든 것이든 자연적인 것이든" 어떤 잠재적인 "파국"에도 즉각적인 대응을 할 수 있을 뿐 아니라, 어떤 종류의 "색다른"(무차별적/구별불가능한) 위협들에 대해서도 대응하는 것이 포함된다. 대중들은 미래의 대통령이 "자연 안보"를 위해 가능한 한 최선의 팀을 구성했다고 확신했다(뉴욕타임즈 2008).

민간영역을 군사영역에 병합시키는 연속체를 자연화하는 것은 단지 키보드 실수 이상의 의미를 지닌다. 여기서 문제 삼는 '자연화'naturalization는 문화적인 것이 자연적인 것으로 간주된다는 사회구성주의 이론의 자연화와 같은 의미로 이해해서는 안 된다. 자연적인 것으로 '간주되는' 문화적인 것이라는 공식은 두 온전한 영역 사이의 대립을 남겨둔 채, 그 경계가 지워지는 게 신비화 때문이라고 탓한다.[12] 무차별적 위협 아래 그 대립은 더 이상 일반적으로 견지할 수도, 출발점으로 삼을 수도 없다. 문화적인 것, 사회적인 것, 인위적인 것이라는 어떤 범주적 대립 바깥에서 자연에 대해 기본적으로 재정의할 필요가 있다. 이제 삶의 전반적인 환경은 그 자체로 복잡할 뿐만 아니라 복잡하게 상호연결된 하위체계들로 구성된, 매우 복잡하고 체계적인 위협

---

12. * 예를 들어, 여성과 남성의 구별이 본성이 아니라 사회적 양육과 문화의 결과라는 주장 같은 것이다.

환경으로서 나타난다. 그런 상호연결들을 감안하면, 하나의 하위체계에서의 혼란은 다른 하위체계들로 전파되거나 심지어 그 전체에 폭포처럼 떨어져서, 지구적 규모에 이를 정도로 더 넓고 높은 차원의 증폭이 일어날지도 모른다. 변화하는 기후 시스템, 식량 공급 시스템, 에너지 공급 시스템, 사회적 시스템, 국가의 정부들과 그들 각각의 법체계, 군사-안보 장치들 사이의 상호의존성의 복잡성은 점점 더 중요하게 대두되는 당면 문제이다.

각 하위체계들은 그것의 작동 영역에 특유한 고질적 위협을 품고 있다. 그 각각은 이웃하는 하위체계로부터 넘쳐흐르는 효과라고 말해지는 외인성의 위협에도 크게 영향받는다. 이러한 다양성과 변수들에도 불구하고 각 하위체계와 위협의 관계는 동형구조isomorphic이다. 이는 해당 영역의 경험적 특징들, 그 영역의 구체적 요소들, 그러한 요소들이 기존 영역의 작업에서 행하는 특정한 기능적 구조화와는 무관하게, 위협이 유사하게 작동한다는 걸 의미한다.[13] 이것은 철학적 주장일 뿐만 아니라 저널리즘에서 관찰한 것이기도 하다. 『뉴스위크』 2009년 머리기사 「질병과 테러」에서 절규하는 말을 들어보자.

돼지 독감과 생물학적 테러리즘 사이의 유사성은 우연이 아니다. 최근에 세계는 자연의 위협과 인공적인 유행성 전염병이 점점 더 비슷해지는 방식으로 변화했다. 생물학 테러리스트 공격이 증가하리라는 전망에 대처하면서 우리는 도처에 출현하는 질병들과도 싸우고 있다. … 이

---

13. 구조, 형태 및 내용과는 무관한 작동적 정체성으로서의 진행적 동형구조(processual isomorphism, 그러므로 이는 상동관계[homology]는 아님)에 대해서는 질 들뢰즈와 펠릭스 가타리의 「포획 장치」(1987, 424~473)를 참조. 이 장에서 들뢰즈와 가타리는 평화시-전역적 전쟁 및 자본주의 프로세스와 전쟁-권력 프로세스의 수렴에 대한 사전 이론도 제공한다(뒤에 논의).

러한 위협들이 전개되는 방식(그리고 그것들이 요구하는 대응들)은 그 어느 때보다 더 유사해지고 있다. 중심적인 요인은 점점 더 상호연결 되어가는 우리가 사는 세계이다.… 이제 질병은… 어떤 경고도 없이 멀리 떨어진 도시와 마을에 나타난다.… 〔생물학 테러 공격의〕 위협은 아무리 과장해도 지나치지 않다.… 미풍에 움직이는 보이지도 않고 냄새도 없는 구름같이 떠다니는 유기체들을… 멈추거나 차단하는 것은 사실상 불가능하다. (헨더슨 2009)[14]

위협은 바람처럼 도처에 만연해 있고, 그 원천은 감지불가능하다. 그것은 불쑥 나타날 뿐이다. 그것은 터져 나온다. 그것은 경고 없이 불쑥 끼어들며, 점점 더 복잡해지는 상호연결된 세계를 관통하는 아무 경로를 따라 아무 방향에서나 발생한다. 어떤 위협이 물질화되지 않은 기간이 길어질수록 그것이 일어날 것이라는 전망은 더 강하다. 무차별적 위협은 아무리 과장해도 지나치지 않다. 부재로 인해 위협은 더 크게 다가온다. 위협의 형태는 선험적으로 인간적이지도 자연적이지도 않다. 그것의 형태는 그 어렴풋한 나타남looming 속에 있다. 즉, 단지 갑자기 나타나서 퍼지는, 아직은 미결정된 잠재성이다. 위협은 자기-조직화하며, 자가-증식하고, 무차별적이고 구분할 수 없고, 배경 조건으로서

---

14. 돼지독감 뉴스가 나온 지 몇 시간 만에 인터넷은 그것이 생화학 테러리스트의 공격이라고 주장하는 수십만 건의 게시물로 도배되었다. 테러리스트의 행위로서의 바이러스는 2014년 에볼라(Ebola)와 함께 돌아왔다. CNN 전문 분석가 알렉산더 가자(Alexander Garza) 박사는 에볼라를 "생물학적 제제(agents, 製劑)의 ISIS"라고 불렀다. "만약 에볼라를 무고한 사람들에게 퍼져서 죽이는 요원이라고 생각해 본다면 그것은 바로 ISIS와 비슷하지요, 그렇죠? 그것은 사람들을 감염시키고 사람들을 죽입니다. 그래서 우리가 이것을 국가 안보 문제라고 부르는 경우, 이것이 테러의 한 형태인 것처럼 동등한 대응이 필요합니다. 우리가 테러를 다루듯이, 지금 대통령이 하고 있는 것처럼, 군대를 파견하는 것처럼, 해외 문제를 공격해야 한다는 의미입니다. 그러나 우리는 또한 우리 국토를 보호해야 합니다"(CNN 2014).

지치지 않고 부추기며, 잠재적으로 언제나 끼어들 준비가 돼 있다. 위협의 잠재성은 대기상태인 채로, 이미 시작되고 있는 시스템의 혼란incipient systemic disruption이다. 세계는 일상생활과 여행, 무역을 혼란시키는 전염병 경계 5단계인 돼지독감을 예상하지 못했다.

병인론은 항상 공조상승효과가 있다. 고도로 독립적인 하위체계를 갖춘 웹상에서 어떤 위협이 눈에 띌 정도로 증폭되자마자 이미 웹의 상호접속망을 통해 퍼져나가 있고 그것의 결과는 이미 곧 다가올 것으로 느껴진다. 시스템 사이에서만큼이나 사건(예상되는 결과에 대한 맛보기를 이미 보여주는 일의 발생)의 순간들 사이에서 복잡한 비선형적 인과관계는 일반적 규칙이다. 돼지독감의 출현 조건에는 '자연적인' 바이러스 변형 과정에 못지않게, 산업적인 돼지 농장의 스트레스와 그것이 필요로 하는 극심한 인간-돼지 상거래, 이것이 먹여 살리는 전 지구화된 자본시장도 포함된다. 세계적 대유행병[팬데믹]의 '원인'은 자가-증식하며 지구 전역에 확산되는, 궁극적으로 추적할 수 없는 비선형적 미세흐름이다. 인간과 돼지 사이의 이 운명적인 종種간 연결(이 혼합의 어딘가에 조류독감의 영향도 있을 것이다)은 종들 사이의 비구별 지대, 그리고 시스템들(유전학, 동물행동학, 경제학) 사이의 비구별 지대에서 발생하였다.

지구온난화는 또 하나의 두드러진 예이다. 그것은 여러 가지 요인들의 복잡한 결합 사이에서 일어나는 비선형적 되먹임에 의해 강화된다. 하루도 다른 '승수효과'가 발견되지 않고 지나가는 일이 거의 없다. 기존 체계의 분류 도식의 관점에 따르면, 기여 요인들이 따로따로 파악되어 자연적인 것 혹은 인공적인 것으로 치부될지 모르지만, 어떤 효과를 양산하는 공조적 프로세스 면에서 보자면 그 요인들은 불가피하게 둘 다이면서 둘 다 아니다.[15] 만일 무차별적 위협이 문화적, 혹은 인위

적인 것과 반대되는 자연적인 것으로 범주화될 수 있다면, 그것은 무차별적인 것이 아닐 것이다.[16]

독특하고-포괄적인

무차별적 위협은 '포괄적'generic이란 말이 '일반적'general이란 말과 전혀 무관하다는 의미에서, 포괄적 위협이다. 지금까지 무차별적 위협이 어떤 일반성에서 비롯된다는 식으로 생각돼 왔기에 그것의 차이점을 부각시키기 위해 '독특하고-포괄적인'singular-generic이라는 말을 쓰는 게 좋겠다.

위협이 독특하고-포괄적이라는 것은 포함적 이접inclusive disjunction 속에 있는 위협의 형태와 정체성에 대해 가능한 갖가지 원인설명들을 불안정하게 한데-엮음을 의미한다. 여기서 '포함적 이접'이란 다른 속屬에 속하는 많은 가능한 항목들 중에서 '이것 혹은 저것'either/or이 스트로보스코프 장치[17]에서처럼 초근접 속에서 뒤섞이어 결과적으로

---

15. 이런 논지는 브뤼노 라투르(1993)에 의해 강력하게 발전했다. 오늘날의 세계에서 창발하는 "행위자"는 자연-문화의 "트기들"(hybrids)이다. 지금 우리의 논의 맥락에서, '트기'라는 개념은 여전히 자연과 문화의 대립적인 정의를 시작점으로 전제하고 있어서 쓰기에 불편함이 있다. 여기서 전개될 이후의 전략(라투르는 보증하지 않을 전략)은 이미 '문화'의 잠재성을 포함하고 있는 방식으로 자연을 재정의하여, 문화를 자연의 창발적 표현으로 만드는 것이다.

16. 이는 결코 지구온난화 대책에 대해 조치를 취하는 걸 반대하거나 그것을 시도하는 인간 활동의 근본적인 역할을 폄하하는 주장이 아니다. 정반대로, 이러한 종류의 글로벌-환경 공조를 체질적으로(constitutionally) 꺼리는 탄소-후 경제에 대해 근본적인 조치들을 취하자는 주장이다. 자본주의의 자체-평가 프로세스가 원칙적으로 한계가 없다고 상정되는, 끊임없는 성장뿐만 아니라 지속적으로 가속화되는 성장에 근거한다는 점을 감안할 때, 그러한 주장을 충족시킬 수 있는 유일한 탄소-후 경제는 포스트자본주의 경제일 것이다. 이것은 법에 입각하여 자본주의를 지속 불가능하게 만든다.

17. * stroboscope. 물체의 고속 회전상태를 관찰하는 장치.

'둘/다'both/and로 변하는 것이다. 포괄적 차이들이 한데 뒤섞일 때의 그 즉시성이 하나의 독특한 사건이다. 더 정확히 말하자면, 그것은 한 사건의 막-시작됨, 즉 갑작스럽게 그 자체를 느껴지게 만드는 충만한 사건성eventfulness이다. 느껴지는 것은 다른 원인설명들을 할 수 있는 가능성 이상을 의미한다. 그것은 그러한 원인설명들에 응답하며 만일의 사태들이 일어날 수 있는 진짜 잠재성potential이다.

실제로 느껴지는 잠재성으로 넘실대지만 아직 결정되지는 않은 한 사건의 이러한 시초는 불안정한untenable 긴장을 동반한다. 그것은 일종의 폭력force처럼 우리를 때린다. 그것의 강렬하게 문제적인 '실제로 함께 할 수 없는 것들을 한데-엮음'holding-together of what cannot actually come together 은 견뎌내기 힘든 것이다. 이러한 '비관계의 관계'의 긴장은 살아남기 힘들다. 그것은 스스로를 해체해야 한다. 그것은 끝까지 임해야 하는 일생의-문제a life-problem이다. '둘/다'는 흔들어 떨어뜨려서 이것 혹은 저것이 되어야 한다. 외국인 잠입자 혹은 '본국의' 테러리스트? 방화 혹은 기후변화? 독감 혹은 생화학테러리즘? 사고 혹은 공격? 충격의 순간에 하나 혹은 다른 하나에 대해 가정할 경우, 앞으로의 대응은 그 사건의 후속 전개에 따라 족히 잘못 해석한 것으로 증명될 수 있다. 반면, 그러한 사건이 전개되는 어떤 순간에 설명이 제공되지 않는다면, 어떤 결정이 내려지지 않는다면, 체계적인 대응을 전개하지 못할 것이다.

독특하고-포괄적인 것은 느껴진 잠재적 충격이 전폭적이고 강력한 비결정성의 힘으로 압도적으로 다가오는 것이다. 그것의 비결정성은 단지 결정의 부족이 아니라, 점점 부풀어 형체를 갖추어가는 도래하는 사건의 '결정되게 될 결정'a determination to be determined이다.18

---

18. 이 도입 부분에서 독특하고-포괄적인 것이란 말은 단수적-다수적인 것(the singular-

사건을 처리하기 위해 작동을 시작하는 시스템의 문제점은 사건의 출생모반인 비결정성의 부과가 사건에 대한 시스템의 결정에 영향을 미친다는 것이다. 그것은 시너지(상승) 효과의 형태로 관련 시스템의 수비영역 저 멀리 바깥에서 창발한다. 다시 '둘/다'가 돌아온다. 기후변화에 의해 방화가 조장되고 강화된다 : '둘/다'이다. 테러리스트 모방자에 의해 외국의 전선이 본국의 전선으로 바뀌어 버린다 : '둘/다'이다. 지구온난화는 인간의 산업 활동과 기후 역학 사이의 되먹임 효과에 의해 더 심해졌다 : '둘/다'이다. 모든 경우에, 위협이 불쑥 나타나거나 두드러지게 다른 반복으로 문턱을 넘나드는 무모한 사건이 있다. 각각의 시작과 전환은 공격적 힘으로 충격을 주고, 서로 구별할 수 없는 넘쳐-흐름 효과("이러한 위협이 전개되는 방식과 사람들이 요구하는 대응책은 점점 더 유사해지고 있다.")로 이어진다. 결정되기로-결정되어있는 비결정성과 함께 시작된 것은, 그것이 필연적으로 요청하는 재빠른 대응의 와중에 속하게 되었을 해당 시스템 특유의 정의들definitions을 넘쳐흐르면서 끝난다. 무차별적인 잠재성에서 태어난 것은, 시스템이 그것의 원인이었을 거라고 가정한 어떤 결정적 형태와는 거리가 먼 반대쪽에서 시스템으로 돌아온다. 위협-사건의 라이프 사이클은 비선형적 고리 짓기이고, 그것의 '원인'이며, 복잡하고 비국지적이다. 어떤 결정이 내려지든 그 결정은 사건에 대해 행해진 특정한 체계의 대처에 비하면 실행적[19]이며 잠정적이다.

---

multiple)이 때에 어긋나는 시간 간격에서 역사 속으로 불쑥 끼어들 때 느껴지는 힘을 의미한다. 그 역사에는 단수적-다수적인 것이 특수한 형태로 출현하며 결정될 때 그 결정이 등록될 것이다.

19. * 'pragmatic'이란 말은 '실용주의'(pragmatism)와 연동되어 보통 '실용적'이라고 번역되지만, 이 말이 '사용가능성'(utility)을 강조하는 듯이 다가올 수 있기에, 진리나 본질보다는 과정과 행위에 방점이 찍힌다는 의미를 살려 '실행적'이라고 번역하고, 'pragma-

사고accident는 단지 다른 예들 중의 하나가 아니다. 오늘날의 환경에서는, 비결정성이 주는 충격을 고려할 때, 모든 사건은 사고의 자체적으로 넘쳐흐르는 공격-력을 지닌 채 닥쳐온다. 사고는 위협의 독특하고-포괄적인 것의 일반적인 모델이다. 아니 오히려, 독특하고-포괄적인 것은 본래 어떤 일반성도 잘 받아들이지 못하기에, 모델이라기보다는 매트릭스에 가깝다.

보편적 사고

무차별적 위협이라는 독특하고-포괄적인 것을 일반적인 것과 구별해야 하듯이 선험적인 것의 개념과도 조심스럽게 구별해야 한다. 가능한 경험의 선험적 형식과는 아주 달리, 그것은 형식적으로 담지되지 못하고unbearable, 충만한 사건에 따라 느껴지면서 구성적인 효과를 내는 폭력force이다. 그것은 존재론적 토대라기보다 어떤 존재생성적 사건이 일으키는 매트릭스적 충격이다. 비록 선험적인 것은 아니지만 독특하고-포괄적인 것은 보편적이다. 그것은 전반적인 환경인 시스템들의 시스템에 기여하는 모든 작동에 내재되어 있으며, 그 시스템의 복잡하게 미분화된 작동 공간의 모든 지점에서, 다중적인 시간들의 연결고리의 모든 순간마다 내재한다. 그것은 매시간-작동-중on-all-the-time이며 어디서나-준비되어everywhere-at-the-ready 있다. 그것의 '문제적인, 실제로 합쳐지지 않는 것의 한데-엮음'에 대한 다른 이름이 바로 '사고'the accident이다. 무차별적 위협이라는 독특하고-포괄적인 것은 삶의 환경이

---

tism'은 '실행주의'로 옮긴다. (브라이언 마수미, 『정동 정치』, 조성훈 옮김, 갈무리, 2018, 26쪽 주석 참조).

가진 보편적 사고이다.

우리가 알고 있는 것과 현재 우리인 것의 근원에는 진리도 존재도 없다. 다만 사고의 외부성이 있을 뿐이다. (푸코 1977b, 146)

사고의 보편적 강력함은 이토록 대단한 것이기에 그것의 비결정성의 가장 사소한 국지적 진입이라도 시스템 차원의 위기 조건들을 실행시킨다. 그런 조건형성의 사건이 실제 위기로 확대될지의 여부는 많은 공동인자에 달려있다. 사고의 충격으로 이미 느끼게 되는 잠재적 혼란은 시스템 운영의 하위 집단에 대한 사소한 재적응 반복을 야기하는 하나의 교란으로 시스템에 흡수될 수 있다. 그런 경우 초기의 혼란은 사실상 그 시스템의 긍정적인 진화를 일으키는 데 도움이 되는 사소한 재배열로 치부되고 만다. 한편으로 사고의 힘은 진화적 포획을 피하고 완전히 펼쳐진 체계적 혼란 혹은 심지어 범체계적 혼란으로 발전하기도 한다. 이 모든 것은 사고의 규모가 커질 때 그것이 체계 내부와 사이에서 복잡한 공명 속으로 동반해 들어가는 공동인자들에 달려 있다. 그것은 위기 단계로까지 확대될 수도 있고, 그것이 빠져나왔던 파닥거리는 동요의 내재성 속으로 다시 떨어질 수도 있으며, 혹은 국지화된 소요 속에서 소멸될 수도 있다. 그것은 체계 내의 반응 능력들과 체계 간의 공조작용에 따라 달라진다. 어떤 경우이든 그것은 항상 복잡한 공동-조건형성의 한 사례이다.

반-사고

전역적인 준군사적 권력은 공조적 완충장치 역할을 하라는 임무,

즉, 교란적 증폭과 그것의 체계 간 전파를 중단시키라는 임무를 띠고서 공동-조건형성[안정화]를 위한 경쟁에 돌입한다. 그것은 계속해서 민간-군사 운영 연속체의 한쪽 극에서 반대 극으로 끊임없이 오가다가 그사이에 있는 영역setting에 정착하는 것을 선호한다. 그것은 잠재 위협의 급습에 정확히 보조를 맞추어 움직이면서, 포괄적으로/독특하게[20] 부과된 것으로서, 최종적 결정들에서 다변형적인 것으로서, 그리고 위협 그 자체의 형식으로서 형태를 취한다. 그것은 독특하고-포괄적인 것을 열망한다. 그것은 사고에 대한 하나의 대항으로서, 우연적으로 결정되도록 결정되어 있는 비결정성의 힘force으로 스스로의 능력을 최대화시키기를 열망한다. 그것의 임무는 반anti-사고가 되는 것이다.

전역적 권력이 반사고적 소명을 달성하기 위해 띠는 가장 가시적인 형식은 '최초 대응자'의 역할이다. 이것은 어떤 충만한 사건성이 시작되는 첫 찰나에 신속하게 그 사고에 대응하기 위해 움직인다. 이런 역할을 하며 그것은 다양한 형태를 띤다. 그 전설적인 최초 대응자는 무차별적 위협에 대항하여 '평화의 사투'waging of peace를 벌이는 가장 가시적인 영웅의 형상이다.

위협의 자연The Nature of Threat

아무리 작은 잠재-위협의 충격도 초기에 범체계적 영향을 미친다는 사실을 감안한다면, 무차별적 위협을 최종적으로 혹은 안정된 방식으로 자연적이거나 문화적이라고 분류하는 것은 분명 자의적이다. 하지만 이것은 자연적인 형태를 띤 문화적 현상이라거나, 아니면 그 둘

---

20. * 여기서 '/'는 저자의 것이다.

사이의 혼종이라고 말하는 것 또한 마찬가지로 만족스러운 대답이 아니다. 독특하고-포괄적인 것은 논리적으로나 존재론적으로 (혼종성이라는 개념에 전제되어 있는) 각각의 범주들보다 우선한다. 이에 대한 하나의 대안적 전략은 완전히 자연을 재정의하는 것인데, 그 잠재성에서 스스로를 자연과 분리하여 '문화적'인 것으로 구별 짓는 초기 조짐들까지 포함해야 한다. 즉, 잠재성의 차원에서 자연과 문화라는 범주들의 상호적 포함에서부터 시작하는 것을 의미한다.[21]

자연을 다음과 같이 정의해 보자 : 시스템의 진화 혹은 붕괴를 초래할 정도로 매우 '결정되기로-결정되어있는' 비결정성의 힘으로 닥쳐오는 사건들이 일어날 수 있는 보편적 경향. 그러므로 자연은 형성적 formative 힘으로서, 사고의 내재적 실재를 일컫는 이름이다.[22] 자연은 이 힘을 포섭하는 가장 독특하고-포괄적인 귀속성ascription이다(신은 아니다 bar God).[23] 이런 식으로 정의할 때, 오바마 팀이 '국가 안보'를 '자연 안보'로 우연하게 동화시킨 것은 능히 이해가 된다.

---

21. 상호포함(mutual inclusion)의 논리에 대해서는 Massumi (2014a, 6, 33~35, 45~47) 참조.

22. 『동물이 정치에 관해 우리에게 가르쳐주는 것』(*What Animals Teach Us about Politics*)에서는 일종의 결정성의 부족, 혹은 순수 우발성과 자발성 사이를 구분 지었다. 자발성은 '결정되게 될-결정'에 의해 움직이는, 잠재력의 상호 이접적인 포함과 관련된다 (Massumi 2014a, 48~49). 여기서는 이러한 구별을 강하게 고집하지는 않는다. 왜냐하면, 현대의 위협 환경에서 사고의 느껴진 힘은, 이 결정되게 될-결정이 개체발생론적으로 우선적임에도 불구하고, 이러한 사고의 수치 사이에서 진동하기 때문이다. 순수 우발적 사고는 어떤 특정 시스템이 이해할 수 없어서 이해를 생산하기 위해 어떤 조처를 취해야 하는 그런 외부로부터의 침입에 직면했을 때 겪는 그 시스템의 원근법 효과이다. 사고와 카오스와의 관계에 대한 자세한 내용은 5장, 특히 주석 14를 참조할 것.

23. 화이트헤드 본인은 신을 금지하지 않는다. 그러나 그는 신을 "가장 중요한 사고(accident)"(1978, 7)로 정의한다. 스피노자의 '신은 곧 자연이다'(deus sive natura)라는 말은 신과 자연을 이접적 포함으로 간주한다. 아래에서 논의하듯, 들뢰즈와 가타리는 "자연-문화 연속체"라는 유사한 개념을 고안하지만 단호하게 무신론적 입장을 취한다.

이런 정의의 결과, 환경이 더 복잡하게 미분화돼 있고 불확실할수록 더 자연적으로 의미부여가 된다. 자연의 독특-포괄성은 결코 위협으로 환원될 필요가 없다. 그러나 (화이트헤드식으로 말하자면) 이 우주의 시대에 지구에서 최정상에 있는 포유동물이 체험한 관점에서 보자면, 무차별적 위협은 이미 자연을 대표하는 전조가 되었다.

산출된 자연과 산출하는 자연

이러한 자연의 정의가 '문화적'인 사고의 조짐에 대항하는 데 힘을 발휘하지 못한다는 점에 주목하는 것은 중요하다. 반-사고는 그것이 대항하는 사고와 마찬가지로, 일반적 수준의 분류를 적용할 수 있는 것보다 논리적으로나 존재론적으로 선행하는 비구별 지대에서 발생한다. 구성하는 힘의 압력 아래, 분류가능한 항목들이 어떤 차이를 지닌 채, 재창발한다. 모든 것이 결과적인 구별들이며, 변화를 겪는다.

지구온난화의 사례로 다시 돌아가면, 기상학에서 자연이 무엇인가 하는 문제는 기후변화가 닥친 이후 눈에 띄게 달라졌다. 자연스럽게 스스로 드러나는 상호의존성의 복잡성은 굉장히 증가했다. 승수효과는 모든 곳에서 튀어나온다. 상호적인 조건형성은 오늘날의 질서이다. 잠재적인 증폭들이 가장 사소한 기여인자 내에도 도사리고 있으며, 아마 더 염려스러운 것은 그것이 적용된 저항력 속에도 도사리고 있다는 점이다(바이오 연료를 보라. 그것은 각광받는 지구온난화의 '해법'에서 급속히 하나의 기여인자로 탈바꿈했을 뿐만 아니라, 동시에 세계 식량 공급의 주요한 교란 요인으로서 시스템-건너뛰기system-hopping를 했다.) 자연은 더 넓은 영역에 걸치고 훨씬 더 큰 불확실성을 띠는 것으로 변해간다. 각각의 사건이 일어날 때마다 그 비결정성의 정도는 강화된다.

허리케인은 점점 '비정상적'이게 된다. 변화된 기상학적 자연과 문화가 맺는 관계도 이에 상응하는 변동을 겪는다. 과거의 문화 활동은 그것의 불확실한 미래 전망이 동시에 겹쳐져 되비치면서 그 힘과 의미가 변한다.

기상학에서 자연이 의미하는 바는 일종의 결과로서의 자연, 즉 자연의 창발에 대해 특정 시스템이 실행적으로 대응한 결과로서 그 특정 시스템에 나타나는 자연이다. 자연은 복수로 온다. 재창발하는 식별 지대(보편적인 독특-포괄의 의미에서 자연)로부터 편리한 자연-문화 이분법을 떼어내 사용할 수 있는 체계들만큼이나 많은 결과적인 자연들이 있다. 독특하고-포괄적인 상태의 자연은 다시 일어나는 구별들과 특정하게 결정되게 될 충격적인 독특-포괄의 비결정성들이 최대화된 supercharged 원영토prototrerritory이다. 스피노자주의자들의 용어를 빌리자면, 창발이 최대화된 원영토는 "산출하는 자연"naturing nature으로, 특정 체계들이 맞붙어 씨름하는 결과로서의 자연은 "산출된 자연"natured nature으로 부를 수 있을 것이다.[24] 산출하는 자연을 원영토라 하는 이유는 그것의 형성적 힘이 반복적으로 실행되면서 다양한 연장적extensive 차이들과 그 차이의 다수적 재생에 대한 조건을 창출하기 때문이다. 그러한 되풀이는 특정 체계가 이어지는 창발들을 영역화하기 때문에 발생한다. 그 창발들을 통해, 그 창발들에 대해, 각 체계들은 각각의 방식에 따라 작동한다.

'연장적' 구별들이란 말은 서로 결과적으로 반대될 수 있고 서로 외

---

24. * 스피노자가 전파한 "Natura naturans, Natura Naturata"의 역어로 '능산적 자연, 소산적 자연'으로 번역되기도 한다. 전자는 자연 전체를 신의 실체라고 본 자연이고, 후자는 개체화된 자연 변이들의 총체를 말한다. '자연'(Natura)에는 어원상 '낳다'라는 의미가 있으므로, 여기서는 이 의미를 살리기 위해 '산출하는 자연'과 '산출된 자연'으로 옮긴다.

부적인 것이 될 수 있는, 항목들 사이의 대조를 의미한다. 이 말은 그 항목들이 병치가능하며, 결국 공간화될 수 있거나 영토화될 수 있다는 걸 의미한다. 각 체계는 산출하는 자연의 침입적인 힘을 자기의 작동 패턴에 맞는 반복적인 변형들의 형태로 내부화한다. 이에 따라 그 체계가 자신의 작동을 계속해가기 위해 만들어내야만 하는 작동상의 구별들은 매우 다양하다. 강제로 재적용된 이러한 짝짓기가, 즉 서로 의존하는 변화 속에서 작동들의 패턴화와 연장적 구분의 효율적인 체계가 이처럼 함께 접히는 것이 하나의 영토를 구성한다. 곧, 내적으로 분화되고 특정한 용도로 만들어진, 체계적 환경이다. 어떻게 '자연'이 '문화'에 반대되는 것으로서 하나의 영토로 통하는가 하는 문제는 체계-특정적system-specific이다[체계에 따라 다르다]. 체계-특정적인 자연은 산출된 자연이다. 즉 산출하는 자연이 문화가 된 것이다. 형성적 힘이 연료를 공급하고, 일을 하고, 그 결과가 나온다.

비록 결과적으로 도출되고 배양되긴 하지만, 산출된 자연은 실제적이며 효과적이다. 그것은 실제로 시스템에 주어진 것으로 나타난다. 체계의 작동은 결과적으로 산출된 자연을 원재료로 간주하는데, 그것은 체계가 그에 반하여 자신의 가치-부가 활동을 추구하는 것과 수동적으로 대립한다. 수동적인 자연으로부터 가치-부가 활동을 떼어내는 체계-특정적인 분리는 '문화'가 환경에 대해 무엇인지를 규정한다.

산출된 자연은 생산되며 그리고 전제된다. 그것은 생산된 전제 혹은 배양된 소여라는 이상한 지위를 가진다. 이는 푸코가 권력의 "대상"의 속성이라고 했던 그런 지위이다. 산출된 자연의 작동적 실재와 결과적 소여에 대해 강조하다 보면 이 개념은 자연화라는 사회구성주의 개념과 구별된다. 산출된 자연은 '단순히' 구성되는 것만이 아니다. 그것은 창발적이면서도 구성된다. 만들어지는 만큼이나 전제되며, 만들기 위해 주어지면서 또한 주어진 것으로 만들어진다. 산출된 자연의 구성은 산출하는 자연의 결정되도록-결정된-결정이 재창발하는 표현이다. 산출하는 자연은 너무나 결정되도록-결정되어 있는지라 결과로 나타나는 정의에 스스로를 맡긴다. 그러나 그러자면 다시 수동적 자연과 능동적 문화라는 이분법으로 되돌아가는 대가를 치러야 한다.

그러나 그런 이분법은 오직 잠정적으로만, 그리고 오직 파생된 수준에서만 지배력을 행사한다. 그것은 체계의 작동이 그 체계 자체 프로세스의 특수사항들을 두루 참조하기 위해 자신에게 넘어올 때, 즉 작동적 자기-반성일 경우에 일어난다. 수동적-자연/능동적-문화라는 대립이 나타나는 것은 항상 어떤 특수한 체계가 일반적인 자기-참조를 하고 있다는 반성적[재귀적] 표시다. 그것이 의미하는 바는 다음과 같다. 우선, 독특-포괄의 매트릭스를 특수-일반 도식으로 번역함을 의미한다. 또 어떤 미결정적인 것, 그러나 결정할 수 있는 돌발적 침입의 힘이 가진 포함적-이접적 강도를, (설명적 장치로 사용될 수 있는) 이용가능한 연장적 구별로 형질전환transduction하는 것을 의미한다. 그리고 원영토를 영토로 치환transposition하는 것을 의미한다. '수동적' 자연이란, 한 체계의 자체-적응self-adapting 속에서 그 체계의 진화적 바깥을 대비하기 위해 마련된 '산출된 산출하는 자연'이다. 그것은 사고의 바깥이 거부할 수 없이 발견되고 체계의 변화를 위해 재귀적으로 반복 속에 유지되는 체계의 형식이다.

자연에 대한 논의. 푸코는 통치권력에 대해 설명하는 중에, 여기서 "산출된 자연"이라는 개념으로 부르는 것에 대한 기준을 묻는 질문에 답하면서 "자연"의 개념을 다음과 같이 만들어낸다. "자연은 통치성의 아래로, 그것을 관통하며, 그것이 실행되는 중에 흐르는 무엇이다. 자연은 통치성의 불가피한 피하조직이라 말해도 무방할 것이다. 그것은 통치자에게 가시적으로 보이는 얼굴이 곧 그들 자신의 행위가 되는 것의 다른 쪽 얼굴이다. … 자연은 배경이 아니라 영원한 상호관계이다. 그래서, 가령 경제가들[25]은 임금이 가장 높은 곳으로 인구가 이동하는 것을 자연의 법칙이라 부른다"(푸코 2008, 16). 설명가능한^{ascribable} 실체들(푸코의 용어로는 "가시성들")은 비가시적인 자연법칙의 가시적인 지표들로 간주된다. 자연법칙의 비가시성이란 산출하는 자연의 존재생성적 지각불가능성, 즉 그것의 비식별성이 형식적으로 그 체계에 자신의 기능적 작동의 상관자로서 나타나는 양식을 말한다. 그 체계에, 자연의 법칙이란 그 체계 자체의 행동 패턴에 대한 형식적 미러링[거울반응]이다. 자연의 법칙들은 체계가 자기 바깥의 활동을 자기 것으로 내부화하는 형식이다.[26]

비록 여기서 산출된 자연과 산출하는 자연 사이의 구분은 그것들이 작동하는 영역인, 보통 문화적이라고 말해지는 시스템과, 그것이 작동하는 환경적 조건 사이의 관계라는 맥락에서 제시되긴 했지만, 이와 똑같은 구분을 보통 순전히 '자연적' 체계로 간주되는 것에도 적용시킬 수 있다. 산출된 자연은, 일련의 작동들의 생산물들이 구성적인 일관성을 지닌 상호적 한데-엮

---

25. * économistes. 여기서는 18세기의 경제이론가들을 지칭하는 것으로 보인다.

26. 맑스주의 가치 이론을 갱신하여 자본주의가 그 작동에 내재된, 역사적으로-특화된 산출된 산출하는 자연을 생산하는 방식, 그런 생산이 어떻게 자본주의의 축적 프로세스를 이끄는가, 그리고 그것을 고려하는 것이 어떻게 전통적으로 맑스주의 이론을 뒷받침해 온 이분법들(인간/자연, 하부구조/상부구조 등)을 내던지게 만드는가에 대한 분석을 보려면 Jason W. Moore (2014a, 2014b)를 보라. 여기서 말하는 산출된 자연에 해당하는 무어의 용어는 "추상적인 사회적 자연"이다.

음의 창발적 평면emergent plane을 형성하면서 다 함께 연결과 연속의 패턴(진동, 리듬, 축적, 분절, 망상조직)으로 안정되어 갈 때마다 언제나 전통적 의미의 '자연' 속에서 발견된다. 산출된 자연은 선행 작용의 결과들이 그것들이 구성해놓은 평면에 들어맞는 후속작용들에 재흡수될 준비가 되었을 때 '자연'에서 발생한다. 일단 구성이 저장되고 나면, 선행 작용의 결과물들은 후속작용들에 대해 주어진 것으로 통하며, 후속작용들의 전개에 대해 그 주어져 있음은 조건이 된다. 간단한 예로, 지질층을 형성하는 새로운 구성작용에서 지각변동에 의해 다시 자리 잡는 변성암을 들 수 있다(더 미분화되는 와중에 그 지질층에 추가적인 특정 영역이 들어설 수도 있다). 산출된 자연은 스스로-창발하며 누적적으로 스스로-조건을 형성하는 '자연'이다. 산출된 '자연'의 평면은 (물리적, 화학적, 지리적, 유기적) 자연과학들에 의해 관찰된 차원에 해당된다. 산출하는 자연은 이런 차원들과 관련하여 끊임없이 그것들이 사건성 및 변형과 한데-엮이도록 부추기는 에너지 넘치는 조건들에 해당한다. 자연의 구성작용에 대한 들뢰즈와 가타리의 설명에서 산출된 자연의 이 차원들은, 에너지 넘치는 변화의 조건들을 포획하여 그것들을 자신의 지속적인 패턴화의 동력으로 삼는 "지층"으로 묘사된다(들뢰즈와 가타리 1987, 39~73). 산출하는 자연은 그 지층 아래로, 안에서, 그리고 그것을 관통하여 흐르며 그 지층에 스며들고 가로지르면서, 계속되는 존재생성ontogenesis의 운동 속으로 그 지층들을 휩쓸어 들이는, 예측할 수 없고, 변화를 불러일으키며, 독특하고-포괄적인 "기계권"Mechanosphere으로 기술된다. 들뢰즈와 가타리의 사건으로 가득 찬eventful 기계권이라는 개념은 자연과학적 의미에서의 '자연'의 지층을, 전통적으로 '문화적' 지층이라 여겨왔던 것과의 일시적인occurrent 연속체 위에 위치 짓는다. "어디에도 생물권biosphere이나 인간생활권noosphere이 존재하지 않으며, 모든 곳이 다 동일한 기계권이다. … 고정된 질서란 없다. … 분명한 질서는 전복될 수 있고, 문화적이거나 기술적인 현상들도 … 곤충이나 박테리아, 세균, 심지어 미립자에 비옥한 토양을 제공할 수 있을 것이다. … 오늘날 상황은 더 심각해졌다. 당신은 어느 지층이 다른 어떤 지층과, 혹은 어떤 방향으로 소통할 것인지 미리 짐작하여 말할 수 없다. … 더 적은, 더 높거나 혹은 더 낮은 조직은 없다"(들뢰즈와 가타리 1987, 69). '순수하고 단순한' 자연 영역이란 존재하지 않는다. 어떤 '자연법칙'도 없다. 다만 푸코의 의미에서처럼, 전통적으로 '문화적'이라 간주되는 종류인, 구성될 때부터constitutionally 혼합된 지층에 무늬를 이루는 특정 작동 체계들의 형식적인 자기-거울화는 예외다. '자연-문화' 연속체라는 개념은 『천 개의 고원』(들뢰즈와 가타리, 1987)뿐 아니라 『안티 오이디푸스』(들뢰즈와 가타리, 1983) 전반에 걸쳐 상당 부분 개진되어 있다.

시간의 힘

산출하는 자연의 원-'영토'는 그 자체 활동 면에서 뚜렷하게 공간적인 것이라기보다는 꾸준하게 시간적인 것에 더 가깝다. 그것의 어디에나-있음은 그 자체가 특정가능한 영토를 지닐 가능성을 미리 차단한다. 산출하는 자연은 강도 높은 공간적 비구별indistinction의 '지대'를 차지하고 있다. 아무런 자체의 영토를 갖지 않기에 산출하는 자연은 오직 다양한 영토들의 체계적인 자기조직화에 스스로를 '줄' 수 있을 뿐이다. 그것이 주는 것은 결정되게-되어있는to-be-determined 비결정성의 부과로, 그것은 몰아치는 힘driving force으로 내리친다. 그것의 편재한 비구별 '지대'는 곧 다가올 것a coming의 보편적 '이전'before이다. 그것의 원영토는 시간의 힘이며, 그저 형성적으로만formatively 느낄 수 있다. 그 힘은 단지 그것의 효과의 연속적 형식 속에서만 결정적으로 느껴진다. 시간의 힘의 본래 시제는 보편적인 '~해졌을 것이다'will-have-been이다. 즉, 그 형성됨에 대해, '느껴졌을 것이다'이다(이에 범파국의 극한으로 향하는 경향이 있는, 상호보강된 흐름과 넘침을 위해 '형성되었을 것이다'가 수반된다).[27]

---

27. 선제권력과 시간의 힘에 대한 더 자세한 내용은 3장 참조. 연장적 구별과 공간화와 관련하여, '문명의 충돌'이 이에 뒤따르는 '문화 전쟁'이라는 수사에 대한 악명높은 논문들은 문화의 차이에 대해 연장적 구분을 짓는다. 이러한 이론화 작업을 강제하는 초국적 지구화의 전제에도 불구하고 문화를 영토화된 실체로 파악하게끔 하는 것이다. 이러한 문화의 공간화는 자연의 선험적 외부화를 전제로 한다. 형성적 힘이 아니라 예측 가능한 원재료를 보유한 저수지로 간주하며 수동적 퇴적물의 모델을 내세운다. 이처럼 단순한 위치로 정해지고 공간화된 자연은 인간의 산업 앞에 수동적으로 놓여 있으며, 자연 자체의 공간은 역동적으로 파편화되어 반대편의 문화로 편입된다. 모든 형성적 힘과 충돌, 모든 역동성은 인간의 편에 속하게 된다. 문화의 공간화와 이와 관련된 자연의 수동화는 인간주의(humanism)의 많은 화신들에서 그것의 주요 특징으로 나타난다. 포스트휴머니즘과 반인간주의(안티휴머니즘)는 애써 이러한 외연적 이분법을 피하려고 노력한다. 그러나 인간과 동물을 가르는 경계로서 격이 다른 언어를 지적하는 사람들(예를 들어, 하이데거, 라깡, 아감벤 등)은 진정한 형성적 힘 또는 들뢰즈가 인간, 동물 등 개별화의 "창발의 실제 조건"이라 부르는 것을 놓치거나 오해하는 데로 귀결된다. 즉, 실제적이고 실제로 느껴지는 압도적 잠재력을 간과하게 되는 것이다. 막 시작된 형성적 힘들의 잠재력을 말이다. 이 힘들은 자연과 문화를 포함하는 강도의 영역을 창조적으로 자극한다. (다시 말해, 그 힘들의 잠재적 미분화를 동일한 사건 속에, 일종의 현재적 연속체 — 이 연속체는 힘들이 체계적 조직화의 구성된 수준들에서 잠재적으로 펼쳐지게 되는 모든 각각의 외연적 구별들로 이루어지는데 — 속에 함께 접어넣는다. 이러한 관점에서 자연-문화의 연속체에 대한 설명을 더 보려면 Massumi 2014a 참조). 들뢰즈의 "잠재적"(virtual, 현실화의 가장자리에 있는), 화이트헤드의 "실제 잠재력"(real potential), 질베르 시몽동의 "연합 환경"(associated milieu)은 구성적 권력(constitutive power, 존재권력)의 실제 창발 조건을 개념화하는 방식이다.

존재권력

위협이 편재적으로 포괄적이고, 그 포괄적인 것이 스스로를 독특하게 느껴지게 만들며, 미결정적인 형성적 힘이 결국 내재적으로 조건을 형성하며 잠재적으로 범체계적인 붕괴를 획책하면서 재조직화하는 그런 돌발적 충동으로 향할 때, 그 위협은 위기를 배양하는 복잡한 삶의 환경을 산출하는 자연의 전조가 된다. 선제권력은 그 뒤를 바로 따라온다.

권력의 반反사고적인 실행은, 그것의 작동 연속체가 어떤 식으로 구축되었건 간에 오직 사건의 시초가 시작되기 이전에 그것을 잡아챌 때에만 그 사고의 사건-추동적 힘에 대항할 수 있다. 이를 위해 그것은 원영토로 움직여 들어가야만 한다. 그것은 사고가 움직이자마자 움직여야 한다. (부시의 선제 독트린이 가르쳐준 것처럼) "사고가 실제로 발생하기 이전에" 그것을 잡아채면서 끼어들 수 있는 지점으로 움직여야 한다. 그것은 상대인 적처럼 '자연스럽게' 다가가야 한다. 반사고적 실행은 끊임없이 자신을 포기해야 한다. 그것은 사고의 잠재적 효과가 실제로 어떻게 펼쳐질지 그때그때 예상하면서 그 사고를 흉내 내야 한다.

사건-증식의 기세를 꺾는 것만으로 충분치 않다. 대체가능한 성장 패턴을 원영토에 심어야 한다. 전역적 권력은 사건의 시작을 대체하면서 그 대신에 그 자체의 체계적 효과들을 대항생산함으로써 위협을 선취한다. 그 일은 조건을 변경하는 힘을 가진 자연의 기습적인 다른-창발을 통해 잠재적으로 체계적인 반작용을 유도하는 것이다. 선제권력은 산출하는 자연에 둥지를 튼 뻐꾸기이다.

선제권력은 환경적 권력이다. 그것은 창발하는 삶의 환경적 조건들을 바꾼다. 그러나 그것은 엄밀히 말해 '생명권력'biopower은 아니다. 푸코에 의하면 생명권력의 "적용 영역"은 하나의 영토이다. 현존하는 생물학적 존재들을 위해 실제로 살 만한 조건을 제공한다는 측면에서 포착된 영토이다. 생명권력은 그 영토에서 획득하는 삶의 조건들을 규범적으로 조절한다normatively regulate. 선제권력은 어떤 원영토를 살 수 없는 unlivable 곳으로 만드는 지나치게 과도한 잠재력으로 긴장되어 있는[한 치도 예상할 수 없이 어떤 일이 벌어질지 모르는] 원영토에서 작동한다. 선제권력은 삶의 반복들이 그들의 재창발하는 형성을 비틀수밖에 없게 만드는 갑작스러운 추가비용 때문에 발생한다. 그것은 장차 도래할 더 많은 삶의 잠재력을 다그치는 살 수 없음을 겨냥한다. 그것은 인구의 규범적인 종-존재와 관련되지 않는다. 그것은 그것의 독특한 재창발과 상관된다. 카트리나 이후 연설에서 부시가 말한 것이 그런 것이다. 그는 다른 사람들이 예상했을 만한 방식으로 말하지 않았다. 그는 그의 비상대책들이 삶을 다시 정상으로 되돌리는 것을 목표로 한다고 말하지 않았다. 그는 그 목표가 "삶을 되찾는 것"bring life *back*이라고 말했다.

삶을 되찾기 위해 삶을 살 수 없는 창발의 조건들로 되돌아가서, 삶의 시초가 다르게-창발하는 효과를 발휘하도록 방향을 재설정하는 환경적 권력이 바로 존재권력이다. 존재권력들은 산출하는 자연의 창발적 힘을 잘 이겨내고 더 나아가 그것을 낚아채기 위하여 그 힘에 다시 합류한다. 전역적 선제권력은 산출하는 자연의 창발적 힘이라는 사건을 대항-모방함으로써 그 힘을 낚아채는 존재권력의 한 양식이다.

좀 더 친숙한 정치적 용어로 말하자면, 전역적 선제권력에 대해 사용할 수 있는 한 단어는 신보수주의이다. 이 말의 사용은 그 자체로 일종의 대체사용인 셈이다. 왜냐하면 여기서 신보수주의라는 말은 어떤 특수한 정치적 기획을 밀어붙이는 역사적으로 특정한 집단을 의미하지 않기 때문이다. 이 맥락에서 그 말은 딕 체니와 도널드 럼스펠드, 그리고 그 동맹자들 이상을 의미한다. 이들은 밀레니엄의 교체기에, 포드 행정부에서 시작하여 레이건 대통령 집권기까지 계속된 전역적 선제권력에 기반한 미국의 외교 정책을 재편성하여 '미국 신세기 프로젝트'로 만들고 이로써 조지 부시의 행정부로 이어가려고 시도한 사람들이다. 신보수주의란 말은 그들의 행위로 표현된 경향을 의미한다. 이 말은 그런 경향이 그 실행자들의 퇴장이라는 구체적인 사례를 능가하게끔 만드는 추동력momentum을 의미한다. 이런 식으로 이해할 때 신보수주의란, 산출하는 자연이 반-사고의 역학에 의해 규정된 어떤 양식의 역사를 관통하도록 만드는 하나의 프로세스이다. 어떤 공공연한 정치적 기획에서 이런 경향이 표현되는 각각의 구체적 형태는, 그 경향의 전개 결과상, 영토화를 위한 연장적인 자연-문화 구별들을 보여줄 것이다(그것은 산출된 자연을 생산할 것이다). 그러나 그 경향 자체로는 자연이 자신의 자연화하는 원영토로 강력히 다시 합류함을 뜻한다. 이렇게 이해했을 때, 신보수주의는 권력의 자연(본성)의 강화작용intensification라고 할 수 있다.

프로세스process

이 글에서 제시하는 어법에서 '프로세스'란 시스템system과는 다르다. 프로세스는 영토의 기반이 아니라 원영토의 우발적 바탕없음을 그것의 적용 영역("그것이 자신을 식목하고 자신의 실제 효과를 생산하는 곳"[푸코 2003, 28])으로 삼는다. 프로세스는 보장받으며 재생산되는 연장적 구별에 안착하지 않는다. 프로세스는 포함적-이접의 놀라운 단순성에서 시작하여, 사건성이 충만하게 시스템의 정의를 통과하면서 거기에 부여된 모든 획득된 결정들을 흘러넘치며overspill, 결국 (이러한 실제로-통과하게-되었던-것의 결과로) 추가된 차이들과 함께 창발의 포함적-이접의 조건들에 복잡하게 합류한다. 프로세스는 이러한 잠재성의 생애 주기를 의미하는 것으로, 잠재성의 습격 또는 화이트헤드가 "진입"ingression이라고 부른 것에서부터 실제 결과로 드러난 변형 속에서 그것이 "충족"되는 것까지 다 아우른다(화이트헤드 1978, 26). 프로세스의 일관성이란 경향의 일관성인데, 항상 또 다른 차이를 생성해내는 식으로 자급자족하는 경향이 있다. 프로세스는 요동친다. 그것은 본질적으로 불안정하다.

반면에 시스템은 프로세스적 경향들의 교차로에서 발생하는 하나의 창발적인 잠정적 안정성이다. 그것은 프로세스적 경향들의 구성적 힘을 사이폰²⁸처럼 뽑아내어 그 자신의 자기-조직화로 보낸다. 시스템은 자신을 위해 사물들을 정리하기 위해, 즉 영토를 정하기 위해 스스로에게 피드백한다. 그것의 일관성 있는 양식은 자기-재생산이다. 시스템의 작동은 자신의 보전을 위해 자신을 피드백한다. 시스템은 자체 보호 기능으로 자신에게로 되돌아가는 작동 방식 덕분에 효과적으로 자기-참조한다. 시스템의 몇몇 작동들은 같은 시스템의 다른 작동들을 대상으로 진행되기도 한다. 이러한 자기-참조로부터 2차 자기-조직화가 창발하여, 기능적 자기-반영의 파생 차원에서 선도역량pilot capacity을 형성할 수도 있다.

프로세스와 시스템은 모두 반복적 운동을 한다. 그러나 프로세스의 반복적 운동들은 차이-참조적이다difference-referenced. 그것들은 변화-참조적이다alter-referenced. 그것의 경향은 효과로 생긴 추가 변이 쪽

---

28. * siphon. 곡선 모양의 관으로, 높은 곳에 놓인 액체를 낮은 곳에 놓인 용기로 옮겨 담는 데 쓰인다. 공기에 접하지 않아야 할 약 등을 옮길 때 쓰이며, 이를 위해 관 안이 빈 틈없이 가득 차 있어야 한다는 조건이 필요하다.

으로 향해있다. 반대로 시스템의 반복들은 자기-참조적이다.[29] 시스템의 경향은 잠정적 안정성을 재획득하거나 보존하는 쪽으로 향해있다. 변이 역시 규칙인데, 그것은 자기-보존의 부산물로서 나타난다. 그 변이는 적응적이다adaptive. 시스템의 적응성은 2차 자기참조의 진화에 따라 달라진다(2차 자기참조는 일단 발생하면 1차 작동들 혹은 자신이 어떤 대상에 대해 행해진다고 간주하는 작동들과 작동 면에서 분리하는 게 불가능하다.)

시스템은 프로세스의 반대가 아니다. 시스템은 프로세스의 한 표현 양식이다. 그것은 진입하는 잠재성의 결정되도록-결정된-결정을 스스로-안정화하는 표현인 것이다. 시스템은 자기보존(적응적 자기재생산)을 향한 프로세스적 경향을 구현한다. 프로세스와 시스템은 긍정적 피드백을 수반한다. 따라서 프로세스도 시스템도 우연성의 비선형성에 대한 해명 없이는 설명될 수 없다.

만약 시스템을 영토화라고 한다면, 프로세스는 탈영토화이다. 프로세스는 보편적 사건의 외부성에서 시작하고 그것으로 되돌아간다.

산출된 자연이 있는 만큼 많은 시스템이 있다. 그러나 프로세스는 오직 하나뿐이다. 그 하나의 프로세스, 즉 산출하는 자연에 해당하는 프로세스는 포함적 이접 관계 속에 놓인 재창발하는 경향들의 다수성을 견지한다. 이런 내재적 다수성의 관점에서, 어떤 경향도 분리된 것으로 표현되지 않는다는 점을 염두에 두고 어떤 한 경향의 수명을 의미하는 식으로 '하나의' 프로세스를 언급할 수도 있다. 프로세스의 구성적 힘의 침입은 그 시초적 표현에서 항상 한 가지 이상의 경향을 노출

---

29. 이 구별은 바렐라와 마투라나가 생각한 자기생성적 시스템과 이종생성적 프로세스 또는 "기계적 이질성"(Guattari 1995, 33~57) 사이의 카오스모시스(Chaosmosis)에 대한 가타리의 구별에 해당한다. 1장 주석 24 참조.

한다. 충만하게 사건성을 다 펼쳐내기 마련인 것은 바로 이러한 함께-도래함coming-together이다.

함께 도래하면서도 한데 묶일 수 없는 긴장이 펼쳐지는 와중에 경향들은 서로 경쟁한다. 하나가 다른 하나를 압도할 수도 있다. 기존의 경향이 결국 차이의 생산을 독점하는 걸로 끝날 수 있다. 많은 경향들이 완전히 표현되지 못하고 말 것이다. 더 창조적인 경우라면, 실제적으로 한데 엮는 새로운 역량이 그 펼쳐짐에서 창발할 수 있다. 프로세스의 펼침에 내재하는 어떤 공생symbiosis이 만들어진 셈이다. 시스템들은 제각각의 방식으로 경쟁하기도 하고 상호 적응하기도 한다. 전체적인 삶의 환경인 충만한 사건성 속에 있는 프로세스 경향들의 펼쳐짐의 복잡성과 그것들의 시스템적 표현들에 대해서는 생태적 접근을 할 필요가 있다. 더군다나 시스템과 프로세스 사이에는 긴장과 상호작용이 있기에 생태적 복잡성의 정도는 기하급수적으로 증가한다.[30]

기저-식민화

신보수주의는 산출하는 자연이 전역에 걸쳐 군사화되도록 만드는 프로세스이다. 군대가 정치화되는 것과 동시에 창발은 군사화되며, 민간의 삶을 전쟁의 연속체 위의 한 눈금으로 만든다. 전쟁은 더 이상 다른 수단들을 통한 정치의 연장이 아니다. 정치가 전쟁의 연속체 위에 놓인 하나의 강도intensity이다. 이 글에서 사용하는 용법상, 신보수주의

---

30. 자연으로서의 프로세스와 프로세스로서의 자연에 대해서는 들뢰즈와 가타리 참조: 자연은 "자연으로서가 아니라 생산 프로세스로" 살아간다(1983, 2~5와 곳곳에 나옴). 이 장에서 시스템에 대한 설명은 니콜라스 루만의 작업에 느슨하게 기대고 있지만 "작동적 폐쇄"(operational closure)와 관련해서는 중요한 일탈들이 있다.

란 전투 잠재력을 위해 산출하는 자연을 독점하려고 이런 프로세스적 경향의 지배를 위해 달려드는 비선형적 돌격이다.

신보수주의의 반사고적 권력은 모든 생명의 연장들에 내재한 원영토성을 점유한다. 그것은 기저-생명력infra-vital이다. 안으로 들어와, 위로 속으로 밖으로 뻗어나간다. 그것의 생명에의 내재성은, 무차별적으로, 죽음의 내재성이기도 하다. 즉, 언제 어디서나 생명의 위기가 창발할 조건들이 위협적으로 현실화되는 것이다.

반사고에 의해 점령된 원영토는 생명 작용의 경계선상에 있다. 거기서는 생명의 재시작이 서로 합선을 일으키는 근접성으로까지 말려 들어가서, 앞-뒤 진동이 '둘 다/모두'로 뒤섞인다. 그 운동은 너무나 리드미컬하게 팽팽하고, 압도적으로 긴장되고, 무차별적으로 강렬하여 비결정된 힘으로 충격을 가할 수 있는 것이다. 반사고의 도래는 ─ 그것이 선수를 치는 사건처럼 ─ 독특하고-포괄적인 정언명령을 수행한다. 재실행하거나 죽거나.

날 활동31

활성화activation는 이러한 생명의 강도 높은 경계에 있는, 도착하는incoming 사건의 맨 앞을 지칭하는 말이다. '날 활동'은 그에 대한 또 다른 말이다. 여기서 'bare'는 발가벗고 있다는 뜻이 아니라, '거의 ~ 없는'barely에서처럼 '없는 듯 있다'barely there는 뜻이다. 활성화는 독특하게 솟아나며 포괄적으로 생명을 위협하는 사건의 딱 그런 없는-듯-있

---

31. * bare activity. 여기서 '날'은 (1) '날 것'이라는 의미와 (2) '(생겨)나다'의 의미에서 따왔다. 산출하는 자연의 날 것 그대로의 성격, 그리고 창발의 시초에서 생겨나는 것이라는 의미를 띤다.

음으로, 아직 연장되지 않았으나 이미 차고 넘치며, 어떤 결과적 연장과 모든 연장된 자질들을 수행하며, 부풀어 오르는 잠재력 속에 있다. 그것은 침입의 몰아붙이는impelling 맨 앞, 압도적인compelling '모두-다'any-and-all의 없는-듯-있음이며, 사건성 충만하게 결정될 무엇이다.[32]

이것은 자격 없는 생명을 뜻하는 아감벤의 '벌거벗은 생명'bare life이 아니다. 아감벤의 벌거벗은 생명이란 선천적으로 문화와 정치로부터 배제된, 최소의 동물 수준으로 발가벗음을 특징으로 하는 생명의 거점station이다. 그것은 근본적으로 텅 비어있고, 살 가치가 없으며, 내파적 무관심 속에 있고, 하릴없이eventlessly 유보되어 있는 삶이다. 삶 속의 죽음, 그러니까 잠재적 사산. '날 활동'은 생명 창발의 기반 영역을 휘젓는 역동적인 비결정성의 팽팽한 긴장suspense이다. 그것은 지각할 수 없게 이미 일어나, 죽음의 위험을 수반하는 생의 다른 충동으로 강제적으로 imperative 옮겨갈 준비가 돼 있다. 그것은 삶을 잠재성으로 몰아붙이는

---

32. 여기서 '날 활동'이라는 용어가 사용된 의미는 화이트헤드의 작업과 긴밀한 대화를 한 과정에서 나왔으나, 그가 사용한 용법과 일치하지 않는다는 점을 유념할 필요가 있다. 실제로, 그는 반대의 의미로 이 말을 사용하는데, 활동이 지속되지 않는 현재 지점에서 선험적인 공간 틀에 기계적으로 발생하는 연장적 변위(displacement)로 구성된다는 뉴턴식 개념을 지시한다. Whitehead 1968(145~146) 참조. 이 글에서 'bare'라는 용어는 아감벤의 "벌거벗은 생명"(bare life)에 대한 균형추 역할을 하는 개념을 구성하기 위해 사용되었다. 이러한 용법은 다음과 같은 제임스의 개념과 일치한다. "이제 우리는 뭔가가 진행 중임(going on)을 발견하는 곳이면 어디나 활동이 있다고 확신을 갖게 된다는 점이 분명해졌어요. 가장 광범위한 의미에서, 뭔가가 [작용]하고 있음(doing)에 대한 포착은 활동에 대한 경험입니다. 만약 우리 세상이 단지 '아무것도 일어나지 않음', '아무것도 변하지 않음', '아무것도 하지 않음'이라는 말로만 기술될 수 있다면, 우리는 의심의 여지없이 이를 '비활동적인' 세상이라고 불러야 할 것입니다. 그래서 '날 활동'이라 함은 사건이나 변화의 날 사실(bare fact)을 의미합니다. '변화가 일어나고 있다'는 하나의 독특한 경험 내용, 즉 급진적인 경험주의가 그토록 되살리고 보존하려고 했던 '연관적인'(conjunctive) 대상들 중 하나입니다. 따라서 활동의 의미는 가장 광범위하고 모호한 방식으로 '생명'의 의미와 같습니다 …. 우리는 오직 활동할 때만 존재합니다."(We are only as we are active, James 1996a, 161).

(적극적으로 죽음의 잠재성까지 포함하여), 살아남기 힘든unlivable 어떤 것이다.

날 활동은 산출하는 자연 자체의 존재(권)력이다. 그것은 보수주의 권력이 선제적으로 기저–식민화하는 대상이다. 그 선제적 경향이 생명의 창발 자리를 대신 차지하고 반사고적 대체효과altereffect가 된다.

벌거벗은 생명에 대한 설명 : 아감벤에게 벌거벗은 생명은 "살아있다는 단순한 사실"과 연결된다. 이것은 기초적으로 정치로부터 배제된다. 이것은 정치적 생명(비오스)에 반대되는 동물의 몸(조에)이다. 언어 이전의 목소리에 해당하는 이것은 아감벤이 언어의 로고스와 연장선상에 있다고 간주하는 사회문화적 영역 바깥에 있다. 모순적이게도, 벌거벗은 생명의 '포함적 배제'는 정치적 주권의 "기원적 핵"을 형성한다. 비록 아감벤은 "독특한" 것의 논리적 지위가 이 포함적 배제의 예외적 상태 덕분에 생긴다고 보지만, 그의 벌거벗은 생명 개념은 전통적인 종과 속의 분류 논리에 매여있다. 벌거벗은 생명에서 독특한 점은 살아있는 존재들이라는 속의 한 종인 인간과 동물 사이에 놓인 차이의 삭막함을 부각시킨다는 것이다. 수용소의 수용자인 벌거벗은 생명은 임박한 죽음과 삭막한 대조 속에서 단지 살아있는 것 이상이 아닌 것으로 쪼그라든 존재를 보여주는, 동물화된 인간의 삶이다. 벌거벗은 생명의 예외상태는 인간과 동물 사이의 특정한 구분을 재생한다("그것을 재현하지 않고 표출하면서"). 벌거벗은 생명이 근본적 배제뿐만 동시에 기초적 포함과 연루된다는 사실로 인해 그것은 그 둘 사이의 "미분화 지대"로 밀려난다. 기원적 핵으로서 미분화 지대 속에 있는 조에와 비오스의 근접

성은 종합 없는 변증법을 구성한다(아감벤 1998, 1~10, 24).[33]

현재의 설명에서, 하나의 개념 군이 활성화된다. 바로 '독특하고-포괄적인 것'이다(이는 펼침을 위한 분류가능한 차이들이 생산적이게 되는 힘이지, 선결정된 분류들의 기초적foundational 재실행을 보여주는 힘이 아니다). 죽음의 위기에서조차 다시 떠오르는, 활동적인active 생명의 "결정되기로-결정되어-있는 비결정성의 지대"(대vs 죽음과의 순수 근접성이 지닌 수동성으로 쪼그라든 미분화의 지대), 다중적multiplicitous 경향의 효과적 과부화로서의 '포함적 이접'(상호 포함의 모순적인 생산 논리 대vs 배제된 포함의 모순이 지닌 탈잠재화depontentializing), 충만한 사건성의 양성적 형성의 힘(대vs 종합 없는 변증법의 아포리아). 이런 개념들은 그 논의를 존재생성적 원영토로 옮겨 놓는다. 그 원영토는 어떤 토대론적 의미에서처럼 몸/문화, 동물/인간, 자연적/정치적, 사적 가정 영역/공적 영역 같은 대립을 취하지 않으며, 일반-특수의 분류적 차이와 아포리아 중 하나가 아니라 자기조직하는 복잡성의 논리를 제시하는 것이다. 여기서 삶과 죽음의 근접성은 자비에 비샤에 대한 푸코의 논의 선상을 따라 더 잘 개념화된다. 들뢰즈는 이를 다음과 같이 해석하고 있다.

형식화되지 않은 바깥은 하나의 전투이다. 특이점들singular points과 그것들 사이의 힘 관계가 동요하며 뒤섞이는 소용돌이 허리케인 지대이다…불확실한 이중성과 부분적 죽음의 영

---

33. 여기서 내가 쓴 "미분화"(undifferentiation)는 프랑스어 번역을 따랐다. 영어 번역에서는 "비구별"(indistinction)로 되어 있다.

역, 여러 사태들이 계속해서 창발하고 사라지는 곳 … 이것이
미시정치학이다. (들뢰즈 1988, 121 ; 번역 부분 수정)

이 창발의 미시정치학 지대에서의 동요들은 "수집되고 경화되
어" 지층이 되거나 여기 이 장에서 말하는 영토나 체계가 된다.
그러한 수집과 경화는 더 높은 단계, 즉 그것들의 창발의 독특
하고-포괄적인 지대와 필수 접촉vital touch을 유지하면서 연장적
구분을 작동시키는 거시 체계로 상향되는 것을 포함한다. 그것
들은 작동 중에 자체-적응하는 조정의 형태로 그 독특하고-포
괄적인 지대의 사건 에너지를 포착하여 그것을 자신의 추동력
으로 변환시킨다. 여기서 중요한 점은, 들뢰즈의 용어로, 지층은
근본적으로 "영속적 불균형 속에서의 불안정한 물리적 체계"로
서 그것들의 구성적 작용들은 "어떤 순열조합combinatorics과도
구별된다."는 것이다(들뢰즈 1988, 35~36 ; 번역 일부 수정 ; 강조는 마
수미). 이 지층들은 불안정성의 조건들하에서 일시적 안정성을
획득하는데, 폭풍같은 우연적 사건의 침입으로부터 하나의 작
동 질서를 억지로 만들어낸다. 그것들의 일시적 평형상태는 영
속적으로 다른 침입들에 의해 교란되며 다시 반복적으로 재획
득해야 한다. 그것들은 재-자기-조직화이며, 일련의 되어감be-
coming이다. 한편, 아감벤에게서는 '정치'와 '문화'의 이미 구성된
영역은 언어적 순열조합 모형을 근본적인 것으로 보는 구조주
의자들의 기호 체계와 유사한 규범적 작동 체계라고 정의된다
(아감벤 2005, 36~37). 하나의 순열조합은 끝없는 시리즈로 이어
지는 치환의 생성 가능성을 지니고 있지만, 그 자체로는 불변한
다. 그것은 공시적인 매트릭스로 정의된다. 이 말은 그것의 정의

가 되어감을 배제한다는 뜻이다. 그것은 정의상 비역동적이다. 되어감이 없는 상태, 즉 비역동적인 매트릭스는 순수하게 논리적이다(작동적 논리라는 의미에서가 아니라, 일반적 의미에서). 그것이 정의하는 조건은 단지 가능성의 논리적 조건일 뿐이다. 구조주의적 순열조합에 대한 아감벤의 강조는 벌거벗은 생명의 동물성을 근본적으로 배제하는 것에 대한 강조와 더불어 시스템의 물리성을 괄호 치며, 그것과 함께 창발성을 지닌 실제적이며, 잠재적으로 부과되고, 자연화하는-자연적 사건을 괄호 친다. 한마디로, 그것은 현재 일어나는 날 활동의 발단을 괄호 치는 것이다. 날 활동을 괄호 치는 것은 시스템을 그 창발의 실제 조건들과 분리하는 것이다. 달리 말해, 그렇게 하는 것은 이 글에서 정의된 시스템[체계]를 프로세스와 분리한다.

이처럼 아감벤의 책에서 벌거벗은 생명 개념의 효과적인 역할은 활력vitality을 가능성의 조건에 양도하는 것이며, 이것은 포함적 배제라는 아포리아에 의해 강타당한다. 이것은 독특하고-포괄적인 형성적 힘인 보편적 사고accident의 존재론적인 것 – '존재권력'이 더 나은 표현인데 – 을 잃어버린 자기 패배 논리를 낳는다. 그러므로 잠재력의 특징적 표현signature expression은 '~하지 않을 권력'power not-to, 즉 잠재력의 아포리아적 자기-중지로 이해할 수 있다. 이는 그 최고 표현에서 잠재력을 독특한 것the singular이 진입하는 힘으로부터 분리하여, 역설적이게도 그것을 물리적 불이행default에 의해 포괄적인generic 것으로 만든다(오직 논리적인 독특성만을 남기면서, 그것도 아포리아적 방식으로). 그래서 잠재력의 최고 수위는 중지된 강도의 영도이며, 이는 현재 상황에 붙들려 있기 때문에 중지 속에 있는 n번째 강도에 반대된다. 잠재성은 둔감하게 자기-순환적이게 된다(아감벤의 바틀비). 그것은 다가오는 존재생성적 사건의 날 활동적 끼어듦 같은, 그것의 우연적인 침입의 예리함을 잃는다.

사실 힘force의 개념은 아감벤에게서 중심적인 개념이다. 그러나 그는 독특한 것에 계속 순수하게 논리적인 지위를 부여하는 까닭에, 독특한 것이 작동케 하는 생성적generative 힘은 순수하게 형식적인 것이 된다. 이것은 전적으로 법의 개념에 묶여있다. 더 이상 문제는 시간의 힘이 아니라 법-의-힘이다. 법-의-힘은 그것의 "적용가능성"과 "분리"된다. 법은 적용되면서 경험적 영역에 규범적인 효과를 일으킨다. 법-의-힘은 효력을 지닌 모든 법률act에 내재하는 "미결정적 요소"이다. 그 미결정적 요소 덕분에 그 법률은 "강제력"capacity to command을 부여받는 것이다. 법-의-힘은 법의 "형식적 본질" 이상의 그 무엇도 아니다. 효과적으로 생성하는 정치적 사건은 규범-생성적 법률 속에 있는, 법의 정수의 정언명령적 내주內住, indwelling이다. "규범화"normation와 법 사이의 생성적 상호성과 직면한 예외상태에서 독특한 것은 법의 적용가능성이 법의 힘과 분리된 어떤 "아노미 공간"을 그것이 연다는 점이다. 이는 "잠재력과 행위act를 … 근본적으로 분리"하는 것에 해당한다. 이것은 일종의 "허구"fiction이지만, 정치에 내재한 효과적인 허구이다(아감벤 2005, 35~39). 독특성에 대항하는 모든 행위는 이러한 아노미 공간을 전제해야 한다. 대항-독특성의 행위는 허구를 "보여"주기 위해서 아노미를 점유하는 데서 성립한다. 그것은 "스스로를 노출"시키면서 이를 행하며, 오직 그 자체를, 그것이 짝으로 대항하는 특유함인 예외상태처럼 경험적 지시대상이 없는 표현의 "순수 수단"으로서 노출한다. 이것은 에밀 방베니스트의 구조주의적 언어학에서 말하는 순수한 자기-참조 행위이다(아감벤 2005, 87~88). 그것은 하나의 언어 행위이다. 아감벤에게 그 행위는 삶과 동의어로서, 규범 바깥이자 규범에 반대한다. 삶이란, 아감벤에게, 규범화normation에 반하는 아노미이다. 그의 정치적 사유 속의 모든 것은 규범과 법 사이에서, 그리고 그것들의 정치적 토대가 되는 상호적 전제와 언어와 동격인 '삶' 사이에서 작동한다. 다시 한번, 물리성physicality은 중단된다. 동물은 '삶'에서 배제된다(생명정치에서가 아니라면 말이다. 아감벤은 이것이 정치적, 문화적 영역에서 동물성의 포함적 배제가 효과적으로 펼쳐진/운용된playing out 것으로 본다.) 그 결과는 언어를-부여받은-자의 예외주의이다. 스스로 중지된 상태일 수 있지만(말하는 존재가 말하지 못하는 동물이 있는 미분화의 지대에 들어갈 때), 결코 피해가거나 극복될 수는 없는 그런 예외주의. 그렇지 않다고 주장하지만 이것은 결국 언어를-부여받은 인간이 동물에 대해 정당한 우위를 차지하는 셈이 된다(하이데거에게서처럼).

여기서 발전된 시각은 동물과 삶을 설사 '포함적으로'라고 해도 정치에서 배제하기를 거부하거나 어떤 식으로라도 인간의 표현을 인간 몸의 동물성과 분리하기를 거부한다.[34] 그것은 어떤 식으로든 법을 근본적인 것으로 보길 거부하거나 삶을 규범화와 아노미 사이의 대안으로 가두기를 거부한다. 그것은 창조적 자연의 철학 속에 삶을 새롭게 자리매김하며 날 활동으로

---

34. 동물에 대한 아감벤의 책(2003)에 대한 의견을 포함하여 아감벤과 관련된 이러한 점에 대한 자세한 내용은 Massumi (2014a, 67~68, 111n60, 115n5)를 참조할 것.

재부상시킨다. 그 창조적 자연이란 법의-힘이 아니라 시간의-힘이 정언명령으로 펼쳐지는 가운데 차이를 효과적으로 창조하는 자연이다. 이 설명에 따르면, 생성적 과정 속에 어떤 '본질적인' 법의 개입은 없다. 단 하나의 법*the* law이란 없다. 항상 산출된 자연이라는 결과적 차원 위의 법들이 있을 따름이다. 궁극적인 개념은 법과 언어가 아니라 활동과 프로세스이다. 활동적 프로세스는 보편적 활기-불어넣어짐animatedness이다. 인간과 동물 사이의 범주적 대립은 — 설사 이 활기-불어넣어짐을 물리적인 것으로 생각해야 한다 할지라도 — 이러한 개념에 전혀 적절치 않다. 활동적 프로세스의 물리성은 우리가 일상적으로 사용하는 의미의 동물성으로 축소될 수 없다. 왜냐하면 그것은 사건성eventness의 비물질성, 경향, 그리고 활기-불어넘어짐의 체험된 성질(즉, 정동affect)과 분리할 수 없기 때문이다. "물리성"은 푸코가 말한 "비육체적incorporeal 물질주의"(푸코 1982, 231)[35]로 이해해야 한다. 법, 규범, 언어는 모두 산출하는 자연의 물리적 활동화animation로부터 재-도출해야 한다. 법이 생성적 효과를 발휘하기 위해서는 자연의 활성적 과정을 통해 다시 순환하여, 지층 속에서 재결집시키고 재강화하고 자기-조직하는 체계에 의해 재포획되어야 한다. 법들에 '본질적'인 유일한 한 가지는 사건에 대한 그것들의 파생적인 지위이다. 법을 생성적 사건의 '외부성'으로 다시 고쳐 생각하기 위해서는 생명과 정치에 관한 논의에서 (들뢰즈-니체적인) 푸코를 아감벤의 (구조주의-하이데거적인) 울타리에서 분리하여 생명정치를 존재권력과의 관계 속에서, 그것과 대조되

---

35. 비육체적 물질주의의 일부인 동물성에 대한 확장된 개념은 Massumi (2014a) 참조.

는 것으로 재사유하는 데로 나아갈 필요가 있다. 그 기획은 생성적 힘의 능동적 잠재력을 확신하는 자연에 대한 계보학적 정치철학을 위한 것으로, 이는 묵시론적 법의 근본주의라는 부정신학에 대항하는 것이다. 활동성과 프로세스[과정]의 개념에 공공연하게 연접된 그 철학은 화이트헤드의 철학이다. 화이트헤드의 정치적 사유가 푸코의 것과 아무리 멀어 보일지라도 권력의 생태계에서 그들의 만남은 단지 자연스러울 따름이다(들뢰즈가 둘 사이에서 매개하는 역할을 하는 것이 자연스럽듯이).

국가사업 비상사태

창발을 전역적 선제권력이라는 반-사고로 대체하는 것은 부시-스러운, 차원이 다른 "삶을 되찾기" 위한 존재생성적 씨앗을 심는다. 그러나 이를 위해 선제권력이 자기가 대응하려고 하는 사고를 모방해야 한다면 그 반-사고가 자기의 적이 되는 것을 어떻게 막을 수 있을까? 반-사고적 대응행위가 스스로 증폭하여 시스템 붕괴로 이어지는 것을 어떻게 막을 수 있을까? 이것이 바로 신보수주의 권력이 본질적으로 대면하고 있으며 종종 굴복하곤 하는 실제 위험이다. 2003년 5월 이라크 전쟁에서 선제적 "승리"를 했노라고 말한 부시의 선언은 아프가니스탄, 그다음은 파키스탄, 다시 이라크로 번졌던 지리멸렬한 자가-증폭하는 지리정치적 위기 이상의 어떤 것도 말해주지 못했으며, 그 위기는 미국 정부가 교체된 지금도 여전히 수년 동안 지속되면서 자체 진행된 결과 수없이 많은 목숨을 앗아갔다.

'성공'의 위험이 그토록 지대하다면 왜 그런 위험을 감수해야 하는가? 왜냐하면 그에 대한 지분도 그만큼 높기 때문이다. 신보수주의 권력의 프로세스는 홀로 움직이지 않는다. 그것은 존재생성적 2행시의 절반에 해당한다. 그것은 영토적 시스템에 초기 대항효과를 제공함으로써 그들 시스템의 진화를 돕는 한편, 이와 비슷하게 그것이 하나의 존재생성적 시스템으로서 보조해주는 다른 프로세스[신자유주의]와 협력한다. 그것은 이 다른 프로세스에 자신의 반격을 증폭시켜 어느 정도 지속가능한 대규모 생명 시스템의 적응형 변조물로 만드는 일을 맡긴다. 그런 전향제어가 성공하면, 무차별적인 위협의 편재성은 일종의 창발적 글로벌 질서로 변환된다. '성공적인' 군사 개입은 더 수준 높은 승전보를 울리기 위한 첫 몸짓일 뿐이다. 대규모의 위기를 감수하고, 그에 따라 많은 목숨을 잃는 것은 그 지분이 더할 수 없이 지대하기에 그럴 만한 가치가 있다. 적어도 그것은 지구적 규모이다. 선제권력은 그 자신처럼 편재적이고 범위가 무제한적이며 극단적으로 독재적인monopolitical 어떤 거시과정macroprocess의 창발로 향하는 삶의 환경을 기저-식민화한다.

어떤 프로세스에 의해 그런 연쇄가 일어나는지에 대해 의문이 있을 수 있는데, 부시는 다시 카트리나-이후 연설에서 이 점을 명확하게 만들었다. 그는 그 태풍을 두고 자연재해나 국가적 비상사태라고 말하는 대신 "국가 사업의 비상사태"national *enterprise* emergency라고 칭했다. 신보수주의자들이 국가 안보 활동을 자연화하는 것은 이중의 운동의 반쪽에 해당한다. 권력이 삶을 되살리기 위해 창발의 날 활동적 영역으로 들어갈 때, 유도된 삶의 귀환은 삶의 재기를 자신의 지구적 날개 아래 감싸는 경제적 확장주의를 충족시킨다.

선제권력은 체계 간 향상 효과를 위한 잠재력을 제공한다는 점에서 능동적인 권력이다. 이는 그것의 개입이 비선형 상승효과가 경제적인 승수효과 형태로 나타나는 증폭 운동에 시동을 걸 때 극대화된다.

카트리나에 대한 부시의 대응이 지닌 사업적인 면모는 정부 지원을 민간 부문에 대한 아웃소싱으로 대체하고, 정부가 계획하고 규제하는 재건이라는 안전망을 외면하면서 그 대신 카트리나 직후 대대적으로 일어난 사업 투자의 돌풍을 허용한 전략에서 대표적으로 드러난다. 그목표는 안전 보장이 아니라 생산성 부양이었다. 그 목표는 이미 동요된일상을 감지할 만한 수준의 안정성으로 되돌리는 것보다는 고삐 풀린자본가 기업에 의한 신자유주의적 '용감한 신세계'로 재빨리 전진하는데 있었다.[36] 이와 똑같은 충동이 이라크 침공 이후 이라크에서 일어난일련의 광범위하고 일방적인 법령들에 의해 공식화되었다. 부시 대통령의 승리 선언 직후 개설된 연합군임시행정처[37]의 폴 브레머가 발표한그 법령들은 국제통화기금IMF의 익숙한 청사진에 따라 이라크 경제를신자유주의적 꿈의 길에 맞춰 근본적으로 재구성했다.[38]

신자유주의는 신보수주의와 자매 관계인 프로세스이다. 이 시대에그것이 작동할 때는 선점된 산출하는 자연의 급습을 경제적 가치 창출로 이어가는 공생적 릴레이의 성향을 띠게 되어있다. 신자유주의는 모든 경향의 형성적 힘이 릴레이처럼 펼쳐지는 것을 잘 받아들인다. 그러나 그것은 가장 우발적으로adventitiously 신보수주의적인 성향이 있으며, 이익 창출의 방향으로 흐른다. 더 정확히 말하자면 경제적 잉여-가

---

36. 이는 카트리나 이후 수년 동안 뉴올리언스의 공립학교 체계 전체를 민영화하는 것으로 확대되었다(Layton 2014).

37. * CPA, Coalition Provisional Authority. 2003년 3월 미국의 이라크 침공 직후인 그해 5월에 설립된 이라크 과도 정부로, 행정, 입법, 사법의 권한을 부여받았으며 2004년 6월 28일까지 지속되었다.

38. 브레머의 법령에 대한 자세한 설명은 Juhasz (2006, 185~260) 참조. IMF의 신자유주의 모델과 그것의 개발도상국들에 대한 세금 부과의 역사에 대해서는 Klein (2008) 참조. 신자유주의 모델은 오늘날 전투에서 미국이 행사하는 편재적 성격의 군사작전을 아웃소싱하는 것과 더불어 전쟁 자체를 기소하는 것으로까지 확대된다.

치의 창출이다. 즉, 투자 자본은 자기의 프로세스 속으로 피드백하면서, 단지 성장을 견인할 뿐만 아니라 (적어도 이론상으로) 성장 속도를 가속화시키는 승수효과를 생산한다. 이 글에서 사용되는 신자유주의의 의미는 신보수주의와의 공생을 통해(하지만 또한 그것의 고유한 방식, 가령 생명공학 산업에서와같이 순수한 자본주의적 관심에 따라 생명의 발아를 기술적으로 대체해가는 방식을 통해) 존재권력적ontopowerful으로 바뀐 자본주의의 프로세스이다. 신자유주의와 신보수주의의 공생은 긴장이 없지 않다. 비록 우발적으로 공생의 성향을 띠지만, 이 둘은 교대로 생명의 원영토에 재합류하면서 또한 각자의 길을 간다. 확실한 연장extention이 결여된 원영토에는 어떤 경계선도 없다. 따라서 두 프로세스 모두 독점적 경향을 띠며, 또한 역시 각자의 길을 간다. 이들이 서로 다른 독점 양식으로 동일한 경계없음을 공유하기 때문에 이 두 프로세스는 자연스럽게 잠재적으로 충돌한다.

보안을 넘어

하나의 프로세스로서, 신자유주의는 안정성을 전제하지 않는다. 보안의 안정상태를 유지하는 것을 최우선으로 삼지 않는다. 폴 브레머가 이라크에서 승진하기 얼마 전에 발행된 지구적 탈규제의 미덕을 칭송하는 한 백서에서 그는 미국 기업 임원들의 68퍼센트가 신자유주의 정책이 위험도를 증가시킨다고 믿는다는 여론조사를 인용하고 있다(브레머 2001). 그러나 해당 정책에 대한 지지도 역시 이에 상당할 정도로 높았다.

신자유주의는 불확실하고 신보수화하는 환경의 복잡성과 씨름하고 있으며, 그런 환경의 위험은 단지 그 환경의 고유한 지역적 특징일 뿐만 아니라, 그 흔적을 완전히 지울 수도 없고inexpungible 그 정체를 알 수도 없는 것이다. 안전하게 폐쇄된 영역에서 작동하는 것과는 거리가 먼 신자유주의는 미셸 푸코가 삶이 "일련의 사고들"의 "의존" 아래로 추락하는 "불명확한 내재성의 영역"이라고 칭한 것 속에서 작동한다(푸 코 2008, 277). 푸코는 계속해서, 이런 환경에 사는 개별 인간의 관심사 는 "무한히 많은 일들", 즉 "모든 면에서 그를 능가하며 그를 비껴가는 elude 세상의 추이와 관련된 ⋯ 그가 아무것도 할 수 없고 예측할 수도 없는 자연의 사고들"에 좌우될 것이라고 말한다. 신자유주의의 사업하 는enterprising 개인은 하나의 "통제할 수 없고 규정할 수도 없는 전체", 즉 산출하는 자연으로부터의 급습이라는 교란하는 자비에 내맡겨져 있다. 그럼에도 불구하고, 이 "명백한 혼돈"으로부터 수렴적 질서의 "능 동적 효과"가 자발적으로 발생한다. 이 자발적인 자기-조직화는 보편 적인 위험 환경에서 펼쳐지는 개별 생명체들의 생산 활동 사이의 상승 효과로 인해 발생한다. 개체의 활동들은 자동적으로 그리고 상호적으 로 재조정되어 "어떠한 초월도 없이" "직접적으로 곱하기하는" 메커니즘 을 만들어낸다(2008, 277~278). 신자유주의는 어떤 내재성의 영역에서 작동하는데, 여기서 그것의 날 활동은 기업 활동을 전향-제어하고 그 것으로 변환되어 경제적인 승수효과를 지닌 자체-확장 패턴으로 증폭 되며, 이는 하나의 창발적 질서가 된다. 자신의 환경적 창발 조건을 결 코 능가하지 않는 그 질서가 바로 지구화하는globalizing 프로세스로서 의 신자유주의 경제이다. 신자유주의 경제는 보통 지구적 '시스템'이라 고 불린다. 그러나 현재 이 용어는 하나의 오칭이다. 신자유주의 자본 은 어떤 패턴을 지닌 특정한 체계적 패턴보다 그 자체의 풍성하게 불합 리한irrational 탄력(앨런 그린스펀의 말을 재서술함)을 중요시한다. 그것 은 자기-보존보다 "창의적인 파괴"를 중요시한다(조셉 슘페터). 여기서 정의된 것처럼, 한 시스템과 자본주의 프로세스의 변덕스러운 자기질서의 차이를 나타내기 위해 들뢰즈와 가타리는 "공리적"axiomatic인 것이라는 개념을 빌려와 설명하려 한다(들뢰즈와 가타리 1987, 460~473).

신자유주의 경제는 복잡하게 상호 연결된 전 스펙트럼, 즉 지역적인 차원에서 국가적인 차원, 그리고 지구적인 차원에 이르기까지 그 본성상 하나의 사업적 비상상태 속에 놓여있다. 그리고 그것은 그 조건을 포용한다. 신자유주의 경제의 메커니즘은 준準안정성metastability의 파도를 타고 영구히 불확실한 환경의 난류를 통과해 흐른다. 준안정성은 일시적 안정성이 아니라 파동 패턴이다. 신자유주의의 준안정적 질서는 상세불명의 사고(및 반사고)의 통제불가능한 의존성 아래에서 명시적으로 작동한다. 그것은 폭풍으로부터 스스로를 보호하려고 체계적인 시도를 하는 법이 없다. 그것은 평형상태와는-동떨어진 환경의 난기류를 따라 자연발생적으로 자기-조직화한다. 이 환경의 내재적인 동요는 갑자기 위기로 떨어지는 자체의 파도-수렴적인 동반 상승효과의 유령과 함께 신자유주의 질서 주변에 출몰하는 걸 결코 멈추지 않는다. 파국의 유령과 마주했을 때 신자유주의 질서는 자기방어적으로 안쪽으로 움츠리지 않는다. 그것은 완전히 존재생성적 바깥의 위험을 전제하고 있다. 준안정적 질서는 불안정성을 긍정적으로 구현한다. 스스로에게 돌아가지 않고 앞으로 달아난다. 그것은 자신의 불안정성을 살아낸다. 그것은 모든-곳에-뚜렷한 혼돈의 파도를 타며, 끝점에서 창발하는 질서이다. 이 질서는 자기-반성을 중단시키는 것과는 거리가 멀다. 그것은 오직 자기의 탄력을 높이기 위한 하나의 기술적 메커니즘으로서만 자기-참조한다(이런 것이 시장 지표의 목적이다). 시스템의 맥락에서 자기-반성이란 적응적으로 자기-규제한다는 뜻이다. 신자유주의는 산출하는 자연을 따라 규제완화적이다. 이로 인해 끊임없이 적응하도록 도전받으며, 그래서 프로세스 진행상 더 강하게 된다.

예외상태 주식회사

불안정성에서 태어나고 그것을 양분으로 삼는 말단 시스템[39]에서 카트리나 같은 대규모 태풍처럼 어떤 '비정상적인' 사고로 인한 혼란은 실제로 크나큰 기회를 제공할 수 있다. 일백 년에 한 번 일어날까 말까 한 허리케인은 정확히 신자유주의 자본주의의 원동력이 되는 평형상태와—동떨어진 창조적 파괴의 '자연적인' 한 사례이다. 그 문제에 있어서 어떤 사고가 비정상적이지 않겠는가? 사고의 본질이 바로 사태의 정상적인 과정course을 혼란시키는 것이다. 신자유주의에서 규범성은 기본적인 관심사나 심지어 구성적 요인이 되지 않는다. 신자유주의적 경향은 푸코가 규율권력이라 특징지었던 체계들이 그러하듯이 규범을 주조하는 데 있지 않다. 오히려 신자유주의의 경향은 예외상태를 포착하여 그것을 '합체'incorporate하는 것이다(이 단어의 두 가지 의미 모두에서).[40]

신보수주의 권력은 이에 적극적으로 의견을 같이한다. 그것은 예외의 축을 따라 자신의 프로세스를 재정렬하면서 끈질기게, 전역적 무력force의 자의적 행사에 대한 제도적 규제로부터 운용상 발뺌할 구실을 찾는다. 신보수주의 권력은 예외상태를 자신에게 합체시키는 것보다, 국가 및 정부 권력의 조직에 난 구멍의 틈새를 통해 예외상태를 재

---

39. * edge system. '말단 시스템'에 대한 설명은 4장 참조.

40. * 'incorporate'은 'in' + 'corpus'(몸체)가 결합된 말로 '어떤 것을 기존의 몸체에 합치다'는 의미가 있다. 현대에 들어서 이 단어는 '법인(法人)으로 만들다'는 의미로도 쓰인다. 마수미는 이 대목에서 예외적 현상을 활용하여 그것을 이윤 사업으로 연결 짓는 신자유주의의 경향이 이 단어에 들어있다고 보는 듯하다.

촉하는 일을 더 많이 한다. '국가권력'이란 말은 국가 행정부와 입법 체계 및 관련 법제 체계(헌법, 민법 또는 관습법) 사이의 상호 작용을 의미한다. '정부 권력'이란 공식적으로 국가의 행정부의 일에 해당하는가의 여부와 관계없이 푸코가 말한 확대된 의미의 규율 체계로 이해된다. 이것은 영토화된 체계의 인구 길들이기가 어떻게 서로 관련되는지 '합리적으로 설명'함으로써 삶의 환경을 일시적으로 안정화시키고 외관상 안전하게 만드는 것을 목표로 한다. 신보수주의가 국가 및 정부 권력으로부터 빠져나감outs은 반사고적 타격의 끼어들기cut in를 가능하게 만든다. 선제권력에 전념하는 신보수주의는 삶의 전반적 환경이 무차별적인 위협에 휘둘리는 대로 효과적으로 합리화될 수 있다는 원칙에 따라 스스로 기만하며 작동하는 권력 형태들에 대해 프로세스적인 냉소적 태도를 취한다. 국가 및 정부 권한의 한계에서 가능한 한 모든 것을 취하는 신보수주의적 권력의 성향은, 이제는 무법지대인 '흑인 거주지'가 대체한 감옥 체계 같은 규제된 규율권력도 피해간다. 선제권력이 사고의 '비정상성'을 얼마나 꽉 껴안는지를 생각해본다면 이런 것은 지극히 자연스럽다.

> **국가권력에 대한 논의.** 푸코는 신자유주의적 통치성을 "환경적 개입 유형"으로 정의하는데, 여기서는 "게임의 경기자보다는 게임의 규칙에 따라 행동이 일어난다"(2008, 260). 그것은 "변동을 거듭하는 프로세스에 노출되어 있는 차이 시스템의 최적화"(259)와 결부된다. 차이들을 결정하는 자기-조직하는 시스템들과 그 시스템들이 구성적으로 열려있는 유동적 프로세스를 구별하는 것은 이 시대의 통치성을 규정하는 푸코의 정의에서 필수적이다. 정부의 행동이 그 게임의 "환경적" 규칙에 따른다는

것은 생태학적 권력 이론을 불러일으킨다. 여기서 관심은 개인적인 인간 행위자에 맞춰지는 것이 아니라, 사고가 발생하기 쉬운 공변량covariation의 개방 지역에 존재하는 자연-문화 체계들 사이의 상호작용들에 맞춰진다. 권력의 작용방식에서의 이러한 변화는 권력의 연속체에서 규율권력이 협력하는 방식에 대해 재협상하는 "규범-규율 체계의 대규모 후퇴"(260)와 부응한다. 여기서 사용하는 '국가권력'이란 말은, 푸코의 "주권권력"("죽이거나 그대로 살게 놔두는" 권력)과 "규율" 권력(자기-봉쇄 속에서 작동하는 집단적 장치에 의한 개인의 규범적 생산)[41], 그리고 "통치성"("살게 만들거나 죽게 내버려두는" 공식을 따르는 열린 "교류"transactional 영역에서의 생산 조절)[42] 사이의 권력 체제들(실제 존재하는 각 국가의 사례에서 저마다 독특하게 드러난다)이 혼합된 것을 의미한다. 통치성은 국가권력과 겹치지만 그것으로 축소될 수 없다. 즉, 통치성은 "국가에 외재적이기도 내재적이기도 한데, 왜냐하면 국가의 권한에 속하거나 속하지 말아야 할 것에 대한 지속적인 정의를 허용하는 것이 정부의 전술이기 때문이다"(푸코 2007, 109). 국가를 넘어서서 국가를 포괄하는 통치성은 국가권력에 정의하는 압력을 행사하여 규율권력에서 상당히 멀어지게 하는 동시에 그것을 주권권력의 자의성과 긴장관계에 놓이도록 위치시킨다. 이러한 원심력에 대한 주권권력과 규율권력의 반발력은 상호 간 재통합과 재수집(때로는 상호

---

41. 푸코의 규율권력에 대한 이론은 『감시와 처벌 : 감옥의 탄생』(1977a) 전반에 걸쳐 개진된다. 푸코는 『사회를 보호해야 한다』(2003)에서 주권과 생명권력에 대한 주제로 되돌아온다.

42. 정부를 "교류적"으로 보는 것에 대해서는 Foucault (2008, 12~13, 297)를 참조.

제한)의 지속적인 움직임을 일으킨다. 선제적이고 자본주의적인 프로세스와 상호작용하는 이러한 권력 체제의 상호적 재통합 움직임은 하나의 체계로서의 현대 국가를 정의하는 것이다.

국가권력의 위상학은 실제로 존재하는 특정한 국가의 대표적인signature 국가-재통합의 운동이 프로세스의 구성적 힘에 의해 갑작스럽게 조정될 때 이를 관통하며 움직이는 경향들에 대한 평가에 기반할 것이다. 이것은 일종의 진화적 경향에 대한 생태학적 평가이다. 이는 구조에 대한 서술이 아니다. 특히 그것의 통계적으로 평균적인 기능에 대한 것이 아니다. 프로세스를 그림에 포함하여 고려할 때는 언제나 개념화는 기존의 구성체에 대한 모든 기능적 설명을 경향과 연결 지어야 한다. 다시 말해, 평균화된averaged-out 존재(함수)는 독특한 다시-되기rebecoming에 연결되어야 한다. 즉, 속성에 대한 '무엇'what(그리고 '무엇을 위해?'what for?)이 형성적인 '어떻게'how('뭐라고요?'come again 에서처럼)와 연결되어야 한다. 선제권력이 끼어드는 국가권력에서 나온 임의적인 결과물들은 전통적으로 주권권력을 조정했던 국가의 이성에 경향적으로 종속되지 않은 방식으로 주권권력을 재창안한다.[43]

---

43. 푸코는 국가의 이유(raison d'état)를 주권권력의 임의성에 대한 이중의 제한이라고 정의한다. 한편으로, 그것은 고차원적 법의 초월적 제한이다. "국가의 정부는 국가 위에 있거나 국가를 지배하며 국가 바깥에 있는 많은 원칙과 규칙을 분명히 존중해야 한다. 국가 정부는 국가와 동질적이지 않거나 내재되지 않는 법으로서 신법, 도덕법, 자연법을 존중해야 한다"(Foucault 2008, 4). 다른 한편으로, 순환의 통제와 합리화(경찰) 및 계약 관계의 통제와 합리화(법적-법률적 장치)와 관련하여, 안전 및 규제(regulation) 메커니즘의 형태로 자신의 응용 분야에 내재하는 주권권력이 되는 것. 이는 그 자체로 권력의 한 형태로서의 자유주의적 통치성이 창발하기 위한 조건들을 창조한다(2008, 5~10). 자유주의적 통치성은 내재적 규제가 국가로부터 독립되어야 한다(규제완화)고 주장하는 경향에 의해 활성화된다. 이제 삶의 환경과 동의어가 돼버린 경제 시스템의

존재생성적 2행시

선제권력의 우위를 주장하는 신보수주의와 신자유주의가 결합한 쌍은 전쟁을 평화로 이행하는 전역적인 준군사적 연속체 위에서 작동하는데, 대체로 서로 뒤얽혀 있는 이 두 프로세스에 서로 이익이 된다. 이미 하나의 존재권력인 선제권력은 더 광범위하고 준안정적으로 삶-생산성에 기여하는 것으로 인정받고 있다. 신자유주의의 경우 세기와 크기 면에서 모두 인정받는다. 그것은 사고를 계기로 그것의 자연환경의 내재성 속으로 들어가며, 선제적 존재권력의 깨어남을 면밀히 뒤따르면서 강도를 얻는다. 신자유주의의 사고적이면서도 반사고적인 – 서로 효과적으로 모방한다는 점에서 궁극적으로 지속되기 불가능한 구별이지만 – 창발적 효과들의 합체[기업화]incorporation는 삶의 창발에 대한 독점적인 지위를 신자유주의에 부여한다. 신자유주의 경제는, '강한'hard 전면적인 침략의 가장 강한 것에서부터 '부드러운'soft 데이터 채굴[44] 및 감시의 가장 부드러운 것까지, 모든 설정에서 평화-속-전쟁과 작동상 연계하며 충만한 존재권력ontopowerful이 된다. 앞서 언급한 바와 같이, 신자유주의 경제는 이미 다른 (이 경우는 기술과학적인) 운영체계와 연계하여 그 자체의 독점적 존재권력을 행사한다. 생명공학의 집중적인 투자 방향에 따라 신자유주의 경제는 특정 기반-생물학적 각도에

자발적 규제라는 이름으로 국가의 규제완화를 지향하는 이런 경향은 신자유주의 아래의 한 극단이라 할 수 있다. 그러나 규제 완화의 과정은 결코 완성될 수 없다(그리고 완전하지도 않다). 생태 권력 분야에 상반되는 경향이 있기 때문이다. 규제 완화를 어느 정도까지 국가의 이유에 대한 반대 형태의 "합리성"으로 간주할 수 있는지, 또는 "정동성"의 개념이 그것의 역동성을 파악하기 위해 필요한지에 대한 물음은 Massumi (2015a)에서 다루고 있다.

44. * data mining. 대규모 자료를 토대로 새로운 정보를 찾아내는 것.

서 생명 창발의 다종다양한 영역에 직접 연결되어있다.[45] 선제성에 편승하여 신자유주의 경제의 존재권력은 지구의 궤도까지 상승한다. 그것의 세력intensification이 세계적으로 확대되면서 기술과학은 자신의 자본 가치 창출적 힘에 생명이 밑바닥까지 개방되게 만든다.

전통적인 제국주의적 식민주의 모델은 신자유주의 경제와 신보수주의 권력의 강력한 협력-작동을 설명하기에는 충분하지 않다. 그런 시각은 종종 전쟁 기구를 자본주의 확장을 위해 의식적으로 적용된 장치로 해석한다. 이것은 현대의 전쟁을 과소평가하여 하나의 수동적인 도구인 것처럼 축소한다. 또 자본주의의 지식능력과 관리능력을 과대평가한다. 그런 전통적인 모델은 자본주의 프로세스를 마치 일종의 자기-반성적 시스템, 즉 위계적 통제 기능을 완수하기 위해 자신의 작동에 자기-참조적으로 되접혀 행사되는 2차적 수위에서 추진되는 시스템인 것처럼 취급한다.

신자유주의 경제와 신보수주의적 전쟁 권력 둘 다 프로세스이다. 그것들은 본질적으로 자기 참조적이지도 않고 위계적 통제에 맡겨져 있지도 않다. 시스템이라는 용어를 주의해서 사용한다면 그것들을 복잡한 '열린 시스템'이라고 기술해도 그리 부적절한 일은 아니다. 그것들은 교란을 일으키고perturbatory 증폭하는amplificatory 성질이 있다. 그 비선형적인 결과로서 그것들은 각각 자체의 범위 내에서 그리고 작동 연계에서 훨씬 더, 모두 무제한적인 복잡성을 띤다. 선제권력은 군사 시설의 체계적인 운영들 내에서만 명백히 영토화된다. 본성적으로 그것이 미치는 범위는 그 영토에서 흘러넘쳐 연속체의 시민 영역으로 들어

---

45. 창발, 선제권력, 신자유적의적 자본주의 사이의 상호 연관관계에 대해 훌륭하게 이론화한 연구는 Cooper (2008) 참조.

간다. 그러는 중에 그것의 작동은 무차별적 위협의 원영토로 편재적으로 뻗어간다. 이것은 특정 시스템이나 조직을 지속시킬 수 없는 영역이다. 선제성의 존재권력적인 반작용은 합리화된 국가 및 정부의 제한들로부터 떨어져 나와 그 자체를 창발의 원영토적 영역으로 기워 넣는다. 그리고 나서 대체 효과들이 국가 및 시민, 그리고 기타 시스템으로 다시 스며든다. 이러한 수용 시스템들은 사건의 침입적 힘을 중심으로 작동을 조정하지 않을 수 없다. 유일하게 그들이 효과적으로 변경할 수 있는 희망은 그들이 원영토의 잠정적 힘에 대응할 방법을 찾는 것이다. 그들은 긴급하게 대응한다. 비상사태란 시간의 독특하고-포괄적이며, 구성적인 힘이 체계적으로 나타나는 형태이다.

선제권력이 창발의 원영토에 탯줄로 이어지듯 밀접히 연결된다는 점은 그 프로세스에 견제하기 힘든, 초-체계적인 여지를 제공한다. 이 역동적인 견제할 수 없음으로 인해 전쟁 권력의 합리적으로 할당된 영토인 군사체제와 긴장이 발생한다. 이것을 억제하기 위해 체계적인 시도들이 행해진다. 그러나 그것은 항상 그런 시도들을 능가한다. 결국 비상사태는 예외상태이다. 그리고 발터 벤야민이 예견했듯이, 현재 어떤 것이 정상이라면 바로 그것이 예외상태이다. 일상생활의 조건으로 바뀐 비상사태는 국제전쟁법, 국제적으로 제정된 인권 및 국내 시민의 자유와 같은 프로세스 방해 요소로부터 충분한 예외를 제공할 수 있다.

신보수주의 권력은 자체 리듬을 따라 실행된다. 그것은 자체의 특권적preferential 릴레이를 형성한다. 그것은 반복해서 처리 과정을 바꾼다. 그리고 자체의 모멘텀을 전송한다. 그것은 점점 자율주행이 되어간다. 영토 시스템으로 잠재적으로 전달된다는 그것의 상시적인 편재성으로 인해 그 자체의 조직적인 형태가 전체적으로 부족할 정도로 가소성이 크다. 그것은 위협만큼 무차별적이고 식별불가능하게 되는 것을 소명으로 삼는다. 산출하는 자연처럼 자연스럽게, 프로세스에는 어떤 수용가능한 운영 시스템도 능가하는 운영 자율성이 있다. 프로세스는 폐쇄를 혐오한다. 프로세스는 그것을 포함한다고 자처하는 제도적 영토로부터 지평을 넓히는 이륙을 달성한다. 제도적 영토들은 프로세스의 발사대이다. 그것들은 프로세스의 궤도를 조절하지만 그들 스스로 그것을 결정하지는 않는다. 선제권력은 프로세스로서의, 즉 전역full-spectrum으로서의 자연을 살아낸다.

사고에 대한 구성적 개방성을 가진 것으로 예상되는 신자유주의 경제는 신보수주의와 동일한 경향적 복잡성과 자기-조직화의 추진력drive을 가진다. 그것은 비슷하게, 조건을 부여하는 영토들로부터 이륙하여, 견제 없이, 그것의 창발하는 공리적 질서를 달성한다. 그러한 영토성들로는 국가 및 국제 규제 기관, 자본주의의 지구화를 향한 추진과 긴장관계를 형성하며 민족주의적 역학을 표출하는 보호주의 입법 조치, 신자유주의의 전 지구화와 세계교회주의적 견지에서 겨루며 선제권력과 그것이 공유하는 사건의 비정상성을 프로세스적으로 포용하는 것에 대해 근본적으로 불편해하는 도덕적 진영들formations, 신자유주의적 경제의 탈영토화하는 모멘텀에 위협받는 로컬 및 지역 특수주의, 그리고 개인, 가족 또는 지역사회 기반의 자기-보호 요새로 되돌아감으로써 신자유주의 경제의 멈출 수 없는 무성함에 대응하는 안정-추구 경향들을 들 수 있다.[46] 신자유주의 경제는 이러한 반동경향들을 자신의 프로세스를 위한 발사대로써 이용하는 방식을 찾는 데

---

46. 윌리엄 E. 코널리(2008, 2013)의 연구는 특히 다시 고개를 드는 안정-추구 특수주의와 자기-조직하는 신자유주의 확장주의 사이의 모순적인 공생에 맞추어져 있다.

선수이다(가장 좋은 예는, 도덕적 진영과 관련해 볼 때, 미국에서 '번영 교회'[47]의 부상이다). 신자유주의 경제 프로세스는 매번 이륙할 때마다 스스로를 벗어나 자신의 프로세스를 더욱 발전시키고 선제권력과의 우선적 동맹을 갱신한다.

이 두 프로세스의 구성 개방성은 본성적으로 서로 궁합이 잘 맞다. 그러나 그들의 짜임새에 대해서는 아무런 정해진 것이 없다. 그들의 유대관계는 우발적이며, 이 시대에 우연히 서로를 강화하는 존재생성적 2행시ontogenetic couplet를 형성하게 된 두 개의 자율적 프로세스들 사이에 일어난, 일종의 역사적 편리성의 결혼이다. 이것은 구조적 결합과 혼동되어서는 안 된다. 이것은 자율주행 경향을 지닌 것들이 우연히 교차하면서 발생하는 프로세스의 계주relay에 해당한다.

그들의 자발적 수렴에 의해 탄생한 상호 강화하는 유대 말고는 이 프로세스들의 결별을 방지할 만한 것은 원칙적으로 없다. 그러나 그 상호성은 매우 강력한 힘이다. 조직화된 반대에 직면하고도 여전히 유지되는 그 권력을 과소평가해서는 안 된다. 그러나 그것은 운명이 아니다. 프로세스적 계주의 형태는 부시에서 오바마 행정부로의 전환에서 볼 수 있듯이, 하나의 조직화된 전환에서 다른 전환으로 넘어가면서 어느 정도 자연스럽게 재조정된다. 희망을 품었던 많은 사람들에게 잔인한 놀라움을 안기면서 오바마 행정부가 많은 형태들에서 부시 시대의 예외상태 규칙을 연장한 것은 선제성과 그것의 경제적 결합이 미리 예비되어 있는 잠재력을 보유한다는 사실을 보여준다(후기 참조). 사실 어떤 법적, 규제적 제한 사항이 그것들에 적용되어 왔고, 그것들 사이의

---

47. * 번영 복음에 따르면 현세의 번영은 신앙의 결과이다. 번영 복음의 기원은 자기계발, 긍정적 사고의 힘을 제창한 신사고(New Thought) 운동으로 거슬러 올라간다.

상호 결합을 느슨하게 만들기 위한 어떤 차단책이 적용되기도 했다. 그러나 이러한 조치들은 상당히 회의적인 시선으로 환영받아야만 했다(그리고 그렇게 환영받았다). 신보수주의/신자유주의적 존재생성적 권력은 단시간에 사라지지는 않을 것이다. 희망과는 별개로, 그것은 앞으로 많은 사고적 모험들과 모험적 반사고들을 겪을 것이다.

3장

지각 공격

시간을-장악하는-힘[1]

중략하기의 정치

"우리는 보이지 않는 것을 기억합니다."

바로 이렇게 말하며 조지 파타키 뉴욕 주지사는 이제는 보이지 않는 빌딩들[2] 앞에 경건하게 선 채 2004년 공화당 전당대회의 시작을 알렸다. 그 전당대회는 조지 부시가 9·11의 기세를 업고 그 파도가 가라앉기 전 마지막으로 한번 더 "테러와의 전쟁"을 선포하며 2기 정부로 이행할 수 있게끔 이끌었다(AP통신 2004). 몇 년 후, 그라운드 제로Ground Zero에서 멀어진 썰물에서 보면 그 파도가 해일에 더 가까웠다는 것을 상기하게 될지도 모른다. 그것은 제방을 터뜨리고 제방을 침식하고 퇴적물을 쌓아놓았으며 그것이 휩쓸어 버린 정치지형을 다시 형성하였다. 위의 뉴욕 주지사의 말은 얼핏 보기에는 정치적 수사로 보일지 모르지만, 그보다 변화된 풍경에서 어떤 점을 포착한 것일 수 있다. 이 말

---

1. "Perception Attack : Brief on War Time," *Theory and Event* 13, no. 3 (2010)의 요약본.
2. * 2001년 9월 11일의 테러 공격에 의해 무너진 쌍둥이 빌딩을 말한다.

은 정치적인 것이 기억과 지각 사이에서 번성한다는 것을 가리킨다. 우리가 예전에 보았던 것을 지금 기억한다(그 빌딩들)든지, 또는 앞으로 기억할 것을 지금 본다(그 빌딩들이 무너진 폐허)든지 하여 기억과 지각의 사이의 관계가 연속적인 것으로 제시된다면, 이는 우리에게 친숙한 근거가 될 것이다. 그러나 파타키 주지사는 기억과 지각의 순간을 단일한 현재 시제로 압축해버린다telescope. 기억과 지각은 서로 낯설지만, 그 순간을 공유하면서 서로 초근접 거리로 들어간다. 이 둘의 어긋난 즉시성immediacy은 내부로부터 그 순간을 중략해버린다syncopate. 우리가 목격했음에도 불구하고 결코 볼 수 없었을 것, 즉 사건의 엄청남을 우리는 이제 보지 못한다. 기억과 지각이 서로 분리된 채 함께 있는 현재 시제는 빌딩과 폐허 사이에서 잃어버린 것과 같은 사건의 시간이다. 즉, 지나가는 현재라기보다 고요한 영원에 가까운 찰나의 지속 동안 삶이 일시중지된, 반성이 '집 나간' 것인 양 이해되는 시간의 간격interval이다. 이런 사건의 시간에, 지각과 기억은 함께 보조를 맞추지 못하고, 공동으로 정동의 중략된 힘을 유지하게 된다. 사건의 엇박자 시간offbeat time은 지각과 기억 사이의 일대일 상관관계를 허용하지 않는다. 이것은 정치에 적용되는 재현의 개념을 뒤집어엎는다. 또한 시간을 직접적인 정치적 문제로 만든다. 현재와 과거의 관계, 또는 여기서라면 현재와 그 자체와의 관계가 정치적으로 작동되는 것이다.

키르케고르는 두 가지 기억 체제를 구별한 것으로 유명하다. "회상된 것은 뒤로 반복되는 반면 반복은 앞으로 회상된다"[3](키르케고르 1983, 131). 일반적으로 이해되는 기억은 지금까지 있었던 일에 대한 회상이지만, 반복은 아직 오지 않은 것, 즉 미래에 대한 회상이다. 이는

---

3. * recollect는 회상하다는 뜻도 있지만 re-collect, 즉 다시 모으다, 회집하다의 뜻도 있다.

습관의 경우에서 반복을 자기-수축^{self-contracting}으로 생각해보면 이해하기 그리 어렵지 않다. 습관은 '일생일대의' 엄청난 거시-사건에서 일상생활의 일부인 미시-사건으로, 우리를 사건의 반대편 극으로 이동시킨다. 우리는 '우리가 습관을 지닌다'고 말하지만, 사실 습관이 우리를 가진다는 것을 모두 알고 있다. 습관은 우리를 붙들고 우리 '안에-사는'*inhabit* 자동장치이다. 인식의 레이더를 비껴가는 것은 자동 장치로서의 습관의 본성이다. 우리는 이미 일어난 적이 있는 습관적 행동에 대해서만 알아챌 따름이다. 우리가 의식적으로 인식하는 것은 그것의 차후 효과이다. 그렇지 않으면 우리는 행동할 때마다 행동을 실행할지 말지를 결정할 것인데, 이 경우는 습관으로 행동하는 것이 아닐 것이다. 습관은 스스로 결정한다. 그것은 차후-효과 속에서만 나타나는 현재에 작용하는, 과거가 스스로-영향을-미치는 힘^{self-effecting force}이다. 그 힘이 실제로 작동하는 현재는 생략된다. 이것은 일종의 시간 자체의 중략 현상이다. 여기서 생략된 박자는 작동 중인 현재, 즉 작동의 현재이다. 이 활동적 현재는 그것 이후에 오는 다음 상태^{nextness}에서만 표현된다. 그것은 그것의 앞으로의 표현 속으로 적극적으로 사라진다. 우리는 일반적으로 습관을 단순 반복, 본성상 무미건조한 반복이라고 생각한다. 니체와 들뢰즈처럼 키르케고르에서 반복이란 과거를 다음 표현으로 넘기는 긍정적 힘이다. 그것은 긍정적으로 조직화하며 창조적이기까지 한 시간의 힘이다. 이 말은 반복이 포획되어 사용될 수도 있다는 뜻이다. 작동 순간을 생략하도록 작동될 수도 있을 것이다.

미국 군부는 이 점을 알고 있다. 이는 소련 붕괴 이후 스스로 주입한 전쟁 이론과 그 연구단인 미국 방어고등연구계획국(다르파DARPA)4

---

4. * 미국 방어고등연구계획국(Defense Advanced Research Projects Agency)은 미국 국

를 지속해서 우위에 둔 것을 고려해볼 때 그러하다. 전쟁을 미래적으로 반복한다는 점에서 미국 군부는 파타키 주지사보다 한두 발 앞서 있었다. 파타키 주지사와 마찬가지로 미국 군부는 우리가 보지 못하는 것을 습관적으로 기억한다는 사실을 잘 알고 있다. 또한 부시 정부가 그리도 요란하게 떠들었으며, 오바마 정부가 기회 있을 때마다 그 용어를 부정했음에도 불구하고 많은 면에서 조용히 지속해왔던 "테러와의 전쟁"에 매우 중요한 정치적-시간 문제라는 점도 알고 있다.[5] 여기서 그치지 않고 그것은 반복에 긍정적인 힘이 있다는 철학적 깨달음으로까지 나아가는데, 이는 반복이 무미건조하지 않으며 습관처럼 매우 단조로운 종류의 반복이라 해도 시간의 창조적 힘, 거시적 규모의 사건에서 극적으로 표출되는 그런 힘에 참여한다는 것을 의미한다.

단지 주의에 대해서 생각해 보기만 하면 된다. 주의는 지각의 기본적 습관이다. 모든 알아차림awareness은 변화에서 시작된다. 우리는 우리 자신이 주의의 변화를 주도하는 것으로 생각한다. 그러나 주의한다는 데 주의를 해보면, 우리가 주의의 방향을 정하는 것이 아니라 우리의 주의가 우리의 방향을 정한다는 것을 금방 감지할 것이다. 주의는 우리를 그다음 지각으로 이끌고, 그 지각은 주의의 다음-효과로 우리를 끌어낸다. 주의는 지각장場의 변화가 새롭고 잠재적으로 중요하다는 인식에 따라, 반응할 필요나 행동의 기회를 알린다는 충분한 근거로 그 변화를 알아차리는 지각적 자동장치이다. 우리가 이끌리어 하게되는 다음 지각은 이미 행동-반응으로 소집된 것이다. 주의의 습관적

방성 산하 미군 관련 기술을 연구개발하는 핵심 기구로서 특정 작전 기술보다는 근본적인 기술 혁신에 중점을 둔다. 스텔스 기능, GPS, 인터넷 등의 혁신적 기술이 이 곳에서 탄생했다.

5. 오바마 행정부 초기에 "테러와의 전쟁"은 "'해외 비상 작전"으로 대체되었지만 공포를 더 많이 불러일으키는 "테러"라는 문구가 곧 되돌아왔다 (Alberts 2010 ; Obama 2010).

성격을 밝히는 현대의 지각 연구에 따르면, 이것은 반복의 생략된 현재에서 발생한다.

비의식적 방백: 실험심리학 문헌에서는 의식에 등록된 주의의 변화들 사이에 생긴 틈새를 "주의의 깜박임"attentional blink이라고 부른다. 이것은 의식적 알아차림에서, 지각장의 연속적인 변화 사이에 발생하는 몇 분의 1초 정도의 공백을 말한다. 알아차림의 틈새는 다가오는 지각이 '강화'potentiation를 겪고 있는 지각 처리의 지연 기간에 해당한다. 새롭게 떠오르는 지각이 강화되는 동안에 일어나는 알아차림의 틈새는 맨 먼저 벤저민 리벳 Benjamin Libet이 1970년대에 시행하였고 지금은 유명해진 일련의 실험 때문에 일반적인 관심사로 떠올랐다(리벳 2005). 주의의 깜박임이라는 용어는 1992년에 처음 소개되었다. 그 이후로 주의의 깜박임과 이와 결부된 비의식적 지각 문제는 실험심리학 내에서 꾸준히 확장되고 분화되어가는 전문 분야의 연구 대상이 되어왔다.[6]

그 연구 역량의 대부분은, 그다음의 의식적 지각이 잠재적으로 내적으로-형성되는 동안 주의의 틈새가 생기는 비의식적 지각 과정을 연구하는 데 할애되었다. 예를 들어, 주의에서의 의식적 전환은 주의의 깜박임에 해당하며, 대체로 무작위적인 자율 미세 안구 운동(또는 단속 운동[7]) 중에 창발적 패턴

---

6. 주의의 깜박임이라는 용어를 도입한 원래 연구는 Raymond et al. (1992)이다. 연구 요약은 Shapiro et al. (2009)을 보라.

7. * 주위를 둘러보거나 독서할 때, 시선의 중심을 시야의 한 부분에서 다른 부분으로 빠르게 바꾸는 안구 운동.

의 형태로 비의식적 수준에서 미리 발생한다는 사실이 밝혀졌다. 그다음 주의의 초점으로 향하는 경향적 단속 운동은 탐지 가능하다. 주요 연구 분야 중 하나는 '점화'priming 현상[8]이었다. 이것은 다가올 지각을 조절하는, 주의력 틈새에서 발생하는 미세-사건의 능력을 나타낸다. 점화 방식은 무수히 많다. 그 모두는 — 비의식적으로 발생한 경우가 아니라면 — '고급' 인지cognitive 기능으로 간주할 만한 것을 포함한다.

점화가 식역하 영향[9]이라는 구식 개념과 구별되는 점은, 점화가 반사에 가까우며 선형적 인과관계에 의해 작동하는 직선적 자극-반응을 의미하지 않는다는 것이다. 점화는 (기존 모델을 재생산하며) 반응을 유발하는 것이 아니라, 창발하는 알아차림의 조건을 만들어낸다(창조적으로 그 형성을 조절한다). 그것은 창발하는 지각의 비의식적 차원으로 발생하는 복잡한 유사-사고적 프로세스, 너무 빨라서 실제로 사고가 수행되기 힘든 프로세스를 의미한다. 지각, 의식, 결정의 철학에서 점화가 갖는 의미는 이제 겨우 파헤쳐지기 시작했다. A. N. 화이트헤드의 "비감각적 지각" 개념(화이트헤드 1967a, 180~183 ; 마수미 2014b) 및 C. S. 퍼스의 "지각적 판단"과 "가추법"abduction 개념은 식역하 영향에 대한 이론을 개진하는 구식 행동주의 모델이나 오늘날의 실험심리학을 형성하는 데 많이 기여한 신경 환원주의보다 훨씬 더 나은 출발점이다(퍼스 1997, 199~201 ; 퍼스 1998, 155, 191~195, 204~211, 226~242 ; 마수미 2015a, 44~53).

---

8. * 점화는 자극에 대한 노출이 의식적인 지침이나 의도 없이 후속 자극에 대한 반응에 영향을 주는 현상을 말한다.

9. * 식역하(subliminal)는 의식의 경계 아래에 있다는 뜻으로 잠재의식을 말한다.

주의력 및 관련 지각 문제와 관련된 다르파 프로그램은 증강인지 프로그램이다. 이 프로그램의 목적은 웨어러블 기술을 개발하여 알아차림 상태, 주의 실수, 그리고 그 틈새에서 발생하는 비의식적 지각 과정을 실시간으로 두뇌 및 생리적 모니터링을 하는 것이다. 전장에서는 주의력이나 반응시간, 기억형성 능력이 결핍되는 경우가 있는데, 이는 인간의 감각 기관 자체의 문제이거나 또는 공포, 스트레스, 피로, '전운'戰雲 등에 의해 유발되기도 한다. 웨어러블 기술은 이러한 결핍과 관련하여 전장에서 수행 능력에 생기는 제한 사항을 진단하고 극복하기 위한 목적으로 전술적 조정이 가능하게끔 연결망을 구축하도록 설계되었다. 이 프로그램은 또한 적극적 목표도 가지고 있다. 군인들이 평균 한도 이상으로 '인지 부하' 능력을 증진하는 지각 기술을 발달시키도록 훈련하는 데 그 모니터링 기술을 이용하라고 권한다. 그러한 지각 기술로는 지각장 전체에 주의를 분산하거나('지속적인 부분적 주의'), 집중된 주의를 분배하여('멀티태스킹') 경계심을 높이는 방법이 있다. 주의력을 분산시켜 경계심을 높이는 전략은 특히 이 글과 관련이 많은데, 이후 초기 상태의 행동–가능성action-ability이라고 이해되는 '날 활동'의 '내적 고정'in-bracing이라는 말로 논의될 것의 작동화에 해당하기 때문이다. 4장에서는 미군의 소비에트 연방 이후 프로젝트에서 가장 급진적인 공격 방식을 길게 다룰 것인데, 이것은 주의와 습관, 그리고 정보 네트워크에 체계적으로 통합된 점화 기술을 통해 지각과 인지의 '깜박임'을 작동화[조작]하는 것과 관련된다.[10]

---

10. 프로젝트의 오랜 책임자 딜런 슈모로우가 공동 저술한 DARPA의 "증강인지"(Aug

전쟁의 원-인식론

파타키 주지사의 성명이 환기하는 것처럼, 주의가 생략된 현재를 정치적 그라운드 제로[11]에서 작동화할 가능성은 지난 20년 동안 '전역적 무력[힘]'에 대해 진행된 군사교리의 재편성을 배경 삼아 이해해야 한다. 군사교리의 고전적 진술 중 하나인 『충격과 공포』의 저자 할런 울먼과 제임스 웨이드의 말에 따르면, 전역적 무력이란 "비전통적인 전쟁 외 작전과 관련된 회색 영역"으로 군사 업무를 확장한 것이다(울먼과 웨이드 1996, 18). 이처럼 군사작전의 나침반이 고전적 전장을 넘어 예전에는 두말할 필요 없이 민간 기관의 영역으로 간주하였던 범위까지 확장되는 것은 현대 전쟁을 특징짓는 희미해진 경계에 대한 대응이다. 여기서 '적'의 전형은 이제 군복 입은 군인이 아니라 '테러리스트'이다. 그러므로 또 다른 현대의 고전에서 핵심적으로 잘 지적했듯이(아퀼라와 론펠트의 『네트워크와 넷워』[2001]), 요즘 가정하는 적의 조직은 더 이상 식별 가능한 정식 군대나 중앙집중식 기지가 아니라 네트워크의 확산이다. 이러한 점에서는 아프가니스탄에서 미군을 철수하기 직전 연임된 오바마조차도 그의 백악관 전임자[조지 부시]와 중략된syncopated 동조를 유지했다. "미래에 미국의 국내와 국외에서 가장 직접적으로 닥쳐올 위협을 예상할 수 있기에 … 우리는 이 확산한 위협에 맞춰 전략을 개발해야 합니다. … 테러 네트워크가 발판을 모색하는 다른 나라들과 좀 더 효과적으로 협력할 것입니다"(오바마 2014a).

네트워크는 뒤로 물러나recessive 있기에 확산한다. 그것은 인구로

Cog) 프로그램에 대한 개요는 St. John et al. (2004)을 보라. DARPA의 맥락에서 주의 깜박임에 대한 대략적인 설명은 Motluk (2007)를 참조하라.

11. * 9·11 테러의 발생점. 여기서는 중심 지대란 뜻이다.

녹아든다. 그것은 널리 퍼지고 "제한이 없으며 확장한다"(아퀼라와 론
펠트 2001, 10). 그것은 사회의 기술 및 의사소통 신경 경로 전반에 걸쳐
슬며시 스며든다. 그것은 경고 없이 갑자기 공격한다. 그 공격들은 위치
를 찾을 수 있는 기지에서 결정가능한 방향으로 치고 나오는 것이 아
니라 무제한의 영역으로부터 솟아오른다. "네트워크"가 침투할 수 있는
범위는 잠재적으로 사회 및 문화 공간과 일치한다. 이것은 민간영역과
군사영역 사이의 경계를 돌이킬 수 없이 희미하게 만든다. 그 결과 다
른 경계들도 모호해진다. 예컨대, 공격과 수비 사이의 경계가 그러하다
(아퀼라와 론펠트 2001, 13).

민간영역이 더는 군사영역과 명확하게 구분되지 않거나 공격과 방
어가 구분되지 않으면 무력행사의 시작과 끝을 말할 수 없게 된다. 군
사軍事는 전 스펙트럼에서 피를 흘린다. 그것은 두 극 또는 극단 사이에
펼쳐진 연속체에 걸쳐 있다. 한쪽 끝에는 "힘에는 힘"이라는 전통적인
적용법이 존재한다(울먼과 웨이드 1996, xxiii, 21~22). 이는 전투나 포위,
점령 같은 모형에 기반한 전통적 교전이라는 극이다. 다른 극에는 "연
성 권력"soft power이 있다(아퀼라와 론펠트 2001, 2). 우선 대략적으로, 연
성 권력이란 정보와 허위정보, 그리고 "심리작전" 혹은 과거에 심리전이
라고 불렸던 것을 군사적으로 사용하는 것으로 이해할 수 있다. 아퀼
라와 론펠트는 연성 권력이 사람들이 알고 있거나 알고 있다고 생각하
는 것을 다루기 때문에 그것을 "인식론적" 전쟁이라고 특징짓는다.

물론 인식론적 전쟁은 전혀 새로운 것이 아니다. 그러나 패러다임
이 크게 바뀌었다. 전통적으로 지금 우리가 연성 권력이라고 부르는
것은 경성 권력hard power에 대한 일종의 보조자였다. 연성 권력은 힘에
는-힘force-on-force보다 부차적인 것으로서 그 효과를 상승시키는 것쯤
으로 생각되었다. 그것은 발효 물질 같은 일종의 첨가제였다. 반면에 아

퀼라와 론펠트에 따르면 모든 갈등은 본질적으로 인식론적이다. 연성 권력은 첨가제나 기폭장치가 아니라 기준선 상태baseline state이다. 이것은 전역적 상황의 필수적인 결과이다. 전쟁은 더 이상 전투처럼 한곳에 집중하여 일어나지 않는다. 그것은 언제나 낮은 온도에서 약하게 끓는다. 그것은 더 이상 점령하는 것처럼 특정 위치에 있지 않다. 전쟁의 열기는 어디에나 있다. 한편, 경성 권력의 '힘에는 힘'을 뒷받침하는 행위에 대한 정의는 근본적으로 마찰과 관련된다. 즉, 물질-대-물질, 금속-대-금속, 차폐물에 대한 발사체, 살 속의 금속, 단단한 표면 위에서 터지고 튀는 살점들이다. 반대편의 저항력에 대한 공격력. 힘-대-힘의 전반적인 목표는 소모attrition이다(울먼과 웨이드 1996, xxiii, xxviii). 그것은 적을 정면으로 만나고 광범위한 일련의 마찰적 충돌을 통해 그 적의 능력을 저하한다. 그것의 목적과 수단은 고통스러울 정도로 명백하다.

현재의 분쟁 지역에서 이런 식의 집중 공략적 교전은 중심적 지위를 잃었다. 그것은 대기 상태waiting로 대체되었다. 전쟁의 두께 속에 있던 것이 희석되어 끝없는 대기 상태로 흘러갔으며 양측은 행동을 취할 태세를 취하게 되었다. 기준선 상태는 이제 이처럼 항상 작동 중인 약하게 끓는 행동 태세 상태이다. 사람들은 항상 얇은 전쟁의 상태 속에 있다. 힘-대-힘의 무력충돌이 일어나면, 그것은 이 얇은 상태의 연속성을 배경으로 하여 두드러지는데, 이 배경 막은 군사와 민간 지도자들 모두에게 강박적인 관심사가 되기 몇 년 전부터 폴 비릴리오가 선견지명으로 "비전투"nonbattle라고 불렀던(비릴리오 1975) 것이다. 무력충돌이 일어나면, 행동의 쇄도는 일종의 폭발을 이루는데, 즉 비전투 상태에서 사람들이 상시 반목하며 약하게 끓고 있는 갈등의 수프가 일시적으로 끓어 넘치는 것과 같다. 비전투에서는 행동과 대기[기다림]waiting의 관계가 반전되었다. 대기는 이제 행동 사이에 있는 늘어짐이 아니다. 행동은 기다림으로 쪼개진다.

연성 권력은 아직 눈에 띄게 행동하지 않으면서 대기 상태로 군사적 행동을 하는 방식이다. 이는 대기 자체가 소모되지 않도록 방지하는 방식이거나 심지어 이를 유리하게 만드는 방식이기도 하다. 비전투 조건에서 눈에 띄게 행동할 것이 없을 때도 여전히 할 수 있는 것이 하나 있다. 바로 그 조건에 대해 영향을 주는 것이다. 기다리는 조건을 바꾸기 위해 행동하라. 결국, 이런 동일한 조건들에서 앞으로 다가올 모든 행동이 나타나게 될 것이다. 끓어-오름의 간격들 사이에 있는 대기-시간의 조건에 영향을 행사함으로써, 실제 공격의 가능성을 줄이고, 그것이 올 경우 그것의 소모력을 완화하거나, 더 나은 경우에는 당신이 준비된 시간이나 장소에서 그것이 가시적 형태를 띠게끔 유도할 수 있을 것이다. 이렇게 하면 그 공격이 최대치에 이르기 전에 무력화시킬 수 있거나, 그것이 최대 강도로 폭발하는 경우에도 빠르고 압도적인 반격으로 대응할 수 있다고 당신은 합리적으로 확신할 수 있다.

따라서 전투원과 비전투원 인구 모두가 사는 환경 조건 또는 울먼과 웨이드가 "총체적 상황"이라고 부르는 환경 조건을 군사작전의 영역으로 간주하게 된다(1996, 9). 전체 상황에 조처를 할 수 있는 유일한 방식은 전투가 발생하기 전에 전투의 출현 조건에 조처를 하는 것이다. 이러한 조건은 선제 독트린의 어법(이것은 냉전 시대에 그랬던 것처럼 현재의 분쟁 시기를 통틀어 전쟁 억제라고 정의하는 것으로 이어졌다)을 빌리자면, "아직 완전히 형성되지 않은"(1장 참조) 위협과 관련된다. 아직 완전히 형성되지 않은 것은 여전히 잠재성 속에 있다. 그것은 이미 재난에 대한 레시피처럼 양조되고 있거나, 불분명하지만 거의-존재하는 위협처럼 불길하게 어른거리고 있을 수도 있다. 그것은 환원할 수 없는 정도의 미결정성을 지니고 있다. 그만큼의 미결정성으로 인해 그것은 불길할 뿐만 아니라 무형적인[비가시적인]intangible 것이 된다. 그것은 어려운 주문이다. 왜냐하면 그 변하는 상황의 조건 와중에 완전히 무형적인 것에 대해 조처를 해야 하기 때문이다. 이미 흐려진 궁극적 경계는 유형적인 것과 무형적인 것, 육체적인 것과 비육체적인 것 사이의 경계이다. 전자에 조처를 하기 위해서는 후자에 조처를 해야 한다.

어떤 상황에 대해 완전하고 무형적으로 조처를 하는 방식에는 두 가지가 있다. 첫 번째는 다가올 전투나 포위, 점령이라는 공간의 축에서 시간의 축으로 행동을 옮기는 것이다. 이 작업은 아직 완전히 형성되지는 않았지만 이미 눈에 띄지 않게 들끓고 있는 간격[막간]interval 안에서, 그 간격에 대해서 행해진다. 당신은 다음-대기 상태인 출현의 활성 형태에 영향을 미치기 위해 거의-현재하는almost-present 것에 행동을 취한다. 선제성preemption은 사전 행동proaction, 즉, 행동이 실제로 형성되기 전에 행동의 조건에 조처를 하는 것이다. 어떤 상황에 대해 완전하고 비가시적으로 조처를 하는 두 번째 방법은 지각에 조처를 하는 것이다. 행동과 반응을 위해 몸을 점화하는 것은 바로 지각이다. 지각을 조절함으로써 당신은 이미 후속 행동-반응을 조절할 수 있다. 이것이 실제로 지각을 거의-현재라고 할 만한 것으로 이르게 하는 왕도로 만든다. 전체 상황을 위해 비가시적으로 행동하는 이 두 가지 방식은 서로 수렴한다.

아퀼라와 론펠트가 현대 전쟁의 특징이 인식론적이라고 규정한 것은 지각의 사전행동력 때문이었다. 그러나 너무 인지적인 접근 방식을 취하는 것은 실수이다. 지각으로의 이동은 현대의 전쟁 극장에서 도널드 럼스펠드와 그의 동료 네오콘들이 극구 칭찬했던 "능력 중심" 접근 방식으로의 이동과 함께 일어난다(럼스펠드 2002b). 이 접근 방식에서 우리는 의도적으로 행동을 결정하는 수준에서가 아니라 행동 능력이 형성되는 수준에서 작동하기 위해 지각으로 이동한다. 결정이 이미 내려진 수준에서 작동하는 것은 지식의 고유한 인지적 측면, 즉 정보 내용, 그것의 가용성과 신뢰성과 조작성, 그리고 그것의 실제 유용성에 중점을 둔다. 행동 능력이 형성되는 중에 작동하는 것은 매우 다른 사안이다. 이는 정보에 입각한 지식과 의도적 행동 모두에 선행하는 출현[창발]의 막간에서 발생하는 결정-이전 프로세스에 초점을 맞춘다. 이것이 일어나는 지점은 앎-능력know-ability과 행동-능력이 서로 구별되기 전이다. 그 지점에서 지각의 변조는 신체가 어떻게 행동할 수 있고 무엇을 알게 될 것인가, 라는 두 가지 면에서, 신체가 무엇을 할 수 있는지에 대한 한도parameters가 직접적이고 즉각적으로 변하는 것이다. 이러한 수용력capacitation 또는 잠재화의 선행적 차원은 전체 상황이나 생활환경 속에서 그리고 그것을 향하여 신체의 사용 정도와 활성화 양식을 변화시키는 것과 관련된다는 점에서 원proto-인식론적이며, 또한 이미 존재론적이다.

이 수준에서 힘을 적용하는 모든 것이 존재권력ontopower, 즉 존재가 있게 하는 권력이다. 힘-대-힘은 적용될 때 필연적으로 생명에 반하는 힘이지만, 존재권력은 생명에 반하는 힘이 아니다. 그것은 적극적인posi-tive 힘이다. 그것은 삶이 다음에 취할 특정한 형태를 적극적으로 생산한다. 그것은 삶의 다음 상태의 조건이 된다. 그것은 생명의 힘이다.

시간을 장악하는 힘

울먼과 웨이드의 분명한 입장은 대상이 비가시적이라 해도 이 단계에서 작동하는 것은 실제적인 힘[무력]의 행사라는 점이다. 그것이 비전투의 희박함thinness 속에서 분투하고 있다고 해도 더 작은 힘이 아니라는 것이다. 그들에 의하면 그것은 "힘의 적용보다 더한 것"이다. 즉, 힘의 잉여이다(울먼과 웨이드 1996, xxvii). 그것은 전투력의 가시적 적용과 그러한 적용들이 영향을 미치고 소모 작용을 통해 엄청나게 변화시킬 생명의 알려진 내용의 한도를 능가한다. 비전투의 생산력은 소모력의 한도가 설정되는 조건화 차원으로 돌아간다. 힘-대-힘의 행사에는 항상 후속 행동-반응이 따른다. 다음에는 두 번째 다음이, 그리고 두 번째 다음 안에는 세 번째가 들어있다. 설정된 조건은 앞으로 일어날 일련의 잠재적 반복이다. 잠재적 지속의 권력, 어떤 연속체의 권력이 힘-대-힘의 각 실행 안에 말려 있다. 연속체의 권력은 각각에 내재한 어떤 다음도 초과한다. 비전투적 힘은 이러한 잉여를 자신의 영역으로 삼는다. 이로 인해 존재권력의 실행은 힘의 잉여 또는 힘의 잉여-가치가 된다. 비전투력과 힘-대-힘의 관계는 지금 수단으로서의 돈과 자본으로서의 돈 사이에서 맑스가 발견한 관계와 유사하다.

자본은 지불 교환 연쇄의 추동력, 즉 버는 돈이자, 돈 이상의 돈이다. 지불할 때마다 어김없이 자본으로 되돌아가는 게 있다. 이윤은 투자로 피드백되고 자본의 전진 추동력을 다시 채운다. 돈은 지불수단으로서의 규칙적인 실행에서, 자체 지속의 조건을 부양하는 공급으로 원환적으로 이동한다. 모든 특정한 지불-행위에 대한 전진 추동력의 초과분이 잉여-가치이며, 이는 이윤과는 별개이다. 잉여-가치는 소급된 금액이 아니다. 소급된 금액은 이윤이며, 잉여-가치는 이윤과 다르다. 잉여-가치는 양적이지 않으며, 진행적processual이다. 그것은 전진하는 방식으로 많은 돈이 생성되는 이행적 성질이다. 그것은 경제적 가치의 증식하는 양의 늘-다음 단계이다. 잉여-가치는 명시적인 교환 행위 때마다 정확히 실현되며, 그러한 모든 교환을 순환적으로 능가한다. 가치를 넘어선 가치이며, 측정 불가능하게 생성 중인 가치이다.[12]

"국가는 부를 만드는 것과 같은 방식으로 전쟁을 만든다"(세브로스키와 가르스트카 1998).[13]

자본과 마찬가지로 비전투력은 전진-추동적이며 동시에 주기적으로 순환한다. 마찰에 의한 교전이 발생할 때마다 다음에 올 것의 조건을 만드는 식으로 다시 자신에게 피드백한다. 그것은 명백한 전쟁 행위에서 정확한 목표물을 향해 실현되는 실제 군사적 가치의 늘-다음 단계이다. 힘-너머-힘force-beyond-force, 비가시적으로 진행 중인 힘. 힘-너머-힘은 가시적인 군사적 결과가 생성되는 갈등의 과정적 성질이다.

울먼과 웨이드는 주저 없이 전쟁의 과정적 성질인 힘-너머-힘을 시간에 연결한다.[14] 그들에 따르면, 그 힘은 저항을 극복하는 힘이 아니다. 오히려 그것은 "시간을 장악하는" 힘이다(울먼과 웨이드 1996, xxvii, 53). 최근 군사적 시류는 신속 제압의 개념을 중심으로 돌아간다. "'신속하다'는 것은 적이 반응하기 전에 빠르게 움직일 수 있는 능력을 의미한다"(xxv). 시간을-장악하는-힘은 지각할 수 있는 가장 작은 간격보다 더 작은 간격으로 작동한다. "목표는 지각이다." 항상 그리고 전체 스펙트럼을 따라 모든 대역에서(28). 복잡한 상황에서도 갈등이 끓어오르고, 힘-대-힘이 작용할 때, 시간을-장악하는-힘은 여전히 작동해야 한

---

12. 잉여-가치의 측정 불가능성에 대해서는 Negri (1996, 151~154)를 참조하라.

13. 이 문구가 인용된 세브로스키와 가르스트카의 『네트워크 중심 전쟁:그 기원과 미래』는 하드웨어 기반 "플랫폼 중심 전쟁"에서 능력 기반 "네트워크 중심 전쟁"으로 전환한 전역적 군사교리 개발의 기본 텍스트이다. 네트워크 중심 전쟁의 역학은 4장에서 자세히 분석된다.

14. 세브로스키와 가르스트카는 또한 다음과 같이 관련시킨다. "네트워크 중심 전쟁의 조직 원리의 원조는 근대 경제에 등장한 성장과 경쟁의 역학이다. 경쟁의 새로운 역학은 투자 수익 증가, 생태계 내부 및 생태계 간 경쟁, 그리고 시간에 기반한 경쟁을 기반으로 한다."(1998, 강조 추가). 많은 구절에서 저자들은 "경쟁자"와 "적" 사이의 동일시를 끌어낸다.

다. 적의 반응을 조절하기 위해서는, 행동 사이에서 감지할 수 있는 가장 작은 간격보다 더 작은 간격으로 쪼개야 한다. 이것이 바로 충격과 공포의 '충격'이다. 힘-대-힘의 행사는 시간을-장악하는-힘과는 질적으로 다르지만, 그 힘의 행사가 시간을-장악하는-힘과 분리되면 효과를 빨리 잃게 된다. 시간을-장악하는-힘은 기저-수준의infra-level 힘이다. 그것은 행동 사이의 가장 작은 간격보다 더 작은 간격으로 발생하기 때문에 기저-활동infra-active이다. 이런 간격은 가장 작은 지각 가능한 간격보다 더 작기 때문에 기저-지각적infra-perceptual이다. 그리고 그것은 기저-시간적infra-temporal이기도 한데, 그 실행의 간격은 지각 불가능한 것으로 시간의 엇박자, 행동과 반응의 리듬을 놓친 스텝, 한 순간과 다음 순간 사이에 생략된 현재이기 때문이다.

상황이 희박해지는 스펙트럼상 비전투의 끝점에서 시간을-장악하는-힘은 그래도 여전히 "전체 상황 통제"를 위해 "적의 지각을 통제"함으로써 기저-조건 행동으로 작용한다(울먼과 웨이드 1996, 9, 54). 비전투의 기준선에서 제때 튀어나오는 극적인 행동이 없는 경우, 시간을-장악하는-힘이 환경을 계속 조건 짓는 것처럼 보인다. 그러나 이것은 우리가 주의 기울임에 주의를 기울이지 않기 때문이다. 엇박자는 여전히 아직 거기에 있다. 지각의 기준선 습관은 우리 안에서 계속하여 자신을 응축하고 있다. 그것은 우리 안에 도사리고 있다. 주의를 끄는 것이 멈추지 않고 우리를 붙들고 있다. 그것은 여전히 우리를 다음 지각으로 안내하고 그것을 통해 다음 행동-반응으로 인도한다. 전쟁의 기준선은 지각의 기준선에 맞추어졌다. 두 기준선이 수렴하는 기저-수준에서는 전투, 포위 공격, 점령 등의 거시적 규모의 전쟁이 일상적인 민간 생활의 미시적 규모의 전쟁과 과정적인 측면에서 완전히 근접성을 갖는다.

날 활동적 삶

　기저-간격이란 지각 자체가 신체와 완전히 과정적으로 근접하는 곳이다. 이것은 군사적 (그리고 정치적) 지분을 엄청나게 증대시킨다.

　주의가 습관과 본성을 공유함으로써 진행되는 자동운동은 주의의 작동이 신체 물질의 반사 작용에 다시 합류한다는 것을 의미한다. 습관을 단축하는contract 것은 우리의 몸이며, 이것이 바로 후천적 반사 신경이다. 주의의 작동은 출현하는[창발하는] 지각 경험과 뇌 및 신경계의 자율적 메커니즘 사이가 구별되지 않는 지점에서 발생한다. 어느 정도까지는 신경계에 연결하고 그런 자율적인 면에서 주의에 접근함으로써, 개인의 역사 및 기질, 성향, 충성도뿐만 아니라 작동 이전의 문화적 조건 짓기의 보호 또는 면역 효과를 건너뛸 수 있다. 신체 생명의 비가시적 차원을 활용하기 위해 가시적 손잡이를 찾는 것이 가능하다. 어느 한도 내에서는 경험을 기계화하는 것이 가능하다.

　그 한도란 자본처럼 지각 시스템이 본질적으로 피드백을 포함하고, 따라서 경제처럼 비선형적이라는 사실 때문에 발생한다. 정의상, 비선형 시스템에서는 주어진 정확한 입력과 결과 간의 일대일 대응을 보장할 수 없다. 원인에서 결과가 나오지 않는다. 결과는 일종의 변조modulation이다. 창발의 단계에서 공명 및 간섭 효과를 만들 수 있다. 시간을-장악하는-힘의 가장 작은 간격보다 더 작은 간격은 기저-수준의 동요와 함께 진동한다. 자극받은 몸은 생기 넘치는 소동 속에서 자세를 잡는다. 그것은 반응한다. 즉 습관이 준비된다. 그것은 미리-행동한다. 즉, 그것의 반응은 이미 긴장이고 미래를 향한 경향이다. 몸은 생명 전개의 직접성에 즉각적으로 참여하고 있다. 모든 것이 미해결 상태이다. 평형상태와는 거리가 멀게, 균형은 어긋난다. 모든 것이 그 순간의 어긋난 균형off-balance 속에서 붕 떠 있다. 순간을 형성하며 채우는 동요의 본성과 지속은 뒤따르는 것을 굴절시킨다.

전역적 권력의 시간을–장악하는–힘에서 그 대상은 '벌거벗은 생명'이 아니다. 즉, 다시 동물화되고, 인간의 내용이 벗겨지고, 그 생명력이 물리적인 최소 수준으로 축소되어 죽음과 절대적으로 근접한 인간의 생명이 아니다. 그것은 날 활동이다.[15] 이것은 순간적 엇박자 속에 있는 인간의 삶이다. 그 순간, 삶은 겨우barely 거기에 존재하고, 움츠러들어, 그 자체와의 기저–관계 속에서 육체적으로 소비된다. 그것은 결정적인 내용이 없는 삶이다. 그런 감지되지 않는 순간에서 다음에 그 내용이 될 것이 만들어지는 중이다. 삶은 형성적으로 겨우 거기에 있으며, 다음에 오는 것에 대비해 긴장한 태세를 취하고 있다. 헤아릴 수 없는 그 순간에, 삶은 그 능력의 즉각성을 다시 모으며 겨우겨우 거기에 있다. 이는 생명력이 최소로 축소된 것이 아니라, 대비하는[점화된] 삶life primed이다. 이는 또한 전쟁이기도 하다. 대비하는 삶은 정말로 죽음에 근접해 있을 것이다. 그러나 몸은 이미 행동할 수 있는 능력의 다음 중요한 실행을 하기 위해 구부리고 있다. 재–동물화re-animalization가 아니라, 재–활동화re-animation, 즉 다음 단계를 위한 장전이다. 이것은 짐승 같은 물질로 축소된 삶과는 거리가 멀다. 그것은 움츠리며 재결집하는 삶이 구현된 사건이다. 이것은 정동적 활력 속에서 자기를–감싸는 삶이다.

전역적 권력의 대상은 변화의 단계적 간격에 걸쳐 자신의 수용력 안에 다시 모이는 정동적 신체이다. 이 말은 즉, 전역적 권력이 실제로 대상을 가지는 것은 아니라는 뜻이다. 대상이 없는 대신, 그것은 지렛

---

15. 2장 '벌거벗은 생명에 대한 설명'을 보라. 날 활동에 대해서는 또한 Massumi (2011, 1~3, 10~11)를 보라.

목을 찾는다. 지렛목이 시간을 활용하는 지점이 있다고 할 수 있다면 말이다. 그것은 행동의 여명이라고 할 날 활동 속에서 미래를 향해 지렛대를 누른다.

다음 순간, 충격이 넘쳐흘러 행동이 된다. 기저-동요가 증폭하여 거시-움직임이 된다. 실제 결과로 나오는 행동은 그것에 선행하는 날 활동의 소동을 소진하지 않는다. 그런 기저-활동은 신체가 여러 잠재적 결과를 대비해 태세를 취하며 재충전하는 것과 일치하며, 그중 하나만 최종적으로 발생한다. 이행되지 않은 나머지 역량은 잠재적 행동 분야에서 작동 가능한 한도의 배경 변조를 구성한다. 결과가 항상 어느 정도 비선형적인 이유는 실행장pragmatic field에서 이러한 재조정이 일어나기 때문이다. 충격의 조정 간격은 단순히 뒤따르는 행동을 발생시키는 것이 아니다. 그것은 잠재적 행동이 소진되지 않은 배경에서 다음의 현실적 행동을 설정하며, 그중 다수는 실제로 상호 배타적이다. 전체적인 결과는 실제로 발생한 행동과 그것이 등장한 새로 변조된 경험 영역 사이의 관계가 변화된다는 것이다. 그것은 "생태학적"이다.[16] 잠재적 행위장場은, 수행되지 않고 실제 행동으로 충족되지 않은 태세의 공명과 간섭으로 진동한다. 이 생태학적인 나머지 실행 가능성은 뒤따르는 행동을 동반하며 그것이 일어나는 경우에도 그것의 긴장을 늦추지 않는다.

충격

행동과 그 역동적 배경 사이의 생태학적 관계는 행동의 정동적 색

---

16. 세브로스키와 가르스트카는 통합된 "전쟁 생태계"(1998)에 대해 이야기한다. 울먼과 웨이드는 정기적인 교전에서 승리하는 것보다는 "환경을 제어"해야 할 필요성에 대해 이야기한다 (1996, xxvii).

조를 물들인다. 날 활동적 자세 잡기는 하나의 자세posture로 구체화하는데, 이는 일상적인 의미의 자세[17]처럼 행동하지 않은 채로 남은 것이 희미하게 느껴지게 동반되며 행동을 복잡하게 만들고 이후의 추가 행동에 영향을 미치게 된다. 바로 이 자세를 통해 충격의 동요와 균형을 맞추려는 소동이 실제 행동의 선을 따라 앞으로 피드백한다. 자세는 행동선의 원호arc를 당분간 유지한다. 그것은 기저 동요가 현재 그 선을 따라 내려가는 역동적 형태이다. 즉, 굴절inflection 흐름을 역동적으로 유지하고 있는 패턴이며, 끊임없이 변조되는 행동 능력의 진행이며, 실행적 잠재력의 운반자이다.[18] 행동보다는 덜 결정적이고, 휴식상태보다는 더 끈질긴 자세는 딱히 능동적이지도 수동적이지도 않다. 수동성보다는 움직임이 많고, 능동성[활동]activity보다는 덜 중요한 자세는 그것과 함께 오는 기저 동반에서 행동의 날 활동을 등록한다. 자세는 운반자로서 기저 간격에서 행동으로 풀려나면서 다양한 변이 속에서 행동들에 걸친 이행의 강도를 전달하는 날 활동의 역동적 기호sign이다.

자세는 하나의 기호로서 실행장에서 계속되는 생태학적 조건 짓기를 나타낸다. 조건 짓기에 수반되는 것은 계속되는 불확실성이다. 이 선을 따라 흐르며 공명하고 간섭하는 잔여 수용력은 원호를 따라가는 것만큼 그때그때 재변조되기 쉽다. 한 번 굴절된 장은 다시 굴절될 수 있다.

이는 힘-너머-힘의 군사적 실행에 문제를 제기한다. 시간을-장악하는-힘이 하는 일 한 가지는 행동의 출현[창발] 조건을 변경하여 미래

---

17. * 자세는 정적이지만 동적인 긴장이 있으며, 다음 행동으로 나가는 잠재성으로 가득 차 있다.

18. 이런 의미의 자세에 대해서 Erin Manning (2009)을 보라. 또한 Deleuze and Guattari (1986, 3~8)를 보라.

에 영향력을 끼치는 것이다. 이러한 취지에서 그것이 관리하는 충격의 결과가 복잡하다는 사실(이는 어김없는 행동과 지속적으로 조정되는 배경 조건 사이의 역동적 관계인데)은 그것이 굴절시키는 미래가 상당한 정도의 불확실성을 유지한다는 것을 의미한다. 힘-너머-힘은 그것이 개입하는 기존의 현장 조건과 관련된 불확실성 관리뿐만 아니라 그 자체의 미래 성공과 관련된 불확실성에도 관심을 가져야 한다.[19] 행동선의 원호가 너무 멀리 표류하거나, 예기치 않게 갈라지는 갑작스러운 전환점에 도달하는 것을 방지하기 위해 그 원호를 관리하는 전략도 세워야 한다. 일종의 충격 요법이 필요하게 된다. 군사 전략은 자신의 원-인식론적 전쟁의 존재권력적이고 지각적인 수행에서 핵심적 특징으로서 충격 관리 업무를 제시한다.[20]

전략은 많이 있다. 모두 힘-대-힘의 사용과 관련된다. 미래는 지각을 다룸으로써 접근할 수 있고, 지각은 주목으로 접근할 수 있으며, 주목은 본질적으로 충격의 관리에 해당한다. 특히 주목이 군사적으로 될 때 그것을 무시하는 것이 선택사항이 아니라는 점을 고려하면 더욱 더 그러하다. 그것은 강제적이다. 아무리 '부드럽게' 관리되더라도 그것은 폭력이다. 그것은 정동적인 충격을 가한다. 시간을-장악하는-힘의

19. 복잡계로서의 새로운 경제의 "역동적이고 불안정한" 성격을 환기함으로써 새로운 전략의 필요성을 자극하는 것은 전역적-힘의 지속적인 군사교리이다. 그 주장에 따르면 전쟁과 경제는 동형이다. 둘 다 복잡계에 내재된 불확실성을 관리하는 방법을 찾기 위해 생태학적 접근 방식을 필요로 한다. 이 장에서 가장 많이 참조된 세 가지 주요 저서인 Ullman and Wade (1996), Cebrowski and Garstka (1998), Arquilla and Ronfeldt (2001)와, (4장에서) Alberts and Hayes (2003)는 이러한 방식으로 (인용된 문구는 Cebrowski and Garstka에서 온 것임) 맥락화하며, 조지 부시의 첫 임기 동안 미국 국방 장관으로 도널드 럼스펠드가 현재 채택한 군사 혁신(Rumsfeld 2002b)도 그러하다. 복잡성 이론과 최근 군사 전략에 대한 전문 연구는 Moffat (2003)을 참조하라.
20. 여기에서 앞서 잉여-가치에 대한 간략한 논의에서 나타난 전쟁과 경제의 상동성이 극적으로 드러난다. Klein (2008) 참조.

존재권력은 경성 권력의 폭력의 부가가치, 잉여-가치 효과이다. 존재권력을 구매하는 것은 힘-대-힘이다. 전투와 비전투는 지렛목에서 손을 잡는다. 경제적 구매 행위가 자본의 '실현'인 것처럼 힘-대-힘은 연성 권력의 '실현'이다. 힘-대-힘과 힘-너머-힘, 전투와 비전투는 진행 중에 결합한다. 그들은 상호 함수이다. 그들이 분리된 것처럼 보이는 것은 힘의 스펙트럼의 맨 끝에서만 그렇다.

스펙트럼의 맨 끝, 시간을-장악하는-힘의 최극단에는 가장 부드러운 연성 권력이 있다. 즉, 눈에 띄게 폭력적인 행동 없이 기호들의 방출에 의해 관리되는 단순한 주목이다. 주목은 일시중지한다suspends 21. 그것은 습관적이거나 관습적인 일련의 행동들을 차단하는데, 이는 오직 지각되지 않는 정동적 간격 동안만, 그 행동들의 방향을 굴절하기 위해서이다. 가장 부드러운 연성 권력은 차단의 편향력을 행사한다. 그것은 잠재적인 행동의 방향을 재조정한다. 그것은 방향을 전환하기 위해 유보하며, 가장 작은 단계보다 더 작은 단계로서 생태적인 "전체 상황 통제"를 향해 전환한다. 방향 전환은 "기만하고, 위장하고, 오도하기 위해" 설계된 전통적인 기법들을 포함할 수 있다(울먼과 웨이드 1996, xxix). 이 형태에서 그것은 프로파간다 전쟁의 전통적인 의미에서 이해되는 '정보-전쟁'info-war이다('심리작전'psyops의 하위 집합).

선전[프로파간다]의 개념과 심지어 정보 전쟁의 개념도 전역적 힘의 지각적 배치를 이해하기에는 부적절하다. 두 가지 중요한 점을 놓치기 때문이다. 첫째, 충격의 관리는 실행장pragmatic field의 즉각적인 재구성을 다룬다. 이는 잠재적 행동을 다루고 있음을 의미한다. 개입의 의미

---

21. * suspend는 일시중지되지만 여전히 긴장감을 유지한다는 뜻에서 '일시중지하다' 또는 '유보하다'로 번역하였다. 앞으로 나오는 suspensive 역시 '긴장감이 사라지지 않은 채 유보적인' 이란 의미로 해석되고 suspense는 긴장감, 유보, 일시중지로 번역하였다.

가치 또는 정보 내용은 정동적 유보에 있다. 그 순간, 그것은 결정되지 않았다. 연성 권력의 지렛목은 날 활동의 생동적인vital 정동적 면모다. 연성 권력의 실행의 핵심에는 정보나 의사소통이 아닌 과정으로서의 삶이 있다. 현재 지배적인 정보 처리 모델에 따라 이해되는 인지와, 매개된 정보 전달로 이해되는 의사소통은 개입intervention의 계획에 들어갈 수 있으며, 사후에 회고적인 작업으로 재조정될 것이다. 그러나 이는 지렛점이 순전히 정동적이라는 사실, 즉 일시중지하는 충격suspensive jolt이라는 사실을 바꾸지 않는다. 연성 권력은 부드러운 극단에서도 정보 조작 없이 행사할 수 있다. 그 행사는 미시적인 주의 기법에 한정되는데, 그것의 아주 작은 변화라도 기저-시스템에 긴장감을 주는 미시 충격이 된다. 이는 프로파간다 전쟁의 개념에 반대하는 두 번째 이유로 이어진다. 즉, 기저-타격이 일어났다는 의식적인 자각으로 연성 권력의 군사적 효과가 향상될 수 있는 상황이 있다. 이것은 결정적인 인식적 또는 전달적 내용이 없는 느껴진 알아차림이다. 즉, 감지하지 못하는 사이에 영향을 받고 있다는 의식적 지각이며, 체화된 일시중지의 가능성 안에서 순간적으로 차단된 행동과 분석의 선들이다.

공포awe

이러한 느껴진 알아차림은 시간을-장악하는-힘을 공포로 받아들인다. 공포는 충격을 의식적으로 등록한 것이다. 이것은 날 활동에 대한 지각 공격의 인지적 여진이다. 특히 경성 권력 실행의 군사적 효과는 공포를 일으킬 만큼 강화될 수 있다. 전역적 힘에 특징적인 것은 (잘못된mis/허위dis) 정보의 사용이 아니다. 그것의 특징은 스펙트럼의 한쪽 끝에서 다른 쪽 끝까지 인지가 체계적이고 역동적이며 신체적으로 직접적인 지각 수단에 의해 정동적인 사건-차원에, 즉 공포로 가득한 awe-full 효과에 갇힌다는 것이다. 시간을-장악하는-힘의 핵심에 지각 공격이 있다. 그 지렛목에서 기호는 즉각적으로 사건 촉매로서의 수행적인 역할을 한다.

들뢰즈와 가타리가 지적했듯이, 수행적 기호는 최소한의 문법적 차이만을 요구하며, 신체가 정동적인 자세로 변하는 실행장에 참여하게끔 하는데 딱 충분한 만큼의 의미의 대조를 제시하여, 그 실행장의 잠재력을 직접적으로 굴절하는 영향을 미친다. '발사!'와 '전진!'의 최소한의 문법적 차이가 실행적인 차이의 세계를 굴절한다. 머리에 정보를 주는 것 이상으로 주목은 미세한 차이들로 신체를 '기호화'insign한다. 즉, 그것은 변모가 임박한 잠재력의 장 안에 신체를 밀어 넣고, 그 갑작스러움 때문에 신체는 가장 느닷없는 주의를 하게 되며 먼저 생각할 겨를도 없이 적응된 자세를 취하게끔 강요받는다. 일시중지된 간격은 정보를 입수한 반성의 간격이 아니라 날 활동적인 고정bracing의 간격이다. 그것은 다가오는 사건에 완전히 흡수되는 것이다. 그것은 신체의 삶을 자체의 준비전위[22], 즉 자기 내적-고정in-bracing으로 소비하는 것이다. 이처럼 신체의 준비 가능성이 기호에 의해 유발되어 자기 소비를 하는 것은 권력의 직접적인 행사이다. 그것은 유도induction('유도하다'라는 의미에서뿐 아니라 군사적인 의미에서도)이다. "문법적 규칙은 통사론적 표식이거나 의미론적 내용의 전달자가 되기 전에 권력의 표식이다"(들

---

22. * readiness-potential. 준비전위는 사람이 어떤 행동을 할 의사가 있다는 것을 의식하기 전에, 즉 의식적으로 근육을 움직이기 전에 두뇌의 운동피질에서 나타나는 전기적 신호의 변화를 말한다. 이는 의식적 행동 이전에 두뇌 활동이 비의식적으로 감지하고 있음을 말한다. 앞서 나온 벤저민 리벳의 실험이 바로 준비전위와 관련된 실험으로서, 여기서 피실험자가 버튼을 눌러야겠다고 결정하는 시점보다 근육이 준비하는 시점이 0.3초 앞섰다.

뢰즈와 가타리 1987, 75~76).

충격과 공포

전쟁의 충격과 공포[23]는 정보 전쟁이나 선전 전쟁의 의미에서 심리 작전의 문제라기보다 '신호 관리'의 문제이다(울먼과 웨이드 1996, 2, 6). 이러한 맥락에서 신호 관리는 군사적으로 변화하는 삶의 조건의 수행적 이정표이다.[24] 그 목적은 자세를 취한 신체들의 실행적 잠재력의 변조를 시간에 따라 연장되는 일련의 반복으로 확장하는 것이다. 관리되는 것은, 충격이 긴장된 유보 상태에서 공포로 변하고 그 결과 충격 관리자가 원하는 대로 회고적으로 반성하는 행동이 뒤따르는 리듬이다. 관리되는 것은 정동의 기저–순간과 거시적 행동선 사이의 중략이다.

이 리듬의 관리는 음악적 의미에서 '박자표'signature로 생각할 수 있다. 그것의 목표는 전쟁 영역에서 출현하는 경험을 위한 박자를 설정하는 것이다. 연속 지각 공격의 박자표는 반성하는 인식을 빈 박자로 둘 수도 있고 그렇지 않을 수도 있다. 빈 박자일 때, 전통적인 선전의 의미에서 정보 전쟁이 그 박자를 채울 수 있다. 그렇지만 반복적이고 다양한 지각 공격에 의해 중략되어 버리는 정보 전쟁 수행은 담론적으로 두서없게 될 가능성이 많다. 지속적인 담론 논리의 유의미한 발전 가능성은 충격을 재고정하는 엇박자가 주기적인 방해를 되풀이함으로써 약해질 것이다. 이러한 상황에서 선전의 일반적인 결과는 전달된 이데올로기적 입장에 정착하는 것이기보다는, 엇박자에서 살아남은 최소한

---

23. * awe. 두려움과 감탄, 존경이 어우러진 압도적인 감정을 나타내는 말이다.
24. 보다 제한된 엄밀한 의미에서 신호 관리(signature management)는 무기와 장비를 탐지할 수 없게 만드는 것을 의미한다. [* 스텔스의 적외선 신호 관리를 말한다.]

의 정보에 대해 정동적으로 연료를 공급하는 투기적 실행이 될 가능성이 더 크다. 정동적으로 연료가 공급된 고삐 풀린 정보는 루머의 형태를 취한다. 고삐 풀린 루머는 음모론적 생각들을 촉진한다. 정보에 관한 한 신호 관리는 의미 있는 설득이나 이데올로기적 주입을 지향하기보다는, 스스로가 작동시킨 루머 생성 과정을 제어하는 데 몰두한다.

루머를 선동하는 것은 공포심을 높이기 때문에 여러 면에서 군사전략가에게 긍정적이다. 공포심의 고조는 행동의 박자를 빠트리는 것을 유도하는 지점까지 갈 수 있으며, 충격 효과를 효과적으로 연장하고, 잠재적인 행동의 유보가 현실적인 수동성으로 전환되는 거시적 수준까지 끌어올릴 수 있다. 물론 적의 군단을 잠재우는 것이 가장 유용한 전쟁 도구이다. 그러나 그것이 작전의 모든 단계에서 전략적으로 바람직한 건 아닐 것이다. 예를 들어, 부시 행정부가 이라크와 아프가니스탄을 침략한 사례처럼, 실행장의 변조가 후속 단계에서 '국가 건설'이라는 행동선으로 이행될 때 이는 이점이 아니다. 공포심의 고조는 특히 과도하게 확장될 때 역효과를 낼 수 있다. 두려움과 불확실성 피로가 심해져 공포심이 원망이 되어 사라지고 반동적 자세를 불러일으켜 저항을 유발할 가능성이 더 커진다. 그렇게 되면 신체는 다시 강력하게 주목의 대상이 된다. 그다음 지각 공격은 그 신체들이 다시 더 '실용적인' 자세를 취하게끔 충격을 주기 위해 시행되어야 한다.

시간–기반형 영토형성terra-forming

신호 관리에는 전단에서 포고, 기자 회견에 이르기까지 다양한 언어적 신호가 포함된다. 그러나 최대 효과를 위해서는 비언어적 신호를 자주 사용해야 한다. 침략의 경우, 이는 다른 많은 것 중에서도 다음과 같은 것을 포함한다. 추가 개입을 할 수 있는 능력을 입증하는 무기 전시. 구정권의 깃발과 인물상과 기념물과 기타 공문서 서명의 제거. 출입금지구역, 특별구역, 그리고 일상의 흐름을 규제하는 검문소들로 영토를 구획 짓기. 군대들, 헌병들, 용병들 그리고 민간 공무원들이나 군 장교들이 겁을 주거나 안심시키거나 하지만 언제나 관심을 요구하는 방식으로 배치 또는 재배치하면서 선별적으로 모습을 보이는 다양한 이동 패턴들. 그리고 항상 존재하는 폭력의 위협을 드러내기 위하여, 예를 들어 언제 어디서든 일어날 수 있는 무작위의 검문검색, 혹은 간헐적인 신속한 공격을 통해 갑자기 불시의 개입을 할 가능성을 나타내는 신호들. 전쟁의 상황이 언제든 일어날 수 있다는 점을 고려한다면, 언어로 하는 개입들조차도 발표에 따라 방대하고 다양한 성격의 언표 내적 힘을 수반할 것이다. 예를 들어 집중 포격 작전 이후 전단을 대량으로 공중에서 투하한 것은 이라크 침공 초반 때 쓰인 전략이며, 같은 전단을 순찰 중인 점령군이 직접 돌리는 것과는 매우 다른 '사안'이다.

비언어적 기호 행위의 장점은 수행적으로 일종의 **영토형성**을 달성한다는 것이다. 개입이 땅에 접촉한다. 그럴 때, 개입은 본질적으로 권력의 시간적 형태인 것, 즉 시간을-장악하는-힘을 공간화한다. 이는 물이 얼음으로 변화하는 것과 유사한 진행적 위상 변이라고 할 수 있다. 위상 변이는 필요하다면, 군사력을 점령이나 지역 초토화 같은 보다 고전적인 전술들로 바뀔 수 있게 해준다. 그러나 공간화는 절대 완전하지 않다. 그 자리에서 완전히 얼음이 되는 것은 허용되지 않는다. 전역적 힘은 실제로 점령하지 않고 영토를 손에 넣는 독특한 점령 방식의 뜻을 함축하고 있다(들뢰즈와 가타리 1987, 352~354, 363~364, 368).[25] 영토

---

25. 2005년 유대인 정착촌을 해체하고 지상군을 철수한 이래, 이것이 가자 지구에서의 이

통제를 위해서는 전쟁 중에 장소를 점거한 주둔군을 깊이 심는 것보다 신속하게 재배치하는 능력이 필요하다. 시간은 중요한 작전상의 요인이 된다. 군사 이론과 전략 매뉴얼들은 속도를 최우선으로 삼게 되었다. 영토 통제는 공간을 점령하고 유지하는 전통적인 의미보다는 시간-효과가 되었다. 시간-기반 개입은 영토의 구조를 유지하는 것보다는, 지상 영토 구획을 재설정하고 그때그때 공간들을 분화하고 조정하는 형태로 일어난다.

무력충돌이 일어나는 장소는 시간을 기반으로 한 일련의 힘의 작용이 효과적으로 나타나는 공간적인 형태이다. 이는 그 자체로는 감지되지 않는 시간-기반의 시각 과정이 효과적으로 나타난 시각 형태가 잔상의 색깔인 것과 같은 식이다. 시간 힘의 압박하에서, 영토는 흐름의 특성들을 가진다. 영토는 녹을 수도 있고 말랑말랑할 수도 있고, 고정 불가일 수도 있고 다시 고정할 수도 있다. 신속한 대응과 결합한 능력-기반 방식의 잠재적인 유연성은 영토를 반복적인 해체와 재조정으로 이끈다. 문제가 되는 것은 지형의 최종적인 경계선이 아니라, 모든 작전상의 수행적이고 정동적인 차원에서 이동의 패턴을 관리하는 것이다. 친구와 적, 군인과 민간인 등 양식 당사자는 흐름이라는 전반적인 지형 조건들에 의해서 재조정된다. 전쟁의 지면은 기저-순간의 유보된 간격에서 발생하는 반복적인 배후 조건 짓기가 거시 지각적 규모에서 표면에 떠오른 것이다.

영토는 삶을 점화하는 날 활동에 의해 돌출된extruded 표면 형태이

스라엘의 전략이었다. 물품과 사람의 모든 출입은 주변과 위의 영공에서 통제된다. 정보는 위성 감시, 정보원, 인구 등록 및 휴대 전화 주파수에 대한 이스라엘의 통제와 같은 수단을 사용하여 수집되고 통제된다. 이는 표적 암살, 포격 및 지상 침공의 형태로 충격 전술과 경성 권력으로의 갑작스러운 전환을 위한 조건을 언제나 준비된 상태에서 유지한다. 가자의 점령은 끝나지 않았다. 단지 방식을 변경했을 뿐이다.

다. 이는 들뢰즈와 가타리가 탈영토화의 첨단(1987, 88, 109, 587)이라고 한 것이 표현된 실질적인 형태로서, 창발의 원류인 형성적 소동으로 되돌려진 이전의 좌표들이 일시적으로 유보된 과정으로 이해된다. 지각 공격은 그 첨단의 끝점, 즉 자른 면이다. 전쟁의 지면은 시간을-장악하는-힘이 새겨놓은 소동의 심연 위에서 이리저리 떠다니고 흔들린다. 표면의 영토 구획선들은 인구의 체화된 잠재력을 쌓아 놓은 생성적 단층선들이 가동된 흔적이다.[26]

시간을-장악하는-힘이 직접적으로 조작하는 것이 기호라는 사실은 그것을 평화롭게 놔두지 않는다. 심지어는 스펙트럼의 맨 끝에서도, 연성 권력의 가장 부드러운 신호-관리 정도에서도 그것의 수행적인 기호적 힘은 폭력을 행사한다. 전장에서 상대가 방출하는 모든 기호는 잠재적인 위험의 기호이다. 그것은 위협이다. 위협은 주의를 요구한다. 위협은 고정한다. 위협은 신경계에 곧바로 연결된다. 위협은 신체에 충격을 주어 기저-동요로 이끈다. 위협은 가시적으로 신체를 휘젓고 그 결과 일시중지 상태의 고정된bracing 간격에 걸쳐 신체의 생명 잠재력을 비가시적으로 변조한다. 이것이 지각을 타격하여 비물질적으로, 수행적으로 저지르는 신체적 폭력이다.

연성 권력은 결국 스펙트럼의 맨 끝에서도 폭력과 분리되지 않는

---

26. 이얄 바이츠만(2007)은 서안 지구에서 타이밍과 이동 기술을 사용하여 전투공간을 만드는 이스라엘 군대의 의식적인 관행을 분석했다. "이동 패턴을 지배하는 것은 주어진 공간 순서가 아니라 그 주위에 공간을 생성하는 이동 자체였다. … 그 전술은 … 도시를 단지 부지가 아니라 바로 전쟁의 매개체로 ─ 영원히 우발적이며 유동적인 유연하고 거의 액체 같은 물질로 ─ 생각하는 것과 관련이 있다(186). … 전쟁은 더 이상 공간의 파괴에 관한 것이 아니라 '재조직'에 관한 것이다"(218). 바이츠만은 이스라엘 국방군의 군사 개입 전략이 시간을 주요 전장 요소로 운영하는 중략된 지각할 수 없음의 상태를 통해 공격/방어와 민간/군사 간의 전통적인 구분을 모호하게 하면서, 어떻게 영토를 파괴하고 재구성하는 기능을 하는가를 자세히 설명한다.

다. 그것은 폭력을 비물질화한다.[27] 그것은 물리적인 마찰을 보류하고 지각의 비중을 늘린다. 힘의 전체 스펙트럼에 걸쳐서 변화하는 것은 폭력의 방정식에서, 행위로 표출되는 마찰 대 지각적 내부행위, 그리고 마모 대 내적 고정의 비율이다. 스펙트럼의 양극단 중 한 극단에는 폭력이, 다른 극단에는 부드러운 설득이 분리되는 것처럼 보이나 사실 그렇지 않다. 폭력과 설득의 관계는 이분법도, 온-오프도, 0-1도 아니다. 스펙트럼은 정확히 그것, 하나의 스펙트럼이고 하나의 연속체이다. 두 항은 상호 간의 진행적인 함축 속에서 서로 감싸여서 겹쳐진다. 작전 계획의 첨단이 연속체의 한 설정에서 다른 설정으로 옮겨질 때 변하는 것은 그들의 혼합 비율이다. 설정이 변하면 스펙트럼 전반에 질적인 변화가 발생한다. 설득은 한편으로 기저-지각적 조건에서 다른 한편으로 거시적인 지각적 인지와 의식적 반성으로 미끄러져 간다.

설득은 기저-지각적 실행에서 점화의 형태로 무의식적인 영향력을 행사한다. 앞서 언급한 대로, 점화는 '암시된 지식'의 방향성과 같은 인지에 관련한 용어로 논의되지만, 인지가 시작되는 출현/창발 수준에서 발생한다. 점화의 결과로 나타나는 본성이 무엇인가가 바로 논쟁거리이다. 점화는 다가오는 경험의 날 활동적 엇박자라는 체현된 심리학적 중단 상태가 편의상 괄호처리 될 때만 심리학에 포함될 수 있다. '식역하'subliminal라는 말이 명백한 인식의 문턱 아래에서 발생하는 의식적

---

27. 이 이론화의 맥락에서, 철학적으로는 "비물질적"(immaterial) 보다 "비육체적"(incorporeal)이라고 말하는 것이 더 정확할 것이다. 왜냐하면 비육체적인 것은 신체의 차원, 즉 잠재력의 차원으로 이해되기 때문이다. 잠재적으로, 신체가 느끼는 존재의 힘은 그것의 현실성을 초과하고, 공간에서 물리적 위치를 초과하며, 물리적 움직임의 미터법으로 측정된 시간을 초과한다. 비육체적 물질주의의 맥락에서 신체(또는 더 정확하게는 '신체 만들기'(bodying)에 대한 이 개념에 대해서 Massumi (2002, 5~6 ; 2014a, 28~30, 53)를 참조하라.

경험과 동일한 인지 용어로 설명될 수 있는 경험이라면, 점화는 식역하가 아니다.[28] 그것은 의식적인 경험과 질적으로 다르다.

폭력의 범위는, 한끝에 있는 마찰적이고 소모적인 전투력의 엔트로피적 물질성부터 다른 끝에 있는 비전투력의 비물질적인 폭력까지 걸쳐있다. 그것은 물질에서 비물질까지 다다르기 때문에 폭력의 연속체는 형이상학적이라고 할 수밖에 없는 문제들을 발산한다.[29] 이들의 제일 근간은 물론 바로 물질적인 것과 비물질적인 것 사이의 차이와, 그 차이에도 불구하고 서로에게 함축되는 방식이다. 전쟁의 현장에서 이 질문은 모든 상황의 구성에서 아주 밀접하게 얽혀있는 '비가시적인 것들'을 어떻게 평가하고 다룰 것인가에 대한 반복되는 질문으로 해석된다. 그리고 또한 그 안에 다른 문제들도 침투한다. 그것은 무력과 설득, 혹은 전쟁과 평화 사이의 차이점과 밀접한 관계에 대한 질문의 핵심이다. 그것은 행동과 지각, 행위-내-지각과 인지, 신체와 신체의 수행적으로 가중되는 잠재력, 시간과 시간의 공간으로의 위상 변이, 행위의 개별성과 경험적 스펙트럼의 연속성, 창발하는 질서와 카오스의 가장자리로 확장된다. 이 모든 난제는 유형적인[가시적인] 것과 무형적인[비가시적인] 것의 구별을 반복하면서, 각각 자신의 방식으로 전쟁의 물질성

---

28. * 식역하는 잠재의식이라고 할 수 있는데, 마수미는 식역하를 의식의 편에 두고 점화를 비의식의 편에 둔다.

29. 전역적 전쟁의 초기 이론가[Szafranski]가 묻는 것처럼, 전쟁을 물리력의 적용보다는 "비전투"를 통해 달성한 "형이상학적 통제를 위한 탐구"로 본다면 어떨까? 그의 대답은 사람들이 "신피질 전쟁"을 수행할 것이라는 게다. "신피질 전쟁"은 "관찰, 방향, 결정, 행동이라는 반복되고 동시적인 적의 사이클을 관통하여" "적의 신피질의 부산물에 반사적 영향, 거의 부교감적 영향을 행사할 것이다." 한마디로, 여기서 지각 공격이라고 부르는 기술을 완성할 수 있다. 즉, "시각적 및 운동 감각적 지각을 처리하고 구성하는 수준에서 적을 타격하는 것이다"(Szafranski 1994, 43, 47, 48). 군사 혁신의 맥락에서 신피질 전쟁에 대한 논의는 Baxstrom et al. (2005)를 참조.

과 비물질성에 대한 질문을 재구성한다. 이 끊임없는 반복이 형이상학적인 중요성을 전쟁의 실천과 이론의 심장부로 전달한다. 이 모든 이유 때문에 '형이상학'은 '인식론'보다도 현대전戰에 더 유용하다.

전쟁 음악

1990년대를 거쳐 2000년대에 들어서면서 전쟁 정책이 쇄신과 방침의 변화를 겪음에 따라 많은 격동이 일어났고, 그 격동은 바로 군대가 스펙트럼의 한끝인 "연성"soft을 차지하는 삶의 갈등 속에 "무형적인 것들"intangibles을 어떻게 다룰 것인가에 대한 질문에 집중되었다(울먼과 웨이드 1996, 1, 3). 이러한 군사 개혁의 결과 중의 하나로서 전 세계의 이목을 끌었던 2001년 미국의 아프가니스탄 침략, 2003년 미국의 이라크 침략 그리고 2006년 이스라엘의 레바논 침략과 같은 전쟁 군사작전의 실패는 공통으로 그들이 무형적인 것들을 서툴게 다룬 것에 기인한다. 이는 잘못된 용어이지만 "인간 지형"human terrain이라 불리던 것[30]을 새롭게 강조하면서, 현대전을 재이론화해야 한다는 요구로 이어졌다.[31]

---

30. * 인간 지형 시스템(The Human Terrain System)은 사회학의 각 분야에서 인력을 차출하여 점령군에게 점령지의 인구에 대한 이해를 도와주고자 하는 미국의 군사프로그램으로서 2007년 이라크와 아프가니스탄 침공에 사용되었으나, 곧 "인류학적 지식의 용납할 수 없는 적용"이라는 비판에 직면하였고 2014년에 종결되었다. (위키피디아 참조.)

31. 이라크 교착 상태에 대응하여 국방부가 "인간 지형 팀"을 설립한 것에 대한 저널리즘 설명은 Shachtman (2007)을 참조하라. 전체 스펙트럼에서 "인간 지형"/연성 권력 끝단으로의 진자 이동은 "대테러" 작전에서 "대반란" 작전으로 용어가 바뀐 것에 반영된다. 이런 종류의 엄청난 변화는 이라크 침공에 따른 대테러 작전의 확연한 실패에 직면하여 2006년 12월에 발행된 미국 육군 현장 매뉴얼 No. 3~24에서 이루어졌다(Sewell et al. 2007). 오바마 대통령의 『국가 안보 전략』(United States Government 2010)과 『국가 안보 보고서』(Jaffe 2012)는 대반란과 대테러의 종합을 시도하고 있으며, 대테러는 노골적인 점령보다는 최소한의 '지상군'을 통한 신속한 대응에 다시 집중했다.

전쟁의 무형적인 지형은 인간적인 것이 전혀 아니다. 만약 모든 것이 기저-순간에 달려 있다면, 그곳이 무형적인 것들이 가장 분명하게 존재하는 곳이다. 전쟁 권력에서 가장 중요한 부분은 인간적인 것이 출현하고 재출현하는 수준에 있다. 전쟁은 이제 인간의 힘이 아니라, 인간을 새로운 배열 형태들로 생기게 하는 힘, 즉 존재-권력이다. 인간적인 것의 존재권력들은 그 자체 기저-인간적이다.

연성 권력과 경성 권력은 동일 연속체 안에 겹쳐져 있다. 그들은 스펙트럼상으로 함께 연루되어 있다. 그들을 하나로 묶어주는 것은 위협이다. 위협은 치명적인 힘이다. 잠재력의 실행장에서 치명적인 폭력의 위협의 항시적인 존재는 비가시적으로 모든 설정에서 경성 권력이 작동하게끔 만든다. 그것은 언제나 최소한 날 활동적인 수준에서 작동한다. 전쟁에서 위험의 기호는 언제 어디서든 나타날 수 있기에 그것은 언제나 최소한 '기호화되어' 있다.

폭력은 언제나 기호화되어 있지만, 오로지 기호화되었다고 할 수 없다. 힘-대-힘은 연성 권력 타격에 대한 필수적인 보완이며 추가이다. 물리적 폭력의 사용은 영토적인 좌표를 변조의 간격들의 사이에서 일정한 기능적 한도 내에 유지하고, 변조 발생 시 변조를 기능 변동의 일정한 대역폭들 내에 유지하는 데 필요하다. 검문소가 이동을 패턴화하는 연성 권력을 행사하는 것은 때로 순식간에 실행되는 사살 명령이 동반되기 때문이다. 지속적인 군사작전상이나 영구 주둔지에 검문소를 두는 것도 항상 효과가 있는 것이 아니다. 마찬가지로 테크놀로지가 발달하면서, 실제로 점령하지 않고서도 지상에서 '확산한' 위협을 통제하는 시도들이 점점 더 기습 공격과 간헐적인 특수 침입 작전에 의존하게 되었고, 다른 한편으로 군사 자문, 감찰, 현지 대리군대의 군사 훈련, 감시와 정보망 그리고 학교 건립과 같은 '국가-건설' 행위처럼, 보다 지속적이고 연성적인 작전들을 보완하게 되었다.

　연성 권력은 현지의 수도나 전압 관리를 하기 위해 경성 권력을 필요로 한다. 경성 권력은 군사력의 전 스펙트럼에 걸쳐서 범위를 늘리기 위해 연성 권력을 필요로 한다. 각 전쟁마다 연성 권력과 경성 권력은 과정상의 상호 대상으로 동시에 발생하면서, 힘-대-힘 대vs 시간을-장악하는-힘의 비율과, 마찰적 소모 대vs 잉여-가치 전쟁-프로세스 윤활유의 비율을 만드는 혼합의 정도를 다르게 하는 데 있어 공동으로 활동한다. 각 활동에서 이쪽이 우세하거나 저쪽이 우세할 것이다. 우세한 쪽으로 스펙트럼의 끝이 기울어진 전반적인 느낌을 줄 것이다. 연성 권력이 우세하다면, 그것은 경성 권력을 부인하고(이것은 '단지' 위협이야), 경성 권력이 우세하다면 그것은 연성 권력을 경감시킨다. 다양한 혼합과 정도에서 함께 들쑥날쑥하면서, 그들의 합동 활동은 전쟁의 활동 범위를 넓힌다. 아프가니스탄과 이라크의 침략은 지리적으로, 작전적으로 그리고 이제까지는 보이지 않았던 범위로 미국의 적극적인 군사 개입의 스펙트럼을 넓히는 주요 기점이 되었다(2004년과 2014년 사이 미국군 병력은 이라크와 아프가니스탄뿐만 아니라, 시에라리온, 코트디부아르, 나이지리아, 라이베리아, 차드, 말리, 리비아, 소말리아, 파키스탄, 예멘, 보스니아, 조지아, 동티모르, 필리핀, 아이티에도 다양한 목적의 군사작전들을 수행하기 위해 배치된 것으로 알려져 있다. 2004년까지 미국군 병력이 배치된 모든 나라에 대해 알고 싶다면 그리멧 2004를 보라).

　신호 관리는 이어지는 행동에서 우세항을 교대로 바꾸면서, 지속해서 변조되는 장場 잠재력을 배경으로 설정된 규칙적인 거시-행동의 복잡한 리듬을 생산한다. 리듬에는 네 가지의 구성 박자가 있다. 첫째, 충격의 방해를 재조정하기, 둘째, 충격을 연장하여 공포 상태로 만들어 다음 행동까지 충격-효과를 전달하기, 셋째, 다음 행동의 실제 실행, 넷째, 개입하는 행동이 변화를 준 상황에서 전달된 공포에 의해 조건지어지는 반복 충격. 박자들은 반드시 시간적 순서를 따르는 것은 아니다. 그들은 순서를 바꾸거나, 리믹스되거나 선택적으로 건너뛸 수 있다. 전투와 비전투 사이, 제때 일어나는 것과 지속적인 것 사이, 단계적인 행동선과 그것의 호 사이에 있는 복잡한 연주와 관련된 전쟁 리듬 구성이 있다. 이는 전쟁에 글자 그대로 음악적 특성을 부여한다. 세브로우스키와 가르스트카에 따르면 전쟁의 새로운 기술에서,

작전의 수준에서 전투는 계단 함수로 축소된다. … 초기 교전 이후 작전은 잠시 중지된다. 그리고 사이클이 반복된다. … 계단 함수는 매끄러운 곡선을 그리게 되고 전투는 고속 연속체로 나아간다. … 병력의 각 요소는 고유의 작동 리듬을 가진다. … 그 결과 적의 행동 진행을 신속하게 억류하고, 사건들과 밀접하게 결합한 충격이 뒤따른다. 이는 적의 전략을 방해하고, 희망컨대 무언가가 시작되기 전에 막는다. (1998)

무언가가 시작하기 전에 막아라. 그 구성은 재조건화된 삶의 다음 맥박을 생산하므로 본질적으로 선제적이다(선제의 생산적인 본질에 대해서는 1장을 보라). 막지 않았다면 일어날 수도 있었을 무언가를 막기 위해서 행동들이 나타나는 단계로 군사력은 리드미컬하게 되돌아오며, 그동안 다른 창발적 행동선들의 영토를 점유한다(선제권력의 박자양식인 조건부에 대해서는 1장과 7장을 보라). 전쟁의 수행은 전반적으로 잠재적인 행동의 선제적 조정으로 이루어진다. 현대 군사 전에서 '혁명적인' 것은 존재권력의 작전화와 군사력이 창발의 힘을 처리하는 것을 포함할 뿐 아니라, 명백하게 선제적인 리듬으로 행해지는 지각 공격

을 우선시하는 것이다. 도널드 럼스펠드에 의하면,

> 상황은 이렇다. 우리는 발견하는 대로 정해진 타깃들을 처리할 것이다.
> 우리는 발견하는 대로 출현하는 타깃들을 처리할 것이다. 상황이 반드
> 시 연속되지는 않을 것이다. 상황이 완전히 연속되지 않는다는 사실이
> 멈춤으로 규정되어서는 안 된다. 사람들이 보게 될 것들이 있다. 사람
> 들이 보지 않게 될 것들이 있다. 그리고 삶은 계속된다. (럼스펠드 2001)

행동은 실제로 지상에서 발견된 거시 지각적 타깃들과 아직 잠재성 속
에 있는 출현[창발]하는 타깃들 사이에서 번갈아 교체된다. 따라서 상
황은 연속적이지 않게 될 것이다. 그러나 연속적으로 될 것이다. 간격
들이 있을 것이지만, 간격들은 멈춤이 아닐 것이다. 간격들은 비전투들
일 것이고, 보이지 않는 종류의 행동으로 채워지게 될 것이다. 일어나
는 모든 것들을 알아차릴 수는 없을 것이다. 지각은 깜박일 것이고, 바
로 그 이유로 매 순간 그것이 핵심적인 문제가 될 것이다. 삶은 어쨌든
비틀거리며 계속될 것이다. 지각할 수 있음과 지각할 수 없음의, 현장
의 연속적 계단 함수와 장을 재조정하는 중단의, 고정된 것에 대항하
는 마찰과 요동치는 재고정의 매끄럽고 깊은 곡선의 기호화의 군사적
박자에 맞추어.

폭력의 형이상학

물리적 폭력은 그 자체가 리듬과 비율을 가진다. 물리적인 힘의 적
용은 적용되지 않은 더 큰 정도의 힘의 물질적인 기호이다. 타격으로
인해 느껴지는 것의 일부는 더 큰 타격이 억제되고 있다는 것이다. 이

번에는 곤봉이지만 다음은 총알이 될 것이다. 물리적 폭력은 언제나 실행된 힘과 잠재적 힘의 비율을 보여준다. 이는 심지어 극도로 치명적인 수준의 물리적 폭력에도 해당한다. 저번에는 그였지만, 다음번 폭력의 대상은 당신이 될 것이다. 현실의 물리적인 공격은 폭발하고 흩어지지만, 그와 동시에 보복적인 또 다른 진행적 차원에 있다. 폭력은 그 자체의 기호이다. 폭력의 발생이 그 자체의 잠재력을 지시한다. 폭력은 그 자체의 위협을 행사한다. 위협은 실체는 없지만 분명하게, 타격의 실제 감각과 즉각적으로 함께 느껴진다. 실체 없이 느껴지는 것은 힘의 보유된 잔여이다. 이는 실제로 적용된 힘의 양의 충격값을 가리키는 공포의 양자이다.

물리적 폭력은 또한 규모로도 작용한다. 일어나는 행위 각각은 그 내부에 다양하고 변화하는 정도들의 연속체를 가지고 있다. 각각의 정도는 그 자체로 질적인 차이가 있다. 이 차이는 물질과 비물질적 과정들의 상호 관계에 고정쇠bracing가 된다. 폭력의 행위는 절대 제때 발생하는 물리적 행위로 환원될 수 없다. 폭력은 고전적인 실증주의 의미에서 경험의 개별성을 넘쳐흐른다. 전쟁의 음악은 폭력의 형이상학을 연출한다. 폭력은 초경험적인 것이다.[32]

물리적 폭력은 초경험적 차원에서 신체들 사이의 공간을 포화상태로 만든다. 폭력의 목격자는 지각하지도 못하는 새에 타격의 피해자만큼이나 확실하게, 수행되고 남은 힘으로 공격을 당한다. 폭력을 전해들은 사람 역시 영향을 받을 것이다. 위협의 비물질적 차원에서 폭력은 지각하지 못하는 새에 이 신체에서 저 신체로 전파된다. 그것은 주

---

32. 초경험적인 것에 대해서는 Massumi (2002, 16, 58, 76~77, 152, 160)를 참조하라. 초경험적인 것의 개념은 앞서 언급한 화이트헤드의 비감각적 지각 개념과 밀접한 관련이 있다(1967a, 180~183; Massumi 2014b).

먹보다 빠른 속도로 정동적으로 전염되어, 신체들을 떼어놓는 현실의 간격들을 넘나든다. 그것은 총알보다 빠르게, 행동에서 지각으로 또 말로 이동하며 또 되돌아올 수 있다. 그것은 간격에서 튕겨 나오며, 신체의 자체 행동역량에 보이지 않게 영향을 준다. 신체들의 사이에서 그것은 공명하며, 그렇지 않았더라면 일어났을 일에 간섭한다.

하나의 폭력 행위는 다수의 신체를 에워싸는 위협-효과의 장의 각질을 벗긴다. 그것은 신체들이 공유하는 잠재적 활동의 장을 포화상태로 만들며, 신체들과 장의 관계를 바꾸며, 이를 통하여 신체 서로 간의 관계도 바꾼다. 이러한 폭력의 잉여-가치는 신체적 다양성의 상호관계적인 행동-잠재성을 제한하는 실행장을 조정한다는 점에서 기저-집합적 수준에서 작동한다. 그것은 또한 감지하지 못하는 수준에서 개별 신체들 모두에게 일제히 영향을 줌으로써 그 관계장을 조정한다는 점에서 기저-개인적이라고 불릴 수도 있다. 그것의 수행적인 효력 발생은 연루된 개인들의 인지적 레이더 아래로 날아다니고, 그들은 정동적으로 전염이 되어 불시에 사로잡힌다. 그 효과는 반성에서 오는 것 — 정보 내용을 보자면 때때로 아주 위험할 정도로 적다 — 이라기보다 수행 발화적 힘을 쌓는 데에서 온다. 수행적으로 사용된 언어에서, 말은 실제 폭력 없이도 신체적인 힘으로 공격할 수 있다. 반대로, 신체적인 힘은 실제 발화 없이도 언어의 의사전달적 힘으로 공격할 수 있다.

폭력의 타격은 신체들이 개별적으로 또 집합적으로 할 수 있는 것을 중지시킨다. 그 사이를 흐르는 날 활동적 정지가 있을 것이다. 소란 속에서 사람들이 알아차리는 것이 있을 것이고, 알아차리지 못하는 것이 있을 것이다. 감각적으로 혹은 비감각적으로 이 모든 것은 느껴진다. 어쨌든 삶은 다른 토대 위에서 계속될 것이다. 바뀐 실행적 지면의 조건들이 이제 시행될 것이다. 신체들이 공유하는 잠재적 행동에 대한 신체들의 관계가 재구성될 것이다. 그들은 폭력으로 스며든 서로의 관계 속에서 집합적으로 재분화될 것이다.[33]

역풍 blowback

폭력이 쌓는 잉여-가치는 폭력이 물리적으로 타격하는 이들뿐만 아니라 일거에 전체 인구들의 생명-잠재력을 조정하는 데 있어서 필적할 수 없는 도구로 만들어준다. 삶을 형성하는 시간을-장악하는-힘이 스펙트럼의 부드러운 끝점에서조차 반동적인 반발 backlash의 위험을 수반한다는 것을 앞서 보았다. 그 위험성은 물리적 폭력에 의해 배가된 강제력의 불명확한 의사소통 때문에 [스펙트럼의] 강한 끝점에서 더욱 크다. 작용하지 않은 나머지 잠재성의 강도는 퍼지면서 증가할 수 있다. 그것은 지질학적 부분의 증가 압력으로 인해 조만간 물리적으로 폭력적인 반응으로 분출되면서 지면 위로 나타날지도 모른다. 이것이 CIA 용어로 '역풍'이라고 하는 것의 형태이다. 역풍 반응들은 배양되는 수준이 비선형 인과관계에 의해 좌우되어 충분히 명확하지 않기 때문에 추이를 살피거나 예측하기가 어렵다. 그들이 따르는 정동 논리가 의미론적으로 형성된 담론들보다는 비언어적인 힘의 전달과 더 강력하게 결합하여 있기 때문에, 그것은 인식 가능한 이념적 위치들로 쉽게 지도로 나타낼 수 없다. 대규모 폭력 사용은 개입주의자들의 '전체 상황 통제'를 위해 더할 나위 없는 도구가 되지만, 또한 더할 나위 없이 위험하다. 그것은 꼼꼼한 연출과 구성적인 후속 조치가 필요하다. 그렇지 않을 경우 가해자 면전에서 폭발할 수 있다.

---

33. 5장에서 시몽동의 집단적 개체화 개념의 관점에서 이러한 기저-관계를 분석한다.

이것이 물론 정확히 이라크와 아프가니스탄에서 일어난 일이다.[34] 역풍은 이라크에서 '사제 폭탄'의 형태로 처음 등장했다. 장소와 시기를 예측할 수 없는 사제 폭탄 공격은 미군의 '국가-건설'을 위한 영토형성의 기반을 약화시켰다. 사제 폭탄은 미국의 신속 대응 능력의 언제 어디서든 가능한 편재성을 다른 방법들로 (자살 폭탄을 함으로써) 모방했다. 그것은 즉흥성과 은밀함으로 치명적인 물리력을 적시에 가하는 첨단기술 위협 — 신속 대응 능력이 선제하기 위해 설계된 바로 그것 — 에 대한 대답이다. 물리적 폭력을 동반하는 사제 폭탄이 매일 언제 터질지 모르는 예측불허의 상황은, 하급기술의 수단을 통해 침략군의 포화도와 전염성의 정도와 맞먹는 연속적이고 대항 가능한 위협적인 환경을 만든다. 이 장치로 인해 일종의 비대칭적인 모방 경쟁에서 지각 공격의 '비대칭적인' 등가물이 필드에 서게 된다. 군사적으로 가장 중요한 효과는 개별 전사자의 수가 아니다. 전체 적의 사기에 미치는 전사자 수의 수량화할 수 없는 현장 효과이다. 사제 폭탄은 총체적 상황의 무형적인 자산에 유형적인 타격을 입혔다.

이론상 그렇게 의도한 것은 절대 아니다. 2003년 미국의 이라크 침공은 표면상으로 전체적인 개요에서 1990년대에 개발된 '충격과 공포'를 따르도록 고안되었다. 울먼과 웨이드가 저술한 대로, 충격과 공포 공격은 크레셴도 박자로 전쟁을 시작한다. 군사 및 민간 목표물에 대한 압도적인 공군력 행사는 군대의 진입을 위한 기반을 마련한다. 이 첫 번째 "심층 타격"Deep Strike(울먼과 웨이드 1996, 128~129)은 반드시 적을 무력하게 만들 만큼 신속하고 광범위해야 한다. … 반드시 신체적이

---

34. 오바마는 미국의 아프가니스탄 철수 종결과 보다 확산된 전쟁의 새로운 국면의 시작을 알리는 연설에서, 앞으로 "분개를 불러 일으키는" 것을 피하기 위해 경성 권력과 연성 권력 간의 올바른 균형을 맞출 필요가 있다고 간접적으로 강조했다 (Obama 2014a).

고 심리적인 효과들을 얻어야 한다"(xxiv). 목표는 "상대방의 사건들에 대한 이해와 인식을 과부하가 걸리게 하여 적이 저항할 수 없게 하고 적을 우리의 행동들에 완전히 취약하고 무력하게 만드는 것이다. … 이러한 이해할 수 없는 상황이 공포상태를 만든다"(xxv). 이것이 성공하기 위해서 어려운 군사적 목표물은 반드시 신속하고 단호하게, 물리적으로 제거되어야 한다. 하지만 작전의 궁극적인 성공을 위해서 더 중요한 것은 물리적 타격이 지각 공격의 역할도 하는 이중적인 방식이다. 폭력의 극한과 그에 비례하는 위협 효과는 사람들을 폭격하여 비활동, 몰이해의 상태로 빠트린다. 지각과 반성 그리고 고려된 행동 사이의 연계는 무너졌다. 사람들은 '마비되었다.' 그들은 어떠한 신중한 행동도 나올 것 같지 않은 정동적 동요의 전前인지적 수준으로 되돌려졌다. 그들은 소란 속에 과부하되었다. 그들은 공유된 날 활동적 일시정지 상태에 놓여있다. 그들이 물리적인 상처를 입지 않고 탈출하는 경우에도 여전히 영향 속에 있다. 공격의 리듬은 일시정지의 간격을 가능한 최대로 확장하는 방식으로 계획된다. 충격은 연장된 공포로 이어진다. 마비가 풀릴 때 즈음이면 이미 모든 것이 끝나 있다. 침략군들이 수도에 진입하여 거대한 동상들을 넘어뜨리는 그러한 수행적인 위업으로 새로운 삶의 조건들을 바삐 기호화한다. 대중의 행동 잠재성이 회복되기 시작할 때, 대중은 바뀐 삶의 상태를 기쁘게 인지할 것이다. 미래의 종속국을 위해 영토형성하는 싹은 벌써 개화하여 전역적 힘의 만개 속에서 득의양양한 군대들 위로 내리는 봄철의 꽃다발 샤워로 피어날 것이다. 어쨌든 이는 이라크 인구의 반응에 대한 미국의 환상 같은 기대가 반영된, 이라크 전쟁에서의 신속한 성공을 그린 도널드 럼스펠드의 최초 비전이었다.

아무리 공격이 깊고 압도적인 무력을 전시하더라도, 궁극적인 목표는 상황의 무형적인 것들을 바꾸는 것이다. "쟁점은 전반적인 정치적 목적들과 부합하여 목표 대상의 지각에 영향을 미칠 무력의 현시적 활용을 어떻게 결정하는가이다"(울먼과 웨이드 1996, 30). "협박하기 위한 신속한 무력 적용"은 소수를 표적으로 삼고 해치면서 저항은 소용없다는 걸 다수에게 납득시킬 수 있다"(27). "주된 표적들"은 인구의 "근본적인 가치와 삶"이다(27 ; 강조 추가). 전역적 힘의 핵심에 있는 시간을-장악하는-힘은 새로운 기반에서 "삶을 되찾기" 위해서 존재권력적으로 날 활동으로 내려간다(2장을 보라). 이는 소생이라는 생명 정치적인 효과이다. 그 목표는 바로 집합적 삶의 재평가이다.

> 한편으로는 영토의 점령이, 다른 한편으로는 사람들의 독립이 있는 것은 아니다. 국가 전체와 그것의 역사 그리고 나날의 맥동이 쟁탈과 훼손의 대상이 된다. ⋯ 이런 조건하에서 개인의 호흡은 관찰된 호흡이다. 그것은 전투의 호흡이다. (프란츠 파농 1965, 65 ; 페레라와 푸글리즈에서 인용 2011, 1)

대가치counter-value 공격

인구의 삶의 재평가를 목표로 사용하는 전술을 울먼과 웨이드는 대가치 공격[35]이라고 부른다. 대가치 공격은 민간 목표물을 대상으로, 국가에 대한 그리고/또는 문명에 대한 자부심과 소속감을 내면화하여 사람들을 통합시킨다고 생각되는 것의 물리적인 흔적을 지우는 작

---

35. * 대가치 공격은 적의 자산 중에서 가치는 있지만 군사시설이 아닌 민간시설과 도시를 공격하는 것을 말한다.

전이다. 이라크의 국립 박물관이 약탈당하는 것을 수수방관한 미국군의 결정은 고의적인 대가치 공격이라고밖에 해석할 수 없다. 그것은 실수일 리가 없다. 이는 삶의 필수적인 재평가를 위한 조건을 만든다는 군사 전략적인 목표에 전적으로 부합했다. 그것은 실수는 아니었지만, 분명히 '오발'misfire이었다. 계속되는 '테러와의 전쟁'에서 만들어진 아주 많은 다른 결정들처럼.

울먼과 웨이드의 입장은 명확했다. 충격과 공포는 실로 역효과를 낼 수 있다. "적을 감명시킨 게 아니라 오히려 적을 도발하여 행동하도록 만든 것은 전형적인 오발이다"(울먼과 웨이드 1996, 27). 이라크에서 몇 달 만에, 심층 타격이 주는 공포로 인한 마비는 적극적인 반격(역 타격)으로 변했다. 영토형성으로 통하는 창문은 닫혔다. 사람들은 그러한 자세를 취하지 못했다. 미국의 점령 행정부가 '국가-건설'로 넘어가는 진행은 정말 서툴렀다. 이는 부시가 말한 대로, 영토적인 흐름의 패턴화와 진행 중인 신호 관리를 위해 복잡하고 힘든 노동에 필요한 지상군 숫자를 럼스펠드의 국방부가 잘못 계산한 탓도 어느 정도 있다. 전역적 전쟁은 '지상군'의 수를 최소화하기 위해 고안되었다. 하지만 필요한 최솟값은 상대적인데, 이는 방정식 안에 무수한 변수들이 들어가고, 그중 많은 수가 무형적인 축에 있기 때문이다. 이러한 힘-대-힘의 오산과 함께, 정부에서 바트당원 몰아내기, 재건설 프로그램에서 (군 인력 대신, 실질적인 감시 없이 법적 면제권을 가지고 이윤을 추구하는 민간 계약자들로 대체하면서) 대규모의 비효율과 사기가 판치는 조건 형성과 같은 엄청난 '인간 지형' 실패가 있었다. 총사령관이 전함 갑판 위에서 '종전'을 선언한 후 4년이 훌쩍 지난 2007년 후반까지 미국의 개입은 어떠한 긍정적인 지표도 내세울 수 없었다. 그 무렵, 국내 전선에서도 지각 전쟁war of perception은 패배하고 있었고, 처음으로 미국인들

다수가 전쟁에 반대하였다.

침략의 봄에 핀 전쟁의 꽃들은 대가치란 가지 위에서 시들어 버렸다. 드론[벌] 떼가 장기전 침공이 진행되는 가을의 퍼지는 햇살 속에서 그들의 자리를 차지하고자 혈안이 되어 이미 지평선 위에서 윙윙거리고 있었다. 고도의 기술과 낮은 발자국을 겸비한 선제의 수분 매개자들을 가진 다가오는 오바마 세대는 날개를 달 준비가 되어있었다.

4장

말단으로 이동하는 권력

정보를 뾰족하게 만들기

사유(우리가 거의 알지 못하는 것)

1990년대 후반과 2000년대 초 주요 군사 이론서들은 3장에서 논의된 바 있는 날 활동의 기저-순간의 작동화ㅇperationalization에 초점을 맞춘 증강 네트워크 정보에 근거하여 전반적인 재구성이 필요하였다. "나와 많은 다른 사람들에게 명확해진 사실은", "네트워크화된 적에게 승리하기 위해선 우리 자신도 네트워크화되어야 한다는 것이었다."라고 오바마 정권 당시 아프가니스탄에 주둔한 미군의 사령관이었던 스탠리 맥크리스털 장군은 말한다. 그에 의하면, 이를 성공시키기 위해 군대는 "깜박임" – 정보가 상실되는 놓친 지점들과 시간 지연들 – 속에서 움직이는 법을 배워야 한다. 그다음엔 "공유된 의식들"을 만드는 것이 필요하다(맥크리스털 2011). 다시 한번, (이음매들에서 떨어져 나온) 시간의 복잡한 매듭, (약간 열린) 인식 그리고 (잠재적인) 행동이 명확하게 전쟁의 중심적인 문제이다. 하지만 새로운 요소가 주목받게 되었다. 이 당차고 새로운 네트워크 중심의 전쟁 세계에서, 당신이 깜박할 때 당신의 눈은 필연코 집합의식 속으로 열린다. 그 의식은 즉각적으로 움직이는 효과적이고 또 사실상 집합적인 싸울 의지여야 한다. 이 프로젝트는 곧장 장애물과 직면한다. 곧, 애초에 통제하려고 했던 그 복잡성이다.

정보 전쟁의 안개

현대전의 이론과 실천의 출발점은 한마디로 요약될 수 있다. 즉 세상은 예측할 수 없고 급증하는 위험으로 가득 찬 나날이 복잡해지는 장소라는 것이다. 군대는 이러한 위험들이 어떤 형태를 취하든, 언제 어디서 일어나든 대응할 수 있도록 반드시 재편성되어야 한다. 증가하는 복잡성의 이유 중 사람들이 흔히 인용하는 것은 규제를 철폐한 경제의 세계화와 세계화의 근간이 되는 상품, 정보, 사람들의 가속화된 순환이다. 이 전제들은 사실상 이 시기의 모든 주요한 군사 이론들이 공유한다. 그들 모두는 이 불확실한 근거를 기정사실로 간주한다.

어떤 면에서는 세계화 운운하는 것은 문제를 축소할 수 있다. 지역적인 구성요소들은 단순해서 각기 지역적 수준에서 분리해서 다룬다면 아무런 문젯거리가 되지 않는다고 가정하면서, 글로벌 시스템이 포괄하는 수많은 상호작용 때문에 전 지구적 수준의 복잡성이 생긴다고 여긴다면 말이다. 하지만 전 지구적 범위의 복잡성이란 그 구성요소인 단순한 단위들이 상위 수준에서 상호작용 증가량의 결과로 복잡해지는 그런 게 아니다. 지역의 구성요소들은 그 자체가 복잡한 하부 시스템이다. (각자 나름의 방식대로 곤경에 빠졌던 아프가니스탄과 파키스탄은 말할 필요도 없이) 이라크 현지에서 미국의 세계 전략이 곤경에 빠진 것은 복잡성과 아울러 불확실성이 "끝없이 내려간다"는 충분한 증거이다(스탕제 1997). 근거 없음이 인정되고 당신이 '끝없이 내려갈 때' 조차 언제나 더 내려갈 데가 있을 때, 상황은 얼마나 더 복잡해지고 더 불확실해지는가! 혹은 더 나쁜 경우에는, 당신이 내려가는 도중에 이상한 나라 앨리스의 토끼굴을 거꾸로 통과한 것처럼, 갑자기 꼭대기로 되돌아온 자신을 발견할 수도 있다. 가장 높은 수준과 가장 낮은 수준의 사이를 포함하여 수준들 사이에서 일어나는 피드백은 복잡계의 특징을 정의하는 것이다. 무근거에 근거한 복잡계는 비선형적인 유희로 독자적으로 자신의 복잡성에서 빠져나온다. 맥크리스털 장군이 행동과 지각을 함께 꼬아서 의식의 매듭을 만드는 '깜박임'을 처리하는 한 방법으로서, 네트워크 시대에 맞게 군대를 개혁하고자 하는 도전과 '선형적인' 지휘체계가 한물간 것이라는 평가를 동일시했을 때, 그는 이러한 의견에 합의했다고 표명한 것이다(맥크리스털 2011).

물론 고전적 이론에서도 불확실성은 이미 전쟁의 상수로 인정되었다. "전쟁에서 모든 자료의 불확실성은 특별한 어려움을 야기한다."고 카알 폰 클라우제비츠는 그의 명저인 『전쟁론』에서 썼다. "왜냐하면, 모든 행동은 어느 정도, 단지 황혼 속에서 혹은 마치 '안개' 속에서 계획되어야 하기 때문이다." '전쟁의 안개'는 그 이후로 흔한 말이 되었다. 차이점이 있다면 클라우제비츠에게 그것은 중간에 경고로 사용되었고, 지금은 만트라처럼 맨 앞에 온다는 점이다.

클라우제비츠에게 전쟁은 본성상 이해할 수 있는 것이었다. "먼저 단일 요소를 고려하고" "단순함에서 복잡함으로 나아가면" 충분히 이해할 수 있는 것이었다(1946, vol. 1, bk. 1, ch. 7). 그에게 전쟁의 안개는 카메라 렌즈상의 결함처럼 단지 지각의 '특이사항'이었다. 그것은 장군의 '대단한 지력'과 전쟁 경험으로 해소될 수 있었다. "이제까지 우리가 전쟁을 보아왔다면, 모든 걸 이해할 수 있게 된다. … 전쟁에서 모든 건 매우 단순하다. 하지만 가장 단순한 것이 어렵다." 어려움은 "사소한 상황"의 "마찰" 때문이다(클라우제비츠 1946, vol. 1, bk. 1, ch. 71 강조 추가). 상황의 밑바닥에서 마찰은 장군의 연마된 지성과 잘 기름칠한 의지로 극복될 수 있다. 하지만, 20세기 중반에 이르면, 우리가 봐오지 못한 것을 당연하게 여기게 된다. 월터 리프먼은 이 보지 않음이 1차 세계대전에서 이미 일어났음을 목격했다 : "대부분의 사람은, 그들이 평화 회의에서 온 특파원이나 종군 기자를 만났을 때, 자기가 목격한 것을 쓴 남자를 만나고 있다고 믿는 것 같았다. 당치도 않은 이야기. 예를 들면 아무도 그 전쟁을 보지 않았다. 참호 속에 사람들도, 사령관도 전쟁을 보지 않았다. 사람들은 그들의 참호와 임시숙소와 때로는 적의 참호 또한 보았지만, 아무도 … 전쟁을 본 사람은 없었다"(리프먼 1920, 43~44 ; 트루델에서 인용 2013, 199).

이미 20세기 재래식 전쟁에서 진실이었던 것이 하물며 오늘날 비대칭적인 전쟁 양상에서는 얼마나 더 진실이겠는가. 파타키 주지사가 집으로 운전해서 돌아왔던 그 날처럼, 오늘날의 전쟁에서 우리는 항상 보지 못한다(3장 참조). 지각은 중략될 뿐 아니라 근거도 미결정적이다. 이 두 가지 조건들은 본질적으로 연결된다. 즉, 주기적으로 미결정적인 근거가 시야에 나타났다 사라졌다 하면서, 지각은 생성되는 와중에 일시정지한다. 우리는 우리가 보지 않은 것을 기억한다. 하지만 이는 의식적인 반성의 기억은 아니다. 이것은 개인의 지혜를 축적하는 것을 돕는 인격 성장과 사려 있는 통제를 바라는 이성적인 의지를 강화하는 데에 영양분을 공급하는 종류도 아니다.

더욱 최신의 전쟁 이론가의 말에 의하면, 문제의 핵심은 "우리는 우리가 보거나 듣거나 이해할 수 없는 것을 통제할 수 있기를 바랄 수 없다는 것을 인정하여야 한다."는 것이다(챠프란스키 1994, 52). 네트워크 중심 전쟁 개념의 핵심 고안자인 데이비드 앨버츠는 이 말에 동의한다. 어떤 조건 아래에서는 전쟁의 안개를 줄이는 것이 가능하겠지만, 전쟁의 안개를 없앨 수 있는 상황은 존재하지 않는다(앨버츠 외 2000, 11, 71~72). 전쟁의 안개는 이제 상황에 따른 것이 아니라 필수적이고 소멸할 수 없는 것처럼 보인다. 그것은 전쟁의 본질일 뿐 아니라, 인간의 지각 그 자체의 본질이기도 하다. "의식은 깜박인다. 그리고 의식이 가장 밝을 때조차도, 밝은 조명의 초점 아래 작은 영역과 흐릿한 파악 속에서 매우 강렬한 경험을 말해주는 넓은 반음영半陰影 영역이 있다"(화이트헤드 1978, 267). 전쟁터는 노련한 장군도 충분히 이해할 수 없다. 안개 자욱한 전장에 처음 온 기병은 훨씬 더 그렇다. 위기에 빠진 민간 지역에 출동한 긴급 구급원은 언급할 필요도 없다. 개인의 지력과 의지는 절대 충분하지 않다. 전쟁과 안보 속에는 스펙트럼 전체에 걸쳐, 뿌리 깊은 불가지의 여백이 있다. 따라서 그것이 스펙트럼상에 존재할 수 있는 어떤 전략이든 똑같이 불가피한 정도의 전략상 결정 불가능성이 있다.

네트워크 중심의 전투원은 무엇을 해야 하는가? 공유된 의식은 불가지의 상태에서 어떻게 헤쳐 나올 것인가? 그리고 이 출현하는 의식의 깜박임으로부터, 하나의 통합된 단일한 의지는 어떻게 결정적인 행동으로 될 수 있는가?

힘의 위상학

짧은 답변은 다음과 같다 : 복잡성은 군사 네트워크 그 자체 내에 "재배치"되어야 한다(앨버츠 외. 2000, 65). 달리 말해서 문제는 "힘의 위상학"이다(앨버츠와 헤이즈 2003, 165, 203).

단연코 효과적인 힘의 위상학의 첫 번째 단계는 강화된 작동 반응성을 전쟁 체계 안에 포함하는 것이다. 지상 전술들은 유동적인 적응력이 있어야 한다. 전쟁 기계가 자가 교정하고 내장된 진화 능력을 갖추기 위해서는, 전략 지휘체계를 즉석에서 업그레이드하는 적응력을 위한 통로가 있어야 한다. 진화적인 적응력은 가장 낮은 단계인 '전투공간 개체'battlespace entity(용어가 말하듯이)가 제각기 어디에 위치하든 거기까지 내려가며 피드백할 수 있어야 한다. 이제는 시간이 전쟁의 본질이라는 점을 고려하여, 진화적인 피드백은 가능한 한 실시간과 가깝게 작동되어야 하고, 위로 가는 피드백과 아래로 가는 피드백이 번개 같은 속도로 일어나서 군사 위계가 네트워크의 수평 상태와 위상학적으로 동등해져야 한다. 물론, 이 즉각적인 정보 확산은 가장 최신의 통신 기술을 사용하는 강화된 네트워킹을 필요로 한다. 이런 이유로 최근 전쟁 이론에서는 특히 미국의 이라크 침략 실패의 영향으로, 지휘 통제를 대변혁시키기 위해 고안된 새로운 정보와 통신 기술들이 '증강 지능'이라는 표어로 과도한 관심의 대상이 되고 있다.

이것을 매개에 의한 인간의 의사전달이라는 전통적인 지평 내의 정보처리 모델로 단순히 복귀한 것이라고 해석한다면, 지능에 대해 새로워진 관심의 작전상의 요점을 심각하게 놓칠 수 있다. '듣거나, 보거나 혹은 이해하지 못한' 무언가를 전달하기란 어렵다. 증강 지능은 완전한 정보를 바탕으로 정보에 입각한 성찰을 하여 전쟁의 공간을 만드는 것이 아니다. 전쟁의 안개가 단지 정황적인 것이 아니라면, 정보는 지금도 또 앞으로도 늘 빈틈이 있을 것이다. 향상된 네트워킹이라도 복잡성의 진실을 바꾸지는 못한다. 비대칭전에 대한 완고한 인식론적 사실은 근본적으로 또 필연적으로 정보에는 틈새가 있으리라는 것이다. 문제는 정보에 입각한 반성을 하여 전쟁의 공간을 만드는 것이 아니다. 오히려 완전한 정보도 없고 정보를 심사숙고할 여유도 없이, 위협받는 순간의 불안과 흥분의 압력이 커지는 상황에서 전쟁의 공간을 다시 만드는 것이다.

네트워크 중심 전쟁의 근저에 있는 이 인식론적인 불완전성 정리는 존재론적 조건의 표현이다. 즉, 전쟁의 '실시간'이란 이제 형성하는 기저-순간의 일시정지된 지각이 된다. 보통 인지 기능이라고 여겨지는 것은 그 비의식적인 간격으로 압축되어야 한다. 그렇지 않은 경우의 인지는 의식적으로 등록된 지각들 사이의 '깜박임' 속으로 확대[줌인]되어야 한다. 그리고 동시에 즉시 새로운 형태의 인식, 새로운 집합적 의식속으로 축소[줌아웃]되어야 한다('주의의 깜박임'에 대해서 3장 참조). 이는 증강 지각 공격이며, 그것의 불가피한 전장은 점화의 체화된 지형이다. 그것의 궁극적인 무기는 준비전위의 변조이며, 차후에 올 것에 영향을 주는 생산적인 힘이다. 점점 더, 이 원영토의 지형은 결정의 핵심이 되고 있다. 날 활동적인 깜박임에서, 생각은 곧 일어나는 행동과 새롭게 연합하고, 행동은 만들어지고 있는 지각과 연합하며, 각각의 항들은 다른 항들과 융합되어, 모두가 함께 다른 무언가가 된다. 그리고 그 무언가는, 우리가 익히 알고 있는 대로의 인간 지형을 넘쳐흘러서, 항상 이 지형의 중심부에 창발적으로, 진화론적으로 존재하는 것으로, 즉 인간을 넘어선 되기로서 군사적으로 되돌아온다(매닝 2013;마수미 2014a, 92~94).

그러므로 힘의 위상학으로 쓰이는 향상된 네트워킹의 궁극적인 목표는 우리가 아는 바처럼 네트워킹에 더 많은 정보를 공급해서informing 인간 지능을 증강하는 것이 아니다. 오히려 전쟁 기계와 발맞추어 인간 지능을 완전히 변모시키는transform 것이다. 새로운 힘의 위상학을 실천하는 핵심은 인간의 위치를 바꾸는 것이다. 바로 '인간 지형'의 의미를 다시 정의하는 것이다. 즉, 깜박임 속에서in a blink 그것의 위치를 바꾸는 것이다. 이는 날 활동의 기저 의식적인 행동 잠재력 속으로 내려가서, 스스로 결정하는 군사적 의지로 자신을 창발적으로 표현하면서 거기에서 잉여-가치를 추출할 수 있는 군사 기계를 만드는 것을 포함한다. 이때 군사적 의지란 실시간으로 자신을 실행하며, 상호 피드백의 복잡한 관계들을 통해 작전상의 연대로 융합된 행동-지각의 스스로 적응하는 네트워크 전체에 걸쳐서 분포된다. 그 네트워킹은 정보를 분배하기보다는, 스스로 결정하는 행동 잠재력을 위한 것이다. 복잡성은 (군사 시스템 환경을 조망하는 더 나은 관점에서) 외부적으로 인지되기보다, (내재적으로, 전역에서, 창발적으로 시스템을 구성하면서) 내부적으로 실행된다enacted. 전략가들이 주장하는 군대의 재편성은 변화만을 목표로 삼지 않는다. 스스로 변화하게 하는 것을 목표로 한다. 스스로 구성하고 스스로 변화하기. 필수적으로, 기저적으로, 존재권력으로.

이어지는 글에서는 『충격과 공포』(울먼과 웨이드 1996) 이후 군사교리의 주요 정책 저서 두 권의 종합적인 독해를 바탕으로, 이것이 어떻게 작용하는지 개략적으로 보여줄 것이다. 이 두 저서는 1990년대의 군사 전략가들 사이에서 널리 회자하였고, 그 당시의 비즈니스 경영과 언론 담론에서 '정보 혁명'이라고 불리는 것의 군사 버전인 '군사 혁신'Revolution in Military Affairs의 필요에 대한 답변이었다. 첫 번째 문헌인, 『네트워크 중심 전쟁 : 정보 우월성의 개발과 활용』(데이비드 S. 앨버츠, 존 J. 가르스카타, 프레드릭 P. 스테인, 이하 『네트워크』)은 1999년에 출간되었다. 그것은 1990년대 초, 랜드연구소 싱크탱크의 일원인 존 아퀼라와 데이비드 론펠트가 주창한 '넷워'netwar라는 개념을 군사 체제를 위해 살을 붙였다. 이 개념은 의회 보고서에 기반하여 '네트워크 중심 전쟁'이란 더 품위 있는 명칭으로 2001년 여름 공식적인 미군 교리로 채택되었고, 또한 같은 해에 공식적인 야전교범 지침에 통합되었다. 이는 때마침 부시 대통령이 9·11 테러 이후에 선포한 '테러와의 전쟁'에 대한 미국의 전역적 접근법을 만들기 위해 나타났다. 그리고 이 이후로 네트워크 사고방식은 미국 군사 전략의 중심이 되었다. 두 번째 문서인 데이비드 앨버츠와 리처드 헤이즈 공저인 『말단으로 이동하는 권력 : 정보화 시대의 지휘와 통제』(이하 『말단』)는 2003년 미국의 이라크 침략 바로 전에 나왔다. 이 책은 네트워크 중심 전쟁 능력을 전략적인 현실로 만들기 위해 필요한 '혁신적인' 군대 구조조정의 이상적 비전을 구현하고자 한다. 그 구조조정의 명시된 목표는 군대를 위한 '비즈니스 모델'(현대의 권력 양상과 신자유주의 자본주의의 합류에 대해서는 2장 참조)을 세우는 것이다. 1990년대 초기에 한창이었던 군사 혁신의 이론화가 당시 기업 경영 모델(전체 품질관리와 업무개혁)을 이용했던 것처럼, 앨버츠와 헤이즈의 접근법은 세계화된 정보 경제와 그것이 작동하는 비평형적인 지정학적 환경의 불확실성에 대응하기 위해서 그 이후 개발된 민간 부문의 조직적인 전략들을 반영한다.

표면적으로 이들 저서에서 표명된 군사체제의 광범위한 개혁에 대한 요구는, 고품질의 정보들을 모아 효과적으로 처리하는 능력을 향상해서, 전역에 걸쳐서 싸우고 승리하는 군의 능력을 강화하는 것에 헌신한다. 이러한 의제의 쉽게 이해되는 이미지에 그 저서들은 표면적으로 동의하는 것처럼 보인다. 하지만 기저-순간의 압력을 받아 그들은 더 나아간다. 정보 구조의 표면 아래를 더 탐구할 필요도 없이, 이 밀접하게 연결된 저서들의 작전 논리가 질과 양을 개선하여 기밀정보를 최적화하는 전통적인 모델로부터 근본적으로 이탈하고 있음을 알 수 있다. 정보를 사실에 따라 정확하고 의미상으로 풍부한 콘텐츠를 전달하는 것으로 이해한다면, 정보는 중요하지 않다.

중요한 것은 다가오는 힘의 위상학의 진화 속에서 인간의 생각과 지각의 위치이다. 힘의 위상학의 진화를 촉진하는 것은, 힘의 무대가 기존의 중심지였던 '전투공간'에서 최첨단 '말단'cutting "edge" 1으로 바뀌는 위상학적 투영을 수반한다. 말단은 그 자체의 작전 공간을 시간 속에, 즉 기저 실시간의 바로 그때just-in-time 속에 새겨넣는다. 말단은 수직 계보를 수평적인 것과 다름없이 만들기 위한 쐐기이다. 그것의 전역은 시공간 연속체가 된다. 여기서 개인 지능은 집합적이 되고, 네트워크에 분산된 인지는 날 활동적으로 체화되어, 그 결과 지식이 아니라 즉각적으로 스스로 증강하고 결정하는 권력이 생산된다. 한때 인간의 인지가 있었던 장소에는 이제 전역적인 권력에의 의지 기계가, 즉 (사실상의 지식이 없는) 지식-권력이 윙 소리를 내며 움직인다.

이는 정보에 관한 것이 아니다. 이는 정보를 말단으로 가져가는 것에 관한 것이다. 이는 정보를 "뾰족하게" 만들어 전쟁의 직접적인 무기가 되도록 하는 것에 관한 것이다(『말단』 173).

말단으로 이동하는 권력

이는 다음과 같이, (점점 더 장황하고 고리가 많은 이론적인 우회로들로 늘어난) 그다지 쉽지 않은 13개의 단계들로 이루어진다.

1. 기회를 포착하라.
2. 무력이 아니라 결과를 집대성하라.
3. 적극적으로 선제하라.

---

1. * edge는 가장자리 끝단이라는 의미로 쓰였기 때문에 '말단'으로 번역했다. 특히 군사적인 맥락에서 이 말은 지휘체계의 맨 끝인 '전투공간 개체' 즉 보병을 의미한다. 말단으로 권력이 이동한다는 것은 전통적인 수직 지휘체계가 수평적인 네트워크로 바뀐다는 의미이다.

4. 절약하라.

5. 차선을 택하라.

6. 먼저 수행하고 나중에 알아라.

7. 비인식을 위해 점화하라.

8. 미래를 샘플링하라.

9. 과거를 능력으로 감싸라.

10. 점화를 지휘하라.

11. 정보를 뾰족하게 하라.

12. 자기 동기화하고 차이 나라.

13. 말단으로 가져가라.

1. 기회를 포착하라.

가장 단순한 과정 내에서조차도 신뢰할 만한 예견은 불가능하다. 미래는 모형에 따라 만들 수 없다(『네트워크』163;『말단』225). 창발 사태들의 카오스와 함께 커지는 "위협 기반" 환경인 새로운 비대칭 전장에서는 더욱더 그러하다(『네트워크』70;『말단』1~3, 226). 이 위협-환경은 행동이 비선형인 복잡한 시스템의 특징들을 나타낸다(『네트워크』20, 60, 162;『말단』206). 그것은 명확한 원인에서 고립된 결과까지 직선을 그을 수 있는 가능성을 제공해주지 않는 격변의 "생태계"(『네트워크』22)이다. 알 수 있는 것은 전부 결과들뿐이며(『말단』76), 결과들은 고립되어 있지 않다. 결과들은 순서대로 원인에 뒤따라 나오기보다는, 서로의 안으로 "폭포처럼 떨어진다"(89~90). 하나의 복잡성 결과에서 그다음 복잡성 결과로 모든 것이 일어난다. 결과들은 결과들과 충돌하며, 더 많은 결과를 야기한다. 그러한 소용돌이 속에서 유일한 인과관계는 이 격변의 움직임이 스스로 활성화하는 것이다. 결과들 사이의 관계들로 한정된 인과는 우연과 구별할 수 없을 정도로 비선형적이다.

유일하게 확실한 한 가지는 예상치 못한 상황들이 실제로 나타날 것이란 점이다. 나타나는 환경의 땅의 지형은 "안개"에 뒤덮여 있다. 다시 한번, 이는 클라우제비츠의 사소한 정세의 안개가 아니다. 그것은 잠재성의 안개이다(『네트워크』 11, 71~72, 80; 『말단』 8, 108). 잠재성은 단지 상황 때문이 아니라 본성상 "알 수 없는" 것이다(『말단』 76). 혹은 차라리, 본성상 알 수 없는 까닭은 상황의 힘이 인과에 영향을 미치기 때문이다. 그것에 대하여 '까짓것'이라거나 '사소한' 것은 없다. 상황의 힘은 단지 질서가 있는 논리적인 틀 밖에서 일어나는 무언가가 아니다. 그것은 잠재성의 무질서이다. 그것은 과도하며, 다수의 미래의 질서들을 감싸고 있다. 결과들의 폭포 같은 연쇄는 복잡한 관계 안으로 소용돌이치면서, 다수의 경쟁 논리들과 대체 가능한 질서들에 기회를 제공한다. 상황은 주어진다는 맥락에서, 상황의 힘은 기회이다. 그것은 사고accident의 본질로 되어있다(2장 참조). 그 의미는 순서대로 일어날 때 그 순서는 반드시 사고에서 나온다는 것이다.[2] 순서는 포스트 호크post hoc[3], 즉 2차 순서second order가 될 것이다. 이는 상황의 힘에서 결과적으로 발생하는 순서이다. 얻어진 지식은 모두 그러한 순서의 특징을 띤다. 즉, 지식은 모두 동등하게 이차 순서 안에 있다. 그러한 지식으로 얻은 주도적 입장은 모두 2차 기회second chance라는 가장 희귀한 선물이 될 것이다.

격변의 시간들에서 당신은 2차 기회에 의지할 수 없다. 상황은 사고

---

2. * 우연히 발생한다는 뜻.

3. * 한 사건이 다른 것보다 먼저 일어났기 때문에, 첫 번째 사건이 다른 사건을 야기했다고 추론하는 논리적 오류의 하나이다. 인과관계를 시간의 전후 관계로 본다. 예컨대 기우제를 지낸 다음 비가 올 때, 기우제가 비의 원인이라고 본다.

들로 끓어오르면서 힘차게 움직인다. 유일하게 할 수 있는 선택은 기회가 아직 막 결과가 생겨나려는 참인 첫 번째 소용돌이 안에 있을 때 어떻게 그것을 포착하는지 배우는 것이다(『말단』 213). 잠재성 안에 있는 기회를 낚아채라. 최적의 조건이라는 선물을 기다리지 말고 기회를 잡아라. 격동을 역으로 휘저어서 무엇이 생기는지를 봐라. 잠재성은 알 수 없지만, "권력은 잠재성의 표현"이라는 것을 잊지 마라(213).

2. 무력이 아니라 결과를 집대성하라.

잃어버린 원인을 따라가지 마라. "효과 기반 작전"을 채택하라(『네트워크』 62; 『말단』 2, 102~104, 132, 143, 148, 206). 이는 창발 단계에서 "통제 수단들"(『말단』 206)을 찾는 것을 의미한다. 이는 과학이 아니다. 이는 어둠 속을 상당히 많이 탐색하는 것을 필요로 한다. 그것은 시행착오의 경험적인 실습이다(227~230). 통제력을 얻는다는 것은 완전히 상황을 정돈하기 위해 전장에 자기의 선형적 인과 영향력을 삽입하는 것을 의미하지 않는다. 차라리 정반대이다. 즉, 자기의 전략에 약간의 무작위를 주입하는 것이다(150). 통제력을 최대한 활용하는 것은 결과들의 폭포 같은 연쇄가 (바라는 대로) 변이의 "범위" 내에 머물도록 상황의 비선형을 조정하는 것을 의미한다(207). 목표는 잠재적인 결과들의 범위 내 개연성들을 재분배하기 위해서 창발의 한도를 재설정하는 것이다(145). 개연성을 다시 부여하는 것은 "통제"만큼이나 확실성에 도달하게 해준다.[4] 불확실성은 범위 안에 유지되지만 제거되지는 않는다.

한 번의 개입으로 성공할 수 없다. 시행, 착오, 시행, 착오… 통제란

---

4. 여기에서 "통제"는 들뢰즈가 「통제 사회에 관한 추신」에서 의미했던 바로, 즉 창발 영역의 내재적 변조(Deleuze 1995, 177~182)로서 읽어야 한다. Massumi 2015a를 참조하라.

끝이 없는 반복이다(『네트워크』 69, 74;『말단』 16). 결과들의 연쇄가 야기되고 즉시 그 후에 재조정re-tweaking이 필요하다. 회전율이 아주 빠르다면, 사건들의 곡선은 그때그때 변조될 수 있다. 조정된 잠재성의 진화하는 생태계에서 좌우명은 "계획은 최소화, 실시간 수정은 극대화"이다(『네트워크』 159). 이를 다르게 표현하자면, "무력이 아니라 결과를 집대성하라"이다(『네트워크』 7, 90, 173~174;『말단』 104). 무거운 중장비와 육중한 기반시설의 형태인 힘-대-힘을 축적하는 대신, 상황의 생산적인 힘과 시간을-장악하는-힘을 작동하자는 것이다.

3. 적극적으로 선제하라.

기회를 포착했을 때, 당신은 단지 위협을 억제한 것이 아니다. 당신은 창발 상황을 "해제하고"dissolve 다른 것으로 대체한다(『말단』 2). 당신은 우발적인 사태들을 어느 정도 "배제하거나 받아치면서" 다른 대체 수단들로 "감쪽같이 이동했다"(143). 당신은 건설적으로 선제했다. 당신이 조정한 결과가 아닌 다른 결과들로 가는 선을 잘라버린 창발의 "새로운 결과들을 당신은 긍정적으로 만들어냈다"(『네트워크』 68). 당신은 역으로 효과를 냈다counter-effect. 최상의 시나리오에서, 예컨대 많은 효과가 즉각 나오는 대규모 "충격과 공포" 작전에서 적의 행동능력은 "전략적 폐쇄"를 겪는다(165). 즉, 마비된다. 혹은 조금 덜 극적인 시나리오에서는 작은 변조가 적을 일시적으로 멈추게 하고, 사라지는 일시중지의 간격 속으로 당신의 다음 행동이 향할 수 있다. 당신이 행동들을 아주 빠르게 반복한다면, 이 경우에 결국 누적되는 결과들이 모여서 전장의 요인을 조정하는 데 있어 유리할 것이다. 당신의 잠재적 행동의 대역폭은 넓히면서 적의 잠재적 행동의 대역폭은 좁힐 것이다(『말단』 185). 어떤 식으로든, 즉각적이건 누적적이건, 통제 레버는 역으로 효과를 내는 당신의 손안에 있다.

4. 절약하라.

"지렛대의 영향력"leverage을 얻는 것이 아니라면 지렛대lever의 용도는 무엇이겠는가?(『말단』 xvi, 2~4, 173, 186, 215 ; 『네트워크』 6, 13, 21 외 여러 곳). 힘-대-힘은 극적인 지역 현지 결과들을 생산하는 데에 유리하다. 그것의 영향은 직접적이고 눈에 보인다. 역풍의 위험 외에 그것의 불리한 점은 근본적으로 "마찰에 의한" 것이라는 점이다. 이는 적의 편뿐 아니라 아군의 작전에서도 소모적인데, 싸울 때마다 회복할 수 없이 자원이 소모되기 때문이다. 미래를 위해 힘-대-힘을 저장하는 것도 끊임없는 유지와 업그레이드를 해야 하므로 소모적이다. 힘-대-힘은 부가된 마찰 비용으로 인해 무거워진다. 목표가 때때로 빗나가는 불확실한 전장에서 가성비는 미미할 수 있다. 가장 큰 수확은 공격의 직접적인 충격을 넘어서 결과들을 집대성하는 공격에서 얻어진다. 정말로 이익이 되는 행동들은 폭력적이든 아니든, 잠재성의 보편적 현장의 한도를 재설정하는 방식으로 현지의 적용 지점을 넘어 반향을 일으키는 결과들의 연쇄를 생산하는 것이다. "시너지들"(긍정적인 피드백 결과들)은 수확을 증가시킨다. 그러면 투입량보다 수확량이 크게 증가할 수 있다(『말단』 149 ; 『네트워크』 184).

시너지는 "부가가치"를 낳는다(『말단』 2~3 ; 『네트워크』 18, 205). 잉여-가치이다. 전체 분야에 걸쳐 시너지를 낳는 행동이 투자이다. 투자할 수 있는데 왜 소비하겠는가? 전장은 실험적일 뿐만 아니라 투기적이다. 효과-기반의 부가가치를 낳는 군사작전을 통해 "당신의 능력들 최대한 활용[레버리지]"하기 위하여 군사력의 사소한 지출을 절약하는 것이 정론이다. 글로벌 경제에서, 잉여-가치가 실제로 넘쳐흐르는 곳은 금융 파생 상품, 선물, 신용부도 스와프와 같은 추상적인 투기성 수단들이다. 이들은 효과-기반적인 경제적 수단들이다(그 수단들은 트렌드, 즉 아직은 이해할 수 없이 복잡한 조직의 상호 의존성에 따라 불확실하게 결정되고, 그들 스스로 그 가속도에 기여하고 그 사건들의 경로를 조정하는 창발 상황들에 의존한다). 물리적 시설은 마찰적이다. 그것은 힘-대-힘의 경제적인 등가물이다. 자본에서처럼, 전쟁에서 실제 행동이 있는 곳들은 "실체가 없는 것들"이다(『말단』, 172). 놀랄 것 없다. 세계 경제 또한 확고하게 비선형적인 태도를 지닌 위기의 망령에 시달리는 불확실한 위협-환경이다. 전장에서처럼, 이는 복잡한 생태계이다(『네트워크』 36~37, 53).

경제는 전쟁과 같은 복잡한 위협-환경일 뿐만 아니라 동일하게 복잡한 생태계이다. 자본주의의 부상 이후 자원들과 시장 점유율의 통제가 언제나 전쟁의 주요한 지분 중 하나였다는 명백한 의미에서, 경제와 전쟁은 함께 연결되어 있다. 그들은 함께 연결되어 있을 뿐만 아니라, 과정적으로 쌍둥이들이다(아무리 내용과 기능 면에서 다를지라도. 2장 참조). 이러한 관점에서, 요즈음 모든 성공적인 군사력에 필요한 것은 빛나는 전략보다는 적절한 "비즈니스 모델"이다(『말단』, 83). 이 장의 시작 부분에서 논의했던 대로, 클라우제비츠식의 "영웅적인 사령관"의 시대는 끝났다(203). 이라크 침략 이후 연합군의 지휘관이었던 폴 브레머의 트레이드마크는 군화를 신은 정장[5]이었다.

5. 차선을 택하라.

경제 능력이 생산을 최적화한다는 것은 예전의 자본주의의 로맨틱

---

5. * 군인의 모습을 한 비즈니스맨이라는 의미이다.

한 허구이다. 경제 능력은 마찰적인 분야에서의 효율성에 대한 것이 아니라, 투기장을 잘 작동하여 좋은 부가-가치 효과를 내는 것이다. 전쟁에서도 마찬가지다. 어려움에 직면하여 용맹무쌍하게 싸우는 것은 칭찬받을 만하다. 하지만 중요한 것은 어떻게 힘-대-힘을 넘어선 '효율성'이 지역을 넘어선 폭력의 잉여-가치를 생성하는가 하는 것이다. 직관에는 어긋나지만, 힘-너머-힘 수준에서 부가가치 창조를 극대화하기 위해서 당신은 전투 수준에서 "차선을 택해야" 한다. "최적에 대한 강박관념"은 어쩔 수 없이 시대에 뒤처진 중앙 집권주의 조직의 편향성을 드러낸다(『말단』 62). 이 강박관념은 이제 전쟁에서 모든 것이 "너무나 신속하게 움직이기 때문에 무엇이든 최적화하는 것이 어렵다."는 점을 깨닫지 못한다(68). "현실은 우리에게 적대적인 음모를 꾸미고 있기에, 우리는 정보수집이나 의사결정을 중앙집중화하여 최적에 가까운 무언가를 성취할 수가 거의 없다고 보아야 한다(『네트워크』 107). "현실에서, 최적화는 선택지조차 아니다"(『말단』 207).

차선으로 행동하는 것은 실시간 적합성을 위해 꼭 치러야 할 값이다. 추구해야 할 것은 최적이 아니라 동시성이다(『말단』 68). 궁극적인 성공을 위한 방정식은 "민첩성" 더하기 "적응력"이다(83~84). 스스로 오류를 수정하는 일련의 덜 최선인 행동들은 승리에 도달할 수 있다. 각자가 개별적으로 성취할 수 있는 것보다 더 큰 결과들을 형성하기 위해 별개의 행동들이 결합한다면 그렇다(149). 다시 말해서, 합계하여 성취한 차선적인 단계들은 행동의 잉여-가치를 창출할 수 있다. 이러한 부가-가치가 축적될 때, 이는 전반적인 현장 조건들을 바꾸어 긍정적인 선제 효과를 산출하게끔 한다. 다시 한번 강조하자면, 목표는 최적의 해결책을 찾는 것이라기보다 상황을 범위 내에서 유지하는 것이다(207). 차선적인 행동들이 이러한 행동의 잉여-가치를 생산할 수 있는 이유는 중앙 집중적인 계획과 계층적인 미시 경영[6]이 부재함으로써 혁신을 위한 공간이 생기기 때문이다(217). 부가-가치의 성공은 분석의 정확함이 아니라 행동의 창의성에 달려있다. 당신이 행동하기 전에 충분한 정보가 있어야 한다고 생각한다면, 완전히 착각하고 있다. 당신이 만일의 사태들에 대비하여 명확하게 계획할 수 있다고 생각한다면, 다시 달리 생각하라. 민첩하고, 적응 잘하고, 그들 나름으로 차선인 사제 폭탄식으로 혁신적인 비대칭적 적을 상대로 승리하기 위해선, 실시간 창조적 반응을 활용하는 다른 접근법이 필요하다. 이에 최적화를 하려는 충동은 실질적인 걸림돌이 된다.

6. 먼저 수행하고 나중에 알아라.

줄어드는 가족의 사례를 예로 들어보자(67~68). 이는 예견하거나 구체적으로 계획을 세울 수 있는 전투 상황이 아니었다. 우선 첫 번째 문제는 그것이 전투 상황이 아니었다는 것이다. 전형적인 전역적 방식으로, 아이티섬에 복무하는 미국의 파병군은 전투 중이 아니었다. 현지 정부가 도피하면서, 남은 미국 보병이 행정당국을 대신하게 된 것이다. 어떤 흥분한 여성이 이웃들이 가족의 수를 줄이는 저주를 내렸다고 소리치며 부대의 상등병에게 다가왔다. 한순간도 주저하지 않고 그 장교는 봉투를 꺼내 그녀의 머리 위로 갈색 가루를 뿌리면서 저주가 풀렸다고 큰 소리로 말했다. 그녀는 집으로 돌아오는 길에 만난 모든 사람에게 미국인의 중재를 입에 닳도록 칭찬했다. 마을 사람들은 설득되었다. 여담이지만, 그 가루의 정체는 커피였다. 이것이 현대 전쟁에서 필요한 "융통성, 혁신 그리고 적응력"의 예시이다. 그것은 단지 마찰적인

---

6. * 세부까지 규정하여 부하에게 재량권을 주지 않는 관리 방법.

무력을 털어버림으로써 선의-효과의 잉여를 최대한 증폭했다. 상등병의 행동은 정상적인 작전의 기준으로 본다면 차선책이었다. 당신의 전형적인 현장 매뉴얼은 저주 풀기를 군사 전술 목록에 포함하지 않을 것이다. 그리고 방법과 결과 사이에 어떠한 선형적인 관계도, 비례 원칙도 없어서, 결과를 확실하게 예측한다고 여길 수도 없다. 행동 입력값과 증폭된 결과 간의 이 엄청나고 예측할 수 없는 질적이고 양적인 차이는 오로지 독창적이고 즉흥적으로 행해진 수행 행위로만 극복할 수 있다.

부가-가치는 전체적인 합계에서는 물론이고 순조로운 여건이라면 개별적인 수행 행위로도 얻을 수 있는 것처럼 보인다. 전체 합계의 상황에서는 각각의 단계가 과하지 않게 조금씩 진행되고 수행 효과들이 한데 모여 축적되어 부가-가치가 성취된다. 둘 중 어느 경우이건, 그리고 전 스펙트럼의 어느 끝단이건, 전투 수행은 "인지적 및 사회적" 무형의 것들을 계산에 넣은 전역적 "상황 인식"을 똑같이 필요로 한다(68).

인지적이고 사회적인 영역들은 가장 중요한 전쟁 영역에 속한다. 그 영역들이 개별적인 상황에 각기 조금씩 차이 나게 배치되는 방식이 전투 현장을 이루는 다른 모든 상황들과 그 상황을 완전히 통합한다. 이렇게 국지적으로 배치된 비국지성, 통합 가능한 미분은 국지적인 효과를 한 단계 더 끌어올리기 위해, 적시에 알맞은 레버를 이용하는 현명한 손이 사용할 수 있는 비물질적인 지렛대 힘을 제공한다. 이는 카오스 이론의 나비 효과처럼, 미시적인 박동이 날씨의 복잡계에 의해서 거시 효과로 증폭되는 전투이다. 인지적 요소는 전쟁의 날씨 안에 있는 박동이다. 그것의 위치는 높은 감독의 장소도 아니고, 전반적인 예견도 아니고, 행위 주변을 맴돌지도 않으며, 명령법으로 행동 이전에 오지도 않는다. 그 대신에 인지적 요소는 지면 가까이, 행동의 밑바닥에서, 가장 흐트러진 군사적인 일인 사회적인 것과 완전히 근접한 상태에서 온다.

다시 한번 '인지'는 무엇보다 사회적 지형에서 신중히 사용되어야 한다. 곤충의 날갯짓이 그 증폭된 효과의 더 넓고 회고적인 관점에서 보면 단지 '날씨'인 것처럼, 커피 가루의 사례에서 보병이 적시에 즉흥적으로 행한 전투 수행은 증폭된 효과 면에서 오직 회고적으로 볼 때 '인지적'이다. 저주를 푼 병사가 대반란진압 인류학에서 군의 무형적 대상 관리법의 최근 이론이 권장하는 대로의 정보를 가지고 있었더라면, 그는 자신이 사용한 방법이 거의 효과가 없을 거라는 모든 이유를 알았을 것이다. 평범한 나날의 일상사에서는 일반적으로 적용가능하고 관습적인 상황들의 세트가 준비상태가 되어야 수행의 "절묘함"이 생겨난다(오스틴 1975). 외국의 점령군이 이전 상황을 대체하고, 점령지에 현장 주둔한다는 사실로 인해 잠재력의 장을 재-영토-형성하는 예외적이고 불리한 상황에서는, 그러한 여건들이 적용될지 굉장히 불확실하다.[7] 이러한 불확실성 때문에, 잘 교육받은 행위자는 어떠한 멍청한 행동도 시도하지 않도록 충고받을 것이다. 좋은 판단은 커피 저주를 푸는 행위를 틀린 셈 치고 한번 해보는 그런 시도는 하지 말라고 충고해줄 것이다. 이런 종류의 한번 해보는 위험한 수행은 관습상 검증되지 않았기 때문에, 그러한 수행이 효과가 있을지의 여부는 그 당시 알 수가 없을 것이다. 그것은 결과로부터 오직 회고적으로만 입증된다. 모든 환경이 선천적으로 그렇듯, 불확실하고 복잡한 환경에서인지를 미리 상위

---

7. 여기서 수행 이론은 오스틴의 원래 공식의 범위를 넘어서 비관습적인 상황으로 확장된다. 이는 성공에 대한 사전의 보장 없이, 전통적으로 고려되는 조건들이 산출할 것으로 예상되는 것에 대한 과도한 사건의 효과를 촉진시키는 화행 또는 제스처를 지칭하는 데 사용된다. 이러한 이해에서 수행은 들뢰즈와 가타리의 "비물질적 변형" 개념과 일치한다(Deleuze and Guattari 1987, 80~85).

에 두면 확실히 지식의 생산을 해친다.

상황과 관련한 인지의 불확실성을 강조한다고 해서 회의적인 생각을 품을 필요는 전혀 없다. 그 반대로, 그것은 철두철미한 실용주의를 권한다. 실용주의의 창시자인 윌리엄 제임스가 주장한 대로 모든 인지는 시행착오이며 바로 이런 방식으로 회고적이다. "지식은 … 경험의 결 안에서 활기를 띤다. 그것은 만들어지며, 시간에 따라 자신을 풀어내는 관계들로 만들어진다. … 중간자들의 사슬의 종점이 기능을 창조한다"(제임스 1996a, 57). 펼쳐지는 사슬의 종점이 되는 지각은 그것이 무엇이든, 출발점에서 결과를 제대로 인지했는지 아니면 오해를 하고 있었는지 (적절하게 대처했는지 아니면 실험적인 불발이었는지) 회고적으로 검증한다. 인지적 기능은 재귀적으로 스스로를 만든다. 인지는 오직 미래의 어느 시점에서will-have-been 일어난다. 효과적인 지식은 항상 그리고 본성상 '효과-기반'이다. 펼쳐짐을 설정하는 최초의 행위를 격리한다면, 그것은 아직 다만 미발달되거나 잠재적인 인지로서 '가상적인'virtual 앎일 수 있다(제임스 1996a, 67; 마수미 2011, 29~38).

인지의 본성이 재귀적이라는 것은, 인지가 출발점에서 의식적인 평가가 가능한 끝end-지각을 향해 실용적으로 전진하는 초기의 행동선에서 수행적으로 뚜렷해지는 '기억하는 앞쪽'일 수밖에 없으며, 그 끝-지각은 시작하는 기능의 성격을 회고적으로 결정한다는 것을 의미한다. 출발점은 기저-인지적이다. 여전히 인지적으로는 미확정이지만 결국 확정된 인지적 과정임이 판명 날 것에 아직 내재하고 있다. 행동선의 끝-결과에 도달하기까지 출발점의 인지적 성격은 일시 보류 상태이다. 그것은 간격 속에 내적으로 고정되어 있으며, 거기로부터 오로지 수행될 수 있다. 그것은 의식적으로 생각할 수 있는 게 아니다. 그것은 역동적으로 펼쳐져야 한다. 즉, 실험적이고 혁신적으로 실행해야 한다. 간격 속에서 인지는 아직 창조적인 행동과 구별이 되지 않는다. 동시에 그것은 기억의 차원의 특징을 갖는다. 날 활동 속에서 결합하는 것은 단지 행동과 지각만이 아니다. 미래적인 키르케고르식의 기억의 형식 또한 결합한다.

7. 비인식을 위해 점화하라.

만약 당신이 키르케고르식의 기억을 작동하고자 한다면, 점화priming가 그것의 방법이 된다. 점화는 기억과 관련 있다. 그것은 과거의 유산을 현재에 활성화하는 것으로서, 조건반사나 학습된 반응의 습관적 형태로 가져오는 것이다. 점화는 비의식의 날 활동적 깜박임 속에서 일어난다. 그것은 지각되지 않는다. 간격 속에서 그것은 행동을 굴절시키고, 그것의 실행이 다음 지각을 형성한다.

자전거 통근자의 예를 들어보자. 집에서 나와서 일터로 가는 그녀의 동선은 헬멧이 있는 선반으로 잠시 우회하는 것을 포함한다. 그녀가 자전거에 올라탈 무렵 헬멧은 그녀의 머리 위에 있다. 그녀가 페달을 밟기 전에 잠깐 멈춰서 상태를 검토할 때 비로소 그녀는 의식적으로 헬멧의 존재를 마음속에 등록한다. 통근하는 행위가 안전의 강조로 굴절되었다inflected. 헬멧 착용을 위해 우회하는 것은, 예컨대 현관에서 몸을 돌리는 것은 단서cue에 의해 유발되었고, 그 자체는 지각되지 않은 채 진행되었다. 통근자의 안전 굴절은 단서로 인하여 행위에 기호로 기입된다. 이것이 점화이다. 즉, 지각되었더라면 지각이 되었을 무언가를 통해 행위로 나타나는 보이지 않는 기호화이지만, 실제로는 회고적으로 등록된 행동선의 성취된 변조로서 결과적으로 지각될 뿐이다.

누군가는 변조를 유발하는 단서가 자기방어를 위해 습득한 능력에 대해 신체에 '정보를 주었다고'informed 말하고 싶어 할지도 모른다. 그러나 더 정확하게 말한다면, 그것은 다음의 행동과 그 결과 자기방어적인 지각을 '내적으로-형성'in-formed하였다. 즉, 내부에서 행동–지각의 형성에 영향을 주었다. 그것은 효과적으로 경험의 생산에 기여하는 내부 요소이다. 구체적으로, 그것은 이 행동선(외출 준비)이 다음 행동선(자전거 타기)으로, 어떤 삶의 질(안전과 같은)을 전달할지 결정하는 것에 기여했다. 점화는 다가오는 경험이 형성 과정에서 질적으로 다르게 되는 것에 기여하는 내재적인 창의적 요인이다.

점화가 그러한 기여를 한다는 것은 기억이 회상과 같다고 전제하는 한, 점화와 기억을 동일시하는 것을 용납하지 않는다. 단서는 과거를 회상하는 것과 마찬가지로 미래를 부른다. 그것은 현재를 지나간 행동에 맞추어 회상하는 것처럼, 미래가 현재와 질적으로 다르게 하는 부름이다. 그것은 기억과 관련되지만, 또한 미래지향적이다. 기억이 미래를 위한 게 아니라면 무엇을 위한 것일까? 기억은 아주 가까운 미래에 과거의 무언가가 돌아오리라 예측한다. 고질적인 버릇과 같이 가장 무의식적이고 무심한 상태일 때조차도, 기억을 인식 및 반복과 같은 범주 아래 동일성의 기능으로 고정하는 것은, 그것의 본질적인 미래 지향성을 무시하는 것이다. 단서가 그저 인식되고 행동이 단순한 반복을 유발한다면, 그것의 기능은 심각하게 적응력이 떨어질 것이다.

자전거 통근자가 차를 빌리는, 평소와는 다른 날을 생각해보라. 시내에서 볼일을 보느라 온종일 운전한 후 그녀는 주유소에 차를 세웠다. 급유 담당 직원의 난처해하는 표정을 보고 무언가 잘못되었다는 걸 깨닫고, 그녀는 지금까지 안전띠 없이, 자전거 헬멧을 쓰고 운전해왔다는 걸 깨달았다.[8] 그날 그녀의 점화는 동일성의 측면에서 오류를 범했다. 그것은 고정된 기억memorial 쪽으로 너무나 치우쳐서, 그렇게 하는 중에 성급한 기억으로 인한 습관의 불발이 그날의 행동선에 첨가되었다. 전장의 군인이 인식으로 점화되었다면, 그들의 몸에 익힌 역량들은 똑같이 불발되어 그들을 난처하게 만들 고정된 기억으로 이어졌을 것이다. 작전상의 환경이 불확실할수록, 미래와 미래의 변이를 위해 더 많은 습관이 있어야 하고, 결국 고정된 기억이 상대적으로 훼손된다. 비대칭적인 전쟁 환경에서, 초년병의 신체에 기민하고 적응력 있는 군인다운 반응의 습관을 깊이 배게 하려는 전투 훈련은 단지 회상하는 습관만을 심어줄 수 없다. 그것은 회상의 습관에 미래를 심고, 회상이 지각되지 않은 채 행동으로 이행되도록 해야만 한다. 오늘날의 전쟁에서는, 실시간 의사결정이 "인식에 의해 점화되지" 않고 "자연스럽지" 않은 것이 중요하다(『말단』 144).[9] 예측할 수 없는 미래를 대비하기 위해서, 당신은 비인식nonrecognition으로 점화되는 것밖에 선택지가 없다.

반드시 "인식되어야 하는 것"은 변화이며, 빠르면 빠를수록 좋다 (147). 자전거 헬멧을 쓰고 전선戰線을 따라 터덜터덜 걸어갈 수는 없는 일이다. 하지만 변화를 인식한다는 건 무엇을 의미하는가? 변화는 이전에는 일어나지 않은 것이다. 그것이 부합하는 유형은 없다. 그것을 위한 카테고리는 아직 없다. 그것이 일어날 때 우리는 그것을 인식할 수 없다. 변화를 '인식한다는 것'은 그러므로 비인식으로 점화하는 것과 같다. 다시, 평상시에는 자전거를 타지만 오늘은 차를 모는 사람을 생각해보자. 교통수단 상황의 변화는 너무 늦게 해결되었다. 문제는 처음부터 시작되었다. 아니 오히려, 그것이 처음에 시작되지 않았다는 게 문

---

9. 점화된 인식, 자연주의적 의사결정 : 이것은 여기에 제시된 접근방식에 대한 인지-합리주의적 대안의 대표자이자 해당 군대의 컨설턴트인 개리 클라인(1999)을 참조한 것이다.

제이다. 단서는 상황이 똑같은 것처럼 아무런 문제 없이 발효되었고, 다가오는 행위는 단순한 반복을 불러내었다. 기실 그것이 실제로 불러낸 것은 운전 중 자기방어라는 삶의 주제의 하나의 변형인데 말이다. 헬멧 쓰기는 인식에 의해 점화되었음이 드러났다. 정작 해야 하는 일은 변화를 '인식하는 것'인데 말이다.[10]

고정된 기억과 미래지향이라는 점화의 두 가지 본성은 반대 방향으로 움직이는 두 가지 벡터[11]로서 역동적으로 특징지을 수 있다. 각 벡터는 지각할 수 있는 가장 짧은 것보다 더 짧은 순간에 고리loop를 그리듯이 이동하여 출발점인 단서로 되돌아간다. 한 벡터는 과거를 향해 움직이고 단서에 이미 터득한 행위를 가져온다. 그 행위의 출발은 이제 단서와 동시에 일어난다. 가장 짧은 것보다 더 짧은 간격에 있는 이러한 움직임으로 인하여, 확립된 형태의 과거 행위가 막 시작하는 것과 현재 형성되고 있는 경험의 첫 분출flush이 동시에 일어난다.

행동선의 시작은 이미 단서 위에서 펼쳐지고 있기 때문에 유발된 행위 연속의 완성은 단서-지점에서 미래로 앞으로 밀린다push. 두 번째 벡터는 과거의 미래-밀기와 종점을 향해 곧 있을 당기기pull를 함께 부양하여 과거로부터 행위를 더 멀리 끌어낸다. 행동은 이미 진행된다. 그것의 완성된 습관적인 형태는 그것의 진행력을 유인한다. 행동선의 종점terminus은 행동을 위해 작동하는데, 이는 새로이 설정된 충족

---

10. * 교통수단의 변화를 인식하지 못하고 헬멧을 쓰고 차 운전을 한 것은 인식에 의해 점화되었기 때문이다. 변화를 인식하기 위해서는 비인식적으로 점화되어야 한다. 이것은 전장의 군인에게 있어서도 마찬가지이다. 전장의 우발적 변화에 대처하기 위해서는 비인식적으로 점화되어야 한다.

11. * 물리량을 나타내는 두 가지 방법 중 벡터는 크기와 방향을 가진 물리량을 나타내는 방식으로서 속도, 가속도, 힘, 운동량, 자기장, 각운동량 등이다. 반면 또 다른 방법인 스칼라는 크기만을 나타내는 방법으로 길이, 넓이, 질량, 속력 등이다.

을 향해 자기-유인적인 역동적인 힘으로서 막 시작하면서 분출한다. 두 개의 정반대의 운동은 가장 작은 것보다 더 작은 간격 내에서 만나서, 펼쳐지는 현재를 위해서 힘을 합친다. 이것이 제임스의 그럴듯한 현재specious present 12의 탄생이다. 이것은 두께가 없는 수학적 점으로 나타나는 선형의 시간 현재가 아니다. 이는 막 시작한 사건의 초기에, 과거성의 역동적인 선이 미래의 실과 활동적으로 휘감겨 단단히 짜여 생긴 현재이다. 이는 지속duration으로 스스로 펼쳐낼 수 있도록 미리 준비된 현재이다. 과거와 미래의 벡터가 만나는 바로 그 지점에 "큐!" 하는 단서가 있다. 여기서, 그럴듯한 현재의 다가오는 지속이 지각할 수 있는 최소한보다 더 작은 간격으로 압축된다. 그것은 실제로는 아직 새로운 경험을 향하여 자신의 지속을 다 펼쳐내지 않았다. 그것의 지속은 자신의 날 활동 잠재성에 흡수된다.

단서, 즉 점화 자극prime은 그 흡수와 동시에, 지금-여기의 강렬함으로 일어난다. 점화는 지속 시간 동안 그 단서로부터 시작되는 펼쳐짐과 함께 동시에 일어난다. 즉, 그럴듯한 현재이다.13 3장에서 과거의 현

---

12. * 그럴듯한 현재는 자신의 인식이 현재에 있는 것으로 간주되는 시간, 또는 변화 및 지속이 직접적으로 경험된다고 주장되고 있는 짧은 시간적 길이이다. 보통 우리가 지금이라고 말하는 3초의 짧은 시간으로서, 그 시간 동안 우리의 뇌는 감각데이터로부터 통일된 경험을 만든다.

13. 그럴듯한 현재에 대해서 제임스는 다음과 같이 말했다. "실제로 인지되는 현재는 칼날이 아니라 안장 등으로서, 우리는 걸터앉은 자리에서 시간을 두 방향으로 바라볼 수 있다. 시간에 대한 우리의 인식의 구성단위는 뱃머리와 선미가 있는, 즉 뒤로 보는 끝과 앞으로 보는 끝이 있는 지속이다. 한쪽 끝과 다른 쪽 끝의 연속 관계가 인식되는 것은 이 지속-블록의 일부로서만 가능하다. 우리는 한쪽 끝을 느낀 후에 다른 쪽 끝을 느끼지 않고, 연속의 지각에서 그사이의 시간 간격을 추론하지만, 그 시간 간격을 두 끝이 내재된 전체로서 느끼는 것 같다〔강조 추가〕. 경험은 처음부터 단순한 것이 아니라 종합 데이터이다. 비록 되돌아보는〔강조 추가〕 주의가 경험을 쉽게 분해하고 시작과 끝을 구별할지라도, 분별력 있는 지각에 있어 그 요소들은 분리할 수 없다"(James, 1950, 2:609~610).

존의 세 가지 양식인 세 가지의 기억이 있다고 말했다. 이제, 또한 현재의 양식이 하나 이상 여럿 있다는 결론에 이른다. 지속적인 그럴듯한 현재가 한 가지 양식이다. 그것은 의식적이다(혹은 주의할 때 의식적일 수 있다). 또 다른 양식은 선천적으로 지각할 수 없다. 현재의 펼쳐짐이 자신의 밀기-당기기, 미래-과거 잠재성을 위해 소비되기 시작하기 때문에 단서의 지금—여기는 현재에 지각될 수 없다. 단서는 오직 현실적 경험으로부터 떨어져 나와, 다가오는 지속적인 경험을 위해 촉매 작용을 할 때만 작동할 수 있다. 그러한 단서는 선천적으로 의식될 수 없다. 만약 현재에 대한 어떤 것이 경험의 실제 두께가 결핍된 기하학적인 점과 같다면, 그것이 단서이고 점화 자극이다. 하지만 그것은 그 자체가 아닌 다가오는 경험을 위해서만 발생한다. 단서는 한없이 얇으며 사실상 최하로 얇다고 할 수 있다. 그것은 경험의 직물에 미시적인 틈을 내어 새로운 시간 땀을 삶의 짜임새 속에 잠재적으로 묶이게끔 하는 실체가 없는 칼의 칼날과 같다.

단서는 삶의 지각적인 진행에서 지각되지 않는 절단면cut이다. 그것은 형성 중인 행동-지각의 자체적으로 추진하는 미래-과거 힘의 작동을 유발하는 자신의 행위 속으로 사라진다. 점화는 자체적으로 지워진다. 그것은 그 후에 있을, 완성의 형태와 펼쳐짐을 갖는 행위의 잠재성의 방출이자, 자체 생산의 또 다른 과정의 촉발제이다. 그것은 촉매이다. 그것은 오직 실체 없이, 그것이 끼친 영향들에 의해서만 느껴진다. 다른 상황에서의 결과(헬멧을 쓰지 않은)와 비교해볼 때 그 행위가 실

이 설명은 의식적으로 감지된 현재에 적용된다. 여기서 논란이 되고 있는 것은 그것에 '칼날'이 있다는 점이다. 즉, 지각되지 않거나 무의식적으로 지각되는 단서이다. 단서는 의식적으로 살았던 하나의 '안장'에서 지속 시간이 겹치는 다른 안장으로 건너뛰는 지각되지 않는 커서와 같다.

제로 어떻게 전개될지에 대한 질적인 차이로서, 그것은 도래하는 행동 안에 등록된다.

자전거 예에서, 습관적인 과거의 밀기와 미래의 헬멧 쓰기의 끌개 attractor 당기기는 서로를 부르고 서로를 요청한다. 그들은 함께 일한다. 그것은 과거가 앞으로 밀어 시작이 되고, 미래로부터 거꾸로 당겨서 종점이 되는 동일한 행동 연속체이다. 과거와 미래의 요청과 대답은 매우 짧은 간격으로 서로를 메아리치게 하고 증폭시키고, 간격 안에서 서로 협조하여, 생명-효과life-effect의 현재 표현을 위해 시간 압력을 가한다. 그 압력은 펼쳐지는 상황의 실존적 변조를 위한 것인데, 이는 마치 비물질적인 출생점birthmark처럼 창발 특질(안전 혹은 위험)을 주입할 것이다. 그 협조는 다가오는 행동에 명령형식commanding form을 제안한다. 명령형식은 새로운 성취를 향해서 순차적으로 연속되는 행동의 전개 속도에 보조를 맞추는 밀기-당기기의 강렬한 리듬이다.[14] 사후에 명령형식은 성취된 순간의 박자표로 유지될 수 있으며, 경험의 한 방울로 그 순간에 느껴진 지속이 그럴듯한 현재이다.

모든 순간occasion은 고유성을 지닌다. 다가오는 행동의 명령형식은 행동의 전개가 반복에 고유한 많은 변화를 거치도록 강요할 것이다. 매 그럴듯한 현재는 그 자체의 창발 특성을 가진다. 모든 순간은 연속체에 속하면서 동시에 연속체의 변이로서 고유함을 주장하는 행동 모티브이다. 이 헬멧 사례에서 습관으로 되돌아갔다면 이는 그 순간이 마지막 순간과 정확히 같아서가 아니다. 언제나 하나의 차이가 있

---

14. 명령형식의 개념은 음악 테마의 '매트릭스'에 대한 수잔 랭거의 개념(Langer 1953, 122~123, 131, 138)에서 채택되었고, '종점'에 대한 제임스의 설명과 화이트헤드의 『관념의 모험』(1967a, 191~200)에서 과거, 현재, 미래의 관계에 대한 화이트헤드의 설명에 의해 변형되었다. 여기서 사용된 대로 명령형식의 개념은 레이몽 뤼에의 '점화 주제'(thème-amortisseur) 개념과 밀접한 관련이 있다(Ruyer 2012, 160).

다. 동일하게 보인다면 그 이유는 하나의 차이만으로는 차이를 만들기에는 충분하지 않았기 때문이다. 그 순간의 고유한 변화는 명령형식의 자체-성취를 막을 만큼 강하지 않았다. 행동의 흐름이 휘청거릴 만큼 삐걱거리는 불협화음은 나타나지 않았다. 행동은 그 자체의 전진적인 힘으로 거친 지점들을 매끄럽게 하면서 굴러갔고, 거친 지점들을 알아차린다 해도 행동의 동적 형태가 약간 굴절되거나 감지되지 않는 경험 특질의 변이로 알아차리는 정도였다. 그 결과로서 변이를 가로지른 반복의 새로운 생산이 이루어지는데, 아마도 변이를 동반하기는 하지만 인식할 수 있는 한도를 초과하지 않는 범위 내에서이다. 반복은 창조적인 차이, 즉 미래와 과거 사이의, 그리고 각자와 위치가 정해진 신체의 복잡한 삶 속에서 단서로 인한 결합 사이의 차이의 산물이다. 점화되었던 현실적인 인식은 마지막에 오며, 어리둥절해하면서 삶-연속을 덮는다. 행동선은 차이 나게 반복된다. 이 예시에서 실제로 재-생산이 얼마나 달랐는지는 난처한 결말 이전에는 분명하지 않았다.

세상은 단서들로 분주하다. 모든 상황은 점화 자극들로 가득 차 있다. 하나의 상황은 점화 자극으로, 오로지 점화 자극으로만 만들어진다. 그 상황의 종국에 식별할 수 있는 지각적인 특징 모두는 잠재적인 점화 자극이다. 원칙적으로 무한하게 다양하고 드러나지 않은 점화 자극들이 언제나 존재한다. 그들은 행동의 배후에서 조용히 거주한다. 그들의 대다수는 더 시급한 명령형식을 사용하는 단서들로 덮여 있기 때문에 촉매 작용의 효과에 등록되지 않는다. 예를 들어, 코트 주머니에 있는 자동차 열쇠의 땡그랑거리는 소리 같은 잠재적인 대항-헬멧 점화는 잘 들리지 않아 무시될 수 있다. 차 열쇠의 땡그랑거리는 소리가 등록되었다면, 경쟁하는 전개를 같은 간격 내에 접어버림으로써 다가오는 행위가 일시중지되었을 것이다. 이는 다가오는 행위에 문제를 제기했을 것이다. 두 가지의 상호 배타적인 행동선이 시끄럽게 서로의 미래-과거성을 방해하기 때문에, 무의식적인 정신적 동요가 결과로 일어났을 것이다. 이 불협화음은 그 자체의 영향력으로 결함을 인식하게 만들었을 수도 있다. 주의를 요구했을 수도 있다. 그것은 비인식의 의식적인 느낌, 즉 명령형식들 사이에 해결되지 않은 차이의 느껴진 알아차림을 유발했을 수도 있다. 이는 삶-점화하는 간격을 의식하게 되면서, 두 형태가 결합한 시간-압력 아래에 있는 신체에 찰나의 일시적인 휴지를 준다. 이렇게 두 개의 단서의 무의식적인 충격을 등록하는 것은 일상적인 약간의 '두려움'처럼 느껴질 수 있다. 상황적인 차이들이 작은 두려움을 제공하는 것은 삶 자체의 습관이다. 그러자, 운반체[운전자]의 관성적이고 습관적인 자세, 문밖을 나서는 습관적인 태도의 지속이 불규칙함을 무시했다. 단서로 인한 소란은 무의식적으로 배후에 있게 되고, 헬멧을 쓰는 결과를 낳았다. 인식을 위한 점화가 이겼다.

이 일상적인 작은 드라마 안에는 전쟁 수행에 대한 교훈이 있다. 신체가 인식으로 점화된다면, 신체는 처한 상황들의 구성적인 복잡함을 충분히 경험하지 못한다. 전쟁에서, 특히 비대칭적인 전쟁의 전역적 불확실성에서, 작은 효과만으로 놓친 경험적인 차이들을 극복할 수 있는 경우의 수보다 결과가 심각하게 나쁠 경우의 수가 훨씬 더 많다. 인식으로 점화된 행동이 가진 문제는 그렇지 않다는 것이 소란스럽게 증명되지 않는 한, 전개되는 상황이 문제가 없다는 것을 전제한다는 것이다. 하지만 우리가 방금 보았듯이, 가장 습관적이고 진부한 상황일지라도, 눈에 띄지 않을 뿐 구성적으로 불확실하다. 그것의 행동선은 차이로 시작한다. 즉, 시간 압력을 가하는 미래성futurity과 과거성pastness 간의 두 차원에서 공통으로 기인하는 경험상의 효과의 능동적인 작용 내에서만 자체 해소할 수 있는 차이로 시작한다. 이 경험상의 차이 나기는 다른 것에도 내재하는데, 곧 배경을 이루는 많은 점화와 연속된 행동의 동적인 전경화 사이의 대조이다. 이 두 번째의 공간화하는 차이는 첫 번째의 작용[시간 압력]에서 만들어진다. 동시에 그것은 첫 번째를 위한 장소를 제공한다. 덜 시급한 점화들은 후퇴하여 서로 결합해서, 촉진된 행동이 역동적으로 눈에 잘 띄는, 외견상으로만 균일해 보이는 배경을 형성한다. 이러한 점화의 배경 설정은 행동 전개의 실존적인 돌출을 위해 지각적인 환경 혹은 관련된 환경을 제공해준다.[15]

인식으로 점화된 행동이 단서를 인식하여 인지적으로 촉발된 행동을 의미한다면, 그런 것은 실제로 없다. 모든 행동은 차이로 인해 점화되어, 경험의 연속체에서 단서가 되는 미세한 절단면에서 비의식적으로 태어난다. 같은 상황이란 없다. 동일성의 경험이, 외관상으로만 균일해 보이는 배경과 대조를 이루어 생산되는 상황들만 있을 뿐이다. 인식으로 점화된 행동은 존재하지 않을 수 있지만, 인식을 위한 점화, 곧 인식의 생산을 위한 점화는 있다. 군인들은 언제나 불확실하게 변할 것이라 전제되는 세계 속에서 작전을 하므로 그들의 훈련은 반드시 비인식을 위해 그들을 점화해야 한다. 그들은 반드시 변화를 '인식'하도록, 말하자면 변화를 지각하도록 훈련받아야 한다. 그래서 그 문제적인 차이를 살아갈 수 있도록 준비가 되어야 한다.

그러한 변화가 실제로 지각되는 건 아니다. 변화가 끼친 영향만이 실제로 감지된다. 변화는 그 자체 발생하는 차이들로부터 살아가는 것, 현장 조건들에서 차이를 해결하여 현실적 지각을 생산하는 것이다. 변

---

15. "[행동의] 도식이 서로 대립하고 결합하며 참여하는 역동적인 배경"과 같은 연합 환경에 대해서는 Simondon (1989, 58)을 참조하라. (이 구절은 Brouwer and Mulder 2007, 208에 출판된 발췌문에서 번역되었다.). 연합 환경을 구성하는 후방 설정된 점화는 모든 경험의 "배경"(Whitehead 1967a, 226, 260, 270)을 형성하는 화이트헤드의 "엄청난 양의 대안들"(Whitehead 1978, 187)이다.

화는 점화 자극의 타격에서 시작하며, 점화 자극은 바로 그 작동에 의해 그것이 촉진하는 경험에서 떨어져 나온다. 변화는 그것을 등록하는 경험의 기저이다. 그것은 경험 내에서 또 환경 내에서도 어떤 특징을 보이지 않는다. 변화는 경험되는 것이 아니라 경험화하는 것이다. 또한 그것은 미리 공간화하는 것도 아니다. 그것은 들뢰즈의 말대로, 다른 단순한 외부보다 더 먼 외부에서 온다(들뢰즈 1988, 96~97). 그것이 단서로 인해 촉발될 때, 그것은 행동-지각의 전개에 시간 압력을 가한다. 그것이 방출하는 시간-압력은 다가오는 연속된 행동을 내적으로-형성하면서 그것이 돌출된 경험화한 공간(공동 창발/출현하는 연합 환경)을 만든다. 전개의 마지막 단계에서, 변화는 행동 전개 속으로 접히는 질적인 변이로서 지각적으로 등록한다. 이와 반대로, 변화가 신호들 사이를 간섭하고 그래서 특정한 행위가 즉시 나타나지 않을 때, 그것은 신체에 일시중지를 가져다주는 확장된 간격으로서 등록한다. 그것은 날 활동적인 충격의 점화 자극 소란으로 타격하고 공포로 등록한다. 이는 태어나지 않은 불협화음 속에 있는, 혼란스러운 지각이다. 보통 변화는 지각된 행동의 특질로서 회고적으로 경험되거나, 활성화의 혼란스러운 느낌으로서 불안하게 경험될 뿐이다. 그것은 항상 행동의 운율이며, 삶의 역동적인 프레이징의 리듬 속에 있는 박자, 즉 **활동화**animation(시츠-존스톤 2009a)이다.[16]

  '변화를 지각하는 것'과 '비인식을 위해 점화하기'에서 중요한 몫을 차지하는 것은 원-지각적이고 사전행동적이다. 주입은 지각이 발생하는 단계에서, 날 활동적인 신체의 원-활동적인 반응과민성 안에서, 생

---

16. * 시츠-존스톤은 살아있는 생명체의 이해를 위한 본질적인 개념이 '활동화'(animation)
   라고 역설하며, 몸의 움직임 및 운동의 철학적 논의를 전개한다.

명의 기저-경험적 원천인 단계에서 일어나야 한다. 주입되어야 하는 것은 간섭interference을 점화하기 위한 과도한 감수성이다. 이것은 실증적인 기술을 습득하는 문제가 아니다. 필요한 감수성은 차이의 타격을 위한 것인데, 이는 결말로 가는 고리 형태의 전개에서 경험이 결과적으로 결정되기 전의 단계에서 이루어진다. 이 단계에서 사건 창발은 최대한 존재권력적으로 변조될 수 있다. 반드시 훈련되어야 할 것은 개방적인 자세이다. 비인식을 위해 점화하기란 아직 사실상 결정되지 않은 사건의 이른 도착에 노출될 신체에 자세를 갖추게 하는 것을 뜻한다. 즉 열린 결말로 정동되게, 내용이 없지만 그래서 더 복잡하게, 매 타격마다 여러 개의 점화가 일어나는 문제 상황에 개방적인 자세가 되게 하는 것이다. 그런 다음 이는 민첩하고 신속하게, 가능한 한 최소의 중지를 가로질러 이러한 개방성을 출현하는 경험에 접목하는 것을 뜻한다. 이는 삶 속에서 특정 기술을 습득하는 것이라기보다는 삶을 향한 정동적인 적응성을 내부적으로 장착하는 것, 즉 적응 성향을 훈련받는 것이다. 이는 날 활동의 경향적인 강도에 대한 것이다.

문제를 습관적으로 미리 해결하지 않고, 많은 종점 끝개들이 삶의 다음 반복을 위해 촉매 작용을 하게끔 개방함으로써 날 활동은 강렬해진다. 원리 : 문제가 더 강렬할수록, 더 창의적으로 반응한다. 날 활동적인 경쟁 속에 더 많은 명령형식이 있을수록, 만들어지고 있는 경험은 특정한 어떤 것에 덜 의존한다. 원칙 : 명령형식들이 더 많을수록, 명령의 결과로부터 일어나는 행동은 더 자유로워진다. 등록되는 점화 자극들이 더 많을수록, 잠재적인 펼쳐짐도 더 많아진다. 기획 : 연장된 간격동안 습관 유발을 일시적으로 멈추는 습관을 훈련하기. 경험의 문제적인 엇박자를 작동화하기. 명령형식들 사이의 해결되지 않은 차이로부터 반성적인 의식의 조짐을 기다리지 말기. 인간적으로 의식적인 고려를 위해 지체하는 것은 치명적일 수 있다. 마치 의식적인 반성이 연장되지 않은 간격으로 단축된 것처럼 행동은 간격에서 발생해야 한다. 마치 간격 자체가 의식적으로 된 것처럼. 마치 모든 탐지되는 인간적 순간에 즉각적인 기저에서, 지각할 수 있는 최소한보다 더 작은 간격 안에서 생각이 이미 일어나서 행동이 발생한 것처럼.

예의 차를 운전하는 자전거 통근자가 '변화를 지각하는' 입장이었다면, 차-단서와 헬멧 쓰는 반사 행동 사이의 간섭은 무의식적으로 잘 해결되었을 것이다. 간섭으로 인해 생긴 일시정지는 눈에 띄지 않는 방식으로 연장된 미시-간격 안에 남았을 것이다. 그것은 경험상의 시간을 갖는 의식적인 인식의 조짐으로 이어지지 않았을 것이다. 차 열쇠와 관련한 명령형식[땡그랑]은, 무의식적인 습관으로 다음의 행동선을 변조하기 위해 자전거 점화를 눈치채지 않게 밀어내면서 새로운 경험을 도입했을 것이다. 가까스로 모면한 불발에 대한 의식적 알아차림은 결코 완전하게 드러나지 않았을 것이다. 이행된 미시-드라마는 미시-중지 이상으로 확장되지 않았을 것이다. 어쨌든 차에서 안전띠를 매는 것에는 전혀 유별난 점이 없다. 그것은 당연하게 여겨진다. 이 시나리오에서 안전띠 점화의 전개는 의식적인 알아차림까지 가지 않았다. 하지만 이는 그것의 그럴듯한 현재가 무의식적이었다는 것을 뜻하지는 않는다. 왜냐하면 기저-순간의 지금-여기를 뒤흔드는 것은 항상 남을 것이기 때문이다. 이와 대조적으로, 안전띠를 매는 것은 끊임없이 회고가 가능한 성취된 현실이다. 그것은 무의식적이라기보다 전의식적이다. 즉 휴면 중이지만 언제든 반성적 사고를 할 수 있다. 그것은 그렇게 하는 것이 중요하다고 생각된다면, 쉽게 재구성될 수 있다. 단서의 절단면(컷)은 선천적으로 무의식적이다. 하지만 그것으로부터 전개되는 점화-효과, 즉 그럴듯한 현재는 인식할 수 있다. 그것은 반성이 가능하다.

이것이 '암시된 지식'implicit knowledge이다 : 이미 실질적으로 생산되었으나, 그것의 생산이라는 삶의 사실에 묶여 있는 지식이다. 필요한 모든 것은 생산과 행동을 분리하는 것이다. 필요한 모든 것은 그것을 과거로부터 추출하여 획득한 지식체에 제시할 수 있는 내용으로 만들기 위한 의식적인 회상 행위이다. 암시적 지식은 과거의 한 측면을 현재 인식의 내용으로 의식적으로 회수한다는 비非-키르케고르적인 관점에서 기억에 첨부된다. 암시된 지식은 가능한 내용이다. 그것은 의식적으로 실현되기 위해 준비하고 기다리는 중인 인지의 내용이다. 필요한 것은 주의이다. 그것의 창발 잠재성이 살아온 과거에서 벌어졌다는 사실은, 인식하는 미래에 그것을 가능한 의식적 반복으로 이용할 수 있게 한다. 한때 역동적으로 내적으로-형성된in-formed 전개라는 살아온 특질 속에 완전히 묶여 있던 것이 이제는 독립된 정보 비트로 외부적으로 나타날 수 있게 되었다.[17]

---

17. 체화된 인지 및 능동적 지각 이론은 일반적으로 암시된 지식의 수준 정도로 전의식에서 만족하며, 따라서 행동, 지각 및 경험의 여명 특질이, 우리가 신체적 또는 정신적으로 분리하는 활동양식들이 복합적인 공동-활동화와 효과적인 비식별의 지대에 있게 되는 수준에서 결합되는 무의식적 시초를 다루는 도구를 개발하지 못한다. 경험의 토대를 암시된 지식으로 두는 이 전략적 선택은 철저히 인지주의적 패러다임을 유지한다. 우선, 암시된 지식은 지식의 암시된 주체를 가정한다. 또 다른 예로, 암시된 지식이 취하는 것으로 추정되는 형식("스키마")은 일반적으로 의식적 노하우를 구성하는 것으로 가정되는 기능 지향의 일반적 개념들을 설명하는 데 사용되는 표준 용어로 적절하게 설명된다. (특정 유형의 컨텍스트에 의해 제공되는 여유는 그 컨텍스트에 유용하게 적용되고 논리적이고 단계적인 방식으로 실행 가능한 행동들의 연속을 제안한다.) 암시된 지식은 의식적인 주의기울임이 없다면 의식적 지식과 형식적으로 동일하다. 알바 노에(Alva Noë)는 다음과 같이 명시한다. "디테일의 존재는 [시각장의 가려진 부분에서] 의식에 재현되는 것이 아니라, 우리의 암시된 지식 속에 있어서 우리가 원한다면 그것을 의식에 재현할 수 있다"(Noë 2004, 99). 현재 설명의 관점에서 이는 '체화되고' '활성화된' 접근방식의 잠재적 힘을 제한하는 인지주의적/기능주의적 제국주의라고 할 수 있다. 이것을 더 끌고 가면 행동을 감각 운동적 연속으로 환원하는 것에 이른다. 맥신 시츠-존스톤은 이와 유사한 근거에서 체화된 인지 연구에서 "체화"의 개념을 비판한다(2009a, 221 ; 2009b, 377, 394~395). 그녀는 행동에 대한 이해를 위하여 활동화

요점은 현대 전장에서 요구되는 비인식으로 점화된 행위에서 지식 생산은 당연하게 여겨질 수 있다는 것이다. 지식은 내부 상황이 그것을 회고적인 돌출로 가져오는 것을 중요하게 만들지 않는 한, 드러나지 않은 채로 안전하게 있을 수 있다. 제일 우선시해야 할 것은, 그것이 잠재성으로부터 유효하게 전개되고 있는 동안 행동-지각을 실시간으로 변조하는 것이다. 이는 사실상 모르는 사이에 일어난다. 지식의 가능성은 변조를 위하여 사건에 동력을 공급하는 알지 못함에서 파생되며 이차적이다. 지식은 행위 이후에, 필요하다면 이러한 경험의 강렬하고 얇은 기저에서 추출될 수 있다. 우리는 사실상 과거로 거슬러 올라가서 알고 있기 때문에 미래를 기억한다.[18]

8. 미래를 샘플링하라.

비인식에 의해 점화된 행동-지각에서, "문제와 해결을 연결하는 바로 그 논리가 변한다"(『말단』 89). 대응 능력은 불확실한 '위협-기반' 환경에 맞게 적용되어야 한다. 여기에는 문제 해결을 "시나리오와 독립적"으로 만드는 것이 포함된다(124). 대응 민첩성은 "공간의 한 지점(특정

(animation)의 개념이 감각 운동의 개념보다 우선임을 강경하게 주장한다. Manning and Massumi (2014, 37~48)를 보라.

18. "진리의 역행 운동"에 대해서는 Bergson 2007, 10~13을 참조하라. "따라서 예고 기호는 우리가 이제 그 경로를 알고, 그 경로가 완료되었기 때문에 우리의 눈에 기호로 보인다. 결과적으로 이러한 사실들이 발생할 때, 경로도, 경로의 방향도, 연속도 아닌 경로의 끝이 주어졌다. 따라서 그것은 아직 기호가 아니다"(13). 이 구절에서 베르그손은 사건의 가능성이 전개에 앞서 미리 존재하고 따라서 어떤 의미에서는 적극적으로 창발하기보다는 미리 형성된 것이라는 인지적 착각을 비판하고 있다. 현재 설명에서 점화 또는 단서는 다양한 창발의 잠재성의 장을 촉진하는 인식할 수 없는 기호(비의미작용적 기호 또는 활성화 신호)이다. 그것은 베르그손이 논의한 진실의 역행 운동을 통해서만 인식될 수 있다. 인지에서 단서는 예고적 성격의 의미작용하는 기호로 회고적으로 번역될 수 있다.

상황, 주어진 임무)과 연관되기보다는 공간(가치 범위, 일련의 시나리오, 임무 스펙트럼)에서 나타난다"(124). 대응하는 신체는 "일어나고 있는 것을 넘어서야" 한다(102). 실제 상황을 지나쳐서 잠재적인 해결 사례의 "공간"을 찾아야 한다. 현재에서 보이는 것은 미래의 행동을 위한 적의 "능력"(124)과 "우리" 측의 행동을 위한 상응하는 능력이다. 잠재적인 미래의 교전과 결과의 다양성은 현재 지각으로 다시 반영된다. 이것은 현재의 공간적, 물리적 통일성을 깨뜨린다. 미래들의 공존이 현재에 끼어든다. 그 결과 현재 경험의 공간이 시간화하고 현재는 미래로 가득 차 있다. 상호적으로 또 역으로 미래는 다양한 경로로 원原-공간화 proto-spatialized한다.

그것은 마치 현재의 견고함에 미치는 미래의 충격이 비물질적인 마찰을 일으켜 미래의 스파크들이 튀어 오르고, 그중 하나만이 실제로 불이 붙는 것과 같다. 각 스파크는 미래의 행동 경로이다. 모든 경로와 마찬가지로 이는 창발하는 행동 환경을 전용 배경으로 하여 단계적으로 전개되는 것을 의미한다. 이 잠재적인 전개가 감각 운동 도식(각주 15 참조)과 구별되는 점은, 이 날 활동의 격동의 수준에서는 단계들이 단지 모호하게 표시되고 서로 포함되며 결국 자체에 변이를 가져온다는 점이다. 우발성chance을 지각해야 하는 필수성에 부딪힌 잠재적인 전개는 그 자체 즉흥적인 변이의 잠재력을 포함하고 있어야 한다. 그것은 단순히 명확하고 뚜렷하지 않아서 모호한 게 아니라, 즉흥적으로 결정되어야 하는 긍정적인 결단력의 에너지가 과잉 충만되어서 모호한 것과 같은 종류로 효과적으로 모호해야 한다. 그러한 각각의 미래 스파크는 공간-같은 시간-단위(명령형식)로서, 잠재적인 행동선과 시간 압력을 받는 전개의 잠재적 공간성을 함께 연루시키는 통합 패키지를 제공하는데, 이 모두는 변조를 위한 것이다. 각각의 공간-같은 시간-적분은 변조를 일으키는 잠재력의 모나드이다.

그러한 적분[통합] 가운데 오직 하나만이 한 무리의 명령형식들의 공동출처인 미래로 실제로 돌아갈 것이다. 미래의 스파크들은 곧 있을 서로로부터의 분리의 측면에서 보면 집합적으로 존재한다. 그것들은 불일치하고, 공존으로부터 필수적인 갈라짐으로 존재하지만 여전히 근본적으로 서로에게 속한다. 그들은 다가오는 사건에서 현실화를 두고 경쟁하는 발산하는divergent 역동적인 진화로서 동일한 '가족'에 속한다. 그들은 가족 유사성 때문이 아니라, 현실적으로 다르기를 요구하는 계보학을 공유하기 때문에 서로에게 속한다.[19]

그들의 미래 분기의 싹은 "일어나고 있는 것을 넘어서거나" 또는 실제 상황의 과거를 보는 것과 같으며, 비물질적인 시간 압력 마찰이 그들을 공존하도록 촉발했다. 그들의 공존은 창발하는 행동-환경의 잡다한 지형이다. 각각은 보다 확장적인 잠재력의 영역과 같다. 그들이 가장자리에서 서로 맞지 않는 것을 제외하고는. 각각은 모나드식으로 자신의 잠재적인 전개에만 관련된다. (어떤 의미에서는 그 자체로부터의 분리 속에 다른 모든 것을 정확히 붙들고 있음으로써 포함한다.)[20] 그들은 비관계의 관계에 있다.

그들은 공간과 유사하지만, 이러한 잠재력 영역을 포함할 수 있는 공간 논리는 없다. 그들은 창발의 역동적인 가장자리에서 미래로 꽉 찬

---

19. * 무수한 미래의 가능성들에서 하나의 현실성이 창발되는 과정은 양자역학에서 슈뢰딩거의 고양이의 역설이 보여주는 '중첩'의 개념과 닮았다. 고양이의 삶과 죽음이라는 상반된 중첩은 파동함수가 붕괴됨으로써 삶 또는 죽음으로 현실화된다. 이와는 다르지만 비슷한 맥락에서 호르헤 루이스 보르헤스는 「분기하는 갈림길들이 있는 정원」에서 평행우주처럼 분기하는 시간에 대한 이야기를 들려준다.

20. 이것이 화이트헤드가 부정적 파악이라고 부르는 것이다. "부정적 파악은 주체 자체의 실제 내적인 구성에 긍정적으로 기여하는 것에서 명확히 발을 빼는 것이다. 이 교리는 부정적 파악이 유대를 표현한다는 입장을 포함한다"(Whitehead 1978, 41).

현재의 과도한 시간-논리 안에서만 논리 정연하다. 그들은 조각이 서로 맞지 않는 퍼즐로서 공존한다.

퍼즐을 '해결한다'는 것은 이러한 양립 불가능성의 결과를 끌어내는 것을 의미한다. 이것은 의식적으로 상황을 알아내고, 지형을 조사하고, 잠재적인 땅의 위치를 파악한 다음, 잘 알고 있는 경로를 선택한다고 되는 일이 아니다. 이러한 인지적 선택지는 사용할 수 없다. 어떤 행동을 취해야 하는지에 대한 문제를 논리적으로 해결하는 방식으로 조각을 맞춘다는 의미에서는 아무리 생각해도 퍼즐을 풀 수 없다. 왜냐하면 문제의 풍경은 그냥 지각할 수 없기 때문이다. 그것은 오직 지나간 과거로만 볼 수 있다. 이는 시간에 따라 그 존재가 균열되기 때문이다. 그것은 실제 병치의 논리적 순서로 결합할 수 없는 영역의 공간적 역설을 시간의 압력하에 제시함으로써 정확하게 '공간적'이다.

퍼즐을 풀고 상황이 제기한 문제를 해결하는 유일한 방법은 제시된 불균형을 역동적으로 극복하는 것이다. 즉, 행동으로 풀어내는act it out 것이다. 해결은 수행되어야 한다. 논리는 실행적이 되어 자체 결론을 생산해야 한다. 잠재적인 미래들이 서로 대항하여 경쟁의 균형을 이쪽 또는 저쪽으로 기울이는 행동이 행해져야 한다. 취해진 행동은 스파크를 일으키는 상황을 변경하여 미래가 공존하게 되는 조건을 변조할 것이다. 변동하는 상황에서 행동은 상관된 행동-환경을 배경으로 하여, 다른 행동선들을 희생하여 하나의 행동선의 효과적이고 이접적인 전개를 허용하는 경향이 있다. 불이 붙지 않은 스파크들은 과거에서 영원히 시들게 될 것이며, 하나의 현재라는 절단면의 미래들은 영원히 뒤에 남겨질 것이다. 이러한 잠재적인 취득take의 촉진 작용을 미래의 "샘플링"이라고 한다(124).[21]

결정decision이란 말이 이행된 결론을 의미한다면 촉발-행위는 결정이 아니다. 그것은 하나의 미래가 스스로 펼쳐지기를 신호하는 큐 단서에 가깝고, 신호 받은 결과로서 나오는 하나의 변조를 감싼다. 결정의 과정을 처리하는 것은 반성이 아닌 미래 자체이다. 여기서 결정은 수행적으로 일어나는 전진이다. 그것은 즉각적인 미래에 속하며, 곧 즉각적인 과거가 된다. 그것은 행동의 미래-과거에 속하며, 파열된 현재의 절단면에서 작동하며, 인지적으로 완전한 현재의 의식적 반성의 가능성을 뛰어넘는다.

행동에 대한 결정은 시간 속에 있지 않다. 결정의 시간이란 없다. 이는 계속해서 가속화되고 있는 행동의 두께에는 시간이 없다는 단순한 이유 때문이다(『네트워크』 65). 오직 절단면만 있으며, 절단면으로서의 단서가 있다. 결정은 시간을 필요로 하는 것이 아니라 시간을 만든다. 그것은 몸에 더 많은 시간을 준다. 만약 결정이 '옳다면' 군인은 여전히 살아서 발로 차고 있을 것이다. 몸을 살리고 걷어차게 하는 결정은 올바른 결정이다. 최적화는 잊어라. 결정은 위협에 기반한 현재의 절단면에서 관리되는 삶의 발차기이다. 그것은 직접적으로 존재권력이다. 전역적 전쟁의 맥락에서 '위험 관리'는 적극적으로 위험을 감수하는 것을 의미한다. 위험 관리에 사용할 수 있는 최상의 메커니즘은 구성적으로 역설적인 삶-공간에서 문제적인 미래 샘플링이다.

전통적인 위험 회피 접근 방식은 복잡한 환경에서 효과를 낼 수 없다. 미래를 샘플링하는 실행적인 결정을 위해(『말단』 168) "전장을 준비함"으로써 위험의 출현을 조건부로 줄일 수 있다. 그러나 이것은 실제로 위험을 관리한다기보다 위험의 생산적인 선제에 더 가깝다. 생성된

---

21. * 여러 가지 가능성들(행동선들, 스파크들) 가운데서 하나가 실행(해결)되는 것을 말한다.

조건들은 마찬가지로 복잡하고 다른 위협을 배양할 것이다. 비선형 시스템에서 발생하는 비정상적인 현상이 발생할 때(『네트워크』 163) "비정상을 이용하기 위해" "자신을 제자리에 두는 것"(자세를 취하는 것) 외에는 대안이 없다. 전통적인 위험 관리와 비교해볼 때, 변화가 발생하는 순간의 실시간 변화의 "이용"exploitation은 "덜 조작적이며 더 '성장'했다"(『말단』 169).

9. 과거를 능력으로 감싸라.

전쟁의 토대에 미래 샘플링을 심어 변화로부터 군사적 이익을 얻을 수 있는 능력을 '성장'하기 위해서는 현장이 준비되어야 한다. 전장을 준비하는 것은 그것을 점화하는 것이다. 비선형 전장을 점화하는 것은 비인식을 위해 점화하는 것이다. 우리가 살펴본 바와 같이, 여기에는 다수의 점화에 대한 신체적 개방성과, 상응하는 명령형식들을 서로 대항시켜 최고의 효과를 발휘할 수 있는 능력을 배양하는 것이 포함된다. 여기서 예상되는 '최고'란 최적은 아니지만 최소한 삶(그리고 전쟁)이 계속될 수 있도록 생존을 위한 시간을 만드는 것으로 이해한다. 전략적 문제는 얼마나 '최고로' 신체를 여는가 하는 것이다. 손짓하자마자 반응하는 파블로프의 노예가 되거나 느려 터져서 반응 능력이 막히거나 하지 않고, 불확실한 환경에서 어떻게 신체가 예측할 수 없는 수많은 단서에 노출될 수 있는가? 문제는 군사적 신체들이 중대中隊로 온다는 사실로 복잡해진다. 각 개별 신체가 전쟁 환경을 공유하면서, 그 복잡한 현장에서 육체적 차이는 말할 것도 없이 입영 전 과거의 경험과 기질상 차이로 인한 별난 반응들을 보인다고 할 때, 전장에서 수많은 개별 신체들의 실시간 행동들이 어떻게 서로 상관되어 최상의 효과를 얻을 수 있을까? 미리 설정된 시나리오가 없는 상황에서 모르는 새에 서로 방해하는 것을 어떻게 피할 수 있을까? 혼란스러운 현장에서 즉흥적인 반응이 어떻게 더 많은 혼란을 일으키지 않을 수 있을까? 그 해답은 전역적 전쟁의 두 가지 기본 측면인 '능력 기반' 작전(『말단』 225)[22] 및 '효과 기반' 작전을 통합하는 데 있다.

능력 기반 작전의 개념은 행동을 과거의 인과적 토대로 되돌림으로써 효과 기반 작전의 결에 어긋나는 것처럼 보일 수 있다. 그러나 능력은 신체의 잠재력이다. 그것은 습관처럼 과거 속에 응축되었지만, 미래로 나아간다. 습관처럼, 그것은 미래의 반복을 향한 과거의 호출로서 현재에 들어갈 뿐이다. 습관이 아닌 능력이나 잠재력을 말하는 것은 미래에 대한 더 큰 몫을 의미한다. 즉, 기술skill을 말하는 것이다.

기술은 습득되고, 더 많이 연습할수록 그 운동이 더 자동적이고 무심결에 일어난다는 의미에서 습관화된다. 당신이 행동할 때 어떻게 하는지 의식적으로 생각하지 않으면서 수행할 수 있을 때 당신은 기술을 습득했다고 할 수 있다. 그러나 기술은 일상적인 습관보다 더 유연하다. 배움의 일부는 기술이 잠재적으로 가지고 있는 수행력을 상황의 차이에 어떻게 맞추는가 하는 것이다. 당신이 적응에 대해 의식적으로 생각하지 않으면서 적응적으로 수행할 수 있을 때 당신은 진정으로 기술을 습득했다. 적응은 마치 미리 생각했던 것처럼 실시간으로 이루어지며, 더군다나 직접적으로 실행된다. 행동과 함께하는 '생각'이 발생한다. 기술은 오직 행동 중일 때의 생각이라고 할 수 있다. 그것은 실행된 생각이며 자기-수행적인 생각, 즉 생각의 습관이다. '적응적'이라는 단어에 너무 많은 강조를 두어서는 안 된다. 기술의 수행은 주어진 맥락보다는 우발성의 지각을 통해 실행될 수 있는 미래에 훨씬 더 적응한

---

22. 능력-기반 작전에 대해서는 또한 Rumsfeld (2002b)를 참조하라.

다. 주어지지 않은 미래에 적응하는 것은 일종의 즉흥 연주가 된다.

기술과 습관의 구분은 결코 확정된 것이 아니다. 습관 또한 어느 정도의 유연성을 가지고 있거나 종종 적응을 못 하는 때도 있다. 차이는 실행적인 잠재력 안에 보유된 변이의 정도에 있다. 습관은 진로를 수정하기 위해 의식적인 반성의 일시정지로 넘어가기 전에 작동해야 하는 더 좁은 변이 대역폭을 가지고 있다. 기술 훈련을 하는 것은 무심결의 행동에 대한 신체의 능력을 향상하는 것이다. 그것은 지능적인 무의식 지수를 높이는 것이다. 기술은 더 넓은 조종성의 범위로 인해 우발적인 상황 차이들을 더 적극적으로 수용할 수 있기 때문에 습관보다 훨씬 더 미래지향적이다. 그 차이들은 바로 지나쳐서 덮어버려야 하는 부조화로 무시되는 것보다, 수행상의 변이들을 생성할 수 있는 긍정적인 기회로 받아들여질 것이다. 습관은 존재권력적이다. 기술은 우발성 지각이라는 비인식-기반의 기술art과 결합될 때 더욱더 존재권력적이다.

능력에 기반한 작전을 수행하는 것은 경성 권력에서 연성 권력까지 전 스펙트럼에 걸쳐 가능한 한 가장 넓은 범위의 기술을 군사화된 신체에 심는 것을 포함한다. 비대칭적인 전장에서 신체는 무언의 단서들에 직면하고, 각각의 단서는 잠재적인 행동 환경을 촉발한다. 잠재적인 행동 환경의 집합체는 모나드적인 이접 안에서 나타나고, 겹쳐지지 않는 들쑥날쑥한 미래의 풍경을 추가하며 이로부터 다음 행동이 수행적으로 샘플링할 것이다.[23] 샘플링을 위한 잠재적인 단서의 각 영역은 지금 행동의 미래 종점을 감싸고 있다. 종점은 끌개attractor이다. 즉, 그것은 반사, 습관 또는 기술로 이루어진 과거성의 영역으로부터, 단서-절단면[컷]의 현재를 통해, 행동선의 전개가 미래에 도달하도록, 미래의

---

23. * 수많은 가능한 미래들에서 하나의 미래를 가져올 것이다.

시간-압력을 가한다. 과거성의 영역은 과거로부터 자체의 밀어붙이는 전진력을 가지고 미래의 부름에 응답한다. 그것은 명령형식을 작동시킨다.

실질적인 최상의 작전의 핵심은 미래로 후진하는 종점의 밀기를 만나기 위해 전진하는 과거의 당김이 반사 또는 기본 습관이 아니라 군사적으로 훈련된 기술임을 확인하는 것이다. 단서가 발화시킨 모든 미래에 대해 가능한 한 높은 지능적 무의식 지수를 가진 습득된 기술을 실행적으로 사용할 준비가 되어 있어야 한다. 신체는 기술들로 잘 준비되어 있어야 한다. 그래서 전장이 던지는 모든 변화는 즉흥적으로 생존할 수 있는 숙련된 기술의 미래를 촉발하는 '단서를 보낸다.' 수행되어 미래를 효과적으로 샘플링하는 행위는, 신체의 군사 훈련을 통해 씨앗이 전쟁의 땅으로 옮겨져 실제로 실행되는 명령형식으로 '성장'하는 숙련된 대응을 유발할 것이다.

임무 전 브리핑은 특정 기술 세트를 선택적으로 갱신하여 해당 명령형식에 기여하기 위해 더 많은 힘을 실어줄 수 있다. 이 사전 가중치는 명령형식들 간의 경쟁적인 균형을 변경하고 그래서 샘플링을 변조한다. 이런 식으로 환경의 예기치 못한 변화는 습득된 군사 기술의 점화 자극으로 작용할 것이다. 단서로 촉발되어 수행될 행위는 훈련 및 임무 의도에 따라 변조되는 방식으로 미래를 샘플링한다. 이것은 어떤 주어진 순간에서건 어떤 신체의 행동이건 미리 결정하지 않는다. 사전 설정된 시나리오는 없다. 그러나 전쟁터에 나가는 모든 신체가 동일한 기본 교육을 받고 조율된 브리핑을 받았기 때문에, 그들의 기술 대응이 유사하고 수행하는 다양한 행동들이 긍정적으로 연관될 가능성이 더 높다. 그들은 바람직한 잉여-가치 효과에 공명하는 변조를 생성할 가능성이 더 높다. 따라서 능력 기반 작전은 효과 기반 작전과 대립하지 않는다. 사실 이는 결과들이 일정 범위 내에서 유지되도록 결과들의 집합에 가중치를 부여하는 방법이다. "지휘 및 통제의 전반적인 설계, 각 임무, 기능 및 임무가 관리되는 방식은 군대의 전반적인 행동을 제한하는 방식으로 구상되어야 한다"(『네트워크』 162).

10. 점화를 지휘하라.

지휘가 복잡한 환경에서 창발을 일정 변이 범위 내에 남아 있도록 조절하는 실천이라는 개념은 우리를 다시 이 장의 출발점으로 데리고 간다. 이제 어떻게 이런 시각으로 지휘를 보는 것이 군사적인 지각의 작동화를 강화하는지, 그리고 이와 관련하여 어떻게 일반적으로 이해되는 정보가 정보 기술IT이 중심이 되는 경우에도 보조인지를 이해하는 자리를 마련해보자.

지휘의 역할은 "파괴적인 혁신을 창출하고 육성하고 결실을 보는 데 필요한 조건을 설정하는 것"으로 제한된다(『말단』 226). 지휘는 교전을 위한 초기 조건을 설정한다. 카오스 또는 준 카오스 시스템(카오스의 '가장자리에 있는' 시스템)이 초기 조건에 대한 민감성을 유지한다는 것이 카오스 이론의 기본 원리이다. 초기의 현장 조건들은 어느 정도 후속 사건들의 사슬에서 각 연속 단계를 내적으로-형성한다. 전역적 전쟁에서 지휘는 훈련을 지각 점화의 실천으로 바꾼다. 훈련된 능력은 초기 조건에 대한 군사적 신체들의 민감성을 높이고, 군사적 신체들은 그 조건들을 참조하면서 미래의 가능성들이 제시된 풍경과 선택적으로 관계한다.

전장에서 만나는 각각의 단서는 지각할 수 있는 가장 작은 간격 동안 날 활동적인 신체를 초활성화된 유보[긴장] 상태로 유지하는 현재의 절단면이다. 이 절단면으로부터 적응하고 행동하고 대응하면서 역동적인 변화, 즉 '파괴적인 혁신'이 펼쳐진다. 비대칭 전쟁에서는 중앙에서 진행을 지도하기 위해 지상 군부대들로 명령을 순차적으로 내릴 수가 없다. 사령부가 변하는 현장 조건에 대한 충분한 정보를 보고받아 일련의 중앙 집중적 결정을 내린다면 사실상 결정이 불가능할 것이다. 이는 정보 과부하에 빠질 것이다. 위협-기반 전쟁 환경에서 정보에 관해 말한다면, 충분한 정보란 너무 많은 정보이다. 잘 반성된 결정을 위한 처리 시간은 행동 속도보다 엄청나게 느릴 것이다. 중앙 집중식 결정은 위에서 설명했듯 점화된 지각에서 실행적 사고를 정확히 묘사하는 '직관적인' 의사결정의 필요성을 단지 대신할 것이다.[24] 그 필요성을 대신하면서 중앙 집중화는 직관적 결정을 빈약하게 만들 것이다. 의사결정에는 상황에 따른 행동-단서들이 아닌 정보 내용만 있을 것이다. 그것은 변하는 전장 조건에서 날 활동적인 신체의 즉각성을 갖지 못할 것이다. 그것은 행동-속에서-생각하기보다는 추측에 가깝다고 할 수 있다. 한마디로 결정은 재인식화할 것이다. 이런 일을 피하고자 한다면 지휘는 인지적인 지도의 본질적인 한계를 파악해야 한다. 필요한 것은 "엄청난 규모의 더 신속한 감각 인식의 명령들"인데도(『말단』 74), 작동하는 구체화한 행동에서 멀리 떨어져서 지휘는 인지적으로 단지 조금만 앞으로 나아갈 수 있을 뿐이다. 이것이 바로 지휘가 군사 행위자들의 초기 조건 설정으로 제한되어야 하는 이유가 된다. 그러면 군사 행위자들은 "적절하게 허용되는"(171) 방식으로 효과적으로 제한되는 자율성을 가지고 나가서 수행할 것이다.

---

24. 여기에서 설명된 "결정"의 과정은 베르그손의 직관 이론과 상호 관련될 수 있다. 그것은 개념과 직관 사이, 이와 함께 초기 행동이 일어나는 비식별의 지대에 일어난다. "체계가 발전하는 것은 개념들 안에서이다. 그것이 나온 직관으로 되돌아갈 때 그것은 이미지로 압축된다"(Bergson 2007, 98).

지휘는 허용 가능한 범위에서 자율 운영이 되도록 설정하는 비선형 기술이다. 즉, 결정이 최하위 수준의 "무력 단위"(『네트워크』 66, 116; 『말단』 203~205)의 실행적 능력에 효과적으로 분배되는 자체 적응 프로세스이다. 지휘는 범위를 벗어난 위험에 처하면 언제나 포괄적으로 축소하여 전체 프로세스를 중단할 수 있다. 그것은 프로세스의 자체 실행을 상위 수준에서 일시중지시킨 다음 적절하다고 판단되는 조건을 재설정할 수 있다. 이것은 기본 설정을 변경하고 재시작 버튼을 누르는 것과 같다. 중앙 지휘에는 계속해서 실시간으로 신중한 결정을 내리는 인지 수단이 없다. 하지만 때때로 시간을 정하여punctually 개입하는 경우가 있다. 그럴 때 지휘는 관련된 바로 그 프로세스에 외적인 위치에서 시간을 정하여 시행하는 유사-작전으로 강등된다. 군사교리에서 이것을 "부정에 의한 지휘"command by negation라고 부른다(『네트워크』 75~76; 울먼과 웨이드 1996, 52).[25]

중앙의 지휘부는 이제 전쟁이 일어나는 극장에서 멀리 떨어져 있다. 그것은 프로세스가 시작하기 전에 초기 조건 설정에서 작동하며, 일단 진행되면 전체적으로 프로세스를 제때 중단함으로써 다시 작동한다. 그들은 점화 명령을 내리고 부정으로 지휘한다. 중앙 지휘의 이러한 외부화는 인간의 인지와 신중한 의사결정을 전쟁 프로세스의 전개와 인접한 관계로 전환한다. 중심은 주변화된다. 중앙 지휘는 자체 실행되는 복잡한 시스템으로서 전쟁 궤도의 밖에 있게 된다. 그 시스템의 엔진은 지각이며, 지각은 행동-안의-생각이거나 사고와 행동의

---

25. * '부정에 의한 지휘'는 큰 그림을 그려야 하는 중앙 총괄지휘부가 일일이 개별 함선에 지침을 내리지 못하는 해군에서 주로 쓰이는 지휘법으로서, 개별 함선지휘부는 중앙 총괄지휘부가 하지 말라고 '부정'하지 않는 이상 자율적으로 지휘를 할 수 있는 방식을 말한다.

즉각적인 결합으로서, "실시간 거래"가 일어나는 무심결의 "실시간 인식"(『네트워크』 48)이다. 중앙 사령부 자체의 (인지적) 작전 방식은 실제 전쟁 수행의 실행적 방식과는 맞지 않게 되었다. 지휘의 중심성은 활성화된 지각을 통해 전 스펙트럼에 걸친 폭력을 수행하는 데 체계적으로 전념하는 자체 실행 전쟁 기계와 인접한 주변 위치로 벗어나게 되었다. 지각 공격이 전쟁의 모든 것이 된다.

점화를 위한 지휘의 주요 업무는 "임무능력 패키지"mission capability packages(『말단』 123~127, 171 ;『네트워크』 6~9, 193~198)를 구성하는 것이다.[26] 임무능력 패키지는 사전 교전 준비의 모든 양상들을 함께 모아 즉시 사용 가능한 활동-잠재력의 통합 단위로 만든다. 그들의 구성은 횡단적이며, 전통적인 군사 계층 구조의 관습적인 직위 체계를 가로지른다(그리고 이런 조직에 투자된 기득권의 엔트로피로 인하여 전통적인 군사 계층 구조는 아직 많이 남아 있지만, 이제는 그 자체가 목적이 아니라 이러한 횡단성의 가능성에 대한 조건으로 작동된다). 임무능력 패키지는 "작전 개념, 지휘 접근 방식, 조직, 시스템 및 지정된 수준의 전문 지식을 가진 사람으로 구성된다"(『네트워크』 193). 그것은 개념적, 물질적, 인력적 자원들을 편리한 행동 배낭 속에 합친 것이다.

각 임무에 수많은 임무능력 패키지들이 제공된다. 이는 세트로 공급된다. 각 패키지의 필수 부분은 임무 의도이다. 지정된 의도는 일반적으로 말한다면, 임무능력 패키지가 작전을 시작할 때 안에 들어 있는 활동-잠재력이 펼쳐지는 지향점인 종점을 배정한다. 이것은 결과로 나타나는 행동이 처음부터 재귀적으로 끝점을 포함하게끔 방향을 정한

---

26. 임무능력 패키지의 개념은 데이비드 앨버츠가 「임무능력 패키지」(Alberts 1995)에서 처음 소개했다.

다. 그래서 전장에서 만날지도 모르는 상황의 변화로 인해 단서로 촉발될 수도 있는 특정한 종점들과 해당 임무능력 패키지 사이에 친화력을 만든다. 모든 것이 순조롭게 진행된다면, 이것은 임무능력 패키지에 포함된 배정된 종점에 공명할지도 모르는 우연히 만난 종점들을 유인하는 견인력에 가중치를 더할 것이며, 특정 종류의 명령형식이 다른 것보다 먼저 현실적으로 발효될 가능성을 증가시킬 것이다.

임무 의도는 임무능력 패키지에 가중된 행동 자세 또는 성향을 제공한다. 각 임무의 임무능력 패키지의 범위는 중앙 지휘부가 도출한 전체 임무 의도에 따라 인도된다. 이 신중한 임무 의지를 지침 시나리오나 사전 결정으로 간주해서는 안 된다. 그것은 다가오는 전투가 어떻게 잠재력의 자율적 모나드로 점화될 것인지를 결정하기 위한 선택원칙으로 작동한다. 효과적으로 결정하기 위해서는 그 잠재력의 불확실한 촉발과 변수 전개가 전쟁 현장의 복잡성에 맡겨질 것이다. 임무능력 패키지는 지휘의 인지적 역할과 인간적 요소인 의도성을 감싸서, 성향적 경향의 형태로 자체 실행하는 지각적 전쟁 기계에 접목하는 메커니즘이다. 그것은 작전 중에 인지적 지휘와 인간적 의도를, 비선형적인 전쟁 잠재력의 현장에서 잉여-가치 효과를 열 배 끌어올리기 위한 변조 메커니즘으로 전환한다. 그것은 전투의 인간적 요소를 복잡계적인 전쟁 기계로 보강하여 시너지 효과를 낸다.

11. 정보를 뾰족하게 하라.

"종종 '창의 뾰족한 끝'이라는 표현은 중요한 임무와 지원 활동을 구분하는 데 사용된다. 이 구분은 이제 유용하지 않다"(『말단』 173). 능력 패키징은 임무가 역동적으로 자가 지원하도록 만든다. 임무가 시작되어 실행 중일 때, 참여하는 각 부대는 경향을 가지고 정향된다. 그것은 중앙 지휘에 의해 단계적으로 통제되지 않는다. 문제는 조정력이다. 각 단위의 사소한 행동은 다른 단위들이 작동하는 현장 조건을 변경한다. 적의 행동은 모든 조건을 변경할 것이다. 이미 복잡한 전장의 복잡성은 더 높은 수준으로 도약한다. 이는 '아군 사격'이 비대칭 전쟁의 전례 없는 트레이드마크가 된 정도에 반영되어 있다. 자신이나 타인을 위험에 빠뜨리지 않고 복잡성을 처리하기 위해 각 부대는 변화가 발생하는 것과 동일한 속도로 즉, 실시간으로 변화하는 조건에 적응할 수 있는 수단을 가지고 있어야 한다. 분쟁의 최첨단에 실시간으로 전달되는 정보가 중요해진다. "정보는 이제 말 그대로 창의 뾰족한 끝부분이다"(『말단』 174).

분석과 숙의를 위해 잘 반성된 내용으로 제공되는 정보는 날이 무딘 도구이다. 무딘 정보는 궤도 밖의 지휘에는 충분할 수도 있지만, 행동을 취하려면 다시 날을 갈아서 무기가 되어야 한다. 뾰족하게 되기 위하여 정보는 그 본질이 변할 때까지 변모되어야 한다. 행동이 우러나는 가장 작은 간격보다 작은 간격에 맞출 방법을 찾아야 한다. 이것이 지각적 간격이다. 정보는 내용에 안주하는 사치를 누릴 수 없다. 그것은 활동적인 지각 형태를 되찾아야 한다. 그것은 행동-지각이 발아하는 날 활동적 솟아나옴welling과 다시 섞여야 한다. 그것은 점화 단계에서 발생해야 한다. 그것은 즉시 결정에 들어가야 하는데, 그 결정은 반성하기 전에 이미 행동하는 지각과 함께하는 결정이다. 정보를 뾰족하게 만드는 것은 정보를 경험 형성의 절단면[컷] 안으로 다시 맞추는 것을 의미한다.

절단면에 맞추기 위해서 정보는 간격 속 행동-지각을 촉진하는 환경 단서들 위에 겹쳐져야 한다. 단서들은 이미 이중 임무를 수행하도록 되어 있다. 그들은 경쟁하는 한 무리의 미래의 종점들을 향하여 행동의 현장을 점화하는 동시에, 숙련된 대응 능력으로 상응하는 전개를 점화한다. 이것은 실제로는 '겹치기'가 아니다. 단서[큐]를 받자마자, 한편으로는 전장의 미래성의 활성화된 벡터와 다른 한편으로는 훈련된 과거성의 활성화된 벡터가 완전히 동시에 일어난다. 그들은 서로에게 직접 단서를 보낸다. 이것은 작전적 융합이다(마수미 2011, 74~76; 마수미 2015a, 47, 62). 단서는 환경 조건의 변화를 알리는 타격이며, 동일한 타격에서 상응하는 행동–지각의 점화이다. 그들의 융합은 그 자체의 창발적인 형태를 가지고 있다. 즉, 이는 지향적인 경향이나 잠재적인 행동의 역동적으로 펼쳐지는 통일성에서, 그들의 미분적 차이를 창의적으로 해결하기 위해 힘을 쏟는 명령형식의 밀고 당기기로 표현된다. 명령형식은 행동–지각의 그럴듯한 현재로 향한 벡터의 활기찬 통합이다. 그것이 완전하게 표현하는 융합은 기술 및 집단적 의도와 같은 '상위의' 습득된 기능들을 전장에 고취시킨다. 따로 보면 이들은 인지 기능이 될 것이다. 융합 속에서 그들은 형성 중의 행동으로서 지각 속에 스스로를 직접 드러낸다. 그들은 의식적으로 생각할 필요 없이 실행적으로 존재한다. 그들은 역동적으로 살고 있다. 정보는 이러한 동일한 융합 효과를 내기 위해 경험의 장에 "겹쳐야" 한다. 또한 단서도 보내야 한다. 그것은 현장을 고취시켜야 한다. 그것은 "실행 가능"해야 한다(『말단』 4, 192). "감지, 결정, 행동은 단일한 복합 기능성으로 통합되어야 하고"(『네트워크』 116~117), 정보는 그 통합체에서 필수적이다.

이것은 여러 가지 방법으로 달성할 수 있다. 한 가지 방법은 시각과 같은 감각 양식에 정보 피드[정보가 전달되는 포맷]을 삽입하는 것이다. 예를 들어 투명한 스마트 바이저는 실시간으로 시야에 직접 표적 정보나 아군 및 적의 움직임 표시를 겹칠 수 있다. 예를 들어 시각적 아이콘 또는 커서와 같은 인덱스로 표시되는 신호를 사용하여 이를 수행할 수 있다. 지각 가능한 현재를 '상위' 기능들로 융합된 경향성 전개로 만드는 단서의 또 다른 이름은 어포던스affordance이다.[27]

경험장의 통일성은 잠재적으로 갈라지는 방향으로 인도하는 다수의 공존하는 어포던스[28]들로 구성된다. 이들은 종종 현재 장의 주변을 넘어선다. 나는 복도에서 몸을 돌려 한쪽으로는 잠재적인 낮잠을 잘 수도 있고 다른 쪽으로는 서재에서 일을 할 수도 있다. 나는 지금 복도의 형태로 이러한 다양한 잠재적 미래들을 경험한다. 침대와 책상의 상호 배타적인 종점은 내가 서 있는 곳에서 느껴진다. 나는 복도를 보면서 직접 감지한다. 복도는 그것들을 내 몸에 제공한다. 그들은 나에게 육체적 암시로 정동적으로 다가온다. 잠의 달콤함이 산들바람처럼 모공에 스며든다. 글쓰기의 끈기는 내 근육을 미세하게 긴장시킨다. 경쟁하는 종점들의 미분적 당김은 그 순간에 특이한 실존적 특질 또는 정동적 "복잡성"을 부여한다(가타리 1995, 80~81).[29]

그 순간에 시야에 내재한 감지의 구성요소의 다양성은 결코 경험의 통일성을 손상하지 않는다. 이 두 가지 어포던스들은 현재 장의 외부를 바로 그 구성으로 묶었다. 상호 배타적인 두 가지 삶의 경로의 '복

---

27. 이것은 이 용어의 발명가인 제임스 깁슨이 제시한 어포던스(affordance) 감각을 확장시키는 것이다. "어떤 것의 어포던스는 관찰자의 필요가 변해도 변하지 않는다. … 불변하기 때문에 어포던스는 항상 거기에서 인식된다"(Gibson 1986, 138~139). 여기서는 어떤 것도(어포던스도 관찰자도 관찰자의 필요도) 불변하는 것으로 간주되지 않는다. 단순히 "항상 거기"에 있는 요소는 없다. 모든 것이 날 활동을 통해 순환하면서 미래-과거의 타임 루프에서 지속적으로 변한다.

28. * 깁슨의 어포던스는 세상과 행위자(사람이나 동물 등의 유기체) 사이에서 실행할 수 있는 행위적 속성을 가리킨다. 깁슨에 따르면 어포던스는 행위자와 환경 간의 관계, 혹은 이 둘 사이의 관계 속에서 존재하는 행위의 가능성들을 뜻한다. 환경은 행위자의 능력이 허락하는 한 무한한 가짓수의 어포던스를 포함하거나 제공할 수 있다. (위키피디아 참조.)

29. 80쪽에서 가타리는 안색의 개념을 앞서 언급한 '융합'의 개념과 연결한다.

잡한 기능'은 현장의 경험적 통일의 필수적인 요소가 되었다. 경로들은 그들의 성취가 제공할 수 있는 정동적 자질들 사이의 동시적인 대조로서, 경험의 씨줄에 통합적으로 짜인 양상으로서 미분적인 조화를 이룬다. 양상에 대한 현재의 감지는 내 걸음의 추진력이 다가올 단계를 통해 나를 이끌었을 때 이미 결정되었을 것이다. 활성화된 결정이 무엇인가 하는 것은 내 몸이 상황에 들어갔을 때 어떻게 점화되었는지에 달려 있다. 그렇게 되었을 때, 층계참에서 나를 맞이 해준 고양이는 나의 도착이 그를 깨웠던 토막잠에 만족하며 하품을 하고 있었다. 아무 생각도 하지 않고 심지어 하품과의 연결도 없이 내 길이 선택된다.

스마트 바이저의 장치를 통해 시야에 포함된 정보는 거의 동일한 방식으로 (고양이 대신 임무 훈련으로) 기능할 수 있다. 시야가 융합적으로 작동하는 방법을 기술적으로 고려하여 디스플레이가 잘 설계된다면, 시각적 경험에 포함된 정보는 초점 맞춘 콘텐츠로 표시되기보다는 어포던스로서 작동 속으로 용해될 것이다. 이것은 시야를 주변 너머 실제 시야를 지나 효과적으로 '확장'함으로써 시력을 '향상'한다. 현재 어휘로 설명하자면, 기술이 정동적으로 가치 있는 실존적 대비의 형태로 외부를 통합적으로 '감쌈으로써' 시각적 경험을 '강화'한다고 말하는 것이 더 정확할 것이다. 이것은 시야에 직접적이고 통일적으로 인식되는 잠재력의 양상을 불어넣는다.

이렇게 복합적인 장은 현실적으로만 공간에서 갈리는 경로들을 상호 포함하기 때문에, 실제로 공간이 아니면서 공간과 비슷하다. 그것은 또한 실제 시간의 점에 포함되지 않으면서 시간과 비슷하다. 즉, 그것은 삶의 다음 반복의 창발적인 휘젓기에서 즉각적인 과거와 직접적으로 공명하는 미래들로 그럴듯한 현재를 포장한다. 정보 기술 삽입이 인식을 '확장'한다고 말하는 것은 포함된 경험의 '외부'가 실제 공간과 시간

밖에 있기 때문에 오해의 소지가 있다. 그것은 인지적, 존재론적으로 경험의 프레임과 척도보다 '먼저'이다. 경험장은 복합적인 시공간 융합의 열린 장이다. 가치 요소가 복합체 속에 포함되기에, 전혀 척도가 없는 것은 아니다.

종점[현실화된 행동]이 자신을 느껴지게 하는 정동적 특질은 신체의 점화에 의해 가중치가 부여되고 그 가중치는 발생하는 것을 조절한다. 이미 결정된 행동의 시작인 감지는 또한 살아있는 가치 평가가 될 것이다. 즉, 지각이 행동에서 뚜렷해지는 분출이며, 활성화된 실존적 "판단"이다.[30] 기술이 경험을 '향상한다'고 말하는 것은 복잡한 계발 기능을 융합적으로 포함하는 능동적 평가에서 이미 경향적으로 자기 향상되지 않는 구현된 지각이 있을 수 있음을 의미하기 때문에 오해의 소지가 있다. 원래 그대로의 지각은 없다. 신체는 한 번에 한 단계씩 모든 수준에서 자신의 삶을 적극적으로 통합 측정한다. 이 모든 것이 합리적 선택 이론에 의해 유도된 가장 작은 인지적 하품보다 작은 간격으로 압축된다.

잠재적 경험의 장은 또한 언어나 숫자 표기 같은 '상위' 기능을 지각적으로 포함하여 강화될 수 있다. 점화에 대한 실험적 연구는 독서[읽기]가 형성 중인 지각의 절단면에서 발생할 수 있음을 오래전부터 보여주었다. 심리학 문헌에서 의식의 이러한 생성적 틈새는 다가오는 경험이 육체적으로 그리고 실존적으로 '강화'되지만 아직 활성화되지 않은 '주의의 깜박임'의 순간이다(3장 참조). 강화의 날 활동적인 간격에서, 창발적 경험은 절단에 맞는 단서에 의해 변조에 활짝 열려 있다. 단어

---

30. 이것은 3장에서 언급한 퍼스의 귀추와 지각적 판단 개념과 관련이 있다(Peirce 1997, 199~201 ; Peirce 1998, 155, 191~195, 204~211, 226~242 ; Massumi 2015a, 44~47).

와 숫자는 '직접 지각'에서 점화 자극의 역할을 할 수 있다.[31] 모든 점화와 마찬가지로 그들[언어와 숫자]는 삶-가치의 잠재력을 제공한다. 언어 단서와 숫자 단서는 고도로 지적인 무의식 지수를 갖고 있고, 강력하게 문화화된 과거성을 현재의 미래성에 가져오기 때문에 특별한 이점을 제공한다. 숫자 단서는 다가오는 행동의 정확성을 높이기 위해 사용할 수 있다. 스마트 바이저의 거리 수치 표시는 조준의 정확도를 높일 수 있다. 그러나 이것은 사격수의 두개골에서 계산을 유발하는 방식으로 숫자가 경험되지 않은 경우에만 작동된다. 그것은 이미 기계에서 정확하게 계산되었기 때문에 시간이 촉박한 탄두에 있을 필요는 없다. 대신, 그것을 보는 것은 순간적으로, 무심결에 사격수의 몸의 자세 변조 또는 무기 설정의 즉각적인 재보정을 촉발해야 한다. 숫자는 즉시 자세와 제스처로 수행적으로 변환되어야 한다. 그것은 이미 '실행 가능한' 정보로서 신체를 타격했음이 틀림없다. 일어날 전개를 회고적으로 '아는 자'로서 종점이 사건의 시작점을 결정하는 것을 [윌리엄] 제임스적인 루프

---

31. 직접 지각은 깁슨의 생태학적 지각 이론, 체화된 인지, 활성화된 지각 이론에서는 채택되었지만 주류 심리학과 인지 이론에서는 거부된 논란의 여지가 있는 개념이다. 주류 심리학과 인지 이론은 모두 감각-인상의 체계화되지 않은 등록으로 구성된 "가공되기 이전의 원시" 지각 상태를 가정한다. 감각-인상은 "정보"로 해석되며, 그런 다음 "처리"되고 뇌의 중재 작용에 의해 그것의 수용 기관 위쪽으로 정렬된다. 중재 기반의 정보-처리 지각 모델은 (초기 기술 시대에는 뇌가 전화 교환이었고 그전에는 시계 메커니즘이라는 사실을 잊어버린 채) 일반적으로 뇌를 컴퓨터로 보는 은유를 비판 없이 받아들인다. 중재 기반의 지각 이론은 종종 동시에 두 개의 상호배타적인 명제에 빠지지 않으려고 애를 먹는다. 즉, 감각-인상을 제공받는, 뇌 뒤쪽 어딘가에서 맴도는 중재의 주체라는 암묵적 전제("호문쿨루스"(작은 인간) 문제)와, 지각적 인식과 의식 일반을, 자체로는 전혀 실재하지 않은 채 컴퓨터 같은 프로세싱을 하는 뇌의 물리적 작동으로 완전히 축소할 수 있는 부수현상으로 환원하는 것의 두 명제이다. 화이트헤드의 형이상학은 직접 지각의 교리를 필요로 한다(Whitehead 1978, 116; Whitehead 1985, 30, 39~42). 직접 지각 이론은 정보나 중재 기반이 아니라 여기에 동원된 것과 같은 개념의 도구 상자를 필요로 한다. 즉, 날 활동적 지각 간격, 행동-지각, 행동 중의 사고, 명령형식, 귀추/지각적 판단 등.

라고 할 때, 이는 전체적인 제임스적 루프가 실제로 수행하는 데 필요한 최소 간격보다 더 작은 간격으로 압축된 경우에만 가능하다. 이어지는 행동은 사실상 인지적일 것이다. 즉, 마치 실제 계산이 뇌에서 이루어진 것처럼 효과적으로 될 것이다.[32] 살아있는 사건의 즉각적인 형태로, 인지적으로 굴절된 행동–가치를 무심결에 가져오는 이 비선형적 업적은 신체의 훈련에 의해 가능해진다. 사건은 살아있다. 인식은 그렇지 않다. 인지는 사실상 가상으로 남아있다.

숫자 단서는 비인식을 위한 점화에 큰 가치가 있다. 효과적인 조준 행동은 그 형성 간격 안에 적의 위치의 실시간 변화를 표현하는 즉각적인 지향을 포함해야 한다. 언어 점화 자극 또한 타격했을 때 의미론적 내용이 자세 및 몸짓으로 행동 지향으로, 정확한 조준은 아니더라도 실존적 성향으로 변환된다는 조건에서 변화를 유도하는 단서가 된다. 예를 들어 경보 신호의 경우가 그렇다. 경보 신호는 최소한의 의미 구분으로 촉발되는 긴급한 잠재력의 풍경을 촉진한다. "불이야!" … 잠깐, 어떤 의미에서?[33] 물이나 총알이 필요한 종류? 경고와 관련된 의미 요소가 있지만, 그것은 언어를 초과하는 중요성으로 실행적으로 신호를 보내는 기능을 한다. 그 실행적 중요성은 공존하는 환경 단서에 따라 좌우된다. 불발을 피할 수 있게 하는 것은 전역적 장의 단서들이다. 관련된 의미론적 요소가 최소라는 점을 고려할 때, 신체는 능력 기반 무기고에서 최소한의 수행 능력보다 더 많은 것을 가질 필요가 있다. 그리하여 신체는 너무 늦기 전에 최상의 효과를 내기 위해 달리면서 '판단'할 수 있다.

---

32. 일반적으로 다단계 수학적 연산이 지각 간격에서 즉시 수행될 수 있다는 것이 실험적으로 검증되었다 (Sklar et al. 2012).

33. * "Fire!"는 "불이야!" 또는 "사격 개시!"의 두 가지 뜻이 있다.

모든 단서는 '교차 양식' 릴레이를[34] 촉발한다. 이는 하나 이상의 감각 방식을 동원하고, 신체가 관련되는 지배적 방식이 변경될 수 있는 단계들을 통과하는 전개를 말한다. 언제나 자기수용 감각proprioception이라는 예비 단계가 있다. 자기수용 감각[35]은 움직임을 위한 자세와 그 자세에서 움직임을 통해 미래 운반자에 대해 신체가 가지는 자기 느낌이다. 이 사전 자세는 날 활동을 안으로 수용하는 것이다. 그것은 본질적으로 무의식적이다. 그것은 몸을 자신의 역동적인 잠재력으로 흡수하고, 즉시 그 잠재력을 행동으로 펼친다. 날 활동은 본질적으로 자기수용 감각이다. 그것은 자기수용 감각이 효력을 발휘하는 간격에서 의식적으로 느껴지지 않는 내부에 살아있는 잠재력이다. 그것이 외부적으로 살아있는 경우는 다른 것으로 효과적으로 변환되면서 지속 시간 동안에 실제로 느껴질 때뿐이다. 그 변환되는 다른 것이란 이어지는 행동선을 말하는데, 그 자신의 움직임에 대해 능동적으로 알아차리며 실제로 펼쳐지는 행동선이다. 반사 제거 없이 발생하는 이 실시간 운동 감각은 계속되는 무의식적 자기수용 감각을 배경으로 한다. 움직임의 운반자에 대한 이러한 후퇴하는 내부-자세는 그것이 알려주는 행동을 계속하면서 특정 상황에서 전면에 올 수 있다. 그럴 때, 다시 변환된 것처럼, 이번에는 노력의 느낌(예컨대 비틀거릴 때 균형을 잡는 노력)으로 스스로를 전면에 내세운다. 초점을 맞추거나 구별하는 것과 같은 순전히 시각적인 노력조차도 자기수용적인 내부 버팀의 결과이며, 일시적으로 눈의 근육에 제한되는 행동선으로 변환된다. 행동에 대한 자기수용 감각의 사전 자세는 모든 방향의 가능성의 조건이다. 그것이 없

---

34. * 여러 개의 감각양식을 가로지르며 전개되는 방식.
35. * 신체 내부의 감각으로서 팔다리의 위치, 방향, 운동을 감지하는 감각.

다면 눈은 엄청난 양의 방향 없는 빛, 가장자리 및 그림자 속에서 길을 잃을 것이고 손은 마구 흔들릴 것이다. 시각적 초점 및 손으로 꽉 쥐기는 동일한 예비 자기수용 경험을 다른 근육 세트의 작용으로 변환하는 것이다. 둘 다 예비 자기수용 경험에서 나오며, 계속하여 지각되지 않은(또는 그것이 지향하는 행동에 수반되는 노력의 느낌에서 어느 한쪽에서만 지각되는) 배경에서 작동한다.[36]

모든 형태의 궁극적인 변이는 자세를 취하기 전 단서의 타격에 잠재적으로 존재한다. 시각적 단서에 의해 촉발된 행동은 날 활동의 간격에서 생겨나서 실제 행동이나 청각과 같은 다른 양식의 노력 감각으로 나타날 수 있다. 단서 자체에는 하나 이상의 감각 양식이 포함될 수 있다. 교차 양식의 개념은 최종 분석에서 이처럼 단서와 함께 모이는 것에 적합하지 않다. '릴레이'는 없다. 서로 다른 감각 양식이 한꺼번에 타격하여 단일 효과를 낸다. 그들은 고립되지 않은 방식으로 융합적으로 작동한다. 그들은 대비적으로 나타나 절대적으로 통합된 효과를 낸다. 이것이 바로 소리-시각 상호 작용을 연구하는 미셸 시옹[37]이 '동기화'synchresis이라고 부르는 것이다.

동기화라는 단어는 '동시성'synchronism과 '종합'synthesis을 결합한 신

---

36. 에린 매닝은 스스로 차이나는 전개의 "사전 가속"(Manning 2009, 5~7, 15~19)을 위해 이러한 자기수용적인 내적 고정(in bracing)을 분석한다. 자기수용 감각은 본질적으로 무의식적이다. 근육과 관절의 고유 수용체는 의식적인 느낌을 직접 생성하지 않는다. 자기수용 감각은 다른 감각 효과에서만 느껴진다(시각, 촉각, 청각 및 후각의 감각 양식에 거주하고, 그들과 함께 융합되어 있다. 이는 아래의 동기화 논의에서 설명된다). 자기수용 감각에 대한 자세한 내용은 Massumi (2002, 58~61, 168~169, 174~186 ; 2011, 124~125)를 참조하라.

37. * Michel Chion. 프랑스의 영화이론가이자 실험 음악 작곡가. 그의 책 『시청각 : 영화에서의 소리와 이미지』(1990)는 멀티미디어 예술 형식에서 소리와 이미지의 관계를 다룬다.

조어이다. 즉, 순식간에 지나가는 종합이다. 시청각 동기화는 "특정 청각 현상과 시각 현상 사이에서 생성되는 자발적이고 저항할 수 없는 용접"이다(시옹 1994, 63). 그 효과는 결과물이 마치 이쪽이나 저쪽의 형태로 나타날 수 있더라도, 각기 다르게 기여한 양식 중 어느 하나로 환원할 수 없는 경험 양식이다. 예를 들어, 액션 영화에서 총알이 두개골에 부딪히기 전에 이미지가 잘리더라도 우리는 총알이 두개골에 박히는 충격을 보았다고 느끼고, 실제로 불꽃이 튀는 소리만 들을 때라도 심지어 충격을 보았다고 기억한다. 충격이 가해질 때 불꽃 튀는 소리가 즉각적인 교란, 즉 경악을 유발하여 펼쳐지는 행동선을 변조한다. 행동선 자체가 영화적 상황에 의해 움직이지 않도록 계획되어 무시할 수 있기에 변조도 무시할 수 있다. 행동선이 자리의 위치에 대한 것이라면 변조는 자리의 이동이라 할 수 있다. 두드러진 것은 행동선이나 변조가 아니라 우리가 보았다고 기억할 불꽃 튀는 소리로 가득한 충격의 경악이다. 그것은 생성된 시각 형상이 행동선을 배경으로 한 경악에서 두드러져서 경험이 행동이 아닌 지각으로 제시되기 때문이다. 그러나 살아있는 지각은 행동에 대립하지 않는다. 모든 지각은 행동-지각이다. 우리 자신이 행동하기보다 지각한다고 느끼는 이유는 경험의 창발적 특질이, 이 경우에는 비주얼이 상황에 의해 배경이 된 행동선에서 두드러지는 식으로 생성되었기 때문이다. 대립은 행동과 지각 사이에 있는 것이 아니라, 자기 수용적으로 내부에 살아있는 행동-지각과 운동 감각적으로 외부에 살아있는 행동-지각 사이에 있다.

시옹의 동기화된 영화 경험 형성을 위해 단서의 역할을 하는 것은 청각과 시각의 분리disjunction이다. 시각적 테이크 사이의 컷에서 나오는 소리로 인해 보는 것이 경험으로 점화된다. 지각 방식 사이의 분리는 단서의 창조에 의해 채워진다. 창조된 것은 시각에 부가적이다. 즉, 경험이 시각 양식에서 나타나지만, 실제로는 시각이 그 자체로 생산할 수 있는 것 이상으로 발생하는 경험이다. 생성된 것은 잉여 시각 사건이다. 창발 효과는 어쩔 수 없이 잉여적 시각 양식이지만, 그 창발이 나온 창조적 과정은 감각 양식들 사이를 지나갔다. 그것은 감각 양식들의 분리에서 왔다. 큐-컷[단서-절단면]은 감각 양식들 사이에 용접 또는 효과인 융합을 생성했다. 그것은 순간적으로 귀에 들린 시각이라는 색다름을 만들어 냈다.

여기서 점화는 절단면에서 만들어지고 분리에 의해 조건 지어져서 여전히 지각할 수 없다 하더라도 배경은 아니다. 오히려 지금까지 논의된 점화 양식처럼 스스로를 배경으로 하여 두드러진 행동선을 질적으로 변조하는 대신, 점화는 자신의 창발적 결과물을 전면에 내세운다. 행동선은 점화의 질적 결과물의 배경이 된다. 분리된 시각적 단서는 소리와의 동시발생에서 동기화된 경험의 부각된 특질을 창조하도록 유도한다.[38] 이렇게 만들어진 특질의 부각이 실제로 경험이 무엇이 될 것인지를 결정한다. 날 활동적 간격 속에서 단서가 발효되는 순간적인 미시 충격인 경악은 전역적인 경험의 창조를 관장한다. 충격 그 자체는 자리의 이동인 '여기'와 화면 속 신체에 총알이 박히는 소리의 '거기' 사이가 구별되지 않는 데서, 즉 여기-거기-지금에 걸친 자기수용 감각에서 즉시 경험된다. 동요하는 즉시성에서 충격은 전부이다. 그것은 준비되어 있는 모든 것이다. 즉, 그것은 이미 미분적이다. 충격의 지금-여기의 여기-거기 차원은 형성되는 경험에 초기의 간격을 제공한다. 여기와 거기 사이의 미분적 차이는 일반적으로 미분 차이가 발생하는 거리에 수반되는 감각 없이 내부에 살아있다. 이것은 즉시 모두에 걸쳐서 자기수용

---

38. 이것은 『가상과 사건』(Massumi 2011)에서 "가상"(semblance)의 관점에서 분석되었다.

감각으로 느껴지는 날 활동의 공간적 잠재력이다. 그러나 잠재력은 내부에 사는 즉시 외부에 살게 된다. 타격의 충격이 모든 것을 흡수하는 동요를 등록하자마자, 초기의 컷에서 생성된 비주얼과 분리할 수 없는 정동적 특질, 즉 타격과 함께 하나로 느껴지는 공포의 피가 흐른다. 시각적 공포는 조건을 만드는 간격에서 앞뒤로 피를 흘리며, 컷에서 쏟아지는 경험적 내용인 창발적 콘텐츠로 즉각적인 과거와 즉각적인 사후를 피로 물들인다. 이 동시적 출혈에 의해 물든 즉각적인 과거와 현재가 서로에게 흘러 들어간다. 그들 역시 융합되어 있다. 융합의 동기화된 사건은 그 자체의 질적 내용으로 채우는 행위에서 실제로 그럴듯한 현재를 생산한다. 간격이 지속하였다. 두 시각적 장면 사이의 즉각적이고 실체 없는 컷은, 몰입하고 집중적인 지금-여기의 즉시에서 그럴듯한 현재의 연장된 지금-시간으로 확장된 시간 양상을 띤다. 동기화된 사건은 그 자신의 순간을 돌출시켰다. 동일한 타격에서 그것은 순간을 자신의 지각적 창조물로 채웠다. 점화는 다가오는 경험을 변조하는 것만이 아니다. 그것은 순간을 만든다. 경험의 점화된 시간은 융합적으로 창발한다. 그 생성은 순전히 질적으로서, 정동적 특질이 스며든 시각 효과이다(너무 철저히 스며들어서 정동적 특질이 시각 효과로 자신을 표현한다고 역으로 말할 수 있을 정도로).[39]

동기화된 사건은 연장된 시간뿐만 아니라 공간성도 드러낸다. 충격이 타격할 때 공포 속에 이미 배아 형태로 이식된 공간적 잠재력의 발전은 순간의 창조와 동시에 일어난다. 컷에서 나오는 정동적 특질의 피를

---

39. 측정으로서의 시간은 점화 시간의 2차 발전으로, 그 각각이 절대적으로 질적으로 독특한 점화 시간의 다양한 순간들을 공통 비교 기준(주기적 움직임)에 굴복시킴으로써 생성된다. 측정으로서의 시간은 비교의 기술적 장치에 의해 발명되었다. 측정은 질적 경험을 수량으로 변환하는 것이다. 이 과정에 대해서는 Bergson (2001, 104~106)을 참조하라. 충격, 정동 및 삶의 시공간 생산에 대한 자세한 내용은 6장을 참조하라.

흘리면서 타격이 '거기'에서 보이는 것으로 설정됨에 따라 공포는 현재 '여기'에 모인다. 원原-공간의 미분적 차이는 밖으로 실행되는 과정에 있다. 정동적 특질은 그 자체로 모호한 연장성을 가지고 거리를 채운다. 그것은 경험을 전체적으로 적시고, 정동적인 조성調聲의 독특한 분위기로 물들인다. 그것은 흐릿하게 둘러싼다. 그것의 에워싸는 특질이 경험의 '이것임', 즉 지금 일어나고 있는 순간의 질을 정의한다. 그리고 만들어지고 있는 순간은 문자 그대로 자리를 잡고 있다taking place. 즉, 경험의 공간이 돌출되었다. 공간은 두 가지의 실험적 차원에서 느껴진다. 즉, 병치된 위치의 공존(여기와 거기)과, 이 병치를 포괄적인 에워쌈으로 감쌈(주변)에서 느껴진다.

이처럼 간격에서 시공간의 창조는 다른 양식으로 점화되어 만들어진 미래의 시간 압력 및 잠재적인 경험적 풍경과 협력한다. 여기서 시공간은 다가오는 행동선을 변조를 위해 내적으로-형성하면서, 행동선을 전면에 내세우고 자신은 배경으로 물러난다. 질적인 순간-창조와 점화의 미래 지향적인 행동 양식이 협력한다. 이들은 화이트헤드가 '연장적 연속체'라고 부르는 것을 공동 창조한다. 연장적 연속체extensive continuum 또는 연장적 충만성extensive plenum은 잠재적인 시공간 관계의 '보편적 구도'(감각 운동 도식과 혼동하지 말 것)이다. 그것은 특정한 경험 사건의 (두드러진) 단일 '관점'에서 통합적으로 생성되고 미분적으로 변조된다.[40] 3장에서 논의된 지각 공격의 영토형성 기능은 전쟁의 연장적

---

40. 경험 사건 또는 화이트헤드 용어로 "현실적 존재." 화이트헤드는 또한 각 사건이 두드러지는 연장적 연속체의 생산은 순식간에 일어난다고 강조한다. "시간적〔그리고 공간적〕연장과 함께 어떤 것의 생성이 있다. 그러나 그 행위 자체는, 그것이 생성된 것의 연장적 분할성에 대응하는 이전과 이후의 생성 행위로 분할할 수 있다는 의미에서 연장이 아니다 … . 피조물은 연장적이지만, … 그것의 생성 행위는 연장적이 아니다"(Whitehead 1978, 69).

충만성의 지각적인 타격의 반복적인 분포, 즉 전역에서 융합적으로 창발하는 대규모 드러남이다. 어떤 경우에도, 우리가 현지 영화관에 관해 이야기하든 글로벌 전쟁 극장에 관해 이야기하든 공간과 시간은 경험의 선험적 범주가 아니다. 공간과 시간은 삶의 점화 컷의 동기화된 생산물이다.

동기화는 경험의 직접적으로 살아진 생산이다. 그것은 매우 창의적이다. 시옹은 지각에 대한 '부가가치', 즉 과도한 경험적 효과 또는 지각의 잉여-가치에 대해 말한다. 동기화에서 지각은 창의적으로 잉여를 생성하여 자신의 살아진 현실을 생성한다. 이 용어는 지각을 본질적으로 존재권력으로 지정한다. 그것은 특정 행동-지각을 생성할 수 있을 뿐만 아니라 감각의 틈새, 날 활동적인 간격, 새롭고 특이한 경험 양식을 창발할 수 있음을 보여준다. 그러한 각 창발은 즉각적인 정동적 가치를 지니고 있다. 이 정동적 색조는 즉각적인 차원 중 하나로 발생하는 지각적 사건에 필수적인 가치 '판단'이다. 그것은 이 경험이 일어나는 그대로의 살아진 질을 결정한다. 경험이 스스로 시간을 만들고, 만들어진 순간을 삶의 내용인 살아진 질로 채우는 것은 잉여-가치 생산을 통해서이다.

동기화는 청각과 시각 이외의 감각들 사이에도 일어날 수 있다. 참여하는 감각 양식 중 하나의 실제 작동 없이도 발생할 수 있다. 예를 들어, 우리가 눈을 가리고 있을 때 질감이나 가장자리는 보이지 않는 것을 보는 듯한 느낌을 줄 수 있다. 촉각적인 시각 효과는 눈을 가리고 생성된다. 또는 산산이 조각나는 소리는 우리에게 가상의 예리함의 촉각 감각, 즉 청각적 촉각 효과를 줄 수 있다. 이러한 동기화, 또는 더욱 통용되는 용어인 공감각적 경험은 사실상 효과 수준에서만 작동하는 또 다른 감각을 포함한다. 지각의 동기화된 잉여-가치로 이해되는 공감각은, 우리가 날 활동이 안으로 감싸여진 자기수용 감각과 밖으로 펼쳐지는 운동 감각 경험의 배경(주로 시각적 배경)을 고려한다면 신체의 삶에서 예외로 간주하기보다는 규칙으로 간주하여야 한다.

가상적인 것이 공감각 효과의 생산에 참여하는 것도 역시 규칙이다. 들리는 시각의 예에서 시각과 청각은 모두 실제로 작동했다. 공동생산한 효과는 듣는 것을 보는 시각 양식이었다. 그러나 보인 타격은 특히 어떠한 현실적인 시각적 입력과도 일치하지 않았다. 이것이 화이트헤드가 '비감각적 지각'이라고 불렀던 것, 즉 실제의 경험적 효과이자, 실제로 분리할 수 있는 원인이 없는 정말로 살아있는 경험이었다.[41] 선형적 방식으로 그것과 유전적으로 연결된 실제 자극이나 입력은 없었다. 우리가 들은 광경에 상응하는 어떠한 광선도 망막에 닿지 않았다. 사실상 귀를 치는 음파가 있었고, 사실상 장면의 다른 요소에 상응하는 광선이 있었다. 그러나 타격 보기는 순수한 창조물이었다. 이는 그것이 무로부터 만들어졌다는 말이 아니다. 그것은 무에서 나온 것이 아니라, 살아있는 관계(절단, 소란, 충격, 흡수, 차이, 융합)에서 나왔다. 그것은 현실-잠재적actual-virtual 참여에서 경험의 다양한 차원들의 상호 관계의 잉여-가치이다. 지각 이론과 경험 철학에서 이것이 함축하는 바는 광범위하다. 동기화의 편재성은 고전적으로 경험적인 모든 자극-반응 또는 입력-출력 경험 모델을 근본적으로 약화한다. 지금으로서는 모든 경험이 적어도 자기수용 감각적 내부 버팀과 다른 감각 양식 사이의 동기화를 포함한다는 점이 중요하다. 모든 경험은 공감각적이다(마수미 2002, 162~176, 186~194).

---

41. 비감각적 지각에 대해서는 Whitehead (1967a, 180~183) 및 Massumi (2011, 17~18, 23~24, 109~110)를 참조하라.

두 경험 양식 간의 동기화된 사건은 규칙이라기보다 한계-사례이다. C. S. 퍼스는 모든 경험 양식들이 언제나 사실상 활성화되어 있다고 주장한다. 통합적으로 공동 생산되지 않은 느낌은 없다. "어떤 특정한 종류의 느낌이 있을 때, 그것과 극미하게 다른 모든 감정의 극미한 연속체가 존재한다. … 유한한 시간 간격은 일반적으로 무수한 계열의 느낌들을 포함하는데," 이들은 "함께 결합되어" 오고, "즉각적인 감각의 지금-여기에서는 무한하고, 과거의 근접에서는 유한하고 상대적인 에너지로" 서로에게 "영향을 미친다"(퍼스 1992, 324~325). 즉각적인 감각의 지금-여기의 무한한 에너지는 날 활동의 자기수용 감각적인 내부 버팀이다. 가장 작은 간격보다 작은 간격에서 무한한 속도로 전달되는 느낌들 사이의 잠재적인 전환 그물망을 무의식적으로 제공하여 가상의 계열을 만드는 것은 자기수용 감각이기 때문이다. 각 릴레이는 자세의 가상적 변화와 전진하는 운반자의 변이에 해당한다. 신체적 잠재력의 장은 항상 모든 경험의 스펙트럼을 포함한다. 이는 다가오는 사건에 대한 잠재적인 명령형식으로 자신을 제안하는 가상적 계열로 가득한 행동이다.[42]

---

42. 현실적 경험의 잠재적 토대에 대한 이러한 전역적 분석은 '촉지적인 것'의 후광 아래에서 원초적 촉각의 이름으로 시각을 비판하는 이론처럼 생성 영역을 한 감각 또는 다른 감각과 동일시하는 이론을 금지한다(Marks 2002; Noë 2004, 73). 중계(relay)에 내재적으로 영향을 미치는 세포 사이의 자기수용 감각이 언제나 있다. 서로 다른 감각 양식의 경험 간의 내재적 중계를 그 자체로 양식이라고 부르는 것은 부정확하다. 그것은 본질적으로 비의식적이기 때문에 그 자체가 비양식(amodal)이다. 즉 사실상 어느 하나의 경험 양식이 아니다. 비양식은 특정 양식의 감지라기보다 생각과 더 유사하다. 화이트헤드와 벤야민은 각각 비감각 지각과 비감각 유사성의 개념하에서 비양식의 형식을 분석한다(Massumi 2011, 17~18, 74, 105~110, 123~124, 138~142 참조). 들뢰즈(2003)의 '촉지적인 것'은 촉각을 시각에 전달한다기보다 '동기화'로 이해하는 것이 더욱 유익하다. 이는 자신만의 독특한 종류의 양식으로서, 시청각은 시각이나 청각으로 축소될 수 없으며 오히려 창발하는 세 번째라고 시옹이 주장하는 바와 같다. "그것은 마치 촉각과 광학의 이중성이 '두 개의 평면' — 그 '간격'에서 '창발'이 스스로 영향을 미친

자신을 제안하는 각각의 명령형식에 통합되는 것은 정동적인 색조, 즉 경험의 독특한 특질이며 이 또한 현재를 위해 자신을 제안한다. 이 것은 그럴듯한 현재로 스스로 연장하면서 지금-여기의 강도에 기여한다. 미래성으로 포장된 행동은 과부화된 정동적 특질들을 포장한다. 극미하게 미래로 분열하는 부하된 간격에서 융합이 일어난다. 단서와 함께 명령형식은 현재 가득 찬 정동적 색조와 함께 동시적으로 활성화된다. 강도를 두 배로 늘리면 연장성이 출현한다. 이것이 그럴듯한 현재가 자리를 잡고 있음을 동시에 돌출하는 것이다.

역설적이게도 현재는 지연된다. 단서-타격은 그 결과물의 외관에 등록된다. 다시 말해, 그것은 이미 막 친 것처럼 나타난다. 그럴듯한 현재의 연장성은 동시에 과거의 유한한 최근성, 즉 방금 거기-였음이다. "'지금'이라고 말하면 말을 하는 동안에도 과거가 된다."라고 윌리엄 제임스는 썼다(1996b, 254). 현재와 과거는 융합적이며 함께 출현한다. 미래는 프랙털로 물러난다. 미래는 지금-여기에서 융합으로부터 무한히 연속적으로 후퇴한다. 미래는 자신의 무한한 균열에 삼켜져서 스스로를 봉한다. 미래는 창발적인 지속에서 끊어져 나갔다. 두 가지 시스템이 과정적으로 연동된다. 즉, 출현하는 (지나간) 현재 지속과, 자신의 일련의 증식으로 스스로 포위된 미래의 후퇴이다. 단서의 삽입cutting-in은 동일한 사건에서 그 두 시스템의 차이를 가로질러 서로 묶는다. 컷은 미래-과거(현재)의 하이픈을 형성한다.

두 시스템은 경험의 동일한 잉여-가치 생산의 차원에서 서로 묶인

다 — 사이의 차이의 압력하에 시각적으로 능가되는 것과 같다"(Chion 1994, 111 ; 이 경우에, 차이는 시각 자체의 다양한 차원들 사이에, 다양한 색의 양상들 사이에 있다.) 이러한 점들을 고려할 때, 이 텍스트의 이전 단락에서 사용된 '종합적'(synesthetic)이란 용어는 문제가 있다. 그것은 쓸 만하지만, 개념적 정확성을 위해서는 '비양식'으로 대체하는 것이 최선이다.

다. 그다음 지속의 전개를 지배하는 명령형식으로서 그다음의 점화는 퇴행하는 계열 중 하나에 단서를 주어 행동을 유도한다. 이로써 또 다른 경험의 반복이 출현한다. 두 시스템은 과정적으로 결합하여 경험적 부가가치 효과를 낳는다. 현재 시스템은 삶의 질의 잉여-가치 축적을 추가한다. 미래 시스템은 앞으로 올 더 많은 삶에 대한 잉여-가치 투기를 구성한다. 단서의 컷은 이 미분적 장치의 운영자이고 미분적 장치는 과정의 추진력이다. 그것은 창조적인 차감off-set, 융합과 균열 사이의 존재권력적 불균형을 구성하며, 그 과정이 스스로 창조적으로 앞으로 나아가게 한다. 추진하면서 현재 시스템은 경험된 공간성의 '거기-였음'was-there을 돌출한다. 미래 시스템은 다가올 경험에 지금-여기 '실시간'으로 사변적으로 제안된 여러 잠재적 영역들을 감싼다. 이 모든 것이 경험의 역동적인 위상학, 즉 지각적으로 활성화된 생명 전개 형태의 지속적인 시공간적 변화에 추가된다.[43]

자기 창조적 경험의 위상학을 권력의 위상학으로 전환하는 것은 비대칭 전쟁의 위협-환경에 적응하는 군대의 임무이다.

이전 항목에서 앞서 논의한 내용은 퍼스의 생성적 경험 스펙트럼의 확장을 필요로 한다. 전체 스펙트럼은 지각 양식뿐만 아니라 생체의 모든 '능력'에 걸쳐 확장된다. 퍼스의 증식하는 무한대에, 읽기, 계산, 기술, 의도 및 평가와 같은 상위의 활성화된 기능들의 무한대가 추가되며, 모든 것이 우리가 감각 지각으로 경험하는 것과 동기화되어 기능한다. 그들 모두는 증식하는 잠재력으로 물러나면서 창발하는 지각으로 융합적으로 변환된다. 이것은 경험의 창조적 분기 형성을 확대함으로써 살

---

43. '바이오그램'의 생산으로서의 경험의 위상학에 대해서는 Massumi (2002, 177~207)를 보라.

아있는 신체의 존재권력을 더 높은 힘으로 끌어 올린다. 그것은 스스로 창조하는 경험의 위상학의 맥동을 빠르게 하고 불균형을 전진하는 추동력으로 활용하는 데 도움이 되는 새로운 기어 장치를 추가한다. 신체가 새로운 경험 양식들을 동기화하여 발명하는 것은 능력을 확장한다. 스피노자처럼 말하자면, 우리는 점화된 몸이 무엇을 할 수 있는지 아직 모른다.

정보를 '뾰족한' 것으로 만들고, 이를 '행동 가능'하게 만들거나, 행동장에 첨단 기술을 포함하여 활성화하려는 군사적 노력은 신체의 창조적 생활에 내재한 가소성의 힘을 인식하는 것이다. 군사력의 지렛대가 지각으로 이동할 때, 지각 공격이 전쟁의 핵심 무기가 될 때, 동기화는 최전선에 있다. 군사적으로 동기화를 작동시키기 위한 노력은 시각 행동장에 음성 피드를 융합하는 것처럼 간단할 수도 있고, 피부의 압력점 촉각 자극을 사용하여 가상 비전을 만드는 것처럼 실험적일 수도 있다. 그러한 기술적인 수준이 어떠하든지, 과정적으로 시사하는 바는 엄청나다.

12. 자기 동기화하고 차이 나라.

가장 중요한 시사점은 정보를 뾰족하게 만드는 프로젝트가 성공하면 군사 기계가 "가속화된 진화"(『말단』 86)로 뛰어들고 이로 인해서 "조직의 본질 자체가 변모할 것"(6)이라는 점이다. 조직의 본질 변화는 바로 그 자체의 변신 과정과 함께한다. 군사 기계는 복합적인 자기 적응형 진화 시스템 쪽으로 가는 경향이 있는데, 그 시스템의 조직화는 자체 프로세스의 활성화이다.

이것이 일어나는 방식은 "자기 동기화"(『말단』 27~31 ; 『네트워크』 175~180)를 통해 이루어진다. 자기 동기화가 "시공간에서 동시 발생하여야 한다는 필수요건에서 해방된다는 것은… 단지 외견상 모순일 뿐이다"(『말단』xiii). 자기 동기화는 작전 개념이다. 그것은 기계의 전체 생산성이 "부품 생산성의 합을 초과"(『네트워크』90)하도록 "가치-부가하는 상호 작용"(175)을 달성하는 "방법"이다. 자신을 능가하는 생산성은 그 자체를 "모멘텀"(『말단』141)으로, 끊임없는 전진 추동력으로 표현한다. 이제 근본 상태가 되는 안정 상태는 없다. 휴식과 회복으로 돌아가는 중력의 중심은 없다. 기계는 영구적으로 "즉석에서" 작동한다(158). 중앙 작전 기지라는 개념 자체는 전쟁에 대한 전통적인 "플랫폼 중심" 접근 방식이라는 냄새가 나며, 이는 현대의 위협-환경(『네트워크』65)에 의해 오래전부터 폐기되었다. 플랫폼[44] 중심 전쟁의 기반시설 강조는 힘-대-힘의 마찰을 기본 작동 양식으로 가정한다. 조직이 자체적으로 동기화하려면 플랫폼이 "역동적으로 재구성 가능한 무리, 떼"와 유사한 "네트워크 노드"network node로 "진화"해야 한다.[45] 네트워크 중심 전쟁에서 "플랫폼의 개념은 사라질 것이다." 기반시설의 견고함은 전진하면서 "일련의 변형"(『말단』169)으로 녹아들어 대안들 사이에서 "이음새 없이 이동"된다(143). 모멘텀, 대안들, 즉 작동 방식은 미래로 향해있다.

이 점에서 작전상 미래로 향한다는 것이 사전 계획된 것이 아님을 분명히 해야 한다. 계획은 실행과 하나가 되어야 한다(『네트워크』74~75). 이것은 모두 "실시간"에 관한 것이다. 오늘날의 전쟁 시간에서 "실시간"이란 기묘한 것이다. 지금-여기의 지각 공격으로서 실시간은 샘플링된 미래를 포함한다. 미래성으로 분열되는 실시간은 "시간과 공간에서 비동시적이다[동시에 발생하지 않는다]"(『말단』75). 기묘한 문구.

---

44. * 전투기, 군함, 탱크 등 물리적 전투 단위를 말함.
45. 군집과 군사 이론에 대한 고전적인 텍스트는 Arquilla and Ronfeldt (2000)이다.

비동시적인asynchronous … 공간? 이 문구는 공간을 시간 변수로 취급한다. 이 시점에서 이는 생소한 게 아니다. 3장에 제시된 영토형성 개념은 공간을 시간 변수로 명시적으로 취급했다. 이 장에서 공간을 지각적 사건의 돌출로 설명한 것은, 공간의 출현이 순간적 지속 경험으로서의 그럴듯한 현재의 출현과 동일한 시공간을 차지하는 것으로 간주했다. '비동시적인' 시간에는 자체 일관적인 지속이 없다. 그것은 그 자체와 어긋나 있다. 공간의 생산은 여전히 시간에 좌우되지만, 그것이 좌우되는 시간은 미래에 의해 균열된 지금-여기의 즉각적인 시간이다. 이것은 공간의 시간 변수를 급진화한다. 전쟁의 공간은 스스로 후퇴하는 지금-여기의 직접적인 표현이 되고, 따라서 만들어진 공간 역시 마찬가지로 어긋난다. 그것은 모여서 자체적으로 일관된 넓은 공간을 만들지 않는다. 전쟁의 공간은 연속적인 연장이 아니다. 그것은 끝단이 연결되어 있지 않은 창발하는 확장의 국소적인 패치들로 구성되며, 각각은 출생 시간의 프랙털 균열에 의해 태생적으로 분열한다.

이 "비동시적" 전투 공간은 "인접한 물리적 공간보다 덜한 게 아니라 그보다 훨씬 이상"(『네트워크』 60)이다. 부분 덧대기patching와 프랙털에서 "완전히 새로운 차원"이 동기화된다(61). 그 새로운 차원이란 동기적 융합의 증식과 분포가 만들어낸 "복잡성"이다. 작전은 네트워크의 수많은 노드[접속점]에 분산된다. 각 노드에는 자율적으로 "감지, 결정, 행동"할 수 있는 능력이 있다(94, 116). 사실, 이 세 가지 양식에서 동기화하여 작동하는 것은 노드를 "전투공간 개체"로 규정하는 것이다. 그것이 노드가 하는 일이고, 노드가 하는 일은 노드의 정체성이다(『말단』 94). 전투공간 개체인 노드는 활성화된다. "실시간 인식 및 실시간 처리"는 각 작전에서 함께한다(『네트워크』 48). 각 작전은 지각과 결정적인 행동을 자율적인 실시간 미래 샘플링 결정으로 융합한다. 하나의 분포된 미시-현재와 하나의 연장된 공간의 분포된 조각이 어쩌면 이 융합으로부터 돌출될 수도 있지만, 오로지 노드 근처에서 국지적으로만 돌출된다. 융합의 동기화된 결과는 자율적으로 증식과 분포를 통해 가능해지기 때문에, 전체-장 현재 또는 연속적인 전반적 공간에 합산되지 않는다.

자기 동기화는 효과-기반 개념이다. 이것은 분포된 융합의 프랙털 모집단에서 "동시 발생하는 효과"(『말단』 103)를 생산하는 것을 의미한다. 동기화된 융합과 프랙털 균열 사이의 불균형은 프로세스를 구동하는 비평형 모멘텀을 생산한다. 하나의 노드에서 각각의 국소적 융합은 다른 모든 노드를 통일하지 않고서 동반한다. 모든 것이 모이는 유일한 "공간"은 이렇게 생산된 전진 모멘텀이다. 효과들이 증식 및 분포하고 "동시 발생"하는 것은 그 모멘텀 자체이다.

모멘텀은 벡터 개념이다. 벡터의 개념은 공간 같은 특성과 시간 같은 특성을 서로와 동일시하지 않은 채 통합한다. 벡터는 정향된 힘의 움직이는 강도이다. 그것은 운동의 측면에서 볼 때 시간 같다. 또한 방향성을 가지므로 공간적이다. 자기 동기화는 조직의 구조적 속성을 의미하지 않는다. 프로세스의 전반적인 모멘텀은 다양한 미시 이동들 또는 미니 벡터들의 결과이다. 이러한 미시적 기습공격들은 중앙 계획 없이 자체 실행된다. 각각은 실행할 때 국소적이고 자율적이지만, 그 결과들은 서로 관련되어 있다. 노드는 "연결성 스펙트럼"(『말단』 109)을 형성하기 위해 '상호 작동성'의 수평적 그물망에 의해 즉시 효율적으로 연결된다. 작동 효과가 스펙트럼 전체에 복잡하고 즉각적으로 전파됨에 따라 그것은 하나의 조정된 운동으로 모여든다. 기본 단위들은 전체 구조의 일부가 아니다. 기본 단위들은 하위 행위자들이 상호 작동하여 실행하는 부분-작동들인데, 그들의 결정들은 합해져서 전체의 자체

일관된 연장이 되는 것이 아니라, 그 대신 폭풍우에 휩쓸린 잔물결 파문 떼가 파일럿 파로 수렴되듯이 증식하여 일종의 분산적인 움직임의 통합을 이룬다.

자기 동기화는 파동 같은 "창발적 행동behavior"이다(『말단』 209). 이 것은 구조적 개념이 아니라 작동적 개념이다. 그것은 탈구조화를 전제로 한다. 즉, 조직을 스스로 축적되는 "역동적으로 재구성 가능한 힘"(『네트워크』 120)으로 변화시키는 것이다. 파력波力은 자체가 뒤집히면서 전진한다. 자기 동기화된 군사력은 자체의 "실시간 수정"(159) 모멘텀에 근거하여 스스로 적응한다. 하위 행동 노드는 중앙 계획 지침이 아니라 전쟁의 근거 없는 근거인 뿌리 뽑을 수 없는 "우발 상황"(159)에 대한 응답으로 "가차 없는 작전 속도"(82)로 잔물결 파문을 따라 확산한다. 우발적인 상황에서 네트워크화된 연결 스펙트럼의 조정된 장점에 의해 "공-진화"coevolution(227)가 발생한다. 이 "시너지의〔동기화된〕효과"(92)의 생성은 자기 동기화를 정의한다. 그것의 상승세는 네트워크 중심 전쟁(『말단』 208~209)의 창조적인 "마법"이다.[46]

전쟁의 전체적인 공간적 측면이 전쟁 시간과 분석적으로 분리될 때, 그것은 연속적인 공간 연장이 아닌 작동적 공간으로 취급되어야 한다. "전투공간"은 바닥이 없는 곳에서 위쪽으로 또는 꼭대기까지의 벡터 공간이다. 전투공간은 전장battlefield(『네트워크』 63)과 다르다. 전장은 기존의 좌표에 위치하며 전통적으로 고안된 넓은 공간이다. 벡터로 몰아지는 효과의 덩어리로 구성된 전투공간은 기존 좌표가 아닌 창발적 조정력을 가지고 있다. 전장의 범위는 일정한 관습적 단위(제곱미

---

46. * 네트워크 중심 전쟁에서 '자기 동기화'는 노드들, 즉 전투개체요원들이 지휘 통제라는 전통적인 위계구조 없이 수평적인 네트워크상에서 상호작용하는 것을 말하며, 공유된 상황 인식과 임무 효율성을 연결한 것이다.

터 또는 킬로미터)로 측정된다. 전투공간의 규모는 변수이다. 그 척도는 "관심 대상의 수와 다양성 및 그 분산"이다(62). 전투공간의 척도는 분포 범위, 즉 프랙털의 정도이다. 그 프랙털은 싸움터에서 무력의 강도를 측정한 것이다. 프랙털의 정도가 높을수록 분포 스펙트럼이 커지고, 전투공간의 크기가 커진다. 즉, 장을 벡터화할 수 있는 행동-지각 잠재력이 더 강해진다. 강도가 증가할 때마다 더 많은 불시의 위협이 감지되며, 위협이 발생할 시 시스템의 자기 동기화를 통해 잠재적으로 대응할 수 있다.

'관심'interest 대상: 전투공간의 강도는 시스템의 지각적 교전 정도에 따라 다르다. 관심이 많을수록, 우발적 상황을 지각하는 데 더 많은 주의를 기울이고, 더 많은 새로운 위협이 탐지될수록 더 많은 위협이 노드에서 선제로 처리된다. 가변성이 지각과 관련되어 있다는 사실은 지각이 본질적으로 시간-변수라는 점과 모순되지 않는다. 3장에서 논의된 바와 같이, 주의attention는 분명히 주체의 행동일 뿐이다. 그것은 우리가 인간일 수도 있고 아닐 수도 있는 전투공간 개체(노드는 센서, 자기-유도 법령, 자율 탐사선 또는 차량, 안테나 배열, 소프트웨어 허브, 인간, 인간 그룹 또는 위의 조합이 다 될 수 있다)가 아니라 개별 인체에 관해 이야기할 때에도 그렇다. 네트워크에 연결되지 않은 인간의 경우에도 주의는 그럴듯한 현재가 출현할 수 있는 시간 균열 작동자의 이름이다(3장 참조). 주체는 "삶에 대한 주의"에서 전환의 "자기 초월체"superject 47이다. 즉, 다음의 경험적 순간 또는 중요한 (관심 있는) 경

---

47. * 화이트헤드의 용어. 주체는 환경과 독립된 주어가 아니라 언제나 환경을 파악하는 동사와 결합한 초월체이다. 개체와 개체, 세포와 세포들이 현실적 존재로서 서로 내적으로 연결되어 있고 또 큰 상위 존재와 상관적으로 연결되어 있다는 화이트헤드의 유기체 철학에서 주체는 자기 초월체로 세계에서 창발된다.

험을 마지막 경험과 분리하는 주의의 절단면에 의해 형성되는 창발적인 창조물이다.[48]

　관습적으로 측정 가능한 공간 또는 미터법 공간에서 척도는 분할의 문제이다. 소규모 전장은 더 작은 규모의 전통적 유닛들에 걸쳐 있다. 공간은 무한히 나눌 수 있으므로 분할은 영원히 계속될 수 있다. 전장battlefield의 무한한 미터법 분할성과 전투공간battlespace의 무한한 프랙털의 차이는, 미터법 분할이 "환원주의적"reductivist[49]이라는 점이다 (『네트워크』 70). 복잡성 수준은 척도가 낮아질 때마다 시야에서 배제된다. 이것은 미터법 개념으로서의 척도가 양적 분할 가능성과 연결되어 있기 때문이다. 반면, 전투공간은 분할되지 않으며(70), 이에 상응하는 척도의 개념은 근절할 수 없는 질적 측면을 수반한다. 프랙털은 어떤 척도에서든 질적으로 스스로와 유사하다. 이것은 전투공간에서도 마찬가지이다. 전투공간은 "세분화"granularity[50](80)의 문제이다.

　세분화 개념은 해결[해상도/분해]resolution와 관련이 있다. 해결에는 지각적인 함의(식별 능력이 얼마나 세밀한지)[해상도]가 있다. 그러나 그것은 또한 힘의 함의[분해]도 가지고 있다. "힘의 분해"는 "단일한 힘을

---

48. "자기 초월체"는 화이트헤드(1978, 45)의 개념이다. "삶에 대한 주의"는 행동-지각을 위한 기저-개별적, 자기수용적 내적 고정을 언급하는 베르그손의 개념으로, 그는 이를 의식적 주의의 간격에서 지속적인 배경 작용을 하는 미래 지향적 "팬터마임"이라고 부른다. "나는 순간적이고 개별적인 자발적인 주의를 의미하지 않는다"(Bergson 1975, 94~95). 그러나 이 시점에서 자발적인 주의란 무엇을 의미하는가? 그것은 단지 다음 행동-지각을 위한 선택적 자세로 작동하는 순간적으로 지배적인 경향을 의미할 뿐이다.

49. * 환원주의(reductionism)는 전체를 각각의 부분으로 나누어 연구하는 방법론을 말한다. 미터법은 km, m, cm, mm 등의 단위가 끝없는 분할되므로 환원주의적이다. 미터법의 척도는 단위가 올라가고 내려감에 따라 규모가 양적 변화를 겪는다. 그러나 프랙털에서는 큰 규모이건 작은 규모이건 동일한 구조를 유지한다.

50. * granularity는 낟알 모양, 즉 알갱이나 입자를 말한다. 이는 픽셀[화소]로 이해하면 이후 해상도와 연관되어 이해하기 쉬울 것이다.

다른 방향의 두 힘으로 대체하는 과정이며, 단일한 힘은 결과로 나타난다"(워커 1991, 760). 이것은 융합의 또 다른 예이다(가장 정밀한 해상도 샘플이 복잡하게 동시에 발생하며, 개별적으로 등록하지 않고 새로운 음표를 연동하는 사운드 프로세싱의 그레인 합성[51]과 유사하다). 전투공간의 세분화는 해결의 두 가지 의미, 즉 척도와 관련된 의미[해상도]와 융합적인 힘-결과와 관련된 의미[분해]를 결합한다. 전투공간 개체는 감지와 행동을 융합하여 즉각적인 결정을 내린다는 점에서 실행적이다. 이것은 단순히 원초적 데이터의 전송이 아니다. 전투공간 개체들은 정보를 다루지 않는다. 그들은 미시 지각적인 동기화된 사건들을 다룬다. 안정된 시공간적 구조에 정착하거나 인식된 그럴듯한 현재로서 상위 수준의 성찰에 등록하지 않고, 전쟁의 창발적 시공간의 지금-여기에서 거품이 일 듯 부글거린다. "지금"이라고 말할 때 그들은 이미 벡터화되어 있다.

가장 낮은 센서조차도 전투공간에서는 활동적인 힘의 해결사이다. 예를 들어 조준에 사용하는 이동 탐지기를 보자. 그것은 이동 벡터에 대한 원초 순간의 판독을 네트워크에 전송하지 않는다. 그것은 배열의 일부가 된다. 전투공간 개체들은 언제나 무리로 온다. 전투공간은 "끝까지" 채워진다. 적어도 하나의 다른 센서가 다른 각도 또는 다른 해상도에서 판독 값을 가져온다. 두 벡터 판독 값은 국소적으로 "합성 트랙"("네트워크』 142) 또는 결과 벡터로 결합한다. 전송되는 것은 판독 값 간의 차이의 결과, 즉 벡터 힘의 해상도이다. 추적의 잉여-가치는 전투공간에 나타나기도 전에 이미 판독 값에서 추출되었다. 판독 값이 해결

---

51. * 그레인 합성(Granular Synthesis)은 기존의 소리를 마이크로사운드의 수준으로 잘게 나누어서(그레인) 다시 재구성(합성)하여 새로운 소리를 만드는 기본적인 소리 합성 방식이다.

되고 그것이 전투공간에 나타나자마자 카운터 벡터(예컨대 판독 값 결과에 따라 자동 안내되는 미사일)가 발사된다. 발사체 자체는 목표물을 맞힐 (또는 놓칠) 때 비로소 전투공간에 나타난다. 새로 나타난 결과는 이 공격 벡터와 합성 트랙의 벡터의 '해결'이다. 그것은 관계적이고 사건적인 조우의 산물이다.

관계적인 산물은 해결이라는 용어의 두 가지 의미에서 해결이다. 힘의 해결[분해] 결과는 식별 가능성의 의미에서 그 사건에 전투공간-해결[해상도]를 제공한다. 그 조우는 지각할 수 있음의 문턱을 통과한다. 그것은 지각할 수 있는 최솟값으로 전투공간에 나타난다. 더욱 정확하게 말한다면, 전투공간 개체들을 분리하는 간격들에 걸쳐 전투공간 개체들을 연결하는 상호작동성의 프랙털 스펙트럼을 통해, 조우의 효과가 나타나고 전파된다. 전파는 잔물결 파문처럼 전투공간의 '전체'를 변조한다. 잔물결 치는 변조의 등록은 전투공간의 지금-여기를 구성한다. 그러나 이것은 창발하는 시공간으로 부글거릴 때일지라도 안정적인 연장이 결핍된 분산된 지금-여기이다. 그것을 '전체'라고 부른다면 확대 해석이 될 것이다. 그것은 근본이 프랙털이고, 프랙털은 정의상 프랙털 차원을 말한다. 이러한 역동적인 사건에는 역동적인 어휘를 사용하는 것이 더 정확하다. 특히 이러저러한 노드에서 또는 한꺼번에 많은 노드들에서 퍼져 나오는 잔물결로 계속적으로 흔들리는 전투공간이 끊임없는 진동하는 재형성에 들어간다는 점을 고려할 때 그렇다. 효과가 문턱[임계값]을 통과할 때, 시스템의 한계에까지 (한계가 전체 윤곽에서 구체적으로 할당할 수 없는 경우에도) 전달된다고 말하는 것이 더 정확하다. 지금-여기는 한계에서 수평 네트워크의 모든 국소적 노드들에 실시간으로 영향을 미치는 순간적인 파형波形의 변조이다.

네트워크로 연결되어 있음에도 불구하고, 주어진 사건의 국지적인 시공간은 상호 작동하는 노드들 사이의 갈라진 틈 속에 빠질 수 있다. 사건이 차지하는 연장(공간은 같은 종류의 다른 것들과 통합되지 않는 창발 패치patch로 남아 있을 수 있으며, 전투공간의 작동적인 지금-여기에서 떠다닐 수도 있다. 이는 모든 노드가 사건의 동기화 효과를 잠재적으로 등록하더라도, 특정한 초기 조건이 설정된 한도로 인해 대부분이 그것을 실행하는 데 '관심'을 갖지 않기 때문이다. 관심이 없으면 노드들은 후속 사건을 드러내지 않는다. 활성화되지 않은 잔물결은 노드들 안에서 수면 상태로 있다가, 노드들이 첫 번째 벡터를 해결하기 위해 또 다른 벡터를 등록할 때 그 자체 관심을 가지고 활성화하는 방식으로 움직인다. 그때까지, 파급 효과는 비록 등록되었더라도 해당 노드를 단서로 효과적으로 공격하지 못할 것이다. 그것은 아직은 실질적인 지각이 아닌 채로 일시중지되어 있다. 그것은 합성되지 않았기 때문에 해결되지 않은 채로 남아있다. 즉, 최소한으로 느껴지지만 완성되지 않았으며 후속 지각-행동에 융합되지 않은 채로 남아있다. 그것은 말이 혀끝에서 뱅뱅 도는 것처럼, 활동적 임무를 할 잠재력은 있지만 아직 언어적인 일시중지에 걸린 방식으로, 날카롭게 비의식적인 지각적 어중간한 상태에 있다고 할 것이다 (무딘 정보의 전의식적인 인지적 수면 상태를 반성하고자 하는 준비성과 이것을 혼동해서는 안 된다.)

그 자체로는 나타나지 않지만 그것이 하는 것을 내적으로-형성하는, 최소한으로 느껴지는 경험적 구성 요소에 대한 철학의 용어가 "미시 지각"(들뢰즈와 가타리 1987, 162, 213, 283 ; 들뢰즈 1993, 86~87)이다. 합성 트랙에서 분해되는 구성적 벡터나 동기화의 성분처럼 융합에 들어가는 미분적 차이들은 그들의 적분적 후속 효과에서만 나타나는 "미시 지각들"이다. 전체적으로 전투공간은 연결이 완전히 완성되지 않기 때문에 비연속적으로 연결되어 있다. 연결의 스펙트럼은 완전히 실현되지 않았다. 그것은 실제 연속성에서 잘린 잠재화의 싱크 홀과 같이 해결되지 않은 미시적 지각으로 가득 차 있다. 연결 스펙트럼은 효과적으로 얼룩덜룩하다(『말단』 92, 그림 10). 행동-지각의 섬광은 잠재화의 검은 바다의 무배경을 배경으로 나타나는 흰 물결마루와 같다. 활성화된 지각이 반짝일 때마다, 또는 반짝거림이 떼로 몰려있을 때마다, 나머지 전투공간은 잠재력으로 깜박인다. 눈 깜박임은 지각의 완전한 부재가 아니다. 무수한 미시 지각들이 언제나 거의 존재한다.

프랙털 '전체'로서의 전투공간은 행동-섬광과 잠재화로 조각보 이불을 만드는 식으로, 각 노드의 사건 결과들의 주위로 역동적으로 재구성된다. 그것의 '모양'은 연결 스펙트럼에 걸쳐 파급되는 현실화와 잠재화의 변화하는 패턴으로 그것을 잠재력으로 내적으로-형성한다. 그것의 '크기'는 패턴화된 활성화의 수, 다양성, 확산이다. 그러나 다시 한번 말하지만, 전투공간은 일반적인 의미에서 실제로 모양이나 크기가 없다. 그것이 가진 것은 강도이다. 엄청난 양의 효과가 무수한 잔물결을, 창발하는 전투 시공간들을 통합하는 거시파波로 해결할 때 그 강도는 증가한다. 이제 전투공간의 활성화된 잠재력은 더 통합적으로 벡터를 형성한다. 구성하는 벡터 힘이 집중되었다. 이 집중의 결과는 힘의 요소이다. 전투공간의 내적으로-형성된 지금-여기에서 효력을 발휘하는 이 힘의 요소는 군사화된 시간의 힘, 즉 군사적으로 시간을 "장악한" 힘이다(3장).

힘은 "무언가를 실현하는 능력이다. 힘의 양은 벡터로 표현된다."(『말단』 166). 행동할 수 있는 능력이 많을수록, 벡터가 더 적분될수록 힘의 강도가 높아진다. 전투공간은 효과-기반의 힘의 "역동적으로 측정 가능한 환경"(186)이다. 전체적인 측정값이 있다면 그것은 크기가 아니라 역률이다. 힘은 척도일 뿐만 아니라 구조 자체이다. 힘은 전투공간을 구성하는 역동적인 요소이다. 아무것도 없다는 사실을 제외하고는, 전통적인 전쟁의 중금속 플랫폼들은 "증발했다"(169). 물론 아직 인프라가 있고 전투공간에 중장비가 있을 수 있다. 그러나 전투공간은 전장이 아니라는 점을 기억해야 한다. 전투공간은 전장을 통해 진동하는 완전히 자기 미분화하는 힘의 요소이다. 전투공간은 실시간 깜박임의 돌발적인 속성을 행동-지각의 끊임없는 갈등으로 바꾸는 힘의 잉여-가치 생성의 작동적인 공간이다.

'연결성'이라는 질문으로 돌아가서, 연결성이 전투공간에서 의미하는 바는 자율 전투 개체들 사이의 프랙털 간격들에 걸친 후속 벡터들의 전파이다. 그 후속 벡터들은 추가 전파가 용이한 더 통합적인 벡터 안에서, 또는 숨어서 해결을 기다리는 특정 노드의 잠재화 속에서 잠재적으로 재분해될 수 있다. '연결성'은 한 개체의 국소적 창발이 다른 개체의 감지, 행동, 결정의 자율성의 구성요소가 되는 분산적 특성이다. '데이터'라는 용어는 이러한 과정적 포섭에 적용될 수 있다. 그러나 그 단어는 사이버네틱 정보라는 의미도 아니며, 지각에 대한 고전적인 경험적 관점(융합주의자라기보다는 연상주의자)에 의해 제시된 원재료 감각 입력의 의미도 아니다. 그것은 행동-지각의 신호 또는 점화에 더 가까운 의미로 사용된다.[52]

노드 또는 전투공간 개체의 작동은 언제나 질적인 "가치 부가 과정"(『네트워크』, 141)의 일부로 간주하는 생성적인 "데이터 융합"이다. 부

---

52. 여기서 "데이터"의 사용은 분리 가능한 비트가 아닌 결과적인 융합적 통일에 관한 화이트헤드의 사용과 일치하며 창의적 창발과 밀접하게 연결되어 있다. "느낌을 위한 데이터는 무엇이든지 느껴진 대로의 통일성을 가진다. 따라서 복잡한 데이터의 많은 구성요소는 통일성을 갖는다. 이 통일성은 존재자들의 '대조'이다. 어떤 의미에서 이것은 존재의 범주가 무한하다는 것을 의미한다. 존재자들이 종합하여 일반적인 대조가 되는 것은 새로운 실존 유형을 생성하기 때문이다"(Whitehead 1978, 24).

가가치는 역률로 직접 표현되는 전쟁 네트워크의 적응하는 재구성이다. 전투공간 도처에서 이러저러한 방식으로 등록하는 혼합된 융합 사건이 재구성을 하게끔 단서를 준다. 전투공간은 항상 변조 중이다. 그것은 항상 창발하고 발생한다. 그 과정의 재구성하는 반복 하나하나가 구성 능력의 리팩토링[53]이다.

비인간적 센서 배치의 작동을 설명하기 위해 여기에 사용된 용어가 이전에 인간의 지각을 설명하는 데 사용된 용어 — 미분적 불균형, 잉여-가치 생산에서의 융합 해상도, 활성화, 변조, 신호(점화) — 와 동일하다는 것은 우연이 아니다. 군사 이론 텍스트는 인간의 감지와 사이버네틱 센서 활동을 구분하지 않는다. 전투공간 개체로서 인간의 감각은 "유기적 센서"(『네트워크』 172)라는 더 큰 범주의 하위 집합으로 언급된다. 이것은 이 장에서 설명된 바와 같이 군대의 전체적인 임무에서 자연스럽게 나온 것이다. 즉, 잠재력의 힘을 재조정하기 위해 모든 전쟁을 지각의 미시 간격으로 축소하는 것이다. 연결성이 커짐에 따라 전쟁 기계의 힘의 강도가 증가하고 잠재적인 전투공간 통합 규모가 전체 차원으로 증가하는 경향이 있을 때도, 전쟁은 더더욱 절단면 안으로 축소된다.

이 임무를 추진하는 자기 동기화 프로세스의 핵심은 본질적으로 불확실한 전쟁터를 고려할 때(『말단』 200) 일어나고 일어날지도 모를 것을 넘어 행동 가능한 것에 대한 실시간 "감각-형성"(102)을 제공하는 식으로 "공유"(99)할 수 있는 "상황 인식"을 만드는 것이다. 지침 : "상황 인식"을 위해 노드 수준으로 융합하기, "공유"를 위해 내적으로-형성하는 융합 효과를 프랙털 간격들을 가로질러 상호 정보를 교환하며 전파하기, "현재 일어나고 있거나 일어날지도 모를 일을 뛰어넘기" 위해 동기

---

53. * 외부동작을 바꾸지 않으면서 내부 구조를 개선하는 방법.

화된 미래 지향성 설정하기, 그리고 "행동 가능한 일"을 위해 적분 힘 벡터를 실시간 실행하기. 이 정도면 충분하다. 군사 교본이 자기 적응 프로세스를 특징짓기 위해 "분산 지능"이라는 사이버네틱 상투어를 채택한다는 점을 제외하고는. 여기에서 개진된 철학적 관점에서 볼 때 이것은 세 가지를 놓친다. 첫째, 그것은 과정을 인지로 축소하여, "자기 동기화된" 생산성이 스스로의 창발적인 시공간까지 확장되는 더 넓은 스펙트럼의 경험적 사건을 얼버무리게 된다. 둘째, 힘과 권력을 경험의 구성 요소로 인식하지 못한다. 셋째, 그것은 인간적 전투공간 개체와 비인간적 전투공간 개체가 (그들의 차이를 가로지르는 작동적인 연대와는 반대로) 동일하다고 가정한다.

철학적으로 인간적 개체와 비인간적 개체는 정체성이나 수렴이 아니라 동형isomorphy의 관계에 있다. 동형은 자연의 실질적인 동일성 또는 정체성이 아닌 프로세스 병렬성이다. 프로세스적 병렬성은 작동적인 유사성, 즉 그 유사성이 만들어지는 개체들 사이의 상태의 존재론적 차이를 가로지르는 "작동적 관계에서의 정체성"이다. 예를 들어 사이버네틱 센서는 움직임을 감지할 수 있으며 유기적 센서로서 인체도 움직임을 감지할 수 있다. 감지 작업은 작업자가 물질적 구성, 유전적 구성, 부품의 수 및 종류 등 다른 모든 면에서 다르더라도 적당히 동일하다. 이상이 작동적인 유사성에 대한 상당히 표준적인 정의이다. 질베르 시몽동은 이를 창조적 창발의 철학에 맞게 수정하였다. 병렬된 개체들 간의 차이점은 존재론적 차이만이 아니다. 그것은 존재생성적, 즉 존재론적으로 생산적이다. 병렬 작동은 효과적으로 연결되어 있으므로 양쪽의 개체들이 일제히 변경된 반복에서 나온다. 그러나 각각은 자체 방식으로 자체적으로 변경된다. 작동적 유사성은 설명이 아니다. 그것은 행동하는 존재의 힘이며, 생성의 활성화된 논리이다. 이중적 생성. 작동적 유사성은 '공동개체화' 또는 집단적 개체화의 효과-기반의 프로세스, 즉 공진화이다. 이 공진화는 실제로 '병행' 진화이다. 왜냐하면 각각의 존재가 자체 방식으로 생성하는 것은, 그들의 지울 수 없는 차이에 걸쳐 가치를 부가하는 동기화된 공명에 들어가는 경우조차도 사실상 그들 사이의 존재론적 차이를 넓힐 수 있기 때문이다. 전쟁 과정에서 인간과 비인간의 관계는 공진화적으로 상호 내적으로-형성하는 방식으로 접근해야 한다. 비대칭적인 전쟁 기계는 지각-공격의 자기 동기화 작업을 통해 존재의 잉여-가치를 생산하는 지속적인 집단적 개체화의 과정이다. 참여하는 전투공간 개체들은 서로 상호 작동 관계에서 병렬로 진화하고 있다. 전투공간은 평행 진화가 계속해서 창발하는 영역이다.[54]

---

54. 유비(analogy)에 대해서는 Simondon (2005, 559~566) 및 Combes (2013, 9~12, 14~16)를 참조하라. 시몽동에게 생각 자체는 유비적이다. 작동적 유비를 포용하는 사고 양식들. 그것에 대해서뿐만 아니라 그것을 통해 공동으로 생각하면서 그는 사고 양식들을 "작동"(allagmatics)이라고 부른다. 재현하거나 설명하는 대신, 작동적 생각은 관련 시스템의 작동에 따라 그 자체로 작동을 활성화한다. 이런 식으로, 생각 자체는 그 시스템과 함께 사건적으로 이중적 생성에 들어간다. 그것은 조우를 준비한다. 유추적 조우에서 생각은 외부 또는 위에 있다고 주장하기보다는 그 "대상"과 비평행한 진화로 공동개체화한다. 그렇게 하면서, 그것은 존재생성적 잠재력(서로 연관되고 차이 나는)의 각도에서 파악된 "실제와의 엄격한 일치"(Simondon 2005, 109~110)에 있다. 작동적 사고는 그 자체 창의적인 창발이 가능한 존재권력으로 실행되는 것으로 생각된다. 그것은 "연역적이거나 귀납적이지 않고 변환적"이다(Simondon 2005, 32). 변환적 사고는 "존재를 공간과 시간 외부가 아니라 공간 체계화와 시간 도식화로 분리되기 전에" 파악한다(Simondon 2005, 565). 그것은 초기의 존재를 파악한다. 이 책의 당면 프로젝트는 변환적 접근 방식을 현대 전쟁과의 조우에서 실행하려고 시도한다. 또한 변환(transduction)에 대해서 Deleuze and Guattari (1987, 81, 313)를 참조하라. 사회적 형성과 관련된 과정적 동형(isomorphy)에 대해서는 Deleuze and Guattari (1987, 4, 458, 477)를 보라. 들뢰즈와 가타리는 동형을 형태들 간의 상응이 아니라, 가장 이질적인 형식적 차이들을 보여주며, 유사성을 통하지 않고 효과적으로, 과정적으로 연결된 형성들 사이의 작동적 상호 교환성과 상호 변형 가능성으로 이해한다. 비평행 진화에 대해서는 Deleuze and Guattari (1987, 10, 60)를 참조하라.

13. 말단으로 가져가라.

"엄청나게 많은 사례에서 적은 단일한 행동 경로에만 전념한 게 아니었다"(『말단』, 148). 적은 눈을 깜박였다. 적의 행동선은 긴장을 유발한다. 적의 지각-행동은 다수의 대안적 행동선들이 긴급한 미래에 공존하는 날 활동적 간격 속에 있다. 전역적 전쟁 기계의 임무는 가능한 한 최대한 그 간격으로 작전을 압축하는 것이다. 즉, 전투공간을 가장 작은 적대적 지각 간격으로 축소하는 것이다. 그들이 잠재화하는 곳에서 그들을 공격하라. 적의 날 활동적 간격에서 나오는 것은 그렇지 않은 경우와 다를 것이다. 당신은 생산적으로 선제했다. 다음번 깜박일 때 다시 공격하라. 연속 공격의 전파되는 파급 효과에 따라 당신의 전투공간 연결 스펙트럼 전반에 걸쳐 하나의 지각 공격에서 다음 공격으로 원활하게 전환하라. 간격이 적의 간격과 겹치지 않도록 당신의 깜박임의 무리를 만들어라. 이를 위해 각 노드의 초기 조건을 설정하여 미시 지각의 신호에 깨어나고 '관심'이라는 적의 벡터의 가장 작은 융합적 신호에서도 행동으로 전환하라. 당신은 '정보'를 두 배로 뾰족하게 하여 적의 간격의 절단면에 맞추어 생산적으로 선제하고, 당신의 간격에 단서를 보내어 실시간으로 스스로 적응하도록 했다. 이제 당신의 작전은 적의 간격과 엇박자로 자기 동기화한다. 전투공간의 노드가 적의 간격을 자르며 들어가고, 복잡한 적응형 패턴으로 자신의 간격 안에 신호 받고 들어가면서, 전투공간의 '모양'(분포 강도)은 리드미컬하게 재구성된다. 당신은 적의 날 활동의 취약한 순간을 자신의 창발 역률로 끌어오며 처리했다. 작전 공간을, 역동적으로 규모를 스스로 조정하고 리드미컬하게 재구성하는 실시간 힘의 위상학으로 만들었다.

이것이 권력을 말단으로 이동한다는 의미이다. 존재생성적으로 뾰족한 '정보'라는 양날의 검이 어디에나 있다. 모든 행동은 순식간에 효력을 발휘한다. 군사 기계는 모두 말단에 있으며, 컷과 단서를 위해 프랙털적인 지금-여기를 중심으로 뾰족하게 회전한다. 조직적으로 이것은 "중간의 소멸"demise of the middle(『말단』 177)을 표시한다.

"말단 조직"에서는 직접적인 실시간 P2P 관계가 우세하다. 즉, 노드 대 노드, 전투 개체 대 전투 개체, 실행 대 실행, 효과 대 효과(『말단』 176). "모든 사람은 권한을 부여받았기에 말단에 있다"(176). 이는 조직을 "평탄화"하여 중앙 지휘와 최하위 행위자를 분리하는 중간 수준의 조직을 제거한다. 이제 선형적인 지휘 사슬은 없다. 대신 복잡한 실행 그물망이 있다. 작전들은 이제 위계질서에 속하지 않는다. 위계적 지휘 중심들이 있던 곳에서 전투공간의 자기 동기화는 위계 구조를 수평성과 동등한 기능으로 만들었다. 중앙 집중식 계층 구조에 의해 보장되는 기능들의 분리는 해결이 되면서 사라진다. 계획과 실행이 "합병된다"(『네트워크』 75). 전략과 전술의 차이는 "붕괴한다"(70). 무엇보다 가장 중요하게도 지휘와 통제가 붕괴되어 실행이 된다. "지휘, 제어 및 실행 프로세스는…하나의 통합 프로세스로 합병된다"(157).

이것은 권력의 시간-기반 위상학의 반복적인 창발에 통제가 내재하는 방식으로 "통제에서 지휘를 분리하는 것"(『말단』 217)에 해당하며, 지휘는 단지 또 다른 통제 노드가 된다. 들뢰즈는 "통제는 파도처럼 움직인다."라고 썼다. 그것은 "연속적인 빛줄기" 속에서 뱀 모양으로 구불구불 움직인다. 파도처럼, 그것은 "빠른 반전〔깜박임〕에서는 단기적이지만, 동시에 연속적이고 무한하며〔연결 스펙트럼상에 있음〕," "보편적인 변조를 수행한다"(들뢰즈 1995, 180~182; 번역 수정). 군사 혁신으로 번역하면 다음과 같다.

통제는 달리 생각하고 접근해야 한다. 통제는 특히 독립적인 행위자가 많을 때 복잡한 적응 시스템에 부과될 수 있는 것이 아니다. 통제, 즉 행동이 수용 가능한 범위 내에서 유지되거나 이동하도록 보장하는 것은 간접적으로만 달성할 수 있다. 가장 좋은 방법은 가능한 한 원하는 동작을 낳을 일련의 초기 조건을 설정하는 것이다. 다시 말해, 통제는 〔계층적 의사결정의〕 병렬 프로세스를 부과함으로써 달성되는 것이 아니라, 오히려 〔자율적인 전투공간 개체라고 불리는〕 독립 행위자들의 행동에 영향을 미침으로써〔변조함으로써〕 나타난다. 이 사업은 **통제하는 대신에 원하는 행동을 유발할 수 있는 조건을 만든다**(『말단』 209). … 통제는 지휘의 기능이 아니라 초기 조건, 환경〔상황의 힘〕, 적의 기능 등인 창발 속성이다. (217, 원문 강조)

통제는 사전에 하는 중앙 계획이 아니라, "계획된 기회주의", 즉 우발적 공진화이다. 군사 문제에서 그것은 위협 환경에서 비대칭적인 적과의 비평행 진화를 내재적으로 다스린다.

통제에서 지휘를 분리하면 앞서 설명한 궤도 외부 위치로 전환된다. 계획된 기회주의가 전투공간 강도 변이의 원하는 "대역폭" 내에서 발생하기 위한 초기 조건을 설정하는 데 있어 지휘가 사실보다 우선한다. 이것은 인간의 신체를 훈련하고, 임무능력 패키지로 인간적 노드를 점화하고, 임무능력 패키지에 해당하는 사이버네틱 등가물(프로그래밍된 알고리즘 시작점과 한도)로 비인간적 노드를 점화하고, 반복하여 인과관계가 이루어지는 임무 의도의 종점을 이러한 초기 조건에 포섭함으로써 이루어진다. 그런 다음 프로세스가 현장에서 진행된다. 사전조건preconditioning의 변조 효과는 전투공간으로 물결치고 공진화를 통해 전파된다. 또한 원하는 대역폭을 초과하거나 부적응으로 변하는 방식으로 변조가 전파되는 경우에는 지휘가 사실 다음에 온다. 그때 지휘는 초기 조건을 재설정하기 위해 부정에 의한 지휘로 개입한다.

사실 이후와 마찬가지로 사실 이전의 지휘 활동 자체는 프로세스에 대해 외부적이다. 이것은 지휘가 오직 결과적으로 거시적 지각만을 가지고 있다는 것을 의미하며, 거시적 지각을 가진 것은 지휘뿐이라는 것을 의미한다. 지휘는 충분히 큰 규모의 전투공간 변조를 등록하도록 설계되었다는 점에서 여전히 중앙 노드로 기능하며, 일단 등록하면 프로세스 조건의 한도를 조정하거나 재설정할 목적으로 변조의 생성과 전파의 양식을 충분히 식별할 수 있다. 이 해상도에서 전투공간의 미시 입자는 상실된다. 구성하는 미시 지각은 어둠 속에 남는다. 이미 대규모의 효과만이 지휘를 위해 융합된다. 전투공간 통제에 전체가 있다면 여기에 있다. 즉, 전투공간과 떨어져서, 외부의 지휘 속에, 프로세스의 거기-였음 속에 있다. 전체로서 전쟁의 그럴듯한 현재가 있다면, 그것은 프로세스의 이러한 과거형과 미분적인 불균형 속에서 지속의 형태를 띤다. 전체적인 인지적 개관은 이 외부의 그럴듯한 현재의 통합적인 효과이다. 군사적 인지와 신중한 판단은 그 반성이다. 사실상 전체성이 지휘의 장소이다. 중심성은 과정적으로 볼 때 주변적인 파생물이다. 중심성은 거시적인 유리한 위치를 버리고, 자기 동기화하는 두께 속에서 다시 행동이 미시 지각적으로 될 때 단지 전투공간으로 다시 들어갈 수 있다.

지휘는 지각의 파생된 잉여-가치에서 연료를 얻는데, 그것이 창발하는 시공간은 프로세스에 남겨진 전쟁 기계의 시공간보다 훨씬 더 전통적이다. 지휘는 실시간 전쟁 경험에서 항상 지각적으로 차감한다off-set. 지휘가 오류를 일으키기 쉬운 것은 이러한 과정적인 측면의 무관심 때문이다. 더 무관심할수록 그에 대한 반성은 더 악화한다. 증거물 A:도널드 럼스펠드. 그는 새로운 전쟁 기계를 위한 초기의 제도적 조건을 설정하는 지휘 임무를 수행했지만, 기회가 있을 때마다 자신의 무관심을 극대화하고, 자신이 만들기 위해 지휘했던 바로 그 전쟁 기계에서 과정상 떨어져 있음의 함의를 오만하게 무시함으로써 큰 실수를 저질렀다. 그의 지휘는, 부드럽게 말한다면, 미세 조정된 결함에 시달렸다. 증거물 B : 조지 W. 부시. 한편으로는 지휘하는 세계적인 시각의 단단해 보이는 토대와, 다른 한편으로는 무한히 세분화하고 역동적으로 규모가 바뀌는 실시간 전쟁 프로세스 사이의 차감을 고려할 때, 이 구성적 차감으로 인해 실수할 성향은 차치하더라도, 지휘하는 고위급 분들에게 한 줌의 겸손을 추천하는 바이다. 증거물 C : 버락 오바마. 오바마의 이라크와 아프가니스탄 정책은 확실히 겸손했다. 그러나 그 정책들은 네오콘의 입장에서 과감한 행동을 할 만큼 위협 환경이 무르익은 시점에서 전진하는 전투공간 인식(2011년 리비아, 2011년부터 현재까지 시리아, 2014년 우크라이나) 대신에, 민간의, 너무나도 인지적이며, 반성적인 민간적인 뒷궁리(국내의 정치적 사안을 우선시하고 과거를 반복할 거라는 두려움에 시달린 결정)를 채택하는 식으로 겸손했다. 말단으로 이동한 권력이 벡터화하는 자기 동기화의 종점은 분명하지만, 그 실현의 길은 함정과 축소된 대응 경향과 대응하는 구성물들과의 타협들로 가득 차 있다. 결국에는 이것이 최선이다. 이것은 존재권력에 대항하는 힘이 꿈틀거릴 시간을 벌어준다.

5장

뒤엉킨 상황과 역사

중간의 소멸, 위계의 사망, 플랫폼의 증발, 자기 동기화, 말단으로
의 권력 이동. 누가 알랴, 급증하는 미군 및 국토 안보 예산, 다단계적
이고 비잔틴 양식으로 부풀린 방어 시설, 그리고 다양한 군대세력들
과 민간 방위대 및 유지군들 사이에서 동기화되지 않은 채 오가는 뒷
말과 말다툼으로 이어지는 규칙적인 하강을 보고 있노라면? 전쟁에 대
한 이 복잡다단한 비전이 고상한 이상에 지나지 않는다는 의혹을 떨
쳐버리기는 좀처럼 어렵다. 사실, 네트워크 중심 전쟁의 개념을 처음 소
개한 논문의 주 저자인 해군제독 아서 세브로스키는 9·11 직후에 국
방부 장관 럼스펠드에 의해 새로 설립된 '국방개혁추진단'의 책임자로
임명되었다. 이 기구는 럼스펠드, 딕 체니 부통령, 그리고 최근에 유례
없이 급성장했으며 국방 및 보안 컨설팅과 계약 분야에서 공공 서비스
와 민간 기업 사이의 회전 문턱에 위치한 그들의 동맹자들이 내세우
는 군사 혁신Revolution in Miliary Affairs을 실행하기 위해 설치된 것이다.
은퇴한 공군 장교이자, 『네트워크 중심 전쟁』뿐 아니라 최초의 네트워
크 중심 전쟁 논문에서 세브로스키와 공동 저자인 존 가르스트카는
국방개혁추진단에서 세브로스키의 부사령관을 맡았다. 충격과 공포,

최소 병력 수준, 재빠른 지배력, 강화된 네트워킹, 전역적 군대라는 군사 혁신 개념은 아프가니스탄과 이라크 침공을 위한 미국의 전략을 짜는 데 바탕이 되었다. 그러나 두 경우 모두 이러한 전략이 제대로 구현되지 않았다고 생각하는 사람들이 많다. 『충격과 공포』의 주저자인 할런 울먼도 그중 하나이다. 그는 이라크에 대한 초기 공격과 바그다드 함락 이후 건성으로 불충분하게 행한 전역적 후속 조치에서 그 개념이 단순히 적용되었을 뿐이라며 매우 강도 높게 비판하였다(본 드레흘 2003 ; 울먼 2006). 울먼이 그 전쟁의 선두에서 옹호한 충격과 공포의 무력행사의 종류는 고도로 선택적인 방식으로, 특히 지각 공격의 목적을 위하여 힘-대-힘을 사용하는 것을 강조했다. 이는 그가 "근육을 쓴 봉쇄"muscular containment라고 부르는 접근 방식이다(이 경우 지상 공격은 없으며, 일종의 공포로 마비되는 위협-환경을 조성하기 위해 전략적으로 선택한 주요 목표에 대해서만 공군의 타격이 가해진다. 이는 부시의 전략보다 오바마의 전략에 더 가까운 설명이다〔울먼 2002〕).

좀 더 전통적인 경향의 입장에서 볼 때, 군사 혁신은 이라크에서 진창에 빠지게 된 상황에 책임이 있었다. 물론 2006년의 군대 "증강"이나 재활성화된 "인간 지형" 작전(다른 무엇보다도 사회학자 및 인류학자를 군대에 "심어두는" 것)을 통해 군사 스펙트럼의 부드러운 쪽으로 균형추를 옮기는 럼스펠드 이후의 전략이 군사 혁신 독트린 자체와 모순되는 것도 아니다.[1] 2006년 후반에 럼스펠드가 국방부 장관으로 앞에 나

---

1. 럼스펠드 이후의 데이비드 퍼트레이어스 독트린의 정보 강화, 인간 지형에 대한 강조, "국가 건설"의 메커니즘에 대한 더 많은 관심, 외교 재참여 및 어느 정도의 다자주의의 내용이 미군 육군/해병대의 『대 반란 현장 매뉴얼』(2007)의 신판에 명기되었다. 흥미롭게도 매뉴얼의 주요 저자 중 한 명은 인류학자인 수잔 스웰이었다. 동시에, 네오콘 강경파는 부시 행정부에서 가장 맹렬한 지지자인 딕 체니 부통령을 중심으로 자리를 잡고 있었다. 오바마 행정부의 2010년 『국가 안보 전략』은 대반란과 대테러 사이의 균형을

서는 일에서 떠나면서 국방개혁추진단이 문을 닫았을 때 많은 사람들이 이를 군사 혁신의 종료의 조짐으로 여기게 되었다. 이 용어는 이미 많은 부서에서 경멸적인 용어가 되었다. 그러나 다른 사람들은 국방개혁추진단의 폐쇄를 군사 혁신이 이미 할 일을 다 하고 이제 주류가 되었다는 표시로 보았다. 결국 그것의 기능은 폐지되지 않고 국방부의 두 핵심 사무국(정책국과 인수&기술국)으로 이전되었다. 여기에서 영감을 얻은 하이테크 다르파DARPA 연구 프로그램은 계속되었고, 그것에서 얻은 결과의 보다 빠른 실행을 위한 군대 내 자금 지원이 우선순위가 되었다(보이스 2008; 와인버거 2008; DARPA 2014). 럼스펠드의 후계자 로버트 게이츠가 이끄는 이라크 연합군 사령관 데이비드 퍼트레이어스 장군의 핵심 고문은 이라크에서 성공적이라고 추정되는 군대의 "증강" 이후에 예상되는 단계적 축소를 위해 의심스러울 만큼 군사 혁신적인 "낮은 발자국/높은 기술"[지상군은 적게 투입하고 하이테크놀로지 전쟁기법을 활용함] 공식을 옹호했다.[2] 이 공식은 오바마 행정부에서 이라크와

맞추고 국가 건설의 비중을 줄이는 동시에 동기화와 같은 군사 혁신의 주요 용어를 유지하려고 시도했다. "우리는 미국의 힘의 모든 요소를 균형있게 통합하고 21세기를 위해 국가 안보 역량을 업데이트해야 한다. 우리는 비대칭적인 위협을 물리칠 수 있는 능력을 강화하면서 우리 군대의 기존 우월성을 유지해야 한다. 우리의 외교 및 발전 능력은 현대화되어야 하며 우리의 민간 원정 능력은 강화되어 우리의 우선순위의 모든 범위를 지원해야 한다. 우리의 정보 및 국토 안보 노력은 우리의 국가 안보 정책과 동맹국 및 파트너의 안보 정책과 통합되어야 한다. 그리고 해외 대중과 효과적으로 의사소통하면서 우리의 행동을 동기화하는 능력은 글로벌 지원을 유지하기 위해 강화되어야 한다"(United States Government 2010, 5).

2. 문제의 조언자는 데이비드 킬컬린이었다. Ignatius (2008) 참조. 이라크에서 바람직한 "낮은 발자국"은 미국이 철수 조건으로 요구하는바, 이라크 전역에 약 50개의 영구 기지가 포함되었다. 이는 수정된 전역적 전략의 일부로서, 그 핵심에는 신속 공격이라는 상존하는 위협의 형태로 시간을-장악하는-힘이 있다. 미국의 전후 주둔에 대한 협상은 오바마에게 돌아갔는데, 그는 논란의 여지가 있지만 누리 알 말리키 이라크 총리를 설득할 능력이 없거나 동기가 불충분했다. 그 결과, 초기에 3백 명의 미국 특별작전부대의 미시 발자국은 재빨리 증가하여 1천6백 명이 되어 이라크에 재배치되었고, 2014

아프가니스탄 전쟁의 실제 종결을 위한 모델로 계속 사용되었다.

한마디로 상황은 심하게 뒤엉켜 있어 이만저만 어두컴컴한 게 아니다. '실제로'really 어떤 상황인가?

빌 클린턴 대통령이 말한 유명한 말처럼, 모든 것은 무엇이 무엇'인지'에 달려 있다. 즉, '실제'real로 간주되는 것이 무엇인가 하는 점이다. 잠재력이 실제로 간주된다면, 이것은 개인적 말과 행동, 대인관계의 교류, 정부에서 선언적 행위 중에서 특히 입증된 것으로서 역사적 과정의 '확실한 사실'을 분류하는 것과는 문제가 다르다. 우리의 관심사는 '(무엇)인가'뿐만 아니라 이 경로를 따라 나올 수 있는[샘플링되는] 미래의 '거의-(무엇)이었다'에 대한 것이기도 해야 한다. 거의 드러나지 않은 bare 사실과 사실일 뿐인 것뿐만 아니라 거의 드러나지 않은bare 행동도

년에는 시리아 국경에서 적대적인 시리아 이슬람국가(ISIS 또는 ISIL)와 맞서게 되었다. 이 분쟁의 조건을 만든 것이, 무장 이슬람단체를 봉쇄하겠다는 선전으로 부분적으로 정당화되는 미국의 침략이라는 것을 모르는 논평가는 거의 없다. 이는 선제 전쟁이 맞서 싸우는 적을 만든다는 점에서 생산적이라는 증거가 ─ 굳이 필요하다면 ─ 된다. 이 책 전체에서 설명된 선제 전쟁 전략은 오바마 행정부에 의해 재빨리 부활했다. 제이 존슨 국토 안보 장관이 "〔ISIS〕가 미국을 공격할 계획이라는 믿을 만한 정보가 없다."(Roberts 2014b)고 시인한 같은 날에 ─ 9·11 13주년 날에 ─ 오바마 대통령은 완전히 출현하지 않은 위협을 중심으로 회전하는 부시 같은 대테러 전쟁 용어로 가득 찬 ISIS에 대한 공습을 발표하는 주요 연설을 했다. "우리가 조국에 대한 특정 음모를 아직 발견하지 못했지만 이라크 레반트 이슬람국가(ISIL) 지도자들은 미국과 동맹국을 위협했습니다. … 우리는 계속해서 테러 위협에 직면하고 있습니다. … 미국을 위협하면 안전한 피난처를 찾을 수 없습니다. … 우리는 포괄적이고 지속적인 대테러 전략을 통해 ISIL을 붕괴시키고 궁극적으로 파괴할 것입니다"(Obama 2014b). 이러한 위협을 막기 위해 의도된 선제 전쟁이 ISIS를 생산하게 되었다는 것은 ISIS 고위 사령관과의 『가디언』 신문 인터뷰에서 생생하게 전달되었다. 인용에 의하면 사령관은 미군 교도소에 수감된 것이 나중에 ISIS가 될 운동을 계획할 수 있는 황금 "기회"였다고 말한다. "바그다드나 다른 곳에서 이렇게 모두가 모일 수는 없었습니다. 엄청나게 위험했을 것입니다. 여기서 우리는 안전할 뿐만 아니라 전체 알-카에다 지도부로부터 불과 몇백 미터 떨어져 있었습니다. … 우리는 앉아서 계획할 시간이 너무 많았습니다. 완벽한 환경이었습니다. 우리 모두는 우리가 나왔을 때 함께하기로 했습니다. … 그곳은 우리에게 아카데미였습니다"(Chulov 2014).

포함된다. 현실화한 것만 아니라 그것의 잠재성도 포함된다. 주목할 만한 강조점뿐만 아니라 발생하다가 만pregnant pause 생략도 포함된다. 화이트헤드는 "역사는 과거와 함께 현재와 미래를 포함한다."라고 쓴다. 미래성은 찰나의 순간이라도 반성하는 의식 속에 완전히 담길 수 없으며, 따라서 "확실한" 사실의 모델에서 역사지적으로 재구성될 수 없다. "순수한 역사란…상상의 산물이다"(화이트헤드 1967a, 3~4;강조 추가).

이 책은 역사를 '불순'하게 만드는 데 기여할 수 있는 현실의 혼란스러운 측면에 정확하게 초점을 맞추고 있다. 그 확실한 뒤엉킴 요인은 잠재적이다. 아무도 그 모든 것이 말한 대로 되거나 행해질 것처럼 말할 수도 행동할 수도 없다. 말과 행위는 항상 더 많이 도래할 것에 대한 것이다. 물론 앞으로 도래할 것은 상황에 달려 있다(우발적이다). 그러나 방아쇠를 당기는 상황이 잠재적이라는 사실이 역사의 힘이 된다. 역사가 진행되는 과정에서 상황이 단서가 되어 순간에서 순간으로 커서를 이동하며 앞으로 나아가게 된다. 각 경험 장의 무한한 상황적 풍부함은 역사적으로 입지적인 장면으로 솟아오르는 순간도 균열시키며, 각 순간을 미래성과 다시 묶는다. 상황은 뜻하지 않은 우연happenstance이다. 그것은 역사에 나타날 수도 있는 사건들을 공동창조cocreative한다. 잠재력과 경향과 더불어, 등록 가능한 역사의 실행을 공동 결정한다. 문제는 상황과 잠재력, 그리고 경향의 교차로에서 역사적 우연에 적합한 사고방식이 무엇인가, 라는 것이다. 한 가지 확실한 것은 그것이 기존의 어떤 고전적인 경험 원리와도 동화될 수 없는 사고방식이라는 점이다. 잠재력은 실제로 순간 속에 있으며, 끊임없이 역사의 흐름을 즉각적인 경험의 간격 속에 좌초시킨다. 이 인프라-수준[기저-수준]으로 축소될 때, 잠재력은 전통적 의미의 역사를 파악하지 못한다. 순간의 인프라로 축소되자마자 잠재력은 개별적인 경험을 뛰어넘는 거시적 제조의 역사 과정으로 되돌아가 버린다. 잠재력potential이 역사지historiogra-phy를 빠져나가듯이 그것은 심리학도 넘어선다. 잠재력은 그 움직임이 창의적으로 경계를 넘나들기 때문에, 특정한 학문에 적합하거나 어떤 전문적 방법론에 적용될 수 있다는 의미에서 잠재력에 대한 '순수' 사유라는 것은 존재하지 않는다. 그 자체로 이해한다는 의미에서의 잠재력에 대한 '순수' 사유라는 것도 없다. 왜냐하면 그것은 순간보다 더한 것이지만 순간의 바깥에서는 아무것도 아니기 때문이다. 그것은 순간의 언제나 그 이상이다.[3]

　　잠재성의 안과 밖을 기꺼이 혹은 능히 다룰 수 있는 유일한 종류의 생각은 철학적이다. 철학적 사유라 해도 그 자체로 하나의 학문으로 행한다면 충분치 않을 것이다. 철학은 잠재적으로 도전이 되는 역

---

3. 이것은 물론 잠재태(the virtual)를 말하는 것이다. 들뢰즈의 생각에 대한 비판을 보면, 피터 홀워드(2006)는 이를 "정치를 결핍한" 것으로 보거나, 바디우(1999)는 그 자체에도 불구하고 "다른 세상의" 플라톤적 이상주의로 간주한다. 그러나 이는 현실태의 사건 안에 잠재성(the potential) 또는 잠재태가 필수적으로 내포되어있음을 오해한 것이다. 잠재태와 현실태가 동일한 사건의 차원들로서 과정적인 동일이라는 내용을 들뢰즈가 가장 압축적으로 이야기한 것이 「현실태와 잠재태」(Deleuze and Parnet 2007, 148~152)이다. 잠재성과 잠재태는 동의어가 아니지만, 이들 사이의 구별은 이 연구의 특정 목적과 직접적인 관련성이 없다. 화이트헤드의 용어로 여기서 '잠재성'은 '실제 가능태'(real potential)와 같고, 잠재태는 '순수 가능태'(pure potential)와 같다. 실제 가능태에 대해 : "실제 합생(concrescence)에서 결정적으로 되는 미결정이 '가능태'의 의미이다. 이것은 조건부 미결정이므로 '실제 가능태'라고 한다"(Whitehead 1978, 23). 순수 가능태에 대해 : "하나의 특정한 현실적 존재에서 추상된 영원한 객체(들뢰즈의 『의미의 논리』(1990)에서 '특이성'에 해당)는 현실적 존재로 진입할 가능태이다 …. 특정한 현실적 존재로의 확실한 진입(ingression)은 그 영원한 객체를 '비-존재'에서 '존재'로 순전히 불러일으키는 것으로 생각해서는 안 된다. 그것은 미결정에서 결정을 불러일으키는 것이다. 가능태는 현실이 된다. 그러나 현실적 존재가 피한 대안들의 메시지를 유지한다. 현실적 존재의 구성에서 : 구성 요소가 빨간색인 것은 무엇이든 녹색일 수 있다. 구성 요소가 사랑받는 것은 무엇이든 차갑게 존경받을 수 있다. '보편적'이라는 용어는 영원한 객체에 적용할 때 불행한 말이다 …. '영원한 객체'라는 용어가 싫다면 '가능태'라는 용어가 맞을 것이다. 영원한 객체는 우주의 순수한 가능태이다"(Whitehead 1978, 149).

사와 심리학 속에서(현재 프로젝트에 가장 관련 있는 분야만 언급한다면), 그 추상적인 손을 더럽혀야만 한다. 철학은 불순하게, 우호적으로 비-철학과 악수하면서 나아가야 한다.[4] 그 악수는 학문에서 놓친 잠재력을 뽑아 올리는 손의 기술이다. 파악하지 못하고 빠져나간 것을 다시 취하는 것은 피해자가 그것을 하나의 선물로 받아들일 수만 있다면 손실이 아니다. 학문적 잠재력이라는 철학적 선물이 반드시 무해하지는innocent 않다. 전통적 학문 종사자에게는 독이 될 수 있다. 이것은 급진적 경험주의로서의 철학이다. 즉, 당신의 학문적 자산을 존중하기 위해서는 신뢰해선 안 될 종류이다(특히 당신이 보유할 것은 아니다). 이런 종류의 철학은 성가시고pesty 엉망embroiling이다. 그런데 이게 사유의 잠재력을 위해서 더없이 좋다.

잠재력은 어느 정도로는 등록된다. 그것은 반복적으로, 그 자체에서 나와서 회고적으로 사실이라고 보일 것의 구성으로 자신을 표현한다. 잠재력은 사실을 가로질러 간다. 그것은 역사의 진로를 통해 달린다. 그것은 역사를 횡단한다. 전투공간이 헤비메탈 전장을 가로질러 파문과 물결을 일으키는 것과 같은 방식으로 잠재력은 엄연한 사실의 역사의 장을 가로질러 진동한다. 잠재력은 경향으로 자신을 표현한다. 잠재력의 관점에서 이해되는 경향은 사실의 리드미컬한 창발의 내부 요소 또는 구성적 차원이다. 짧은 순간에 경향은 개별 사실의 구성에 내재하여 있다. 그것은 내적으로-형성한다. 순간을 흘러넘치면서, 그것은 각 순간과 리듬 모두를 가로질러 펼친다. 그것은 장을 채운다. 경향은 역사의 잉여-가치이다. 그것은 각 행동-지각의 실행에서 정확히 실현되지만, 어떤 것이든 리드미컬한 과잉으로 전개되는 방식으로 실현된다.

---

4. 철학과 비철학의 필연적 관계에 대해서는 Deleuze and Guattari (1994, 41, 218) 참조.

그것은 사실의 창발 재구성을 역사가 역동적으로 자기 재구성하는 과정적 특질이다. 그것은 문제의 사실fact of the matter이 아니라 사실의 문제matter of fact이다. 즉 역사 흐름의 역동적인 재료이다.[5]

4장에서 언급한 종점terminus의 개념은 경향을 철학적으로 생각하는 데 유용한 도구이다. 이름에서 알 수 있듯이 종점은 최종성에 대한 어떤 생각을 포함한다. 창발하는 경험적 벡터가 능력의 한계에까지 전개될 때 도달하는 끝점을 추정하면 그 궁극적인 표현이 종점이 된다. 그러나 종점은 가만히 있지 않는다. 그것은 출발한 흐름이 도착할 때까지 기다리지 않는다. 종점은 다가오는 경험의 벡터를 만나기 위해, 과거로부터 축적된 습관과 기술을 활성화하여 그것을 앞당기는 신호(큐)를 보내는 상황의 촉발력과 동일한 강도로, 경험을 자신 쪽으로 당기는 유인력을 행사하여 앞으로 다가간다. 이 모든 것이 가장 작은 것보다 더 작은 감지 가능한 간격에서 즉시 발생한다. 종점은 행동에서는 즉각적이고, 인과관계에서 재귀적이다. 이는 종점이 장의 진동과 함께 리듬으로 장의 도처에서, 모든 경험이 반복되는 곳에서 역동적으로 재구성됨을 의미한다. 그것은 각 사건의 필수 요소이면서 동시에 장 도처에서 미분적 차이로 증식한다. 종점은 이상향 또는 이 세상의 것이 아닌 완벽 모델이라는 의미에서 하나의 이상이 아니다. 그것은 하나인 만큼 모든 것이다. 그러나 그것은 어떤 의미에서는 이상적이다. 즉, 그것의 하나-이자-모두임은 존재의 두께를 가지지 않으며, 단지 자기-차이 나는 점에서만 일종의 "채워 넣는 것"stuff이 된다는 의미에서 그렇다. 무

---

5. 사실의 문제들은 "(대상 또는 관념의) 지성적인 관계에 대립한다." 그들은 명확하고 뚜렷하게 식별할 수 있는 개별 독립체나 상황에 관한 것이 아니라, "결합의 힘"(여기서 감각은 날 활동으로 불리고 결합의 힘은 충격에 의해 유발된 경향임)으로서 "비식별의 지대"에서 상호 포함 관계와 관련이 있다(Deleuze 2003, 4, 66). 상호 포함 논리의 일부로 해석되는 경향에 대해서는 Massumi (2014a, 46~47)를 참조하라.

엇'이건' 종점은 정확히 그런 것이 아니다. 잠재력은 모든 특정 경험들에 대한 역동적 오프셋이다. 마치 추상적인 이중 또는 보이지 않는 그림자처럼, 다가올 과정적 과잉으로 행동-지각과 그들의 공유 장을 반그림자 후광으로 둘러싸는 감지할 수 있는 그림자 또는 추상적 더블과 같다. 그것은 여분의 존재이자 존재의 잉여-가치이다.[6]

종점은 비록 그것이 창발하는 반복 밖에 있는 것은 아니지만 공간이나 시간에 포함되지 않는다는 점에서 이상적이다. 경향을 다스리는 끌개attractor로서, 그것은 공동 창조의 추상적인 힘을 발휘하는 것으로 인식되어야 한다.[7] 힘을 발휘하는 것은 실제real로 간주하여야 한다. 시간 속에 있지 않지만, 종점은 시간-같지 않다면 아무것도 아니다. 왜냐하면 그것은 경험적 사건이 만들어지는 시간의 돌출 내부 요소이기 때문이다. 종점은 특히 거기-였음이라는 의미에서 과거가 아니다. 그것의 가만있지 못하는 성질과 경향성의 반복이 이를 확인한다. 과거와 단절될 수 있는 미래도 아니다. 그것의 재귀성이 이를 보증한다. 그것은 그럴듯한 현재에서 과거와 미래가 지속해서 융합되는 것도 아니다. 모든 순간에 반복적으로 창발하는 것은 지속해서 발생하는 것 자체를 금지한다. 종점은 모든 순간을 내적으로-형성하고 모든 시제를 장 외로 보낸다. 종점의 시간은 반복적인 창발의 복잡한 시간 유사성이다. 처음과 모든 시간과 아직(다시).[8] 그것의 이상성은 그것을 능동적인 경험 논

---

6. 외-존재에 대해서는 Deleuze (1990, 7, 123, 221)를 보라. 모든 사건을 둘러싼 잠재력의 "반음영부"에 대해서는 Whitehead (1978, 185~186)를 보라.

7. 이러한 종류의 추상적인 원인은 "준(準) 원인"으로, 관계적 원인으로서의 준 원인에 대해서는 5장, 후기, 그리고 Massumi (2002, 225~228)를 보라.

8. 가타리의 어휘에서 종점은 "후렴"이 형성되는 핵심이다. "후렴은 이질성을 없애지 않고 부분적인 구성 요소들을 결합한다. 이러한 구성 요소 중에는 사건 자체에서 태어나 자신을 창조하는 바로 그 순간에, 시간 자체가 시간화와 돌연변이의 핵으로 인식된 시간과 함께 항상 존재해왔던 방식으로 자신을 드러내는 잠재성의 선들이 있다"(Guattari

리의 특권적 작동자로 만든다. 그래서 이 경험의 작동논리는 필연적으로 형이상학적 차원을 포함한다.

'종점'은 비록 공식 용어로는 강조되지 않았지만, 급진적 경험주의에 대한 윌리엄 제임스 글에서 반복적으로 등장하는 단어이다.9 제임스는 급진적 경험주의를 실용주의라는 프로젝트 달성에 도움을 주는 가장 적합한 철학적 사고 양식으로 본다. 이것은 제임스의 실용주의가 생각할 가치가 있는 모든 개념에 대해 정한 동일한 기준에서 종말의 형이상학적 개념을 다룬다. 그가 반복해서 말하듯이, 개념은 차이를 만드는 경우에만, 다른 식으로는 만들어지지 않을 효과를 낼 때만 진정으로 개념이라 할 수 있다(제임스 1996a, 72). 급진적 경험주의는 효과-기반 작동에서 실용주의와 협력한다. 형이상학적 개념들은 효과적으로 작동하는 한, 추상의 극한에서도 자유로이 그 개념들을 가지고 놀 수가 있다.

경향과 함께 종점 개념의 작업은 복잡성에 대한 생각을 가능하게 한다. 그것은 사건을 그것의 되어감becoming과 분석적으로 분리하지 않고 사건 또는 행동-지각을 파악하는 도구가 된다. 종점과 경향은 함께 정향된 힘 또는 모멘텀이라는 벡터를 만든다. 이것은 사건을 행동선의 원호에 배치한다. 그와 동시에 이것은 상황 속에서 사건이 스스로 차이나는 것을 표현한다. 벡터는 창의적이며 힘은 변화의 힘이며 모멘텀은 변이의 모멘텀이다. 앞서 논의한 바와 같이, 이 형성하는 운동이 생성하는 미분적 '기저-'infra-를 순간이라는 절단면(컷)에 통합하는 융합 사건이다. 종점과 경향은 어떤 것이 무엇인지 또는 무엇이었는지에 대

2002, 244).

9. 예를 들어, James (1996a, 46~47, 56, 61, 68, 78, 104)를 보라. 제임스의 종점에 대한 자세한 내용은 Massumi (2011, 29~38)를 참조하라.

한 성급한 동일시나 환원적인 범주화를 문제시한다. 그것은 물러나 있는 미분에서 돌출된 융합으로의 이행을 능동적으로 조건 짓는 것에 대한 사유를 요구한다. 조건들이 움직이기 때문에, 창발의 "근거"는 공간, 시간, 신체 또는 다른 어떤 것의 미리 구성된 도식이 아니라 아직 결정되지 않은 "일을 하는 무언가"(제임스 1996a, 161)이다. 하는 일이란, 그 자체와 같은 어떤 것에 결정적인 변이로 창발하는 일이다. 종점과 경향은 사건에서 실제로 발생하는 것보다 항상 생성적으로 더 많은 것이 있음을 상기시킨다. 행동–지각에는 항상 "거기에" 있었던 것보다 더 많은 것이 있다. 즉, 변이가 있다. 모든 창발은 더 많은 잠재력을 장으로 운반하는 동안 변이를 표현한다. 창발은 발생하는 파문의 실시간에 그것이 출현하는 장을 재구성한다. 이것은 다른 창발을 변조한다. 그런 다음 완전히 명백하지는 않은 방식으로 복잡하게 상호 관련된다. 복잡성의 전역적 양상들은 존재생성적 저류에 의해 경향의 저수지 안의 소용돌이로 당겨져서, 창발들의 실시간 물결과 리듬을 맞추어 순간의 프랙털 균열로 후퇴한다. 일하는 무언가는 "하나임과 다수임으로 가득 차 있지만 전체적으로 드러나지 않는 면에서" 공동진화 리듬의 맥박이다(93~94). 경향의 저수지는 장을 채우는 각각의 창발 파동에서 남겨진 존재생성적 잔여이며, 다음에 발생하는 공동개체화를 위한 내적으로-형성하는 힘으로 여전히 이용 가능하다.[10] 잔여는 활동하는 각각의 무언가가 언제나, 사건을 함께 발생시키는 다른 과정적 요인들과의 관계에서 환경의 힘이 달리 일어났다면 다른 식으로 할 수 있었을 잠재력을 추상적으로 상징한다. 종점과 경향은 활동을 하는 무언가가 그것의 "이었을 수도 있었던 것"을 포함한다는 사실의 문제를 가리킨다. 이것

---

10. 경험의 "근거 없는" 근거의 상승과 하락에 대해서는 Deleuze (1994, 275)를 보라.

이 종점이 개념적인 순간 동안 거꾸로 전개하기 전에 나름의 논리적 일관성을 가지려는 경향과 분리되어야 하는 지점이다.[11]

종점은 각 반복에서 남은 잠재력의 잔여를 개념화하는 방식이다. 잠재력의 잔여는 되기의 다음번 경향적 파동의 공동생산을 위한 존재생성적인 잉여-가치로 활성화되어 있다. 종점은 경향의 존재 외적 존재이다. 특정 행동-지각과 관련하여, 그것은 소비되지 않은 모멘텀의 함수로 생각될 수 있다. 즉, 효과적으로 성취된 사건의 능력과, 활동하고 있었던 무언가가 구성적 경향성의 한계까지 통과했다면 도달할 수 있었던 최고치 사이의 차이이다. 4장의 일상적인 예로 돌아가자면, 이것은 자동차를 운전하기 위해 자전거 헬멧을 착용하는 것과 안전띠를 착용하는 것의 차이와 같다. 자전거 헬멧은 교통사고 발생 시 어느 정도의 보호를 제공하지만 안전띠보다는 못하다. 교통안전에 대한 경향은 헬멧에 의해 낮은 수준에서 충족된다. 안전띠를 착용하는 능력은 이동하는 인체에 낯설지 않다. 이동을 보호하기 위해 습득된 경향은 상황의 힘으로 인해 그 능력 내에서 더 높은 수준의 성취도에 도달하지 못했다. 안전띠 착용을 촉발했을 수 있는 단서는 행동선을 벗어날 만큼 중요하지 않았다. 중요성은 상황에 대해 직접적으로 느껴지는 관련성이다(화이트헤드 1968, 9). 그 특정한 점화 자극은 관련성이 없다고 생각했다. 그것은 상황의 다른 구성 요소들과 느껴진 관계에서 타격하지 않았다. 그것은 그들과 함께 묶이지 않았다. 그것은 그들이 공유한 역동성에 상호협력하면서 들어가지 않았다.

행동선이 더 높은 수준의 자체 성취도에 도달하지 못한다면, 이는

---

11. 행동-지각의 신호에 의해 창발에서 창발로 커서가 이동하는 시간의 생성적 균열에 서식하는 종점의 "아래에 남겨진 것"은 들뢰즈가 "어두운 선구자"라고 부르는, "강제 운동"을 촉발시키는 "미분적 차이소"와 유사하다(Deleuze 1994, 119~121).

역동적인 상황의 구성 요소를 함께 묶어 두는 것이 느슨하기 때문이다. 즉 시몽동이 말했듯이 그들 사이의 작동적인 '연대'의 부족이다.[12] 반면에, 행동선이 회고적으로 보아 합당한 수준의 성취로 보이는 곳에 도달한다면 지배적인 경향이 더 멀리까지 취할 수 있었을 잉여의 방식이 언제나 있다. 안전띠 너머에는 에어백이 있다. 운전자가 하나를 설치했을 수도 있다. 에어백 너머에는 차량의 강화된 외장이 있다. 또는 구글에서 진행하듯이, 자율 주행차가 있다. 차량을 더욱 안전하게 만드는 방법에는 여러 가지가 있다. 안전을 더욱더 강화하면서 무한히 다양한 방법들이 있다. 그러나 경향이 더 멀리 밀려날수록 그 성취의 형태는 더욱 무관해진다. 그들 중 하나 또는 그들 집합을 향한 움직임을 신호했을 수 있는 단서는 상황의 일상성과 연대가 점점 더 약해진다. 이것은 다시 한번 상황의 힘 때문이다. 즉, 이러한 변조를 수행할 시간도 돈도 즉각적인 수단도 없다. 이는 또한 표준적인 작동 절차의 대항 경향 때문이기도 하다. 관습은 사건의 초기 조건에 일정한 습관적인 경계를 형성한다. 안전에의 경향을 그러한 극단으로 밀어붙이는 것은 일반적으로 중요하거나 합리적으로 간주되지 않는다.

종점은 습관과 관습의 바깥 경계를 훨씬 넘어서는 한계까지 운동을 지배하면서, 경향을 끝내는 무한히 다양한 잠재적인 종결이다. 그 자체로 종점은 너무나 복잡해서 이미지화되지 않는다. 그것은 너무나

---

12. 시몽동에게서 '연대성'은 '포화'(잠재성의 최대 실현) 지점에 이르는 경향이 있는 연속 및 동시 작동의 상호 조건화를 의미한다. 기술적 대상의 경우 포화 지점에서 작동성은 스스로 추진하는 자율성을 취한다. 이 과정이 '구체화'의 과정이다. 구체화는 '자연화'이다. 시스템이 더 구체화 될수록 (작동이 더 '시너지' 될수록) 더 '자연화'된다. 자연화의 한계에서 시스템은 '과포화'(최대 잠재력 함축)를 달성했다. 4장에서 논의된 전쟁 이론에서 이것은 자기 동기화의 한계(연속 및 동시 결합)와 일치한다. Simondon (1989, 43~46, 156~158, 285 ; 2005, 517) 참조. 시몽동의 구체화 개념과 화이트헤드의 "합생"(Whitehead 1978) 사이에 많은 유사점이 있다.

다양하고 과도해서 지각이나 일반적 의미의 개념에 맞지 않는다. 그것을 생각해내는 것은 철저하고 엄청난 목록을 준비하는 것이며, 그것 자체는 대부분의 상황에서 관련성을 잃어버리는 경로를 무한히 달리는 경향에 의해 지배받는다. 종점은 사고 과정에서도 순수하게 추상적이다. 그것은 행위와 사고의 이면에 다방면으로 숨어있다. 그런데도 그것은 경험적 사건에서 여전히 효과적으로 두드러진다. 그것은 사건의 구성 요소인 비율이다. 즉, 경향적인 이면의 한계에 숨어있는 잠재력으로 향한 생각이나 행위 속의 이행과, 회고적인 반성에서 현실적으로 가능하다고 볼 수 있는 운동 사이의 차이의 비율이다. 종점 속에 감싸인 무한한 잠재적인 끝점들로 인해 종점이 기본적으로 양적인 개념이라고 간주해서는 안 된다. 과정적 특질(안전)이 사건으로 촉발되는 정도는 그것의 전개를 실질적으로 내적으로 형성하고 분위기를 만든다.

행동–지각이 행동선의 지배적 경향의 성취를 결정하는 정도는 그 능력의 강도이다. 강도는 상황의 구성 신호(큐)에 의해 촉발되는 변조의 잔물결 및 파동의 "대역폭"으로 사건에서 적극적으로 표현된다. 강도는 공진화 장에서 행동–지각의 존재생성적인 역률의 척도이다. 각 경험적 사건에는 고유한 역률이 있다. 역률이 발생 고유의 상황과 완전히 얽혀 있기 때문에 각 사건은 그 힘에서 완전히 독특하다. 동시에 모든 사건은 반복이다. 동일한 경향(안전은 자전거 운전자에게만 해당하는 것이 아니다)에 의해 지배되고 '동일한' 종점을 향한 다른 운동들이 있었으며 앞으로도 계속 있을 것이다. 상황의 차이로 인해 둘 다 다를 거라는 점만 제외하면. 종점 자체는 매 독특한 사건이 올 때마다 무수히 변이를 일으키며 반복적으로 재생산된다. 엄밀히 말하면, 그것은 하나도 여럿도 아니고, 독특–다수singular-multiple(이후에 논의될 부분–주체의 독특–다수를 포함하여)이다. 그것은 전체도, 부분들의 집합도 아니며, 추상적인 다양성(뤼에가 말하듯이 "주제들"의 집합체에서 신호하는 비감각적 점화 자극이며, 4장에서 논의된 바와 같이 명령형식으로서의 행동의 진행에서 자신을 표현함)이다. 그것은 존재의 권력에 공동성분인 되기의 힘으로 작용하는 한, 효과적인 추상적 다양성이다.

카오스 이론의 관점에서 이것은 종점이 '이상한' 끌개[13] 자격이 있음을 의미한다. 이상한 끌개는 들떠 있는 관계에서 끝점의 다중성을 함께 포함하는 끌개이다. 이상한 끌개로 향한 모든 경향은 어느 정도 뚜렷하게 더 크거나 더 작은 강도로 끌리는 것을 느낄 것이다. 강도는 서로 간섭하여 동요를 유발한다. 행동-지각은 일시중지의 상태에 있다. 이것은 잠재력에 조율된 날 활동이다. 상황에 따라 간섭은 잠재적인 결말을 배제하거나 혹은 간섭을 긍정적인 피드백으로 변환함으로써 우선 해결될 것이다. 그리하여 경향적으로 제안된 행동선들은 공명을 일으키고 창조적으로 융합하여 새로운 창발이 일어난다. 상황의 사고들이 해결에서 나타날 것이다. 그렇다면 상황의 사고accident란 무엇이란 말인가? 독특하고 다수인 종점의 비감각적 점화에 의해 제시된 경향들 사이의 틈새로 떨어지는 실제로 발생하는 단서가 사고 아닌가? 엄청나게 잠재력이 강화되어서 언제 발생이 촉발될지 예측할 수 없는 것이 사고인가? 사실상 '사고'는 종점의 내부에 함께 감싸여져 있는, 역동적으로 상호연

---

13. * 카오스 이론의 대표적 예인 '나비 효과'에서 보듯이, 아주 미세한 초기 조건의 변화가 엄청나게 다른 결과를 가져온다. 이는 변화를 연구하는 전통적인 미분방정식으로는 풀 수 없는 예측불가능성이 있다는 말이다. 그러나 카오스 이론은 이 세상이 혼돈이라는 것을 말하는 것이 아니라 그 혼돈이 어느 정도의 질서를 가지고 있음을 주장하는데, 예측 불가능한 것을 나름대로 예측할 수 있게 해 주는 것이 이상한 끌개이다. 일정한 위상 공간 안에 갇혀 있으면서도 그것이 그리는 궤적은 자신이 지났던 길을 다시는 지나지 않도록 하는 끌개로서 로렌츠 끌개라고도 하며 대표적인 것으로 프랙털이 있다. 카오스 이론은 동적인 비선형의 연구이며, 마수미는 잠재성 → 현실화 과정의 이론화를 위해 많은 부분 카오스 이론에 기대고 있다.

관된 끝점들 사이의 간섭의 표현이다. 과정 안에는 순수한 사고 같은 것
은 사실상 존재하지 않으며 선형적 인과관계와 같은 것도 없다. 이 창발
하는 복잡성의 세계인 효과-기반인 존재생성적 작동에서 모든 것은 상
대와 함께 간다. '사고'는 세계의 구성적으로 문제적인 본성을 시간적인
한 점에서 표현한 것이다. 경향에 따라 주름 잡히고, 간섭과 공명 때문
에 파문이 일고, 각 사건이 공동-진화의 작은 모니터인 창발하는 복잡성
의 문제적인 세계에서, 순수한 카오스는 결코 없다. 반면에 새로움을 허
용하는 미결정의 여백인 "유사-카오스"(제임스 1996a, 63)는 있다.[14]

---

14. 우발성과 사고에 대한 자세한 논의는 2장을 참조하라. 특히 주석 22번을 참조하라. 순
    수한 카오스는 스스로를 유지할 수 없다. 순전히 우연한 사건은 공개체화 장에 의해
    포착되어 반복적인 재정렬을 변조하거나(이 경우 순수 카오스가 아니다), 진공의 순수
    한 잠재력 속에 순전히 물리의 가상 입자(virtual particle)처럼 발생하는 순간 흔적 없
    이 사라진다. 카오스는 잠재[가상](virtual)이다. 현실은 유사-카오스이다. 파동과 같은
    전환에 의해 경향적으로 관련된 사건을 최고조로 올려 채워진 반복적 공진화 경험 시
    스템의 특징으로서 유사-카오스에 대해 제임스는 다음과 같이 설명한다. "전체로서의
    경험은 시간의 과정이며, 그에 따라 무수한 특정 용어가 소멸되고 전환에 의해 이를 따
    르는 다른 용어로 대체된다. 전환은 내용에서 분리적이든 결합적이든 그 자체가 경험
    이며, 일반적으로 적어도 관련된 용어만큼 현실적으로 설명되어야 한다…. 즉각적으
    로 주어진 경험의 전체 체계는 유사-카오스로 나타나며, 그것을 통하여 여러 방향으
    로 초기 용어를 벗어나면서도 같은 종점에서 끝날 수 있으며, 엄청나게 많은 가능한 경
    로들을 따라 다음에서 다음으로 이동한다…. 우리는 전진하는 물결 마루의 앞쪽 끝
    단에 살고 있으며, 앞으로 나아가는 결정적인 방향에 대한 우리의 감각은 우리가 우리
    길의 미래를 다루는 전부이다. 그것은 마치 미분 지수가 의식이 있는 양, 스스로를 추
    적된 곡선의 적절한 대체물로 다루는 것과 같다. 우리의 경험은 그중에서도 속도와 방
    향이 다양하며 여정의 끝보다 이러한 전환에서 더 많이 살아간다. 경향의 경험은 행동
    하기에 충분하다"(James 1996a, 63, 69).
    잠재[가상]으로서의 카오스와 철학, 예술, 과학에 의한 다양한 포획 형태에 대해서는
    Deleuze and Guattari (1994, 118, 201~203)를 참조하라. 들뢰즈와 가타리와 함께, 카
    오스는 존재할 수 없지만 그것 없이는 아무것도 생성되지 않는다는 점을 강조해야 한
    다. 포획된 대로 그것은 우주가 펼쳐지는 창의적인 요소이다. 그 자체로는 '하나의 사고'
    로 개념화할 수 없고 오직 '사고'(the accident)로만, 즉 세계의 창조적 진보의 '원초적 사
    고'로서만 개념화할 수 있다. 이 원초적 사고가 화이트헤드에게 '신'(형이상학적, 무신론
    적 신)이다(Whitehead 1978, 7).

이런 식으로 이해된 종점, 경향 및 상황의 힘의 공동 작동이 들뢰즈가 "문제"(1990, 120~123)라고 부른 것이다. 화이트헤드에게 이것은 "명제"(1978, 11, 185~186)이다. 경향적 간섭에 의해 "우발적으로" 도입된 해결이 화이트헤드가 "결단"decision이라고 부르는 것인데, 이는 "절단"이라는 단어의 어원학적 의미에 호소한다.[15] 신호(큐)의 끼어듦cutting-in은 창발하는 행동-지각을 해결하여 형성적 동요로부터 펼쳐지게 한다. 이렇게 영향받은 문제의 고유한 해결은 사건이 발생한 장의 조건들로부터 사건을 절단해낸다cuts off. 활동하는 무언가는 접혀서 완전히 나름의 시간-만들기, 장소-만들기를 성취한다. 지금 성취되고, 거기-있었고, 더 많은 미래가 있을 것이다. 그것은 더 멀리 나아간 창발에서 장의 자체 갱신을 위한 재조건화의 파문을 낳았다. 그것은 통과했고 맥박쳤다. 세계의 과정이 전복되었다. 종점은 다시 돌아오고 다음 되기의 맥박을 위해 다시 아래에 남겨진다.

이러한 형이상학적인 재주넘기가 만드는 실용적인 차이점은 그것이 사건을 새로움, 즉 질적인 창발과 변조의 관점에서 이해하는 것을 인증한다는 점이다. 종점, 경향, 상황의 힘의 주어진 사건에서 구성요소의 독특한 양식을 분류함으로써, 질적인 창발을 공진화하는 장에 내재한 것으로 엄격하게 사유하는 것이 가능해진다. 공진화적 창발의 강도는 사건을 실존의 질적 힘, 존재하게 됨의 권력, 즉 존재권력으로 이해될 수 있게 한다. 이 모든 것이 철학적인 차이인 만큼 정치적인 차이를 만든다.

---

15. '느낌에의 유혹'은 종점에 해당하는 화이트헤드 용어이다 : "느낌들의 합생을 이끄는 최종 원인"(Whitehead 1978, 185)이다. 화이트헤드 용어로 종점 안에 감싸인 추상적 끝점은 '영원한 객체'(현재 문맥에서는 특히 "복잡한 영원한 객체"임. Whitehead 1978, 24, 186)이다. 경향은 화이트헤드 용어로 '욕구'(appetition)와 관련 있으며, 충족은 '만족과 관련이 있다. 결단과 '잘라내기'에 대해서는 Whitehead (1978, 43) 참조.

첫째, 질적 창발의 순간은 결정의 주제를 미리 전제하지 않는 결정의 사례로 나타난다. 결정을 구성하는 것의 전체 쟁점이 다시 열린다.

둘째, 창발하는 사건의 성취는, 수동적으로 미터법의 시간 동안 공간을 차지하고 결정에서 능동적으로 결정적인 역할을 하지 않는 일련의 객체들로 환원될 수 없는 세계의 세계 되기라는 주제 영역과 상호 관련 있다. 추상적 다양성의 타임 루프 복합체로 구성된 주제 영역은 단순한 문맥보다 훨씬 수용력이 크다.

셋째, 공진화적 장은 사건의 특이성을 즉시 다수성을 함축하고 개인과 집단 사이의 추정된 분리를 와해하는 것으로 생각할 것을 요구하며, 이제 공개체화 안에서 과정적으로 결합한다. 이것은 정치사에 대해서, 그리고 사회정치학적 차원에서 심리학과 기타 학문에 대하여 생태학적 접근법을 요청한다.

넷째, 생태 분야의 다양성은 기원이나 유전된 실증적 필요 또는 필요성보다는 종말 잠재력의 측면에서 이해된다. 종점의 미래는 변화를 위한 창조적 변조의 과정적인 창을 열어준다. 그 외에도 그것은 모든 사건에 내재한 생산의 능동적 요소로서 관습의 경계를 뛰어넘으려는 한계까지의 잠재적 통로를 통합적으로 포함한다. 이는 평가의 규범적인 기준에 의존하지 못하게 한다.

마지막으로, 확산하려고 하고 심지어 역사적인 중단 이후에 되돌아오려는 과정적 경향을 위한 잠재력은 존재의 잉여-가치의 실시간 잔여에 의해 열려 있다. 이것은 예를 들어, 마치 역사가 선형 궤적을 따르는 것처럼 정렬된 문명 단계의 관점에서 설명하는 환원적 도식을 금지하는데, 모든 유사-카오스 증거는 이와 반대되는 것을 말한다. 그것은 또한 경향의 확산을 간째주관적인 "영향"으로 축소하거나, 반대로 모멘텀을 유지하려는 경향의 실패를 해설자의 우월한 개인적 반성에 의해 회고적으로 추론될 수 있는 개인적인 또는 제도적인 결합으로 두는 것을 금지한다.

사건이 결코 도달할 수 없는 한계의 기능으로 유한해지기 때문에 사유와 행동에 어쩔 수 없는 부족분이 생긴다.[16] 활동하는 무언가는 무한한 변이의 종말 조건으로 자체 성취된 유한으로 나타난다.[17] 모든 것이 말해지고 행해졌다고 할 때도 항상 그렇지는 않다. 무언가가 여전히 활동하고 있다. 새로운 상황이 발생할 때마다 프로세스가 완전히 재조정된다. 상황의 힘에 상응하는 사유는 세부 사항이다. 각각의 새로운 세부 사항과 함께 사유도 완전히 재조정되어야 한다. 세부적인 힘에 자신을 개방함으로써 프로세스에 대한 사유는 세부 사항과 작동적으로 유사하다. 그것은 세부사항의 가장 작은 힘에 대해 형성적으로 열린 채로 두면서, 동시에 활동이 무엇이 될 것인지에 대해 그것이 사유하는 것의 형이상학적 한계에 이르게 한다. 이것이 제임스가 생각한 급진적 경험주의이다. 급진적 경험주의는 탐구의 '대상'(또는 '주체')과 함께 상황적 공진화에서 능동적인 논리이다. 그것 자체가 그것의 장과 함께 이중적인 되어감double becoming이 되는 작동논리이다. 그것은 우월한 자세라기보다 비평행 진화에 놓여 있다. 그것은 작동allagmatic이다(4장, 주석 54 참고). 그것은 자신의 추상적인 손을 더럽히는 것을 좋아한다. 그것은 자기 안으로 휘말리기이다. 그것은 개념적 위험에 동의하며, 그것이 얼마나 멀리 갈 수 있는지에 관계없이 부족하리라는 것을 미리 알고 있으므로 한계까지 갈 수 있다. 그것은 일종의 겸손한 극단주의다.

---

16. 창조적 과정의 발전에 필요한 부분으로서 실패에 대해서는 Deleuze and Guattari (1983, 42, 152)를 보라.
17. 유한한 표현과 무한한 잠재력의 과정적 수용에 대해서는 Guattari (1995, 54, 100, 110~116)를 보라.

한계까지 간다는 것은 경향의 성취와 부족을 모두 전체적인 과정에 둔다는 말이다. 이를 위해 현장의 무한한 잠재력을 심각하게 고려하는 동시에 그 표현의 유한성을 참작해야 한다. 잠재력의 무한은 극단의 외삽법[18]의 형태로 표현된다. 이것이 종점을 사유하는 극단주의적 요소이다. 그것은 경향의 가장 높은 강도, 물론 결코 할 수 없지만 그것이 할 수 있는 일의 한계에 도달하는 것에 사유의 불가능한 이미지를 주는 것을 포함한다. 되기의 창조적인 요소로서 사실상 불가능한 것을 생각하고 그쪽으로 가려고 애쓰는 노력이 형이상학적인 만큼 실용적이어야 한다. 그것의 유용성은 행동-지각의 사건적인 자기 성취의 정도, 그것의 효과적인 능력, 즉 존재권력을 평가할 수 있도록 하는 데 있다. 이 실용적인 평가가 불가능한 종점인 잠재적 무한에 대한 사유에 역사와의 관련성을 준다. 이것은 겸손한 부분인데, 왜냐하면 사유에 대한 다른 접근법뿐 아니라 역사 그 자체의 차후 진로에 의해서 평가가 본질적으로 논쟁의 여지가 있기 때문이다. 그 상관성이 언제나 문제가 되기 때문에 잠재력에 대한 정치적 사유는 개방적으로 적응력이 있어야 한다. 그것은 자체 수정하는 경향을 작동 양식 안에 (언제나 세부 사항의 힘에 반복하여 굴복함으로써) 통합해야 한다. 역사와 관련된 모든 것은 어떤 경우에도 항상 논쟁의 여지가 있다. 이 경우 그것은 자부심이 자체 형성되는 지점이다.[19]

군사 혁신이라는 이름으로 진행된 현대 전쟁 관행의 경향과 관련하여 종점[20]은 '자기 동기화'라는 개념 안에 나타난다. 이 말기의 과정

---

18. * 이전의 경험에 비추어 아직 경험하지 못한 경우를 예측하는 기법.
19. 윌리엄 코널리는 참여 정신을 실천하는 다원적 정치의 조력자로서 경쟁 가능성의 개념을 확장 발전시켰다. Connolly (1995) 참조.
20. * 군사작전에서 '종점'은 '전투공간 개체', 즉 지휘의 맨 말단을 이루는 보병이나 기계를 의미하며, 그런 의미에서는 '단말'이라고 표현해야 하겠지만 통일성을 위해 '종점'이라고

적 개념은, 벡터적 방향을 사유하기 위해, 그리고 그것의 성취와 부족에 대한 자기 평가 기준을 만들기 위해 조직적으로 가장 극단적이라고 간주할 수 있는(전통적인 좌-우 정치 척도에 의해 반드시 가장 극단적인 것은 아니지만) 군사 혁신 경향 내의 흐름에 의해 만들어졌다. 현대전이 전장과 창의적으로 적응하는 작동에 있어 유사하기를 바라는 생각을 한다면, 이 종점이 사유 속에서 나름의 상관적이지만 비평행적인 방향으로 가는 것을 받아들여야 한다.

자기 동기화는 최상의 "상호작동성"이다. 이는 경향을 앞으로 움직이는 데 필요하다고 느꼈던 과정적 요소들 사이에서 생각할 수 있는 가장 단단한 작동 연대의 불가능한 이미지이며, 예를 들어 4장에서 소제목으로 열거된 바와 같다. 자기 동기화 개념은 군사 혁신이 향하는 곳의 가장 추상적인 자기표현이다. 여기에서 철학적으로 받아들여진 자기 동기화는 민주적 휴머니즘과 반성적인 정보가 주어진 숙의 정치 일반과 같은 대항적인 경향에 사실상 여전히 동의하는 군사 담론의 요소들을 덮어버림으로써 더욱 극단적인 표현을 얻는다. 비평행적인 철학적 표현에서, 자기 동기화는 교차 경향들을 걸러냄으로써 가장 순수한 개념적 극단으로 취해져야 한다.

이것은 실제로 이 개념의 실용적인 사유-가치를 증가시킨다. 이러한 순수화의 잠재력은 군사 프로세스 자체에 의해 주어진다. 이는 일정한 철학적 사유가 '첨단' 표현과 함께 작동상의 유사성으로 들어간 산물이다. 그것의 실용적인 사유-가치는, 자기 동기화의 종점이 효과적으로 군사장場을 내적으로-형성하며 그 경향을 공동생산한다는 주장에 대해 급진적-경험적인 이유를 제공하는 데 있다. 이는 각각의 행동-지

번역한다.

각과 일련의 행동-지각의 반복(행동선)이, 이 군사적 경향의 효과적인 역률로서, 즉 '말단에의 권력' 요인으로서 군사장 전체에 자리 잡게 한다. 그러면 사건들은 경향의 자기성취의 강도로서, 또는 전역적 군사 프로세스의 '구체화'의 다양한 정도로서 평가될 수 있다.

행동선들이 본질적으로 그렇기도 하겠지만 (그리고 이라크 침략에서 극적으로 보여주었던 것처럼) 하나의 행동선이 부족할 때, 그 부족의 이유는 화이트헤드가 "엄청난 수"의 세부 사항이라고 부르기를 좋아했던 것에서 찾을 수 있다. 다시 말해, 상황의 힘들이 작용한 것으로 보일 독특한 방법이다. 이러한 역사의 "우발적 사고들"은 동일한 경향 내에서 경쟁하는 흐름 사이, 또는 한 군사적 경향과 다른 경향 사이, 또는 더 광범위하게는 군사화 과정과 공진화 분야를 이용하는 다른 과정 사이의 간섭을 나타내는 것으로 해석될 수 있다. 이러한 공동개체화 과정은 사회적, 경제적, 정치적 또는 심리적일 수 있다. 경쟁하는 경향이 말단으로 권력을 이동하는 군사 움직임에 합선을 일으킨다면, 그것은 그 경향이 역사의 "사고들"accidents을 자신의 끝점으로 더 효과적으로 이끌 수 있었기 때문이다. 그것의 종점은 더 강력하게 "기회를 포착하고" 그에 따른 효과의 확산을 더 자기 쪽으로 끌어당기는 데 성공했다. 한 경향이 다른 경향에 대해 성공하면, 그 결과로 이 행위에 의해 더 약한 프로세스였다고 입증될 것을 자기 쪽으로 끌어들인다. 이것은 기회 포착을 과정적 포착으로 확장한다. 종점에 대한 생각은 세계 환경인 공유된 전체 스펙트럼 장에 걸쳐 경쟁하고 공동 적응하는 경향들의 혼합에 대한 강도의 분석으로 보완되어야 한다. 그 결과가 보편적인 과정적 뒤엉킴의 다중 벡터화한 정치 생태학이다. 이 혼합된 공진화 장의 뒤엉킨 본성에 의해 유사-카오스적인 역동적인 "불순물"의 실용적 평가를 개념적으로 가능하게 하는 것이 종점을 "순수화"하는 극단적

인 형이상학적 장치이다.[21]

역사에서 작동 중인 과정은 이처럼 개방 체계적이고 형이상학적으로 가능한 방식으로 접근할 때, 창조적 준 카오스, 지향적인 복잡성, 공동 적응성에 대한 충실함과 함께라야만 이해할 수 있다. 그것은 주체나 대상, 전체를 구성하는 부분들의 구조, 개인의 욕구나 욕망, 집단적인 덩어리나 중재, 모든 수준의 정체성, 심지어는 국가 및 비정부 기관의 상호 작용 측면에서 우선적으로 이해될 수 없다. 이는 고전적으로 미리 존재한다고 경험적으로 취해진 어떤 범주로도 환원할 수 없다. 생태 장의 형성하는 경향들은 이 모두를 가로지른다. 전투공간이 전장의 신체와 하드웨어와 바위를 통해 진동하는 것처럼 경향들은 그것들을 통해 창발적으로 진동한다. 그들은 존재의 잉여-가치로 그들을 배가시킨다. 그들은 적당히 경험적인 것을 과정적으로 초과한다. 개념적 극단주의를 두려워하지 않는 과도한 이론만이 그것들을 충실하게 비평행하게 할 수 있는 기회를 가진다.

---

21. '순수한' 형식의 추출(엄밀한 의미에서 '잠재'〔virtual〕와 동의어인 '순수'라는 단어 사용함)은 들뢰즈와 가타리의 철학적 접근 방식의 기본 전략이다. 그것은 『천 개의 고원』의 '노마돌로지'와 '포획 장치' 장에서 정치적 과정과 관련하여, 그리고 『철학이란 무엇인가?』에서 사고(thought) 과정과 관련하여 분명하게 볼 수 있다. 그들의 사고의 이러한 측면에 대한 가장 흔한 오독은 극단에 의한 이 과정적 유형론을 '중간'에 접근한 현실적 구성물의 유형론으로 즉, ('혼합' 속에) 역사적 교차 경향의 공진화장에 뒤엉켜있는 것으로 착각하는 데서 나온다. 예를 들어, 『철학이란 무엇인가?』에서 예술, 철학 및 과학 사이에는 실제적인 분리가 없다. 그들은 효과적으로 혼합(mixity)에 들어가기 위해 잠재의 한계에서 경향적으로 분리된다. 한계는 활성화되고 구성적이며, 이상적이라면 중간을 통과하는 모든 것(실제로는 모든 것)에 유인의 힘을 발휘한다. 그들의 실제 상호 작용에서 그들은 혼합의 정도를 결정한다. 실제 형성에 대한 평가는 그들의 과정에서 경향적 혼합의 이 정도와 관련 있다(후기에 논의된 바와 같이). 경향과의 공동-작용에서 종점과 연합한 이상적인 재귀적 인과성의 개념은 '포획 장치'(한계라는 용어를 종점을 위해 사용함)에서 명시적으로 전개된다.

6장

공포

(지각의 스펙트럼이 말하는 것)

정신과 혀, 그리고 사지의 그런 순간적인 마비, 자기 존재의 중심부로 내려가는 그런 깊은 동요, 자기가 사라지는 그런 박탈 상태를 우리는 **겁먹음**이라고 한다. …그것은 우리가 한 사회에서 다른 사회로 옮겨갈 때마다 일어나는 **발생적 사회 상태**이다. ― 가브리엘 타르드, 『모방의 법칙』

미래는 오늘보다 더 나을 것이다. ― 조지 W. 부시가 했을 것으로 추정되는 말[1]

2002년 3월, 부시 행정부의 새로운 국토안보부는 한껏 자랑스럽게 여러 가지 색상으로 구성된 테러경보시스템을 도입했다. 거기서 초록은 '낮음', 파랑은 '경계', 노랑은 '높음', 주황은 '고조', 빨강은 '심각'을 의미했다. 당시 미국은 그 어느 때보다 노랑과 주황 사이에서 춤추었다.[2]

---

1. 여기서 인용한 타르드의 문구는 번역을 수정한 것이다. 두 번째 인용은 부시 집권 시절 언론과 인터넷에서 회자된 많은 '부시식 말투들'(Bushisms) 중 하나이다. 이 말은 출처가 불분명해 보인다. 이 말은 사실 조지 부시(George H. W. Bush) 밑의 부통령이었던 댄 퀘일(Dan Quayle)이 한 말인 듯싶다. 하지만 보통 조지 부시의 말이라고 인식되고 있는 것처럼, 이 말은 정확하게 부시가 뱉은 말뭉치에 속한다.

2. 색상경보시스템은 부시 정부 내내, 그리고 오바마 대통령의 첫 집권기의 처음 2년 반 동안 계속 운영되었다. 이것은 2011년 4월 자넷 나폴리타노 국토안보부 장관에 의해 중단되었다. 대신 2단계로 된 언어 경보시스템이 이를 대체했다. 특정 공격이 단시간 내에 예상될 때는 '임박'(imminent), 더 일반적인 위협에 대해서는 '고조'(elevated)를 사용했다. 이 새로운 국가테러자문시스템은 단지 간헐적으로 활성화되며, 특별히 갱신하지 않는 한 2주 후에 경보가 만료된다. 새로운 시스템하에서, 이전에 공항 같은 공공장소나

일상은 부단히, 모든 면에서 영속적으로, 색 스펙트럼의 붉은 색 쪽으로 자리 잡아갔고, 파랑과 초록의 평온함은 과거의 일이 되었다. '안전'의 색상은 아예 언급조차 되지 않았다. 마치 안전은 우리 지각의 스펙트럼에 걸리지 않는 듯했다. 이 스펙트럼이 말하는 것은, 불안전함insecurity이 이 시대의 '새로운 표준'new normal이라는 것이다.

이 경보시스템은 대중의 불안에 눈금을 매기기calibrate 위해 도입되었다. 9·11의 여파로, 대중의 극심한 공포심은 정부가 매우 극적이면서도 확장할 정도로 모호한 방식으로 후속 공격이 임박했다고 경고함에 따라 통제불가능할 정도로 요동치곤 했다. 색상경보시스템은 그러한 공포심을 조절하기 위해 고안된 것이다. 그것은 사람들의 공포를 한껏 고조시켰다가, 너무 강렬해지거나 설상가상 습관화되어 무뎌지기 전에 공포심을 낮추었다. 제때 시간을 맞추기만 하면 되었다. 공포 자체보다 공포에 대한 피로감이 주된 대중의 관심사가 되었다. 이제 대중들의 정동을 조율하는 것이 점점 더 시간에 민감해진 정부가 공식적으로 수행하는 중심 기능이 되었다.

유선 텔레비전 뉴스 화면의 구석 등 어디서나 보이던 색상 경고 차트는 트위터와 페이스북 피드로 대체되었다. 색상경보시스템이 작동하는 동안 저위험 색인 파랑과 초록은 한 번도 사용된 적이 없다. 그 시스템은 거의 영구적으로 주황색으로 표시되다가 가끔 노란색 또는 빨간색으로 바뀌었다. 나폴리타노 장관은 색상경보시스템의 종료를 발표하면서 변화의 이유가 이 구 시스템이 도움이 되는 정보를 제공하지 않고 공포심만 심어놓았기 때문이라는 점을 언급했다(Korling 2011). 국토안보부에서 나폴리타노의 전임자였던 톰 리지가 색상경보시스템에서 더 높은 수준의 경보가 정치적 목적으로, 특히 2004년 부시의 재선 가능성을 높이기 위해 사용되었다는 점을 시인한 이후, 부시 대통령 시대의 수명은 연장되기 어려웠을 것으로 보인다(Weiner 2009). 2004년에 발표된 경험적 연구에 따르면 테러 경보 수준이 높아지면 부시에 대한 지지도가 높아졌으며, 흥미롭게도 그런 지지가 부시의 국가 안보 정책에서 경제 정책으로 옮겨가는 것으로 밝혀졌다. "결과는 테러 경고와 대통령 지지율 사이에 일관되고 긍정적 관계를 보여주었다. 또한 나는 정부가 발표한 테러 경고가 부시 대통령의 경제 정책에 대한 지지도를 올린다는 점을 발견하였다"(Willer 2004).

색상경보시스템은 인구를 무선으로 훈련시키기 위해 고안되었고 이 시스템이 보내는 지각 신호에 대한 자기방어적 반사 반응에 의거해 중앙 정부는 각 개인의 신경계에 직접 작용할 수 있게 연결되었다. 인구 전체가 서로 연결된 과잉흥분 상태jumpiness, 즉 온 나라가 색상의 수준에 따라 널뛰기하며 지구적 혼란을 겪는 중에 마치 대량의 양자 이동이 발생하는 듯한 일종의 분산 신경망이 되었다. 지리적, 사회적 차이를 막론하고 전 인구가 정동적 조율에 들어갔다. 그런 대량 이동이 등록되었다고 해서, 이것이 반드시 서로서로 모방하거나 각자 또는 모두에게 제시된 모델을 모방하는 사회적 모방에서처럼 사람들이 비슷한 방식으로 행동하기 시작했다는 뜻은 아니다. "모방은 형태에 대한 행위지만, 조율은 느낌에 대한 행위이다"Imitation renders form ; attunement renders feeling(스턴 1985, 142). 느낌의 동일한 조절작업에 접속되면, 신체들은 꼭 똑같이 행동하지 않더라도 동시에 일제히 반응했다. 그들의 반응은 여러 가지 형태를 띨 수 있었고, 역시 그러했다. 그 반응들에 공통된 것은 그 중심에 위치한 긴장 상태였다. 그것이 신체적으로somatically 번역된 방식은 각각의 몸마다 다 달랐다.

하지만 동일시하거나 모방할 대상은 아무것도 없었다. 그 경보들은 이데올로기적이건, 관념적이건, 어떤 형태도 띠지 않았으며 그 위협의 근원, 본질 및 위치에 대해서는 모호하게 남은 채 진정한 내용이라곤 거의 없었다. 그것들은 아무런 의미가 없는 신호였다. 그것들이 분명하게 제시한 것이라고는 일종의 "활성화 윤곽"activation contour, 즉 시간이 지남에 따라 변하는 느낌의 강도뿐이었다(스턴 1985, 57~59). 그것들은 피험자의 인식이 아니라 신체의 과민성irritability에 가 닿았다. 지각적 신호는 직접적인 신체 반응성을 활성화하기 위해 사용되고 있었지, 어떤 형태를 재생산하거나 명확한 내용을 전달하기 위한 것이 아니었다.

각 신체의 반응은 대개 이미-획득된 반응 패턴에 따라 결정될 것이다. 색상경보는 행동 배치 차원에서 각 신체에 가 닿는다. 그 시스템은 직접적인 방식으로 주체의 위치를 결정하는 장치가 아니었다. 그것은 신체를-겨냥한 배치 촉발 장치였다. 신체들은 정부의 지각적 신호 배출이 그 정확한 본질에 직접적인 영향력을 행사할 수 없는 행동들로 촉발될 것이다. 각 개인은 불가피하게 자신의 고유한 방식으로 정동 조절affective modulation에 조율된 결과를 표현할 것이다 그렇게 촉발된 다양한 결과적 행동들을 통해 두 번째 순간이 되어서야 각자는 자신을 다른 사람들과 관련하여 주체적으로 위치시키게 될 것이다. 어떤 반성의 순간이 있다면, 논의나 회고적 검토를 통해, 이후에나 오게 될 것이다. 이 시스템은 전-주체적 차원에서, 즉 신체적 성향predisposition 내지 경향의 차원에서 인구에 직접적으로 가닿는다. 말하자면, 발생기 상태의nascent state 행동인 셈이다. 색상의 변화는 각 신체의 성향이 변화된 상황에 맞춰 특정 행동을 하는 중에 다시 결정적 형태를 띠는 식으로 각 신체의 경향이 펼쳐지도록 만들 것이다. 각 신체의 개별성은 즉각적인 신경 반응에 따라 반사적으로 (말하자면, 비-반성적으로) 자신을 수행한 것이다. 이 시스템이 작동하는 양식에 자기-표현의 직접성이라는 신호가 주어졌다. 이는 소통이라기보다는, 그 결과가 사전에 정확하게 결정될 수 없는 행동을 위해 잠재태들potentials이 보조적으로 발아한 것이었다. 하지만 그 행동의 가변적인 결정이 색상에 따라 발생할 것이라는 점은 이미 정해진 것일 수 있었다.

이 시스템은 정부가 9·11 이후에 매우 극적으로 선언된 테러와의 '전쟁'에 전념하겠다고 숱하게 공언해왔던 것을 실행하는 차원에서 고안되었다. 세계무역센터 빌딩들이 무너진 그 사건 이후, 대중들은 미디어 초창기의 케네디 대통령 암살 이후 찾아볼 수 없었던 정도로, 최근 역사에서는 오직 걸프전 '쇼'에만 비교될 수 있을 만한 수준으로 텔레비전 스크린에 착 달라붙었다. 그 위기의 시간에 텔레비전은 다시 한 번 대중의 자발적인 정동 조정을 위한 지각적 초점을 제공하고 있었다. 지상파 텔레비전은 정보 제공자로서 그리고 가족 오락의 중심점으로서의 지위를 웹에 빼앗겼었지만, 사회적으로 중요한 전환점이 되자 실시간으로 소식을 전하며 집단적 정동 조정을 위한 특권적 채널로서 옛 역할을 되찾았다. 텔레비전은 소셜미디어의 물결이 몰려들기 전에, 사회–정치적으로 중요한 최종 순간을 위한 사건event 전달매체가 된다.3 테러경보시스템은 사건 전달매체event-medium로서의 텔레비전의 등에 업혀 자발성의 순간을 포착하는 것으로 제 역할을 되찾았다. 자발성을 포착한다capture spontaneity는 것은 테러경보시스템을 그것이 아닌 다른 것, 즉 일종의 습관적 기능으로 변환시키는 것이다. 경보시스템은 그것을 보는 국민들이 정부–미디어 기능으로서의 정동 조정에 익숙해지게 만드는 습관화의 일부였다.

이러한 텔레비전의 정동적 역할에 대한 길들이기는 이후에도 변천을 거듭했다. 우선, 그것은 권력의 실행에 정확히 지각적 작동 방식을 부여하는 식으로 통치를 텔레비전에 떠넘겼다. 정부는 전통적으로 정부가 의존했던 대화적 중재를 무시하고, 이전에는 없었던 직접성으로 정해진 효과를 낼 수 있는 방식으로 대중의 신경계와 신체 표현에 접

---

3. 사건 전달매체로서의 텔레비전의 곡선은 걸프전이 일어난 1990년에 최고점에 도달했지만, 케이블 뉴스 네트워크인 CNN이 약진하면서 전통적인 방송 뉴스는 뒤처지게 되었다. 그리고 20년 후에는 눈에 띄게 쇠약해졌다. 2011년에 일어난 '아랍의 봄'과 '월스트리트를 점령하라'(Occupy Wall Street)의 집단적 경험에서 소셜미디어의 약진으로 입증되었듯이, 인터넷이 지배하는 미디어 환경 속으로 텔레비전이 통합되는 추세가 2011년경에는 완연해졌다. 걸프전에서 텔레비전의 중심적인 역할에 대해서는 Kellner (1992)와 Baudrillard (1995)를 참조.

근할 수 있는 신호 통로를 얻은 것이다. 증거가 없어도, 설득하지 않아도, 논증 없이도, 정부의 이미지 제작은 행동(반응)을 유발할 수 있었다. 그러나 공공 정부의 기능은 효과의 즉시성을 얻었지만, 결과의 통일성을 상실했다. 그 시스템이 능숙하게 발휘된다면 확실하게 사람들이 행동하게끔 결정지을 수 있지만, 명확한 내용이나 흉내낼 만한 형식이 없는 일종의 활성화 윤곽인 그 유발자 혹은 유도자는 그 본질상 앞으로 어떠한 행동이 지시될지를 정확하게 결정지을 수 없다는 것을 의미했다. 이러한 것은 정치적 현실에 대한 수용인 셈이었다. 즉, 이제 정부가 작동하는 사회적 환경이 너무나 복잡하여 공식 연설이나 이미지 생산과 반응의 형식 및 내용 사이에는 일대일 상관관계가 있을 것이라는 일종의 신기루를 만들어내었다. 인구가 사회적, 문화적으로 다양하다는 점, 그리고 많은 정부 부문이 정부로부터 분리돼 있다는 점은 한편으론 증거, 설득 및 논증 사이의 선형적 인과관계에 의존하는 모든 기획initiative과, 다른 한편으론 결과적인 행동의 형태(그런 게 실제로 존재한다면)가 반드시 실패하거나 아니면 특수한 몇몇 경우에만 성공할 수 있다는 점을 확실히 보여준다. 미국 정치인들이 대중 연설에서 모순성이 다분한 다원주의를 보여주는 것은 이러한 점이 오랫동안 실제로 인정되어 왔다는 증거이다(예를 들어, 조지 W. 부시 대통령은 그의 남쪽 고향 텍사스의 느릿한 말투로 미국 중부의 가난한 가족을 돌보는 사람들의 대표자로서 자동차 노동자들에게 연설하고 난 뒤, 바로 기금모금 만찬에서 그의 "기반"은 "가진 자와 더 많이 가진 자"라며 잽싸게 말을 바꾸곤 한다.(나고우니 2000)). 사람들의 관념작용적 입장의 positional 각도에서 주체들에게 연설하는 것이 아니라, 그들의 정동적 기분의dispotional 각도에서 신체에 연설하는 것은 정부의 기능을 일관성 또는 신념의 중재로부터 멀어지게 하고 직접적인 **활성화**activation로 방향을 돌리는 일이다. 경계할 상태가 달리 있으랴?

순수 활성화의 미결정성을 향해 나아간다는 것은 유도하여 일어난 실제 반응의 성격이 결국 정치인들의 영역을 넘어서서 실생활의 보조인자에 의해 결정될 것이라는 점을 가정한다. 이는 정치인의 노력이 부족해서라기보다 그 반응들이 매우 우발적이고 따라서 매우 변화무쌍하기 때문에 발생한다. 정부의 테러방지 캠페인의 핵심이 되는 경보 체계의 확립은 정치 효과가 직접적이고 더 확산되기 위해서는 비선형적이고 공동인과적인cocausal 방식으로, 즉 복잡계적 방식으로 그것을 생산해야 한다는 암묵적인 인식을 보여준다. 이러한 정동적인 방식으로 통치성을 텔레비전으로 넘김에 따라 정착된 권력의 지각 양식은 그것의 기능을 복잡계에 고유한 우발성과 짝지웠다. 복잡계에서는 우회나 감쇠, 증폭, 간섭 패턴 등 모든 것이 신호를 송출하는 와중에 발생할 수 있기 때문에 입력물이 결과물과 반드시 일치하지 않는다. 지각적으로 전달된 정동과 함께 우연이 정치적으로 작동할 수 있게 된다. 일종의 정치적 불확실성 원리가 실행적으로pragmatically 확립된다. 이는 권력 메커니즘이 작동하는 시스템의 환경은 지금은 균형 상태이지만 언제라도 요동칠 수 있는 준안정상태라는 것, 말하자면 일시적으로 안정됐지만 자극에 민감한 상태라는 사실을 실행 속에서 인정한다(시몽동 2005, 26, 205~206, 326~327).

색상 시스템이 경보를 내보내는 일종의 불확실성의 화용론pragmatics이 필수적인 이유는 권력 대상object의 본성 변화와 관련된다. 권력의 실행상에 아무런 형식없음과 내용없음을 보여준다고 해서 더 이상 권력의 대상목표가 없음을 의미하는 것은 결코 아니다. 그것은 권력의 대상목표가 그에 상응하는 형식과 내용이 없다는 의미이다. 9·11-이후 통치성은 스스로를 위협의 형태로 만들었다. 위협이란 알 수 없는 것이다unknowable. 만일 위협의 세세한 내용이 알려진다면 그것은 위협이 될 수 없을 것이다. 텔레비전 경찰 프로그램에서 "여기 문제가 좀 있어요"라고 말할 때처럼, 어떤 문제가 있더라도 그 문제는 해결될 수 있다. 위협은 미결정성을 띨 경우에만 위협이 된다. 만일 위협에 어떤 형식이 있다면, 그것은 실질적 형식이 아니라 시간-형식, 즉 미래성futurity이다. 그런 위협은 아직yet 아무것도 아님nothing이며, 단지 어렴풋한 비침looming일 뿐이다. 그것은 미래성의 한 형식이지만, 그 자체를 제시하지 않으면서 현재를 가득 채울 수 있는 능력이 있다. 위협의 어렴풋한 미래적 비침은 현재의 그림자를 드리우는데, 그 그림자가 바로 공포이다. 위협은 현재에 일어나는 변화의 미래 원인이다. 미래의 원인은 실제로는 원인이 아니다. 그것은 잠재적 원인, 혹은 유사 원인quasi-cause이다. 위협은 가상 권력을 지닌 채 유사-원인으로서 현재에 정동하는 미래성이다. 정부의 메커니즘이 위협을 양산하는 것을 그 본업으로 삼을 때, 이런 잠재성을 대상목표로 삼고 유사-인과관계를 작동 양식으로 채택하게 된다. 그런 유사-원인적 작동은 안보의 이름으로 행사된다. 그런 작동은 경보 신호 속에서 스스로를 표현한다.

안보 작동 방식은 그 대상이 잠재적이기 때문에 유일하게 실제적인 지렛대라고는 위협의 소급back-cast 존재, 즉 공포의 사전-효과뿐이다. 유사-원인으로 생각되는 위협은 철학적으로 궁극인[4]의 한 종에 속할 수 있을 것이다. 그것의 인과성이 '유사-'에 해당하는 이유 중 하나는 그것과 그 효과 사이에 모순적 상호성이 있기 때문이다. 유사-원인과 그 효과 사이에는, 그것들이 서로 다른 시간대에 속하긴 하지만, 일종

---

4. * 아리스토텔레스가 사물의 성격 및 변화를 알기 위해 필요한 네 가지 이유 중 하나로, 어떤 사물이 변화하는 것의 최종 결과(end) 또는 목적(purpose)을 의미한다.

의 동시성이 있다. 위협은 공포의 발생을 유발하고 조절한다는 의미에서 공포의 원인이지만, 그것의 결과인 공포가 없다면 위협은 실제 존재에 아무런 영향을 미치지 않고 순수하게 가상으로 남을 것이다. 그 인과관계는 일종의 시간-꼬임 속에서 쌍방향으로 이뤄지며, 양극에서 즉각적으로 작동한다. 그 시간-꼬임을 통해 미래성은 미래로 남아있기를 그치지 않는 미래성을 현재로 불러오는 어떤 효과적 표현 속에 곧장 현재가 된다. 현재와 미래는 시제가 서로 다르고, 실제와 가상은 존재양식이 서로 다르지만, 공포와 위협은 하나를 이룬다. 그것들은 동일한 사건의 분리불가능한 측면들이다. 두 시제를 자체의 즉시성immediacy 속에 함께 머금고 있는 사건은 초시간적transtemporal이다. 사건의 초시간성은 잠재적인 것과 현실적인 것 사이의 통로를 유지하기 때문에, 그것은 하나의 프로세스이다. 즉, 가장 작은 인식가능한 것보다 더 작은 간격으로, 현존과 미래성 사이의 즉각적인 반복에 의해 영향을 받는 실제적인 변환이다. 사건이 그런 '가장 작은 간격보다 더 작은 간격' 속에 있기 때문에, 아마도 '초시간적'이라기보다는 '기저하부–시간적'infra-temporal이라고 하는 편이 그 특징을 가장 잘 표현한 것이리라.

월리엄 제임스의 유명한 주장처럼, 공포는 몸을 내리치며 몸에 의식적으로 등록되기 전에 몸이 행동하도록 강요한다. 몸에 등록될 때, 그 몸은 하나의 실현realization으로서 이미 진행 중인 신체 행동으로부터 자라난다. 우리는 공포를 느껴서 뛰는 것이 아니라, 우리가 뛰기 때문에 공포를 느낀다.5 제임스가 말하고자 하는 것은 "의식적으로 두려

---

5. "이렇게 성근 감정에 대해 우리가 자연스럽게 생각하는 방식은 어떤 사실에 대한 정신적 지각이 감정이라고 하는 정신적 정서를 자극하고, 이 후자의 정신 상태가 신체 표현을 일으킨다는 것이다. 반대로, 나의 이론은 '신체 변화가 자극이 되는 사실의 지각에 바로 뒤따라 일어나고, 그것이 일어날 때와 같은 변화에 대한 우리의 느낌이 바로 감정이다'라는 것이다. 상식에 따르면, 우리는 재산을 잃고 애석해하며 운다. 또 우리는 곰을

위하는" 것이다. 공포가 채 펼쳐지기 전에, 그것이 그 자체로 느껴지기 전에, 그것이 일으킨 행동과는 별개로, 이미 행동에 휩싸인 채, 이미 무의식적으로 공포를 경험하기 시작한 것이다. 공포는 우리를 마비시킬 수 있고, 종종 마비시키고 있기 때문에 '행위'act보다는 '활성화'actvitation 라고 하는 편이 더 낫다. 공포가 있을 때, 행동의 장소에 동요가, 행동을 위한 태세가, 명확한 형태를 띠지 않을지도 모를 팽팽하게 긴장된 행동의 초기형태가 있다. 특정 행동이 전개되는 경우, 그 시작은 여전히 정동과 구별되지 않은 채 그 모호한 느낌–행동–다가옴 속에, 위협의 시간–꼬임time-slip에서 지속성 없는 중단의 순간 속에 남아있을 것이다. 그 행동은 이미 재시동을 준비하면서, 직접성에 의해 신체를 진행되는 활동의 흐름에서 떼어놓는 시스템에 충격을 주게 되었을 것이다.

위협의 시간–꼬임에서 이러한 순수 활성화 수준의 공포는 경험의 강도이지, 아직 경험의 내용이 아니다. 즉, '날 활동'이다. 위협은 신체의 반응과 그 환경 사이가 분리되지 못하게 하면서 직접성으로 신경계를 내리친다. 신경계는 위협의 시작과 직접 연결돼있다. 상황의 실재는 바로 그 활성화이다. 어떤 행동action이 촉발되면 활성화activation가 진행되고, 그 탈주선을 따라 그 상황이 연장된다. 공포는 그 탈주선을 따라가며 그 자체에 활주의 운동량을 모아들이고, 그 축적을 사용하여 각각의 연속적 발판에 연료를 공급하며 일련의 단계를 따라 활성화가 이동하

만나면 두려워하며 도망친다. 우리는 경쟁자에게 모욕을 당하면 화를 내며 주먹을 날린다. 여기서 지켜야 할 가설은 이 순서가 잘못되었다는 것, 한 정신 상태가 다른 정신 상태에 의해 즉시 유발되지 않는다는 것, 신체적 징후가 먼저 그사이에 개입되어야하며, 더 합리적 진술은 우리가 울기 때문에 애석함을 느끼며, 주먹을 날리기 때문에 화가 나고, 몸을 떨기 때문에 두려워하는 것이지 울거나 화내거나 공포에 질려서 울거나 주먹을 날리거나 몸을 떠는 것은 아니라는 것이다. … 그것은 우리의 정신적 삶이 말 그대로 우리의 육체적 틀과 얼마나 단단히 짜여있는지를 어느 때보다 더 깊이 깨닫게 해준다"(James 1950, 2 : 449~450, 467).

게 만든다. 그런 식으로 반응이 과정을 밟아갈수록 공포가 눈덩이처럼 커진다. 공포는 행동의 역동적인 끌어당기기ingathering로서, 행동의 연속적 전개가 지속되리라 보장하며 사실 그 자신의 활성화인 실제 상황을 극심한 공포fright의 길로 이동시킨다.6 경험이 공포 속에 있다. 즉 경험이 공포가 행동을 끌어당기는 와중에 일어나는 것이지, 공포가 경험의 내용인 것이 아니다. 출발선에서 보자면 공포의 정동과 신체의 행동은 비식별의 상태에 있다. 행동이 전개되면서 그것들은 갈라지기 시작한다. 행동은 선형적으로 한 단계 한 단계 나아가며, 또한 소산적이어서, 자체 소진된다. 그것은 탈주선을 따라 자기의 길을 간다. 반면, 정동적 강도는 누적되는 성격을 띤다. 그것은 행동이 전개될 때 눈덩이처럼 불어나고, 실행을 멈추어도 계속 굴러간다. 이런 실행 후 계속 굴러가는 성질 때문에 그것은 행동으로부터 분리된다. 그것은 빠져나와서 그 자체가 된다. 공포의 실행과는 분리된 공포의 느낌이 등록되는 것은 바로 지금, 과거의 행동이 멈춘 지점에서뿐이다. 그 느낌과 함께 분명히 등록되는 것은 상황의 실재the reality of the situation이다 — 이것은 본래 근본적으로 정동적이었으며, 여전히 그러하다. 상황의 실재는 곧 그 상황의 정동적 질quality이다. 즉, 그것은 그 상황에서 공포가 분노나 권태, 사랑과는 상반되게 펼쳐지고 있음을 뜻한다.

이런 차원에서 경험이 공포 속에 있는 것이지, 공포가 경험의 내용이 아니라고 함은 운동량-수집, 행동-유발, 현실-등록을 하는 공포의 작동이 현상적이지 않다not phenomenal는 뜻이다. 그것은 경험의 '그것-안'in-which이다. 달리 말해, 경험의 내재성이다. 그러나 박동이 중단stop-

---

6. "본성의 연속성을 위한 기본 근거"가 되는 정동에 대해서는 Whitehead (1967a, 183~184) 및 Massumi (2002, 208~218)를 보라.

beat되는 순간 경험은 밖으로 나왔다가, 자기 속으로 들어가면서, 자기의 질을 등록한다. 그리고 나서 다른 선을 따라 경험의 펼쳐짐이 계속된다. 왜냐하면 오직 그런 일시정지의 사치를 통해서만 신체는 이전에 충격으로 인해 놓쳤던 세부적인 상황들을 구별할 수 있게 되기 때문이다. 주변을 둘러보고 경보의 원인을 명확하게 식별하고 추가 조치가 필요한 경우 상황을 받아들일 수 있게 된다. 그렇게 경험은 지각하기perceive 시작한다. 즉, 그 상황을 부분 부분으로 나누어, 그 각각은 다른 부분과 비교할 수 있는 위치를 갖고 인식할 수 있는 불변의 형태를 띠게 된다. 대상들이 공간적 배치 속에 속속 드러나면서, 그들을 에워싼 공포와 그들을 구별한다. 이는 반성을 가능하게 한다. 그냥 일어났던 일이 회고적 검토 아래 놓이고 객관적인 환경의 지도가 그려진다. 위협 지점이 어딘지를 탈주선을 거꾸로 따라가며 찾는다. 주변에 있는 대상들 중에서 극심한 공포의 원인이 무엇인지를 훑는다scan. 자기방어를 위해 사용할 수 있는 추가 탈주나 대상의 방향에 대한 목록이 만들어진다. 이러한 지각들과 반성들이 재수집[회상]recollection으로 모아지면 여기서 그것들의 강도는 끝내 사라질 것이다. 바로 이 지점에서, 낮아진 강도를 향한 이 2차 끌어당김ingathering 속에서, 박동의 중단stop-beat 속에서, 공포와 상황, 그리고 상황의 실재는 경험의 내용이 된다.

그 공포스러운 느낌이 펼쳐지는 실재는 지각 속에 접혀 들어간 그 공포의 느낌이 되었다.[7] 지각은 반성에 둘러싸여 있고, 다시 반성은 기억

---

7. 이 정식은 알프레드 노스 화이트헤드가 "정동적 정조의 조건으로서의 감각"(the sense as qualifications of affective tone) 이론에서 제안한 것이다. 그는 경험이 "그런 냄새가 나는 느낌으로 시작해서 정신성에 의해 그 냄새의 느낌으로 발전한다."고 쓰고 있다. 이것은 우리가 '분위기'라고 말하는 "정서적 톤"에도 적용되는데, 이는 "다른 감각들과 동등한 위에서 … 직접적 지각"으로 간주되어야 한다(Whitehead 1967a, 246). 다시 말해 철학적으로 볼 때, 정동과 감정 이론과 지각 이론은 엄밀히 일치한다. 정동적 정조의 개

속에서 붙들려 있다. 회상 속에서, 정동의 펼침은 다른 차원에서, 다른 방식으로, 행동이 느낌도 함께 키우다가 소진되는 문턱을 통과한 후, 다시 접혀 들어간다. 그 문턱은 많은 면에서, 일종의 전환점이다. 그것은 경험의 비현상적인 '그것-안'이 현상적인 것으로 변하면서, 경험의 내용으로 바뀌는 지점이다. 경험의 내용이란 내부성으로 번역되는 경험의 내재성을 말한다. 그 중단의 시점에 사건의 정동적 질은 행동과 분리된 그것의 순수성을 드러내지만, 그렇게 하면서 정동적 질은 정량화할 수 있게 된다. 사건의 정동적 질은 행동과 구별되지 않은 상태일 때는 상황의 총체성totality이었다. 이제 그 상황은 이제 분기되면서, 정동은 계속 진행된 탓에 고갈돼버린 행동과 분리된다. 상황은 더 나아가 지각된 대상들의 수집collection으로 나누어지고, 다시 지각과는 다른 반성과 그런 구성 요소의 일부 또는 전부의 재re수집[회상]으로 나누어진다. 박동이 중단되는 순간 정동적 순수로 드러났던 공포는 소급적이긴 하지만 경험의 많은 요소 중 하나이다. 그것은 어떤 경험의 셀 수 있는(가산加算) 구성요소 중 하나이다. 그 경험은 행동-중-느낌이라는 역동적인 단일성unity으로 시작되었는데 이제는 특정한 요소들의 수집물이 되었다. 그 전체는 나누어질 수 있는 것이 되었고, 한때 경험이었던 것이 이제 지구적으로 전체 속에서 그것의 일부로 헤아려진다. 경험의 한 내용으로서 이러한 공포는 다른 회상된 상황 속에서 다른 공포스런 일들과 비교가능하게 된다. 공포는 이제 더 크거나 더 작은 공포로 계산될 수 있다. 한때 공포는 강도였지만 이제 크기를 가진 것이 된다. 공포는 여전히 상황을 질적인 것으로 만들지만, 이제 그 질은 두 가지 방식으로 양화될 수 있다. 그것은 숫자로 셀 수 있으며 상대적인 크

념에 대해서는 앞으로 더 논의할 것이다.

기로 지정될 수 있다. 강도 속에서 공포는 오직 몸을 통해서만 살아진다lived through. 몸을 통해 살아졌기기에 그것은 거부할 수 없는, 직접적이고 즉각적인 활성화였다. 그것은 압도적이었고 그 압도는 행동의 추진력과 함께 가는 것이었다. 이제 공포는 경험의 한 내용으로서 다른 것들 중에 자리를 잡았다. 그것은 바깥에서 바라보는 식으로 비활동적으로inactively 접근할 수 있다. 다른 구성 요소와 나란히 두고서 서로 비교할 수 있다. 그러나 공포는 하나의 질로서, 여전히 어떤 파악불가능성을 유지한다. 따라서, 공포의 지각을 이끌어 낸 대상, 공포가 발생했을 때의 그 출현은 과거에는 공포의 미분화였지만, 이제 그것보다 더 단단하고 기댈 만한 것으로 보인다. 회고적으로 볼 때 그 대상들은 사건의 인지된 실재에서 더 큰 부분을 차지한다. 감정emotion은 단순히 주관적인 내용으로 치부된다. 그런데도 주관적인 것과 객관적인 것 사이에 또 하나의 분기가 일어났다. 이런 분기가 회상을 구조화한다.

사건에 대해 진술할 때, 그 서사는 사건의 객관적 전개를 주관적 인지와 평행선상에 두고 이야기할 것이다. 마치 이 이중성이 사건의 자기-미분화하는 전개 중에 발생한 작위artifact가 아니라, 사건의 시작에서부터 작동했던 것인 양 이야기된다. 그 이야기하는 신체의 개인적 이력은 이러한 이중성을 잘 다뤄야 할 것인데, 공적인 얼굴을 하고서 사적인 것으로 규정되는 주관적 내용이 아니라 객관적이라고 규정된 내용과 결합되도록 공적인 얼굴을 하고 있어야 할 것이다. 사적인 내용은 진술되지 못하거나, 혹은 전술상의 이유나 난처한 상황을 피하기 위해 편집될 것이다. 그러다가 감정적인 내용은 희미해지고 심지어 객관적 서사가 고착되는 와중에 박리되어 떨어져 나갈 것이다. 사건에 대한 이런 '투-트랙' 서사는 그 평행성을 잃을 것이다. 감정적 내용의 생동감은 고착되지 못하고 사그라들어 2차 추측 수준으로 떨어진다. "정말로 겁났던 건 아니야. 그냥 좀 놀랐을 뿐이지." 감정은 마치 사건이 일어났을 때 신체의 즉각적 반응과 분리될 수 있기라도 한 것처럼, 마치 경험의 주체가 그 감정을 가질지, 거절할지를 선택할 수 있는 것처럼, 흐릿해진다. 이런 식으로 활성화–사건으로 인해 정동적으로 튀어 올랐던 감정을 그 사건으로부터 분리할 수 있는 것처럼 취급하는 것은 곧 그것을 재현의 차원에 배치하는 것이다. 이는, 근본적으로 그리고 처음부터, 그 감정을 주관적인 내용, 즉 기본적으로 하나의 관념으로 취급하는 것이다. 그 자체의 단순한 관념으로 축소되었기에, 사적 주체가 그 감정을 스스로에게 재현하는 와중에 그 감정과 그것이 일어날 당시의 외부, 그리고 그 외부와 생생히 연결된 신체까지 그 모두를 합리적이고 제어가능한 거리에서 바라보는 것이 가능하게 된다고 마땅히 가정하게 된다. 이렇게 해서 감정은 편리하게 통제가능한 것으로 보인다.

그러나 겁먹지 않고 놀라는 것startle은 고양이 없는 웃음[8]과 같다. 직접적 활성화와 통제된 관념화 사이의 분리, 또는 신체적 차원의 정동과 이성화할 수 있는 주관적 내용으로서의 감정 사이의 분리는 거울의 이편이 작동하지 않는 일종의 반성적 '이상한 나라'wonderland이다. 윌리엄 제임스는 재빠르게 이런 당혹스러운 점을 지적한다. "관념적인 감정이 신체 증상보다 먼저 나타나는〔또는 독립적으로 나타나는〕것처럼 보이는 경우는 종종 단지 증상 자체의 재현일 뿐이다. 피를 보고 이미 새하얗게 질린 사람은 통제할 수 없이 철렁 내려앉은 심장 박동과 불안함을 가지고 외과수술 준비를 지켜봐야 할 것이다. 그는 어떤 느낌들

---

8. * 루이스 캐럴의 『이상한 나라의 앨리스』(*Alice in the Wonderland*)에 나오는 체셔캣 (Cheshire Cat)을 연상시키는 구절이다. 갑자기 모습을 감추거나 나타나는 재주를 가진 체셔캣에게 앨리스가 깜짝깜짝 놀라니 그러지 말아 달라고 간청하자, 이후 체셔캣은 몸부터 서서히 사라지다가 마지막에 웃는 입 모양만 남는다. 혹은 웃는 입부터 나타나고 다른 얼굴 부위가 나타나기도 한다.

을 예상하고^{anticipate}, 그 예상은 그런 느낌들이 일어나게끔 재촉한다 precipitate"(제임스 1983, 177). 그가 여기에 재현이라고 부르는 것은 분명히 재-표상하는 것을 의미한다. 심장이 철렁 내려앉는 것은 바로 감정의 예상이며, 마찬가지로 공포에 차 달리는 것과 같은 경우 "신체적 변화에 대해 우리가 느끼는 것이 (발생 초기 단계의) 감정이다."라고 그는 주장한다(제임스 1983, 170). 마찬가지로 예상은 신체 변화의 촉발자이다. 그리고 몸에 대한 그러한 정동적 재활성화가 공포의 재창발로 발전하는 것은 어쩔 수 없다. 우리가 대강 감정의 관념 혹은 관념으로서의 감정이라고 생각하는 것이 사실은 정동적 사건의 예상적 반복이며, 이는 신체의 과민성과 신호 사이의 조우로 인해 재촉된 것이다. 수술실을 예로 들자면, 피는 공포의 신호로 기능한다. 빨간색 경보처럼 그것은 신체를 직접 활성화한다. 그러나 그 정황상 도망갈 필요는 없다. 그것을 바라보는 당신은 수술대에 누워 마취당한 사람이 아니기 때문에 피에 반응할 수 있는 상태에 있는 것이다. 이는 또한 사실상 도망치는 것이 논외인 이유이기도 하다. 상황의 특수한 성격 탓에 움직임을 실행하는 것이 일어나지 않는다. 하지만 신체의 활성화는 이미 발생 초기 형태의 움직임이었다. 움직임이 실제로 표출되지 못했다고 적절한 감정이 발달하는 것을 막지는 못한다. 감정은 마땅히 끼어들되, 멈춤 상태로, 행동의 현실화 이후에 단계적으로 그래야 할 것이다. 여기서 신체는 상황에 따른 제약으로 인해 미리 멈춤을 겪는다. 이러한 상황에서 감정의 창발은 행동을 선제한다. 실제 행동은 이미 합선되어 버렸다. 그것은 안에서-작동한다[비-작동한다]^{in-acted}. 그것은 자체의 활성화된 잠재력 속에 봉해져 있다. 감정의 발달은 이제 전적으로 잠재적인 행동에 묶여 있다. 그것은 실제적 운동을 통해 우회하지 않고 스스로 재생될 수 있다. 즉, 그것은 내-행동[비-행동]^{in-action}을 통해 행동화^{enacted}될 수 있다.

부시의 색상경보시스템이 보장하는 정동 훈련의 일부는 현재 위험이 분명하지 않은 상황에서도 공포의 신호에 대해 예상적인 정동적 반응을 보이는 대중의 신체에 배어드는 것이다. 이는 위협의 범위를 현저히 확장시킨다. 금문교Golden Gate Bridge에 폭탄 테러로 의심되는 폭발이 있을 것이라는 경보(초기의 경보 에피소드 중 하나)는 애틀랜타에서 직접적인 반향을 일으킬 수 있다. 더욱이, 내-행동 상태인 정동적 사건의 행동화enaction는 명백한 정치적 통제의 이익이 있다.

위협의 범위도 다른 방식으로 확장된다. 감정이 행동과 독립된 채로, 그 자체를 예상하며 행동화될 수 있게 되면 감정은 그 자체의 위협이 된다. 그것은 그 자체의 잠재적 원인이 된다. "나는 병적인 공포terror에 사로잡힌 경우에 대해 들었다. 당사자인 그녀는 자기가 무엇보다 공포fear 자체에 대한 공포에 사로잡힌 것 같았다고 고백했다"(제임스 1983, 177). 공포가 그 자체의 유사-원인이 되면, 그것은 실제로 공포심에 찬 행동을 초래하는 상황의 한계를 훨씬 더 쉽게 뛰어넘을 수 있고, 그렇게 함으로써 더 심상하게more regularly 단계별 전개를 통해 순환해야 할 필요성을 뛰어넘을 수 있다. 그 단계들은 정동적 과정의 단락회로 속에서 서로 겹쳐 짧아지게 된다. 정동적 사건은 공포가 그 자체의 사전-효과가 됨에 따라, 위협의 시간장치 주변으로 더욱 단단하게 굴러간다. "우리는 감정의 효과라고 부르는 것에서 어떻게 감정이 시작하고 또 끝나는지 똑똑히 볼 수 있다"(제임스 1983, 177). 공포라는 감정은 재-잠재화되었다revirtualized. 공포는 최종 효과로서 창발한 것인데 마치 그 자체가 위협인양threateningly 그 원인으로서 다시 시작점으로 되돌아간 것이다. 이것은 또 다른 전환점을 잘 보여준다. 이제 공포는 그것을 촉발하는 외부 신호가 없더라도 잠재적으로potentially 스스로-원인이 될 수 있다. 이로 인해 모든 것이 더 견딜 수 없게 되어 그것이 주체를 '사로잡는다.'possesses 공포는 제 시간장치를 경험의 둘레에 너무나 단단히 동여매고 있어서 경험의 정동적 주변이 될 정도가 된다. 공포는 감정이 되는 것을 멈추지 않으면서 존재의 정동적 주변이 되었다. 즉, 존재가 '그것-안'이다. 공포는 스스로-원인이 되며 모든-주변에 있다all-around. 한때 경험의 바탕과 배경이었던 것이 이제 경험을 접수하려고 한다. 이런 식으로 재-잠재화된 감정이 스스로-원인이 되는 바탕이 되고, 접수된 존재를 감싸는 배경이 되는 감정을 일컬어 정동적 정조affective tone 또는 정동 기분mood(행동, 활력 정동, 순수 정동, 고유한 의미의 감정과는 등가적으로 구별되는)이라고 한다. 이것이 발휘하는 포위하는 권력의 측면을 강조할 때 부르는 또 다른 명칭이 정동 분위기affective atmosphere다.[9]

정조를 계속 바꾸는intoning 공포의 재잠재화는 서사적으로 다시는 공포를 어떤 제한된 감정으로 말하는 일이 없으리라는 것을 뜻하진 않는다. 사실 공포를 제한하려다 보면 주체는 그것에 압도당하는 걸 완화하기 위해 두 배로 더 노력해야 한다. 그러나 이는 일종의 악순환이다. 그런 노력이 더 성공적일수록 해당 주체의 실존은 그 프로세스에 더 말려든다. 재잠재화된 공포의 배경에 저항하여 주관적인 내용으로서 공포심을 갖는 것이 일종의 삶의 방식이 된다. 그러나 얼마나 많이 공포를 억누르든 공포는 항상 또 그 억누름을 넘어선다. 왜냐하면 공포의 자생 능력은 계속해서 솟아날 것이며 그 솟아오름이 주변의 기분을 좌우할 것이기 때문이다. 분명히 정서적 삶의 내용으로 자리 잡은 어떤 특정한 공포는 상대적으로 모호하거나 통상적generic이며 그것의 발생원천이 되는 정동적 배경과 대조되며 뚜렷이 부각될 것이다. 분명 사족

---

9. 캐슬린 스튜어트(2010)는 어떤 면에서 지금 하고 있는 설명과 유사한 정동 분위기 이론을 발전시킨다.

에 불과한 말이겠지만, 감정은 실제로 어디에서 발생하든 이미 정동적 정조를 띠고 있었다. 어디에서나 공포는 이중적 특징을 지닌다. 그것은 모호하면서도 분명하고, 통상적이면서도 특수하다. 하나의 삶의 방식이면서도 그 자체로 존재의 근거이다. 공포는 그 자신에 대한 유사-원인적 관계 속에서 불필요하게 자기충족적인 것, 즉 존재의 자율적 힘이 되었다. 그것은 존재생성적인 것, 즉 존재권력이 되었다.[10]

이러한 공포의 자율화는 신호-반응 단락회로short circuit에서 선제 행동 다음으로 나타나는 자연스러운 단계이다. 공포의 자율화는 선제 성이 실제 공포 상황과는 다른 독립성을 가진다는 점에 기반하여 발전 한다. 공포 그 자체가 극심하게 충격적일 경우, 스스로-원인이 되는 공포의 능력에 따라 외부의 신호가 없이도 공포는 발동될 수 있다. 정치적인 면에서 공포의 자율화는 그 단계에서 획득한 통제력을 무화할 수 있는 위험을 무릅쓴다. 다시 말해, 공포는 이제 북 치고 장구 치고 혼자 다 할 수 있다run away with itself. 그것은 자체 추진 능력을 가진다. 이러한 것이 예측불가능성의 판돈을 높인다. 고삐 풀린 공포가 어디로 향할 것인가는 경보-발행자의 추측이다. 공포스러운 정동적 사건을 촉발하기 위해 더 이상 위험 신호가 꼭 필요치 않을 수 있지만, 그런 신호들의 반복과 증식은 그것들 자체를 극복할 수 있는 조건의 씨앗이 된다. 위험의 신호들은 (뒷)근거(back)ground를 준비한다.

자가-추진하는self-propelling 공포가 신호 행동 없이 작동한다는 건 단지 피상적인 일일 뿐이다. 퍼스에 따르면, "즉각적인 지각을 넘어서는 모든 생각은 일종의 신호[기호]sign이다"(퍼스 1998, 402). 공포가 공포 자

---

10. 존재의 근거와 삶의 방식으로서의 공포에 대한 초기 이론화를 보려면 Massumi (1993) 참조.

체인 경우, 정동적 프로세스의 재촉발은 전적으로 사고-기호thought-sign 에 달려 있다. 이 촉발하기는 여전히 신체 활성화를 수반한다. "우리 안에 있는 모든 느낌에 따라 우리 몸에서 어떤 움직임이 일어난다고 생각할 만한 이유가 있다. 사고-기호의 이 속성은 기호의 의미에 대한 합리적인 의존성이 없기 때문에 내가 기호의 물질적 질material quality이라고 부르는 것에 비교될 수 있다. 그러나 어떤 생각의 표시가 있어야만 느껴질 본질적 필요는 없기 때문에 후자와 다르다"(퍼스 1998, 402).

공포가 일단 자가추진력을 가지게 된 후에 자기 자신을 다시 통제할 수 있는 유일한 방법은 공포를 느끼지 않는 것이라는 점을 생각해보자. 제임스가 다소 투박하게 말하듯이 "분화구에 마개를 씌워라"라는 것이다. 한마디로, 그것을 억제하는 것. 우리는 모두 아이 때 그 방법을 배운다. "아이들에게 감정을 누르라고 가르칠 때, 그들이 더 많이 느끼는 건 아닐 것이다." 감정은 화산폭발하듯 쌓이지 않는다. 통제될 필요가 있는 자가추진적 공포는 유황처럼 들끓는 내용물이 아니라 재잠재적 원인이기 때문이다. 쌓아 올릴 실체란 없다(강화하는 효과성만 있을 뿐이다). 따라서 아이들은 더 많이 느끼는 것이 아니라, "완전히 반대이다. 그들은 더 많이 생각할 것이다"(제임스 1983, 179). 감정을 억제한다는 건, 훨씬 더 팽팽한 단락회로로 더 많은 사고-신호를 생성하는 것이다. 이제 그것은 실제 행동일 뿐 아니라 우회하는 감정 그 자체이다. 필연적으로 신체 활성화가 계속해서 발생한다. 그러나 그중 쌓을 만한 어떤 '더'more도 없다. 그것은 정량적이지 않다. 퍼스가 생각하기에 그것은 신체의 물질적 질(과민성 양식)에 해당한다. 그것은 느껴지지 않은 채 지나갈 수도 있다. 사고-신호는 이제 그것이 "어떤 합리적 의존성도 없는" 엄청나게 질적인 무느낌과 강렬하게 결합된다. 공포는 점점 더 팽팽하게, 물질과 질이 하나가 된 무경험의 논리적 소실점 주변으로 회전한다. 이 소실점은 현상적인 것의 바로 그 경계선상에 있다. 공포가 이 경계에 다가갈수록 그것의 잠재화[가상화]는 그것이 뻗어나갈 수 있는 가장 먼 거리에 가까워진다. 공포의 유사-인과성은 질적-물질적 무의식과 사고-신호 사이에서, 실제 필요조건이나 개입 단계가 가장 적은, 가능한 최단의 회로에서 순환할 수 있다. 이로 인해 공포의 효율성의 강도는 높아지고 그것의 존재생성적 힘의 자율성은 강화된다.

퍼스가 기호sign의 의미에 대한 합리적인 의존성은 존재하지 않는다고 말했을 때 그가 의미한 바는 "사고의 내용에는 그것이 왜 꼭 그런 경우에만 떠올라서 … 그런 생각을 하게 되는지에 대해 설명해줄 만한 것이 없다"는 것이다(퍼스 1992, 45). 다시 말해, 공포에 대한 사고-기호는 그것과 관련된 생각이 논리적으로 발생할 수 있는 상황에 합리적으로 연결될 필요가 전혀 없다는 뜻이다. "이런 이성적 관계relation of reason가 존재한다면, 사고가 이러한 대상들〔맥락상 논리적으로 연결되어있는 대상들〕에 적용되는 데 본질적으로 제한이 있다면, 그 사고는 그 자신이 아닌 다른 사고로 이해되는 셈이다"(45). 그 사고를 결정할 아무런 합당한 이유가 없더라도 여전히 생각은 일어날 수 있는데, 그렇게 할 때, 그 사고는 오직 그 자체만을 이해한다. 공포는 스스로self-추상화되었다. 그것은 배타적으로 자기self-이해하는 것이 되었다. 그것은 그 자체의 자율적 사고가 되었다. 공포는 이제 생각이 닿는 곳이면 어디든 대담하게 갈 수 있다. 생각은 주의attention가 가는 곳이면 어디든 닿는다. 퍼스는 느껴지지 않는 몸의 움직임(그가 "감각"이라고 부른 것)과 주의가 "생각의 유일한 구성 요소"라고 말한다. "주의란 어떤 때는 생각이 연결되게 하고, 다른 때는 생각과 관련하여 생각하게 하는 힘이다. … 그것은 사고-기호의 순수 지시적 적용이다"(46; 강조는 원문). 그 자체에 의해서만 결정되고 그 자체만을 이해하는 사고의 경우, 주의가 다른 것에 연결되듯이 즉시 사고와 노골적으로demonstratively 연결될 때, 그 사고는—그 자체이다. 생각 속에서 공포는 강렬하게 자기-관련적이게 된다. 이는 실제 극단적 상황이나 심지어 다른 생각과도 무관하게 일어난다. 그것은 보란 듯이 스스로 기호가 된다sign. 그것은 스스로-결과인 작동논리가 된 것이다.

이는 재가상적 공포의 정동 정조라는 배경에 거슬러 적용되는 주의기술techniques of attention이 그 공포에 상응하는 신체 활성화를 느끼지 못하면서도 순수하고 지시적으로 그 공포의 사고-기호를 재생성할 수 있음을 의미한다. 공포는 (오로지 주의의 변덕스러운 변화에 따라) 거의 완전히 자동화되어, 그것의 작용actions, 맥락, 외부 징후, 논리적 내용 또는 의미, 그리고 마지막으로(최소가 아니라) 자신의 느낌으로부터 추상화된 채 가상화의 정점에 다다랐다.

우리는 이제 겁남 없이 깜짝 놀람이 일어날 수 있는 '이상한 나라'wonderland에 들어선 셈이다. 즉, 제임스가 주장하듯이 느낌 없는 신체 활성화이다. 우리는 이미, 현상적 소실점에서 있으면서 없는 체셔고양이처럼 오직 그 자신의 체셔고양이 같은 나타남만을 '비추는' 정동적 거울의 저편으로 넘어가 있다.

공포는 이제 삶의 방식을 위한 정동적 정조 또는 통상적 맥락으로서 역할하는 중에 존재의 비현상적 배경이나 경험의 '그것-안'in-which의 바깥(경험이 아닌 외부 경험)으로서 작동할 수 있다. 또한 그것은 특정한 삶의 현상적인 내용이라는 성격을 띠면서 범위가 제한될 수도 있다. 게다가, 그것에 필수적으로 동반되는 신체 활성화에 의해 방해받지 않는 자족적 사고 프로세스로서 순수하게 자기-지시적으로 기능할 수 있다. 어떤 시점에서 어떤 양식 또는 이들의 어떤 조합이 작동할 것인지는 실제로 일어나는 외부 신호 체계, 그것들을 증식시키는 맥락의 본질, 그런 맥락들을 인구화하면서populating 신체에 부과되는 억제 기술, 그리고 작동 중인 주의의 기술(예를 들어, 특히 소형화와 디지털화에 의해 지원받으며 더 광범위하고 정교하게 전 사회 영역으로 파급되는 미디어와 결합된 것)에 달려있다.

공포를 둘러보는 이 여정에서, 우리는 가상 원인에서 가상 원인으로 두 번 이상 순환하였는데, 그렇게 순환할 때마다 가상성의 정도가 증가하였다. 첫 번째 순환에서, 우리는 다양한 양식으로 나아가며 자체-분화하는 전개를 보았다. 활성화에서 행동-느낌으로, 행동-느낌에서 순수한 정동 표현에 이르기까지, 정동의 순수 표현에서 지각, 반성, 회상(회집)으로 분기되고, 그런 뒤에 정동적 억제에 이르기까지. 그런 다음 그 프로세스는 계속해서 자기 억제containment를 통해, 그리고 그것의 과잉에 의해 그 자체로 되돌아간다. 그것은 그 자체를 기호에, 그 뒤 사고-기호에 부착시킨다. 각 주기마다 유사-인과관계가 확대되었다. 그것의 확장 양식은 지속적인 프로세스의 단계로서 순차적으로 출현하였다. 그러나 첫 번째 순환의 정동적 긴장의 문턱을 넘어서, 양식의 출현은 부가적이었다. 분기는 공동-작동하는 작동 수준에 있었으며, 잠재적으로 서로 협력하거나 경우에 따라 각자 작용하였다. 단계는 순차적으로 나타나지만, 복잡한 다층 구성을 형성하기 위해 공동으로 작동한다. 전체 프로세스는 동시에 부가적이면서 분배적이다.

초기 활성화에서부터 서로 다른 단계들이 펼쳐질 때, 그 다양성 모두가 이미 그 안에, 즉 그것들의 발단 속에, 잠재태로 존재하고 있었을 것이다. 그 활성화의 강도는 그것들의 잠재태pontential의 내재성이었다. 그것들은 구조로 계층화되지 않고 즉각적으로, 실질적으로virtually, 동시-발생하고 있었다. 첫 번째 순서인 행동-중-느낌feeling-in-action에서, 그것들은 실제로 서로 구별되지 않은 채 모두 함께 흘러간다. 그것들은 역동적 중첩superpostion 속에서 활발하게 융합되었다fused. 이는 가상 원인에 의해 사건이 재활성화할 때 다양한 양식이 다시 융합됨을 의미한다. 그것들은 공유 잠재성 속에서 서로에게 되밀려간다. 그것들은 단계철회dephase나 역분화한 뒤 단계를 되돌리거나 재-전개한다.[11] 경험 자체가 재생성된다. 다른 위협에 부딪히면 다시 창발하기 시작할 것이다. 그러나 공포의 창발하는 자기-반성적 능력이 그 자체의 시작과 끝이 되거나 그 자체의 위협이 될 수 있듯이, 위협의 잠재적 효과를 지닌 어떤 신호도 그러할 수 있다(피를 봤을 때처럼). 사고-기호 역시 논리적으로 위협이나 공포에 대한 사고-기호가 아니더라도 재발(되풀이)되는 걸 시작할 수 있다(사고-기호가 그것의 합리적 결정 요인과 독립된 경우). 일단 공포가 존재의 기초가 되면, 모든 변화는 하나의 종 또는 그 종의 조합물 아래서 공포의 경험을 재생성할 수 있다. 공포의 배경 분위기에 대한 주의가 바뀔 때마다 경험의 재생산과 그 변화를 촉발하는 경고에 대한 존재생성적 부담이 생겨날 것이다(벤야민은 이를 "충격"shock이라고 말했다).

조지 부시의 색상경보시스템은 다양한 공포를 이용하고 조장하면서 존재생성적 힘 또는 존재권력을 확장시켜가도록 설계되었다. 그것은 행동 속에서 또 작동-중에, 느낌 속에서 또 느낌 없이 사고함 속에서 존재의 재생적 기초로서 자율화되는 것까지 포함하여 공포의 전체 스펙트럼을 고려하였다. 복잡한 정동 조정modulation에 대한 이러한 정부의 신호-행동sign-action에 의한 초점 조절은 엄청나게 큰 권력의 전술이다. 그것은 개인의 경험이 재창발하는 수준으로 개인을 "사로잡을" 수 있는(개인에게서 그 자신의 기원성을 박탈하는) 권력을 지닌 소통의

---

11. 단계철회(dephasing)에 대해서는 Simondon (2005, 14, 25~26, 320~323) 참조.

정치와 동맹을 맺는다. 달리 말해, 시몽동이 "전-개체적"pre-individual 수준이라고 부르는 것에서 공동-선별적으로 작동한다. 시몽동이 말하는 "전-개체적"이란 말은 "개체 내"라는 의미가 아니라 "주체와 세계 사이의 경계limit에서, 개체과 집단 사이의 경계에서"를 의미한다(시몽동 2005, 254). 그 경계는 날 활동적인 신체, 활성화될 수 있는 신체이다. 즉, 인간 삶의 일반적인 "물질적 질"인 신체적 과민성이다.

방금 기술했듯이 정동적으로 자기-재생산하는 방식으로 "행동과 감정이 서로 공명하도록" 하기 위해서는 "그것들을 포괄하는 훌륭한 개체가 있어야 한다. 이러한 개체화가 바로 집단적인 것의 개체화이다"(시몽동 2005, 253). 한 개인의 삶이 사적인 이야기와 재현에서 그것을 담는 그릇을 흘러넘칠 때(각자의 삶은 정동적으로 그런 경향이 있으므로) 그 삶은 집단적인 것의 한계로 곧장 내닫는다. 거기서, 그것은 그것이 일으킨 잠재적인 것에 과민하게 재결합하여, 그것의 다단계적인 존재생성의 다음 반복으로 나아간다. "주체는 오직 집단적인 것의 개체화를 통해서만 그 자체와 일치할 수 있다"(시몽동 2005, 253). 왜냐하면 경계란 각 단계가 다음 배치를 위해 서로 접혀들어가는 곳이기 때문이다. 바로 거기서, 그 내재성 속에서, 생명a life은 정동적 잠재성과 일치한다. 더 낫든, 더 나쁘든.

경보시스템은 집단적 개체화를 조정하기 위한 도구이다. 그것은 언론매체를 통해, 그것의 잠재성의 각도에서 대중들에게 전달되어 서로 차이 나게differentially 재개체화를 행한다. 이 시스템은 집단적 개체화가 한 사회 형태에서 다른 사회 형태로 넘어가도록 유도하기 위해 가브리엘 타르드가 말한 협박하기intimidation라는 미성숙한 사회 형태를 정부의 신호-행동의 기조로 삼았다. "더 나은 사회를 위해서"라고 부시는 말한다. 그는 미래가 더 나은 내일이 될 것이라고 약속한다. 미국은 더 강하고 안전한 곳이 되리라는 것이다.

그러나 내일의 미래는 잠재적 원인인 오늘 여기에 있다. 그리고 미국은 어제보다 더 강하거나 더 안전하지 않다. 오히려, 내일의 약속이, 오늘 여기에 존재하는 형식이 항상-현재의 위협이기 때문에 그 어느 때보다 더 불안정하다precarious. 이것은 전적으로 그 약속의 현실화가 비선형 및 유사-인과적 작동에 달려있게 한다. 그 작동은 아무도 완전히 통제할 수는 없지만, 반대로 각자 그리고 모두가 개별적으로 집단적인 것이 되었을 수 있을 그들의 신체적 잠재력 수준에서 모두를 사로잡을 수 있다. 그 결과는 확실하다. 확실한 것은 공포 그 자체가 계속해서 삶의 방식이 될 것이라는 점이다. 이 시스템이 발전하도록 돕는, 기반이 되고 우리를 둘러싼 환경이 되는 공포는 자율성을 지향하는 경향이 있다. 그 자율성은 공포를, 감안해야만 하는 존재생성적 힘으로 만든다. 그런 고려에는 우리가 파시즘이라고 부르는 공포에 기반한 집단적 개체화의 자가추진 양식도 포함되어야 한다. 왜 그 공포가 발생해야만 했는지 설명하는 사고thought의 내용은 아무것도 없지만 그런 종류의 사회로의 이행은 배제할 수 없는 잠재력이다. 부시 행정부가 활성화시킨in-action 공포는 정치적으로 강력한 것만큼이나 엄청나게 무모한 전술이었다.

그 공포와의 싸움이 그것이 스스로를 작동시킨 것과 동일한 정동적이고 존재권력적인 운동장에서 이루어질 수밖에 없는 것처럼 보이니, 혼란스러운 일이 아닌가.

정동 사실의 미래적 탄생¹

미래 최상급

2005년 퀘벡에서 냉철하기로 정평이 난 신문[르 드부아르*Le Devoir*]의 한 머리기사에 "다음 팬데믹²은 아직 오지 않았다."는 제목이 큼지막하게 뽑혀 있다. 그 제목 아래 커다란 전면 컬러 사진에는 병아리 한 마리가 너무나도 천진한 얼굴로 정면을 응시하고 있다. "그러나 그 위협은 그 어느 때보다 현실적이다"(수시 2005).

관찰 : 우리는 아직 일어나지 않은 일이 1면 기사에 실릴 수 있는 시대에 살고 있다.

인간 감염성이 있는 조류독감은 미래로부터 현재로 와서 우리를 위협하는, 수많은 존재하지 않는 실체들 중의 하나일 뿐이다. 우리는 아직 일어나지 않은 일이 1면 머리기사에 오를 뿐만 아니라, 때때로 실

---

1. * 이 글은 『정동 이론』(갈무리, 2015)에 동명의 제목으로 나온 글과 거의 같으며 뒷부분에 몇 페이지 추가되었다. 이번에 재수록하기 위해 전면적으로 검토하고 수정하였다.

2. * pandemic. 이 글이 처음 『정동 이론』으로 번역되어 나올 때만 해도 한국에서 '팬데믹'이라는 용어는 낯설었다. 하지만 현재 우리 사회에서 '세계적 대유행병'이라는 뜻의 이 말을 모르는 사람은 거의 없을 터이므로 그대로 '팬데믹'으로 쓴다.

제로 일어난 일보다 떠들썩하게 우위를 차지하는 시대에 살고 있다. 한때는 '어제'가 기자들이 우려먹는 기삿거리의 주축을 담당했다. 오늘날에는 '어제'가 '내일'의 뉴스가 내뿜는 광채 때문에 빛이 바랜 듯하다. 지난 1천 년의 끄트머리에 그의 취임이 아직 존재치 않는 다른 색깔의 세균 때문에 그늘지고 있던 미래의 대통령[부시]는 "우리는 모두 '과거는 끝났다'는 데 동의하리라 생각합니다."라고 예언했다.

물음: 어떻게 아직 일어나지 않은 일의 비존재성이 지금으로선 완전히 끝나고 완료된 것보다 더 현실적real일 수 있는가?

위협은 미래로부터 온다. 그것은 다음에 올지도 모를 그런 것이다. 그것이 발생할 장소와 궁극적 규모는 규정할 수 없다. 위협의 본질은 끝이 열려 있다[알 수 없다]open-ended는 것이다. 이는 단지 그것이 끝나지 않았다는 말이 아니다. 그것은 결코 끝나는 방식으로 작동하지 않는다. 우리는 결코 그것을 끝낼 수 없다. 설사 분명하고 당면한 위험이 현재에 구체적으로 드러났다 해도 여전히 위협이 종료된 것이 아니다. 더 심각한 상황으로 존재한 이후에라도 항상 잠들어 있는 다음의 잠재적 가능성이 있으며, 그 뒤에 다시 훨씬 더 심한 다음의 잠재성이 있다. 그러한 다음의 잠재성이 지니는 불확실성은 어떤 주어진 사건에서도 다 소진되지 않는다. 항상 불확실성의 잔재, 다 소진되지 않은 위험의 잉여가 있다. 현재에는 미래로 향해 되돌아가는forward back, 즉 스스로 갱신하는self-renewing, 다음 사건에 대한 미결정적 잠재성의 잉여가 잔존함으로써 늘 그늘이 드리워진다.

스스로 갱신해가는 잠재적 위협은 위협의 미래 현실[실재]reality이다. 그것은 더할 수 없이 현실적이다. 잠재력의 면에서 그것의 미래 운용은 이미 실제로 발생했던 일보다 훨씬 더 현실적이다. 위협은 그것의 비존재에도 불구하고 현실적인 것이 아니라, 바로 그 때문에 가장, 즉 최상급으로 현실적이다.

관찰:미래의 위협은 영원하다.

과거 미래들

되감기:때는 2004년 여름이다. 조지 W. 부시가 대통령 재선을 위한 선거 홍보를 펼치고 있다. 그는 이라크 전쟁에 관해 방어하는 중이다. 그의 정부가 그 침략을, 특히 사담 후세인이 대량살상무기 저장고를 소유했다는 혐의를 입증하기 위해 내세운 이유가 실제로 아무런 근거가 없다는 점을 인정하라는 여론이 그를 압박해 오고 있기 때문이다. 처음으로 부시는 그 증거를 면밀히 검토해 온 사람들이 밝힌 사실들을 인정한다. 하지만 그는 더 나아가 그 침략에 대한 사실적 근거가 부족하다고 해서 그것이 그가 잘못된 판단을 내렸다는 걸 의미하지 않는다고 주장한다.

> 비록 우리는 무기 더미를 발견하진 못했지만 나는 우리가 이라크로 들어간 것이 옳았다고 믿습니다. 우리가 그렇게 했기 때문에 미국은 지금 더 안전합니다. 우리는 공공연한 미국의 적을 제거했고, 그들은 대량살상무기를 생산할 능력을 가지고 있었어요. 그리고 그런 역량은 그 무기들을 손에 넣길 원하는 테러리스트들에게 넘어갈 수도 있었겠죠. (슈미트와 스티븐슨 2004, A9)

그 침략은 옳았다. 왜냐하면 과거에 미래의 위협이 있었기 때문이다. 그 같은 '사실'을 지울 순 없다. 단지 잠재적 위협menace이 명확한 현재의 위험으로 드러나지 않았다고 해서 그것이 거기에 존재하지 않았다는 의미는 아니다. 비존재이기에 훨씬 더 실재적이다. 현실화되지 않은 위협 threat의 '최상급' 미래성은 과거로부터, 닭장 속의 닭의 모습으로 미래로, 그 사이에 끼어있는 모든 현재를 거쳐 나아간다. 그 위협은 영원토록 실재적이게 되어 있을 것이다*will have been real*.3

그것은 실재적이라고 느껴졌기 때문에 실재적이게 되어 있을 것이다. 위험이 존재했든 하지 않았든, 그 위협은 공포의 형태로 느껴졌다. 실제로 실재하지 않는 것이 존재하는 것처럼 느껴질 수 있다. 위협은 실제적 존재양식이며, 공포는 그 그늘이다. 위협은 현재에 임박한 현실성을 가진다. 이러한 실제적 현실성은 정동적이다.

공포는 어떤 위협적인 미래의 현재에 속하는 예상적 현실성이다. 이것은 존재하지 않는 것에 대해 느껴진 현실성이며, 그 문제의 정동 사실 affective fact로서 어렴풋하게 존재한다.

한 번 비존재하는 현실은, 언제나 비존재하는 현실이다. 과거의 예상은 여전히 하나의 예상이며, 그것은 언제까지나 예상인 채로 남아 있을 것이다. 물질화되지 않은 위험이라고 해서 거짓은 아니다. 그것은 진짜로 느껴진, 어느 과거-미래의 모든 정동적 현실성을 지니고 있다. 미래의 위협은 거짓이 아니다. 그것은 연기되었다. 그 상황은 영원히 열려 있다(끝을 알 수 없다). 그 미래성은 위협의 감정이 일어났던 과거에 머물지 않고, 시간을 거슬러 파급된다. 그것은 과거-현재에서 발생한 시점부터 끝없는 원을 그리며 앞으로 나아가며, 그것의 미래는 여전히 남아 있다. 위협은 선형적 시간을 거쳐 지나가지만 선형적 시간에 속하지는

---

3. * 여기서 '미래 완료' 시제를 쓰는 것은 과거에 시작된 일이 미래에 그렇게 될 것을 확신하는 관점이 스며 있음을 보여 준다. 위협에 대한 예상은 과거에 근거하지만 미래를 이미 판단해 버리는데, 그것은 항상 잠재적인 것으로 남기 때문에 그 결과에 대한 판단은 영원히 보류될 수 있다.

않는다. 그것은 '항상 그러할 것이다'the always will have been는 식의 비선형 회로에 속한다.

정리定理 : 만일 우리가 위협을 느낀다면, 위협이 있었던 거다. 위협은 정동적으로 자기-원인이 된다.

보충 : 만일 우리가 [과거에] 위협이 있었던 것처럼 [현재] 위협을 느낀다면, [미래에도] 위협은 항시 있을 것이다. 한 번 위협은 영원한 위협이다once and for all 4, 자기 스스로 원인이 되는 비선형적의 시간 속에서.

이중 가정

느껴진 실재로서의 위협은 일단 발생하면 선제행동에 영원히 정당성을 부여한다. 갓 부상하고 있는 위협을 선취하여 분명한 현재적 위험으로 바꾸는 조치는 실제 사실5과는 상관없이 공포라는 정동 사실로 인해 합법화된다. 선제행동은 앞으로도 항상 옳을 것이다. 이러한 순환성은 논리의 실패가 아니라 다른 논리이다. 그것은 위협의 자기-원인됨과 동일한 정동 영역에서 작동한다.

정동적으로 정당화된 사실의 논리는 가정문으로 드러난다. 부시는 사담 후세인이 하지 않은 일을 했을 수 있기 때문에 자기가 한 일을 했다. 부시의 주장은 선제의 논리를 사실상 정당화하지 못한다. 사담은

---

4. * 마수미는 이 글에서 이 구절 'once and for all'을 반복해서 쓰고 있다. '일단 한 번 ~하면 영원히 지속된다'는 의미로서, 스스로 원인이 되어 반복되는 위협의 리듬을 강조하는 효과를 낸다.

5. 내가 말하는 "실제 사실"(actual fact)이란, (예컨대, 사법체계, 행정 검토 체계, 동료 간 검토 과정 등) 해당 체제가 선제적으로 작동하지 않은 상태에서, 해당 문제가 일반적으로 귀속되는 한 규범 체계에 의해(규칙이나 관습, 합의에 의해) 공공연하게 인정되는 사실로 규정된 상황을 의미한다.

실제로 그럴 "능력"조차 없었지만, 그것은 선제 논리에 아무런 문제가 되지 않는다. 그것은 일종의 이중 가정에 기초하고 있기 때문이다. "미국 국방부의 신보수 인사들은 CIA가 사담 후세인이 할 수 있다면 무엇을 할지에 방점을 찍기보다는 할 수 있다는 점을 힘주어 강조했다고 주장했다"(도리엔 2004, 186).

CIA 방식에 비하면 부시는 온건한 편이었다. 당시 팽배했던 신보수주의적 관점에서 볼 때 그는 자기가 옳은 이유에 대해 너무 조심스럽게 말하고 있었다. 그는 사담이 그럴 능력이 없었지만 그가 "할 수 있었다면 했을" 것이기 때문에 자기가 옳다고 했다. 그 문제는 아직 결론이 나지 않았다. 미래의 어떤 순간에라도, 그가 그 수단을 확보할 수 있었으면, 그리고 그가 할 수 있게 되자마자 그는 했었을 것이다. '할 수 있었으면, 했었을 것이다.' 이중 가정이다.

현재의 위협은 실제 사실의 확실성으로부터 단계적으로 후퇴한다는 점에서 논리적 퇴행이다. 실제 사실은 그랬을 수도 있다. 즉, 사담 후세인은 WMD[대량살상무기]를 가지고 있었을 수 있다. 그것으로부터의 한 단계 후퇴는 '그가 WMD를 가질 능력이 있었다'가 된다. 다음 단계는, '그는 그럴 능력이 없었지만, 그럴 능력이 있었다면 그는 역시 그렇게 했었을 것이다.'이다. 그가 '했었을 것이다'라는 역행적 주장은 경험적으로 어떤 확실성을 가진 근거를 제시할 수 없는, 사담의 성격과 의지에 대한 추측에 기반하고 있다. 하지만 그것은 확실하게 내세워진다. 그것은 실제 사실에서 유래한 것이 아닌 어떤 확실성을 수반한다. 그것의 확실성은 그 문제에 대한 정동 사실에 빚지고 있다. 느껴진 실재로서의 위협은 너무나 '최상급의 현실'이어서, 설령 관찰 가능한 세계에 그것을 지지할 만한 다른 근거가 없더라도, 세계에 대해 느껴진 확실성으로 번역된다. 그러한 단언은 "육감"이라는 느껴진 확실성을 지닌다. 부시는 이라크와 나머지 국가들과의 전쟁에서 선수를 치는 최후의 결정을 내리는 과정에서 바로 이 육감을 뽐내며 공식적으로 채택했다(우드워드 2002, 16, 136~137, 145, 168).

선제에 대한 실제 사실로부터의 논리적 퇴행은 선제를 정당화하는 담론과 현재 맥락의 객관적 내용 사이의 어긋남을 형성한다. 그리고 선제에 대해 확신하는 말들은 표면적으로 그러한 어긋남을 언급한다. 그것이 실제 사실로부터 후퇴하면서 위협과 관찰 가능한 현재 사이에 논리적 탈구를 일으킨다. 현재에 논리의 틈새가 생기며, 그 틈새로 위협의 실재가 끼어들어 다시 그 위협을 미래로 연기시킨다. 이중 가정의 논리적 부화를 거치면서, 위협은 자기-원인이 되는 미래성을 향해 되돌아가는 현재에 핑계를 만들어 준다.

'했었을 것이다/할 수 있었을 것이다'라는 정동-추동적 논리는 모든 선제의 의향과 목적을 위해 실제 사실들은 항상 그 진실을 알 수 없는 채로 남을 것이라는 점을 두서없이 확언한다. 그러한 논리는 조치를 명령하기 위해서는 위협이 분명하고 현재적인 위험으로 — 아니면 적어도 긴급한 위험으로라도 — 가시화되어야 할 필요를 면제해 준다. 부시 정부가 천명한 정책기조doctrine에 따르면, 선제권력의 대상은 "아직 완전히 긴급하지 않은 위협"이다. 그 정책기조는 긴급한 위험에 대해 말하지 않는다. 분명하고 현재적인 위험은 말할 것도 없다.6 그리고 다시 (또다시), 한 번 위협이 발생하면 그것은 영원하다.

문제 : 만일 선제 정책이 정동 사실이라는, 실제적 기반이 없는 것

---

6. 1장에서 논했듯이, 고전적인 전쟁 정책은 "분명하고 현재적인 공격 위험"이 있을 경우 선제행동을 하는 것을 허용한다. 선제는 실제 위험에 직면했을 경우, 오직 방어적으로만 허용된다. 근래의 신보수주의자들의 선제에 대한 기조는 완전히 긴급하지는 않은 위협, 혹은 더 급진적으로는 심지어 아직 출현하지도 않은 위협에 대하여 공격적 행위를 하는 것을 정당화한다.

에 기초하고 있다면, 그것은 어떻게 그 정치적 정당성을 가질 수 있는가? 실제 사실들을 지적하는 것만으로 그것을 붕괴시키기에 충분치 않은가?

관찰: 부시는 재선에 성공했다.

그래도, 옳은

빨리 감기: 때는 일 년 후, 2005년 여름이다. 여론조사에서 처음으로, 이라크 침공 이년 뒤에, 대다수 미국인들이 이라크 전쟁을 반대한다. 선제행동, 혹은 뭐든 그러한 특수한 행동의 정당성이 흔들거리고 있다. 이러한 여론 악화는 이라크 침공 결정을 뒷받침할 실제 사실들이 부족하다는 점이 상식이 된 오랜 뒤에야 시작되었다. 그것은 아부 그라이브에서 자행된 고문의 충격적인 이미지들이 퍼지고 광범위하게 돌자, 이에 대해 대항-정동적counter-affective 충격이 생겨나면서 시작되었다.[7] 이때가 되어서야 침공에 대한 실제적-사실적 근거의 부족이 선거 여론에 반영되기 시작했고, 당시 여론은 사진으로 방출된 고문에 대한 정동적 반격으로 인해 선제의 논리를 덜 수용하게 되었다. 부시는 단호하게 선제의 논리에 다시 시동을 걸려고 시도한다. 그는 전국에 방송되는 라디오 중대 발표를 통해 그가 철수를 반대하는 이유를 설명한다. 부시는 자신이 적어도 차후 2년간 계속 사용할 하나의 논거를 효율적으로 사용한다.[8]

---

7. 아부 그라이브의 이미지들은 2004년 4월에 처음으로 세상에 드러났다. 고문을 이용하는 것을 정당화하는 부시 정부 문서들의 개요를 보려면, Greenberg and Dratel 2005 참조.

8. 예를 들어, Knowlton (2007) 참조.

그는 이렇게 말한다. "몇몇 사람들은 사담 후세인을 권력에서 물러나게 하려는 나의 결정에는 동의할 것입니다. 하지만 이제 세계의 테러리스트들이 이라크를 테러와의 전쟁의 전 초기지로 만들었다는 데에는 우리 모두가 동의할 수 있습니다"(부시 2005a). 알-카에다와 사담 후세인 사이를 잇는 테러리스트들 간의 연결고리가 존재한다는 것은 대량살상무기 이후 두 번째 주요 논거가 되어 있었다. 부시 정부는 원래 이라크 침공을 정당화하기 위해 사용한 대량살상무기에 대한 주장을 이미 이 연설 훨씬 이전에 철회하지 않을 수 없었다. 알-카에다가 침공 당시 이라크에 있지 않았다는 사실이 이제는 침공이 옳았다는 이유가 된다. 지금 그들이 거기에 있다는 사실은 만약 그때 그들이 거기에 있을 수 있었더라면 그들은 그렇게 했었을 것이라는 점을 증명하기 위해 쓰일 뿐이다.

'할 수 있었을 것이다/했었을 것이다'의 논리는 두 가지 역할을 한다. 만일 위협이 직접적으로 드러나지 않아도 그것은 여전히 '할 수 있었다면 했었을 것이다'로 남는다. 만일 위협이 정말로 드러나면, 그것은 단지 과거에 일어난 일의 미래 가능성이 과거 실제로 거기 있었음을 보여 주는 셈이다. 이럴 경우, 선제행동은 미래의 실제 사실들에 의해 소급적으로retroactively 정당화된다.

부시는 알-카에다가 지금 이라크에 있는 이유가 그들을 이라크에서 몰아내기 위한 침공이 이미 시작되었기 때문이라는 점, 즉 사실상 그런 선제조치가 싸울 명분을 제공하는 결과를 초래했다는 점을 언급하지 않는다.[9]

관찰: 선제행동은 그 힘이 행사되는 대상을 만들어낼 수 있으며, 자

---

9. 1장, 그리고 5장 2번 주석을 참조.

신의 논리에 모순됨 없이, 딱히 스스로의 정당성을 훼손하는 일 없이 그럴 수 있다.

정리 : 선제 논리는 정동적 영역에 기반하여 작동하고 현재와 미래 사이를 돌고 도는 비선형적 시간 속에 자리 잡고 있기 때문에, 규범적 논리에서와 같은 무모순noncontradiction의 규칙을 따르지 않는다. 규범적 논리란 과거에서 현재까지의 선형적 인과관계에 특권을 부여하며 결과적 현실에 대한 원인을 미래성에서 찾기를 꺼린다.

밀가루 공격

일시정지 : 그즈음, 몬트리올 한 공항에서 비상사태가 선포되었다. "독성 물질 경보"가 내려진 것이다. 어떤 여행 가방에서 백색 분말이 새어 나오고 있었다. 이 사건의 실제 사실 여부는 필요한 검사가 행해질 2주 뒤까지 미래에 남겨졌다. 하지만 조치를 미룰 수는 없었다. 그것은 탄저균일 수 있었다. 그 잠재적 위협에 대해 조치를 취해야 한다. 공항이 폐쇄된다. 공항으로 가는 고속도로도 폐쇄된다. 하얀 멸균복을 입은 남자들이 파견된다. 미국 특수기동대SWAT와 경찰 관계자들이 대거 몰려든다. 공포에 떠는 승객들은 터미널에 격리된다. 언론사의 헬리콥터들이 상공을 맴돈다. 실시간 뉴스가 지역의 방송들을 온통 차지한다. 만일 그 분말이 탄저균이었다면 행했었을 수 있는 모든 행동들이 선제적으로 취해진다. 극적으로 빠른 그러한 공중보안 장치의 대응은 상거래와 유통에 중대한 장애를 일으킨다. 그 현장은 재빨리 멸균처리되고, 일상은 다시 정상으로 돌아온다.

관찰 : 선제권력은 저 멀리 전쟁터에서부터 국내의 전선(군사적 분쟁이 없는 나라들에서도 마찬가지로)까지 씻어 내린다. 국내 전선에서

는 그것의 '했었을 것이다/할 수 있었을 것이다' 논리가 경보를 발효하는 등 공중보안 절차들과 결합되는 특정 형태를 띤다. 아주 미미한 잠재적 위협의 조짐에도 발령되는 경보는 즉각적인 행동들을 다발적으로 동반한다. 그 위협에 대한 대응으로 행해진 행동들은 실제 위험에 수반되었을 것과 똑같은 종류이며 수많은 똑같은 효과들을 발생시킨다. 선제조치들은 경제와 일상생활에 혼란을 일으킨다. 이러한 것은 원래 테러리스트들이 직접적인 공격의 영향 너머에서 초래하려고 계획했던 바이기도 하다.

정리: 나름의 방식을 지닌 방어적 선제행동은 맞서 싸울 대상을 만들어 내는 공격적 선제행동과 동일한 능력이 있다. 이런 능력은 방어적 조치의 증가하는 속도와 열의와 더불어 방어와 공격, 국내 안전관리와 군사행동 사이의 경계를 희미하게 만든다.

2주 뒤, 그 분말의 정체가 밝혀졌다. 그것은 밀가루였다. 아무런 독성 물질도 없었음이 발견된 뒤에도 후속 뉴스 기사들은 계속 그 사건을 "독성물질 경보" 사건으로 지칭했다.[10] 어떤 기사도 그것을 "밀가루 경보"라고 지칭하지 않았다. 그 사건은 백색-분말화된 테러에 대한 정동적 먼지 날림으로 남아 있다. 밀가루가 연루되었다. 밀가루는 탄저균에 대한 공포로 얼룩져, 백색성과 분말성이라는 위협적 성질들을 연상시킨다는 그 사실만으로 유죄이다.

선제적 논리의 용어로 말하자면, 그 사건은 독성물질 경보였다 — 그 물질이 독성이어서가 아니라, 그 경보가 잠재적 독성물질에 대한 것이었기 때문이다.

관찰: 경보는 관련 대상의 실제 정체를 특정하지 않고도 어떤 잠재

---

10. 한 예로, *La Presse*(2005a) 참조. 특히, 사진과 사진 설명을 보라.

적 위협이 지닌 포괄적generic 정체성을 규정할 수 있다. 그래서 나중에 사실은 무해한 물체(혹은 다른 상황에서는, 사람들)라고 밝혀질 것이 그 경보가 지속되는 기간 동안 공식적으로 위협적인 물체로 선언된다. 그것은 그것들이 내보이는 물질적 속성들이 그 전반적 설명에 맞아떨어진다는 점에 기반한다. 사후에, 그 대상들은 그 사건에 정동적으로 연루된 것으로 인해 얼룩진다. 왜냐하면, 그것들은 실제로 항상 경보에 의해 생산된 공포와 결합되어 있을 것이고, 공포는 위협을 예측하여 반응하게 하기 때문이다.

정리: 위협의 정동적 현실은 전염성을 가진다.

정리: 위협은 경보 메커니즘을 통하여 그것의 가정적 결정을 객관적 상황 위에다 덮어씌울 수 있다. 그 두 가지 결정들, 즉 위협을 일으키는 것과 객관적인 것은 공존한다. 하지만 위협-결정적인 '했을 것이다'와 '할 수 있을 것이다'는 더 압도적으로 미래 지향적이며 정동 영역에서 작동하기 때문에 단연 대중적으로 우위를 차지한다. 이로 인해 그것은 정치적 존재와 잠재성에서 우위를 띤다.[11]

---

11. 어떤 위협-사건에 연루된 물체나 신체의 정동적 얼룩짐은 기능적으로 해당 문제의 정동 사실을 실제 사실로 받아들이도록 바꾸는 결과를 낳을 수 있다(앞의 주석 5번에서 정의했듯이). 실제 사실은 직접적으로 경합 대상이 되지도 않으며 망각되지도 않는다. 다만 무력화될 뿐이다. 실제 사건은 전면에서 작동하는 실재로서 실권을 장악하는 정동 사실 뒤로 미끄러진다. 이러한 정동-사실적 일식(eclipse)의 예는, 2007년 부시 대통령이 이전에 관타나모만에 있는 국경 너머 감옥을 폐쇄하겠다는 의향을 표현했던 말을 취소한 사례에서 나타난다. 관타나모만은 아부 그라이브에서 고문 스캔들이 터진 후 정치적 골칫거리가 되었다. 여기에 "적군들"이 흔적도 없이 사라진 비밀스러운 "블랙 사이트" 감옥이 있다는 폭로가 있었고, CIA가 외국 땅에서 혐의자들을 납치하여, 체계적 고문을 한다고 알려진 제3국으로 보내려고 하는(이는 완곡어법으로 '이송'이라 한다) 데 대한 비판이 있었다. 관타나모를 다른 국경 밖 행위들과 같은 범주에 놓는 이유는 이 모두가 혐의자들을 다룰 때 표준적인 법적 절차에 따라 조절되는 정부의 조치를 선제하는 것을 목적으로 한다는 점 때문이다. 이 전략은 몰아치듯 이루어진다. 규범적인 법적 절차들이 작동할 기회를 얻기 전에 그것들의 결과들을 재빨리 생산해 내기 위해서

이제 이 사건은 독성물질 경보의 결과 정부가 안전절차를 향상시켰다는 후속 보도가 나오면서 마무리되고 있다. 언론에서는 이 잘못된 경보가 비행기 승객들의 안전을 눈에 띄게 증진시켰다는 것으로 다루어지고 있다(*La Presse* 2005a).

정리 : 선제가 명시적으로 생산하고자 했던 안전은 그것이 피하고자

이다. 어떤 실제 범죄가 증명되기도 전에 투옥과 처벌이 갑자기 이루어진다. 붙잡힌 사람들의 몸은, 선험적으로, 죄지은 것으로 취급된다. 이는 순전히 우연히 그들이 사는 집 인근에서 현실화된 위협의 기호들에 기반하여 행해진다. 수년간의 투옥 끝에 석방된 관타나모의 수감자들 중 몇몇은 미국이 아프가니스탄에 침공했을 때 거기서 잡혀 왔으며, 결국 단지 잘못된 시간에 잘못된 장소에 있었을 뿐이라는 사실이 밝혀졌다. 억류자들을 선험적으로 죄가 있는 듯 취급하는 것은 그들의 실제 행동이나 그들이 제기했던 실제 위험과는 상관없이 이 죄질을 그들의 삶에 부여하는 것이다. 그들은 마치 언제나 죄가 있었던 듯 얼룩진다. 그런 느껴진 죄질은 그 자체의 정동적인 분위기를 지니며, 증오, 원한, 혐오, 불신 등 수많은 다른 구체적인 감정들로 바뀌어질 수 있다. 그 억류자는 일종의 정동적인 파리아[pariah : 인도의 불가촉천민]가 된다. 부시 정부에 따르면, 석방이 예정된 어떤 수감자들은 어떤 나라에서도, 심지어 원래 그들의 모국에서도 받아들여지지 않을 것이라고 한다. 이들은 미군이 재판에 송부할 수 없었던 억류자들이며, 이는 그들의 사건이 국내의 범죄 체계에 회부될 정도로 강하지 않다는 것을 의미한다. 심지어, 증거에 대한 부담 선이 이례적으로 낮으며 고소된 사람의 변호 가능성이 심하게 제한된, 새로 설립된 군사위원회에 회부될 정도도 되지 못한다. 부시는 어떤 아이러니를 느끼는 듯이 보이지도 않고, 모순이 있다는 것을 모르는 것처럼, 바로 그런 사건들 때문에 관타나모만은 계속 가동되어야 한다고 설명했다. 그 감옥은 기술적으로 무죄인 사람들을 억류하기 위해 계속 유지되어야 한다는 것이다. "이것은 몇몇 사람들이 피상적으로 생각하는 것처럼 그렇게 쉬운 문제가 아닙니다."라며 그는 설명을 이어갔다. "많은 사람들이 그들 가운데 살인자들을 두기를 원하지 않습니다. 그런데 이 사람들 중 대다수가 살인자입니다." "이 사람들은" 죄가 없으므로 석방되어야 한다. 하지만 그들은 "살인자"여서 석방될 수 없다. 부시의 추론은 규범적 논리의 기준에서 비논리적이라고 판단하는 정도만큼 비논리적인 것은 아니다. 그 분명한 비일관성은 무죄의 인정과 유죄의 주장 사이에서 발생하는 사실적 차원의 변화에 따른 것이다. 실제 사실에서 정동 사실로 이동해가는 중에 중간-논리가 발생한 것이다. 정동 사실은 이 무고한 사람들이 살인자만큼 선하다는 것이다. 그 어떤 것도, 선제적으로 유죄로 취급된 그 사람들이 정동적 색깔 입히기의 결과, 이제 효과상(in effect) 영구히 유죄라는 사실을 바꿀 수 없다. 그들은 효과 면에서[결과적으로](effectively) 유죄인 것이다(아마도 그들이 할 수 있었다면 했을 것이라고 가정된다). 무기한 구금이 이제 그들이 처한 상황에 대한 힘들고, 삶을 소모케 하는 정동 사실이다. 정동 사실들은 오직 그들 스스로의 선제적 발생에 의거한다(stand on). 그러나 그것들은 실제 사실들을 효과적으로 대신할(stand in) 것이다.

했던 것을 암묵적으로 생산해 내는 것에 입각하고 있다. 즉, 선제적 안전은 그 자체가 기여하는 불안전의 생산에 입각해 있는 것이다. 그래서 선제는 그 자체의 실행을 위한 조건을 생산하는 데 적극적으로 기여한다. 선제는 본래 그것이 대상으로 삼는 위협-잠재성에 내재된 자기-원인적인 힘을 그 자체의 작동을 위해 포획함으로써 그렇게 하는 것이다.

구체적으로 부정확한

되감기 : 2005년 10월, 뉴욕시. 마이클 블룸버그 시장은 시에 경계령을 내린다. 시의 메트로폴리탄 지하철과 버스 시스템의 "무려 19개" 지점에 동시다발로 폭탄을 터뜨릴 거라는 소름 끼치는 구체적인 협박이 있었다고 한다. 그는 텔레비전 뉴스 회담에서 "이 정도로 구체성을 지닌 협박을 받기는 처음입니다."라고 말한다(바자이 2005). FBI는 "믿을 만한" 소식통에 기반하여 이 계획과 관련된 범인을 이라크에서 체포했다고 발표한다. "기밀 작전을 통해 이미 이 위협을 일부 차단했습니다." 공격적 선제행동이 이미 행해졌지만, 여전히 그 협박의 위협적인 잔재가 있다는 느낌이 남아있었다. 선제행동이 재채택된다, 이번에는 방어적으로. 국내에서 갈아타는 환승객들은 보안 기관에 보고되었고, 의심스러운 사람이나 물건을 주시하면서 시의 감시에 협조하라는 요구를 받았다. 해로운 물질로 가득 찼을 수도 있을 어떤 의심스러운 물병 하나가 펜 역에서 목격되었다. 그것은 분리되어 제거되었다(만일 그것이 할 수 있었으면, 했었을 것이다 …).

다음 날, 국토안보부는 "정보기관은 이 구체적인 위협의 신빙성에 대하여 아주 심각한 의심이 있었다."고 무게 있게 발표한다. 뉴욕시 경찰청장은 그 협박이 "아주, 아주 구체적이었다. 구체적인 장소, 구체적인 대상과 방식을 제시했다.”고 힘주어 말했다. “아시다시피, 그래서 우리는 우리가 했던 일들을 해야 했습니다. … 우리는 머지않아 이것이, 아시다시피, 그 실체가 있는지 없는지 훨씬 더 잘 알게 될 거라고 믿습니다”(바이센슈타인 2005).

위협이란 구체성을 지니고 있어서, 아무런 “실체”나 객관적 “신빙성” 없이도 구체성에 부응하는 정도로 확고한 선제행동을 취할 수 있다. 협박에 대한 대응으로서 행해진 선제행동은 만일 그것이 그 협박의 긴급성으로 인해 시작된 것이라면, 설사 실제 상황의 긴급성은 없었다 하더라도, 논리적으로나 정치적으로나 여전히 올바르다. 그것은 심지어 그 정보가 객관적으로 부정확하다고 판명되고 아무런 실제적 위험이 없었다 하더라도 여전히 정당화될 수 있었을 것이다.[12]

정리 : 경보는 객관적인 사태에 대해 정확성을 가지고 대응해야 할 의무가 있는 지시적 말referential statement이 아니다. 경보의 올바름cor-rectness에 대한 척도는 그것이 자동으로 촉발하는 선제행동의 신속성과 구체성이다. 그 경보의 가치는 그것의 수행에 따라 측정된다. 그것은 지시적인 진리-가치를 가지는 것이 아니라 수행적 위협-가치를 지닌다. 그것의 의미론적인 내용과 객관적인 지시대상 사이의 어떤 대응관계보다 더, 그 위협과 그것이 촉발한 행동들의 수행적 공통성commensurabil-ity이야말로 그 경보의 올바름을 정하는 것이다. 집단 안보에 대해 제기

---

12. 이 사건 이후, 언론에서는 이제는 신뢰성이 없어진 정보에 따라 누가 선제공격을 했는지, 또는 그들의 현재 상황은 어떤지에 대해 어떤 질문도 제기되지 않았다. 그들은 살해되었는가? 그들은 제3국으로 인도되었는가? '블랙 사이트' 감옥으로 사라졌는가? 관타나모로 보내져 무기한 구금되었는가? 그들의 사건이 재판에 회부되었는가? 이러한 물음을 누구도 품지 않은 것처럼 보인다. 실제-사실적 차원에서 발생하고 있었던 것이 아니라, 위협이 공포를 통해 저절로 해결되는 정동적 차원에서 발생하고 있었다. 앞의 주석 11번 참조.

된 물음으로 느껴진 그것의 올바름은 직접적으로 정치적이다. 위험의 기호sign로서의 그 위협-경보는 위험에 대한 지시적 언어가 아니라 신뢰성과 실효성이라는 다른 기준에 속한다.

정리: 위험은 아무런 실제 지시대상을 가지지 않는다.

보충: 선제성preemption이란 아무런 실제 지시대상이 없는 위협을 대상으로 삼는 권력의 한 양식이다. 선제성의 정치학이 그 자체의 작동을 위한 위협의 잠재성을 획득하면, 권력의 실제 대상을 찾는 것을 중단한다.

"9·11 세대"

뒤로 빨리 감기: 이제 2008년 미국 대통령 선거 준비 기간이다. 전 뉴욕 시장 루돌프 줄리아니는 줄곧 9·11을 되감으면서 선거전에 가속도를 붙이며, 다음 선제행동을 개시하고 있다. 그는 미국 국방장관 도널드 럼스펠드가 취한 1기 부시 행정부 정책의 연속선상에서 강경 신보수주의적 입장을 띤 기고문을 『포린 어페어스』에 싣는다. 그 글은 9·11 공격이 새로운 세계-역사적 시대를 개시했다고 주장한다. 쌍둥이 빌딩의 붕괴는 그가 럼스펠드를 따라 테러리즘에 맞선 "기나긴 전쟁"이라고 부르는 것의 시발점이었다는 것이다. 마치 베를린 장벽의 건설이 냉전의 시초가 된 것과 꼭 마찬가지라고 그는 말한다. 줄리아니는 "우리는 모두 9·11 세대들입니다."라고 선언한다(줄리아니 2007).

9·11은 수천 명의 사람들을 죽게 하고 더 많은 수천 명의 사람들을 직접적인 위험에 처하게 한 실제 사건이다. 사람들은 그 엄청남에 입이 딱 벌어졌다. 그것의 직접적인 충격은 그 후 오랫동안 공포로 남아 있으며, 나머지 잉여위협으로 위험을 전가하였다. 9·11은 일종의 과잉-

위협을-양산하는 실제 사건으로서 아마도 선제적 정책을 정당화시키는 그 어떤 다른 위협-생성적threat-o-genic 원천들보다 더 많은 일을 했을 것이다. 부시 행정부는 정책을 정당화하기 위해 잠재적 위협을 재차 상기시키려고 그 사건을 지속적으로 되새겼다. 부시를 이기려고 선거에 나온 양당의 후보들 또한 그들 자신의 국가 안보 자격을 굳히기 위해 그 사건을 정기적으로 상기시켰다.[13] 그리고 아직도 계속···.

물음 : 잠재-위협을 가열시키는 선제 정치에는 식별가능한 기원이 있는가?

9·11에는 선행 사례가 있었다. "테러와의 전쟁"이 1970년대에 리처드 닉슨 대통령에 의해 선포된 적이 있다. 그때와 2001년의 9월 사이에는 1993년 세계무역센터 폭격 같은 덜 성공적인 테러라고 할 만한 몇몇 공격이 있었다. 9·11 이후에도 다른 공격이 더 있었다. 만일 역사적, 지리적 영역을 더 넓혀 본다면, '테러리스트'에 의한 것이라고 규정할 만한 공격은 무한정 늘어난다.

관찰 : 9·11은 경계가 무제한인 동종 사건들의 반복적 시리즈에 속한다.

위협이 명확하고 현재적인 위험으로 구체화되는 사건은 잠재-위협의 잉여-잔재를 돌출시킨다. 그것은 이중 가정법의 결합 메커니즘과 구체적 위협의 객관적 부정확성을 통하여 새로운 대상들, 사람들, 맥락들을 오염시킬 수 있다. 위협의 자기-원인됨은 무수히 증식한다. 위협 경보들, 그 수행적으로 서명된 위협-사건들은 재빨리 그 자체의 반복

---

13. 9·11을 환기시키는 것은, 그 사건이 발생한 지 만 6년이 지난 후에도 81퍼센트의 미국인들이 그것을 그들 생애에서 가장 중요한 역사적 사건으로 생각한다는 "조그비 국제 여론조사" 결과를 감안할 때, 족히 포퓰리즘적 정치에 해당한다고 볼 수 있다. 이 수치는 "이스트 코스트"에서는 90퍼센트에 달했다(*Montreal Gazette* 2007).

적 연쇄를 구성하게 된다. 이러한 시리즈는 그것들을 양산한 정동 논리의 나긋나긋함과 강렬함 덕분에 승승장구 증식하는 경향이 있다. 이에 대한 하나의 지표로, 국토안보부에 따르면 미국에서 2003년에만 118건의 공항 대피 사례가 있었다. 2004년에는 276건이었다. 그중 아무것도, 실제 폭탄 사건은 물론이고 어떤 테러리스트 시도와도 관련이 없었다.[14]

그 시리즈가 증식해가는 사이 실제 공격 시리즈와 위협-사건 시리즈 사이의 구분은 희미해진다. 이와 동시에, 위협과 그에 상응하는 수행이 감행되는 유類적 대상들generic identities의 범위는 확장된다. 테러리스트 시리즈에는 비행기로 고층건물을 격침하는 것, 비행기 미사일 공격, 지하철 폭탄, 자동차 자살공격, 도로상의 폭탄, 세면도구로 위장된 액체 폭발물질, 테니스화 폭탄, "더러운" 폭탄[15](실제 발견된 적은 한 번도 없음), 우편물 속의 탄저균, 다른 명칭이 붙여지지 않은 테러용 생물학 무기, 부비트랩 우편물, 폭발물이 장착된 콜라 캔, 공공장소의 물병…이 포함된다. 이 목록은 길고 한정 없이 뻗어간다. 느껴진 잠재-위협의 정동적 대량 생산은 비교적 적은, 위험이 구체적으로 발생하는 사례들의 실제성(사실성)을 포위해버린다. 그것들은 공유된 공포 분위기 속에 온통 뒤섞여 있다.

그런 분위기 속에서, 테러리스트의 위협 시리즈는 다른 유적 대상들을 포함하는 시리즈 속으로 섞여 들어간다. 실제로 존재하거나 존재

---

14. *La Presse* (2005b. 당시 국토안보부의 '차르'였던 톰 리지의 논평에 대한 기사). 이 기사의 프랑스어 표제 "Plus de panique!"는 선제의 양가성을 잘 포착하고 있다. 이 말은 따로 떼어놓고 보면 '더 두려워하라'(more panic)와 '더는 두려워 마라'(no more panic), 둘 다로 읽힐 수 있다(이 기사에서 제안한 해석은 후자이다).

15. * dirty bomb. 다이너마이트와 같은 재래식 폭탄에 방사능 물질을 채운 방사능 무기로, 폭발 시 방사능 물질이 유포된다.

하지 않는 위협을 포함하여 서로 이질적인 바이러스 류의 시리즈가 있다. 이 세기의 첫 몇 년간 나온 몇 가지만 말하자면, 인간-전염성 조류 독감, 사스, 웨스트나일 바이러스, 밀레니엄 버그 등이다. 위협의 유적 변형에는 아무런 분명한 경계가 없다. 그것은 생물학과 컴퓨터 바이러스 사이처럼 규범적인 논리적 경계들을 아무런 장애 없이 넘나든다. 혹은 음식과 병원균의 관계를 살펴보자. "어제 [퀘벡]주 보건부 장관 필립 쿠일라드는, 정크 푸드를 조류 독감의 지역적 유행에 비유하면서, 그 주는 설탕이 들어간 음료수와 정크 푸드를 학교에서 몰아내는 집중단속을 할 예정이라고 말했다"(도허티 2007). 그 시리즈들은 함께 결합되고 뒤엉키어 무한한 선제행동을 견인하는 데 봉사한다.

공포 분위기는 이처럼 무한성의 경향을 띤 위협을 포함하는데, 그것은 테러리스트의 공격이 실제로 발생하는 것과 동일한 수행 수준으로 이루어진다. 위협적인 유적 대상은 대체로 특정한 변이들의 끝없는 양산을 수용하는 정도까지 뻗어나간다. 위협의 대상은 순수하게 미결정적이게 되는 정도까지 극단적으로 나아가는 경향이 있으며, 그동안 어떤 성질(즉, 위협)과 그 성질을 느껴지게 만드는 능력을 보유한다. 병아리 한 마리의 사진이 이러한 성질을 체현할 수 있으며 그것은 테러리스트의 용의자 사진만큼이나 신빙성 있게 느껴질 수 있다.

극단적으로 말해 위협은 어떤 느껴진 질felt quality이다. 그 성질은 그 자체의 어떤 특정한 심급과도 별개이며, 마치 빨간색이 어떤 개별적인 빨간 색조와는 별개의 성질일뿐더러, 어떤 개별적인 빨간 색조가 실제로 그 색조를 띠게 되는 발생 과정과 별개인 것과 마찬가지이다. 위협은 하나의 추상적인 성질이 된다. 위협이 자기-원인이 될 때, 그것의 추상적 성질은 정동적으로, 즉 깜짝 놀람과 충격과 공포 속에서 드러난다.[16] 정동적으로 드러나기에, 그것의 성질은 분위기 속에 쫙 퍼져 있다. 위협은 결국은 주변에 퍼져 있는 것이다ambient. 그것의 논리는 순수하게 질적이다qualitative.

정리 : 결국은 주변에 퍼져 있는 위협의 성격으로 인해 선제적 권력은 환경적 권력이 된다(2장 참조).[17] 그것은 (실제로는 아무것도 없는) 하나의 대상을 경험적으로 조작하는 것이 아니라, 느껴진 질이 생활환경 속에 스며들도록 변조한다modulate.

물음 : 만일 9·11이 하나의 기원이 아니라면, 그것은 무엇인가? 그것은 어떻게 그것이 속하는 무한성의 경향을 띤 시리즈에 새겨 넣어지게 되었는가? 선제권력을 시기별로 구분하는 것이 가능한가?

9·11을 어떤 기원으로 정하기보다 그것이 하나의 문턱을 표시하는 것이라고 생각해 볼 수 있을 것이다. 그것은 그 위협-환경이 주변적인 두께를 입고 어떤 일관성을 획득하게 된 하나의 전환점이 되어, 그것을 변조하는 데 몰두한 선제권력 메커니즘에 다른 권력체제보다 유리한 고지를 제공한 것이라고 생각할 수 있다.

정리 : 위협의 정치적 힘과 자체적으로 잠재-위협을 이용하는 선제적 정치를 이해하기 위해서는, 선제권력을 다른 정치 체제와의 상호작용의 영역 속에 위치시키고, 그것들의 진화적 분산 및 수렴뿐만 아니라 공존의 양식을 분석할 필요가 있다.[18] 한마디로, 위협의 환경적 권력에

---

16. 이것은 6장에서 논의했듯이, 퍼스가 말한 "물질적 성질"(material quality)이다.
17. * 이전 『정동 이론』에 실린 원고에는 원래 이런 주석이 달려 있었다 : 미셸 푸코는 미국의 신자유주의, 즉 선제공격을 선호하고 규범적인 통치 논리로부터 멀어지며 신보수주의적 움직임의 여건을 형성하는 경제정치학의 특징을 "환경성"(environmentality)이 된 통치성(governmentality)으로 지칭한다. 그는 환경성이란 "규범적-원칙적 체계의 대거 후퇴"를 나타낸다고 쓰고 있다. "그것에 상응하는 것은 인간행위의 기계화, 개인화하는 '통치성' 구성, 즉 훈육적인 격자, 지속적인 규제, 종속화-계층화, 규범이다."
18. 질 들뢰즈와 펠릭스 가타리는 권력 양식들 사이의 관계를 "문턱 혹은 정도"라는 용어

생태학적 접근법을 채택할 필요가 있다.

보충 : 권력의 생태학 속에 있는 각 권력체제는 자신의 인과론을 내포하며 독특한 박자[시간-표]time-signature가 있는 자체의 작동논리를 가지고 있다. 그러한 인과적·시간적 프로세스는 각 권력체제의 대상에 다른 어떤 체제의 대상과는 다른 존재론적 지위를 부여한다. 자신의 존재론과 관련하여, 각 체제는 자신의 정치적 '사실들을 구성하는 데 참조가 되며 자기들의 정당화를 보장하는 전용 인식론을 가질 것이다. 권력체제들에 대한 정치적 분석은 반드시 이러한 형이상학적 국면들까지 확장되어야 한다. 특히 작동논리의 경우 더욱 그러하다.

정지

물음 : 작동논리란 무엇인가?

스스로에게 자기-원인됨의 권력을 부여하는 식으로 존재론을 인식론에 결합시키는 것을 작동논리라고 부른다. 작동논리는 다른 프로세스 및 논리들과 함께 공유하는 환경 혹은 외부 영역에 내재하는 하나의 생산적 프로세스다. 그것은 그 영역 속의 구성적 움직임으로 나타난다. 즉, 그 자체로부터 다양한 이미 구성된 사실을 반복적으로 생산해 가는 하나의 경향이다. 그것이 어떤 것을 기정사실화하는 결정 형태들은 태생적으로 그것들의 구성적 프로세스상의 자기-원인이 되는 역량 덕분에 증식해 가는 경향을 지닌다. 작동논리란 그 자신과 같은 종種의 존재를 구성해 가는 프로세스다.

로 분석한다. 그것을 넘어 이미 하나의 경향으로 활성화된 것은 "일관성을 띤다"(1987, 12). 5장의 경향과 혼합성(mixity)에 대한 논의 참조.

물음 : 작동논리가 원하는 바는 무엇인가?

그 자체. 그 자신의 지속. 그것은 자가생산유지적autopoietic 19이다. 작동논리가 지닌 자기-원인이 되는 힘은 그것이 자율적으로 자신을 확장하도록 추동한다. 그것의 자가생산유지적 작동 방식은 그 자체를 보편화하려는 충동drive을 지닌다. 이 논리에 의지한 그러한 충동은 근본적으로 이질적인 형태들을 띨 것이다(세계교회주의부터 제국주의까지, 사목적인 것에서 호전적인 것까지).

정리 : 작동논리는 일종의 권력에의 의지will-to-power이다.

이러한 권력에의 의지는 비인격적이다. 왜냐하면, 그것은 필연적으로 다른 작동논리들과 영속적으로 상호작용하는 외부성의 영역에서 작동하기 때문이다. 더불어 권력에의 의지는 항상 호혜성을 전제로 한 역동적인 상태에 있다. 그것은 현상의 영역이다. 그 상호작용은 다양한 권력 체제 속에서 현실화되어 상호적reciprocal 외부성과 잠재적 이음매를 지닌 동일한 영역에 공동으로 자리 잡는다. 아마 작동논리의 현실화는 다양한 수준으로, 하나 이상의 체제에서 이루어질 것이다. 어떤 권력체제에서도 완전하게 현실화되지 않은 작동논리는 다른 논리들과 잠재적으로virtually(미래성의 현재적 힘으로서 예견적으로, 혹은 "부정적으로 파악된 채로"negatively prehended) 상호작용한다.20

---

19. * 인지생물학자이자 철학자인 움베르토 마투라나가 생물의 특징을 정의하기 위해 창안한 용어로, 자기 자신을 지속적으로 생성하는 능력을 의미한다.

20. 여기서 작동논리라고 부르는 것은 들뢰즈와 가타리(1987)가 "기계적 과정" 또는 "추상 기계"라고 부르는 것에 해당한다. "우리는 사회 구성체들을 생산양식이 아니라 기계적 과정들에 의해 이루어지는 것으로 정의한다(반대로 생산양식은 이러한 과정들에 좌우된다). ⋯ 정확히 그러한 과정들이 공존하는 변수들로서 사회적 위상학의 대상이 되기 때문에 이에 대응하는 다양한 사회 구성체가 동시에 존재하게 된다"(435). "여러 구성체들의 외적인 공존만 있는 게 아니라 기계적 과정들의 내재적(intrinsic) 공존도 존재한다. 또 각 과정은 자체적인 '역량'(a power)과는 다른 '역량' 아래서도 기능하며, 다

른 과정에 대응하는 역량에 의해 포획될 수도 있다"(437). "모든 것은 영원히 상호작용
하면서 공존한다"(430). 기계적 과정은 "합목적성은 없지만 그럼에도 불구하고 미래가
현재에 작용함을 여실히 보여 주는 역방향의 인과관계(reverse causalities)"에 따라 작
동한다. 이는 "시간의 전도"를 함축한다. "이러한 역방향의 인과관계는 진화론을 산산
이 깨뜨린다. ··· 아직 존재하지 않는 어떤 것이, 그것이 실제로 존재하게 될 것과는 다
른 형태로, 이미 작동하고 있다는 점을 반드시 보여줄 필요가 있다"(431). 이 장에서 들
뢰즈와 가타리가 가장 관심을 두는 기계적 과정은 "포획 장치"를 형성한다. "일반적으
로, 하나의 포획 장치가 수립될 때마다, 그리고 그 장치가 겨냥하는 대상을 만들어 내
거나 만들어 내는 데 기여하는 매우 특수한 종류의 폭력이, 그래서 그 자체를 전제하
는 폭력이 여기 동반될 때, 하나의 본원적(primitive) 축적이 이루어진다"(447). 자신
이 겨냥하는 것을 만들어 내는 폭력은 "예상-저지 메커니즘"(anticipation-prevention
mechanisms)을 채택한다(439). 다시 말해, 그것은 선제적으로 행동함으로써 생산적
으로 작용한다. 과정들과 이에 대응하는 구성체들 사이에서 "예상-저지 메커니즘은 커
다란 전송 역량(power of transference)을 갖거나" 혹은 전염(contagion)의 역량을 가
진다(437). 들뢰즈-가타리의 용어로, 여기 분석된 선제권력은 위협-가치의 "본원적 축
적"을 초래하고 정동의 감염을 통하여 그것의 작동논리를 퍼뜨리는, 새로운 종의 지극
히 악성적인 포획장치이다(Deleuze and Guattari 1987, 430, 431, 435, 437, 447). "그들
의 실제 존재와는 다른 형태를 띤" 작동논리들 사이에 효과적인 상호작용이 일어나
는 양식 중의 하나는 알프레드 화이트헤드가 사용한 부정적 파악(negative prehen-
sion)인데, 이는 앞서 4장에서 얘기한 바 있다. "부정적 파악이란 〔하나의〕 사항이 주체
의〔과정의〕실재적인 내부 구성에 적극적으로 기여하지 못하도록 그것을 완전히 배제
하는 것을 말한다. ··· 부정적 파악은 일종의 결속(bond)을 표현한다. ··· 각각의 부정적
파악은 아무리 미미하고 희미할지라도 그 자체의 주관적 형태를 가지고 있다. ··· 그것
은 객관적 데이터에는 추가되지 않을지라도, 정서적 복합물〔정동적 분위기〕에 추가되
며 ···〔부정적 파악〕은 어떤 하나의 사항이 어떻게 느껴지는지를 표현하는 데 필수적이
다. ··· 하나의 실체〔하나의 과정〕에 대한 부정적 파악은 그것의 정서적 주관적 형태를
띤 하나의 긍정적 사실이다〔이것이 정동 사실이다〕.; 주관적인 파악의 형식들 속에는
일종의 상호적인 감수성이 있다〔부정적으로 파악된 것을 향해 효과적으로 뻗어 가는
교호적 전제를 지닌 생태학이 있다〕"(Whitehead 1978, 41~42).

들뢰즈와 가타리의 어휘로, 부정적 파악에 의해 구성되는 이 "결속"은 포획이 지니는
"국지화되지 않는 결합체계"(non-localizable liaisons)의 특징을 보여 주는 하나의 사
례이다(1987, 446). 위협은 그 자신의 어떤 현실적 사례와도 구별되는 하나의 분위기상
의 성질로서 "미미하게 그리고 희미하게" 느껴지는 한계 속에서 그러한 국소화되지 않
는 결속을 구성한다. 심지어 그것이 경보 기호 속에서 구체적으로 표현되지 않을 때조
차 그러하다. 그것은 여전히 하나의 실재를 구성하지만, 추상적인 방식으로, 비록 적극
적으로 느껴지진 못한다 해도, 주체적인 형태들의 상호적 감수성이 "어떻게" 이루어지
는지에 기여한다. 위협은 여전히 여러 형태들이 감정적으로 어떻게 그들의 개체화를 추
구하는지를 조건 짓는 정동적 환경인, 공유된 "정서 복합체"에 더해진다. 이러한 것은

물음 : 위협이 하나의 작동논리일 경우, 그것에 대한 분석은 어떻게 해야 효과적일까? 만일 그것이 구성하는 그런 종류의 사실이 정동적이며 대체로 실제 사실과는 별개의 것이라면, 그것의 대상이 절대로, 미래에도 존재하지 않는다고 말하는 것 말고 달리 뭐라고 할 수 있을까?

모두 알다시피, 실제로 현재하지 않는 것을 그럼에도 불구하고 그것의 효과 속에서, 그리고 그것의 효과로서 실재적으로 현재하는 것으로 만들면서 특화시키는 실체의 일반 범주가 하나 있다. 바로 기호이다. 기호는 객관적으로 부재하는 잠재능력적 힘potential force을 현재하는 것으로 느끼게 만드는 그릇이다.

정리 : 작동논리로서의 선제적[선취적] 역량을 이해하기 위해서는 반드시 그것의 생산적인 '되어감'becoming의 과정을 하나의 기호작용semio-sis으로 표현할 수 있어야 한다. 선제성이 되어감의 존재를 생산하는 것은 느껴진 질인 정동을 중심축으로 돌기 때문에, 이에 적절한 기호 이론은 무엇보다 먼저 느낌feeling의 형이상학에 기반하여야 할 것이다.

미래 화재의 연기

어떤 사람이 꿈을 꾸고 있다가 갑자기 크고 길게 울리는 화재 경보를 들었다고 상상해 보자.

특히 위협-가치의 "원시적 축적"이 일단 프로세스상의 메커니즘이 가진 "커다란 전송역량" 덕분에 그것을 둘러싼 환경을 거쳐 어떤 수준이나 확장에 도달할 때 발생하는 상황이다. 현실적으로 감지되진 않지만 여전히 부정적으로 파악되며, 희미하고 순전히 질적으로 느껴지는 그 끝점에서, 이런 식으로 작동하는 위협은 이전 작업에서 내가 "저강도의"(low-level) 배경 공포라고 기술했던, 주체성의 구성에 그 자체를 넌지시 비추는 능력을 지닌 공포를 구성한다. 이것은 가장 추상적인 수준의 정동 사실이다. Massumi (1993) 참조.

그 경보가 울리는 순간 그는 깜짝 놀란다. 그는 본능적으로 달아나려 한다. 그는 손으로 귀를 막는다. 단지 그 소리가 불쾌해서가 아니라, 그 소리가 너무도 강하게 그에게 밀어닥치기 때문이다. 그래서 그러한 본능적 저항은 그것의 필연적인 일부이다. … 이러한 행위함과 행위받음의 의미는 사태의 실재 — 외부의 사물과 우리 자신 둘 다에 해당하는 — 에 대한 의미이기도 한데, 이를 반응의 의미라고 부를 수 있다. 그것은 어떤 하나의 느낌에 머물지 않는다. 그것은 한 느낌이 다른 느낌에 의해 갑자기 깨어지는 것이다. (퍼스 1998d, 4~5).

화재 경보는 C. S. 퍼스가 지시체indications 혹은 지표 기호indexes라고 부르는 것에 해당하는 기호이다. 지표 기호들은 "사람의 신경에 작용하고 그의 주의를 강제한다." 그것들은 신경을 강제로 끌어당기는데, 연기가 불에 연결되어 있듯이 "그들의 존재가 사태들에 물리적으로 연관되어 있어서 그것에 대해 무언가를 보여 주기" 때문이다(퍼스 1998, 5). 하지만 지표 기호들은 "아무것도 주장하지 못한다." 오히려 그것들은 "'저기 봐!'나 '조심해!' 같은 명령법 혹은 감탄사"의 형태를 취한다(퍼스 1998, 16). 그것들이 "보여주는" 순간 우리는 놀란다. 그것들은 직접적으로 수행적이다.

수행적 행위나 말a performative은 항상 자동-발효되는self-executing 명령으로 닥쳐온다. 그 명령을 일으키는 지표적 기호는 아무것도 확실하게 말하지 못하지만, 여전히 하나의 형태를 전달한다. "그 전달된 형태는 늘 그 명령의 역동적인 대상을 결정짓는 것이다. 역동적 대상이란… 지각하는 정신에 강제로 작용하는 것을 의미하지만, 지각이 드러내는 것 이상을 포함한다. 그것은 실제 경험의 대상이다"(퍼스 1998, 478).

그럼 불이 나지 않았는데도 경보가 울리면 무슨 일이 발생할까? 경보라는 기호는 아무것도 없음 이상을 확인해 주지 않는다. 그것은 여전히 명령법에 불과하고, 여전히 자율적으로 하나의 명령을 발효시킬 뿐이다. 그것은 여전히 우리를 놀라게 해서, 우리가 외부를 향하면서 동시에 우리 자신을 향해 하나의 사태 현실에 깨어 있게 한다. 그것은 계속 주의를 강제로 집중시키며, 다음 느낌으로 변이되면서 이전의 느낌을 깨뜨린다. 여전히 무슨 일인가가 일어나고 있다. 하나의 기호-사건이 발생한 것이다. 이것이 실제 경험이며, '지각이 드러내는 것 이상'보다 더욱 많은 것을 포함한다.

이는 단순히 추정상의 경험 대상인 불이 존재하지 않는다는 의미가 아니다. 그 불은 본질적으로 지각에서 부재하는 것이지 주변 환경상 부재하는 것이 아니다. 불은 나지 않았고 경보는 실수였다. 그렇다면 어떻게 하나의 허위가 '최상급의' 실재적 우위를 점하는 경험이 될 수 있는가?

어찌 그렇지 않으랴? 퍼스에게, 명령의 "역동적 대상"은 불이 아니다. 그 역동적 대상은 "정말로 효과적이지만 직접적으로 존재하지는 않는 대상"이다(퍼스 1998, 482). 여기에 신경을 자극하는 유사-원인이 있다. 그것은 바로 몸에 신호를 준다는 측면에서, 불의 위협이다. 그것은 신호를 받아 신경이 곤두선 몸의 경계심을 깨운다. 그 사건은 전적으로 기호와 '본능적으로' 활성화된 몸 사이에서 발생한다. 그 몸의 느낌은 새로운 느낌으로 이행하라는 기호의 명령에 따라 "고장 난다." 그 순간, 이러한 이행적 고장 말고는 아무것도 존재하지 않는다. 그런 느낌, 그 갑작스러운 법석이 여전히 꿈결처럼 거듭-깨우는 경험의 세계를 가득 채운다.

그 "역동적 대상을 결정하는 전달된 형식"은 다름 아닌 역동적 몸의 형식, 이 순간 경계상태의 세계에 거듭-깨어나며 강제로 변화하는 그 몸의 날 활동이다. 그것은 바로 그 몸을 다음 경험으로 이행하게끔 추동하는 활성화 사건activation event에 다름 아니며, 거기에서 깨어 있는 세계는 이미 변화를 겪고 있는 세계일 것이다. 모든 것은 그 활성화된 몸과 그 몸의 되어감의 기호 사이에서 발생한다. 불이 났건 나지 않았건, 경보에로의 이행과 경보를 통과하는 이행이 이루어진다.

그 불이 허위로 속임수로서 비존재하는 것이 아니라 미래시제로 비존재하는 것이라면 어떨까? 만일 연기가 아직 발생하지 않은 불의 연기라면 어떨까? 만일 그 기호-사건이 미래의 원인에 의해 촉발된 것이라면 어떨까?

이것이 바로 위협에 대한 기호론적 물음이다.

기호활동semiosis 21은 기호가-유도하는 되어감이다. 그것은 어떻게 하나의 기호가 실제 경험에서 몸의 되어감을 역동적으로 결정하는지에 대한 물음이다. 그것은 하나의 추상적 힘이 어떻게 물질적으로 결정하는 힘을 가질 수 있는지에 대한 물음이다. 이 물음은 실수로 기표화된 현재 존재하지 않는 불에 대해서도, 아직 발생하지 않은 미래의 불에 대해서도 동일하게 적용된다. 하지만 한 가지 차이점이 있다. 미래-발생적 불에는 실수가 있을 수 없다. 그것은 언제나 선제적으로 옳을 것이다.

그 하나의 차이가 모든 차이를 만든다. 이제 물음은, '미래의 불의 연기가 선험적으로 옳다고 할 때, 그것의 경험적인 정치적 함의는 무엇인가?'가 된다. 몸의 활성화된 살의 차원에서, 즉 되기가 진행되는 몸의 차원에서, 오류가 결코 있을 수 없는 경보의 옳음이라는 차원에서 우리가 가정해야 하는 그 몸의 실존적인 효과는 무엇인가? 영속적으로

---

21. * 찰스 S. 퍼스가 도입한 용어로 기호와 연관된 활동이나 행위, 과정의 형식을 일컫는다. 한마디로 기호 작용의 과정을 의미한다.

7장 정동 사실의 미래적 탄생 **317**

신경을 자극받아 위험을 알리는 기호들이 영원히 어른거리는 세계로 거듭 깨어나는 몸의 실존적 효과는? 한 번 위협이면 영원히 위협인 세계의 실존적 효과는? 무한히 계속 이어지는 잠재-위협이 실제 경험으로 만들어지면서 되기의 잉여가 발생하는 것, 이 모두가 한순간에 이루어지는 세계라면?

갑작스럽고 커다란 경보를 듣고 잠에서 깬 한 사람이 미래에 의해 회고적으로 전조前兆가 드리워진 현재의 세계, 현재의 되어감이 결국 미래적인 '그렇게 되어 있을 것이다'로 재편된 꿈의 세계로 다시 떨어지는 상황을 상상해 보라.

그 모든 법석

퍼스는 기호가 그 자체를 몸에 들이미는 것과 이에 대한 "반동으로" 몸이 본능적으로 느끼는 "저항"은 "행위자와 피행위자로 구별"될 수 없다고 주장한다(퍼스 1997, 179). 신체적인 활성화 사건은 아직 능동성과 수동성의 구분이 없는 거듭-깨어남의 문턱에서 발생한다. 이것은 몸이 자신의 "본능"과 기호의 구성적 수행에 의해 전달된 거듭-깨어남을 구별할 수 없다는 의미이다.

재활성화하는 몸과 기호 작용 사이의 비구별 지대는 그들의 상호 관계를 아우르고 보장하는 공유 환경으로 확장된다. 몸과 그것의 환경 사이의 구별을 일깨우는 것은 환경을 이루는 수동성 속의 능동성, 즉 몸에 수동적으로 스스로를 새기는 환경에서 유래한 능동성이 아닌가? 거듭-깨어남의 법석 속에서는 행위자와 피행위자의 구별 이전에 아직 몸과 그것의 환경 사이 혹은 그 둘과 그와 관련된 기호 사이에 어떤 경계도 없다. 또는 꿈과 사건 사이에도 마찬가지이다. 이런 구별들은 법석 속에서 이행이 일어난 후, 다음의 결정적 느낌 속으로 안착할 때 다시 등장할 것이다. 이때 전달되는 형식은 결정적 느낌을 배태胚胎하고 있는 한없는 활성화에 대해 느껴진 역동적 형식이다. 즉, 다시 동터 오는 우주 속의, 순수 정동pure affect이다. 이러한 것이 바로 그 기호가 "보여 주는" 바이다. 위에 인용한 퍼스의 역동적 대사에 대한 정의는 끝이 잘렸다. 그것은 다음과 같이 이어진다. "전달된 형식은 항상 공동마음commind의 역동적 대상에 대한 결정이다"(퍼스 1998, 478. 강조는 원저자). 공동마음은 "문제의 기호가 자신의 기능을 완수하기 위해서 애초에 발화자와 해석자 사이에서 잘 이해되는(그리고 잘 이해되어야 하는) 모든 것으로 구성된다"(478). 그것은 여러 신체 중 하나의 신체를 사건과 일체가 되어 함께할 수 있도록, 집단적 개체화에 필수적인 최대의 즉시성으로 결합시키는 모든 것이다(6장 참조). 한 신체와 다른 신체 사이, 신체와 환경 사이, 이 모두와 기호 사이의 구분은 그런 법석 속에서 재출현할 것이며, 얼마간의 이행 뒤에 그다음의 결정적 느낌으로 안착될 것이다. 전달된 형식은 결정적 느낌을 싹틔우는 구속 없는 활성화에 해당하는 느껴진 역동적 형식이다.[22] 순수 정동. 집단적으로 느껴진. 다시 동터 오는 우주. 이것이 바로 기호가 "보여주는" 것이다.

---

22. 여기서 퍼스의 용어를 조정하여 사용하는 중에 "물질적 질"로서의 초기발아적 신체(6장에서 논의)는 경험의 내용만큼이나 그것의 잠재적 느낌(실제로 느껴지거나 느껴지지 않은)의 각도에서 고려되는 역동적 형식이다. 달리 말해, 역동적 대상이란 위협이 신체에 충격을 가할 때(강제적 이행으로 내던져지는 느낌) 그 속에서 효과를 발생시키는 독특한 형식이며, 물질적 질은 위협이 발휘하는 효과가 즉시 표현되는, 그러나 전반적으로 반성되고 사후 비교되는 식으로 표현되는 공포를 말한다(이것도 6장에서 분석됨). 후자가 퍼스가 말하는 "즉각적 대상"에 해당할 것이다("정서적 대상과 즉각적 대상은 일치한다"; Peirce 1998, 410). 다니엘 스턴의 용어로 말하자면 역동적 대상에 대한 느낌이 "활력 정동"(vitality affect)이다. 공포는 "범주적" 정동의 싹이다(Stern 1985, 53~61; Massumi 2011, 43~44, 111, 152~153; Massumi 2014a, 25~30, 56~58, 78~80도 참조). 효력 면에서 이런 것들은 동일한 사건의 동시-발생하는 면면이다.

위협의 정치적 존재론을 이해하려면 이러한 지표적 경험의 정동적 새벽시간[중간지대]twilight zone으로 사유를 돌릴 필요가 있다. 그 북적거리는 비구별의 지대에서 세계는 되어감에 걸맞게becomingly 지각이 드러내는 것보다 훨씬 많은 것을 포함하게 된다. 바로 그런 연유로 사유의 접근은 현상학적일 수 없다. 사유는 틀림없이 후안무치한 형이상학에 가까울 것이다. 분명 그것은 결코 나타나지 않는, 다음에 나타날 것을 조건 짓는 식으로 확장되어 간다. 바로 화이트헤드가 나타남의 실재reality of appearance라고 명명했던 그것 말이다.

나타남의 실재란 비존재의 존재발생적 실효성이다. 그것은 발생하지 않은 것이 가지는 실재의 잉여가 역설적이게도 사건이 되는 것이며, 그 사건 속에서 나타남의 실재는 더 결정적인 존재를 향한 놀라운 이행을 생산하는 것이 된다.

조심해!

"그 계기는 우주의 창조성을 결집시켜 그 자체의 완전성을 만들어냈다. 그 완전성은 우주의 창조성이 발원하는 원천인 실재하는 객관적 내용에서 추상화된 것이다"(화이트헤드 1967a, 212).

이러한 것은 "현재 속 미래의 내재성과 결부된"(217) 동시대 사건들의 상호적 내재성 속에서 "이념적인 것이 현실적인 것과 혼합된 결과이다"(211).

저기 봐!

"바다에서도 땅에서도 도대체 존재하지 않았던 빛이야"(211).

마지막 물음 : 그 빛은 선제성 저편에서 빛나는가?

긴 과거 후

현재의 역사에 대한 회고적 입문

사건들의 독특성을 기록하라. …사건들의 회귀를 파악하라. …심지어 사건들의
빈틈. 즉 사건들이 발생하지 않았던 순간을 정의하라. ─ 미셸 푸코, 「니체, 계보
학, 역사」[1]

사건의 철학자들은 언제나 역사에 대해 따지는 경향이 있다. 과정
과 생성의 철학자들도 그렇다. 화이트헤드는 "역사라는 이름의 우화 덩
어리"라고 거침없이 말한다.[2] 그는 "비판적 사유의 긴 시간의 예측fore-
cast과 후술back-cast"이 우리의 생각에 미치는 "불행한 효과"를 한탄한
다. 결국 과거도 미래도 존재하지 않는다. 우리가 "긴 미래와 긴 과거를
자꾸만 생각하는 습관"은 "구체적 사실을 직접 관찰하지 않고 머리로
만 순수히 추상적으로 상상"하려는 일종의 "문학적" 노력이다. 긴 지속
의 연속체, "수백 년, 수십 년, 수년, 수일의 기간"을 곱씹는 것은 우리가
실제적으로 경험하는 것에 주의를 기울이지 않는 방식, 즉 "현재의 개
념적 설득"이다. 긴 시간의 우화 만들기는 "직접적인 직관의 강조를 약
화시킨다."

---

1. 제사의 번역은 수정되었음을 밝힌다.
2. 이 단락과 다음에 나오는 화이트헤드의 모든 인용은 『관념의 모험』(1967a), 191~192에
　서 옴.

여기서 잠깐: 수백 년, 수십 년, 수년 … 수일이라고? 우리의 "개념적설득"은 얼마나 단기간인가? "과거나 미래에 대한 우리의 직접적 관찰을 고려해보면, 우리는 엄청난 규모인 일 초의 질서, 또는 심지어 일 초의 수많은 단편들의 질서로 이루어진 시간-간격에 우리를 집어넣어야한다." 그런데 그가 "~의of 강조"라고 말했나? "~에 대한"on 강조가 아니고?3 푸코가 "실제적 역사"라고 불렀던 것의 엄청난 규모의 질서인 일초의 단편들 속에서 직접적인 직관은 그 나름의 강조를 만든다. 강조하는 것은 예측하거나 후술하는 비판적 관찰자가 아니다. 바깥이나 위에서 강조하는 것을 허용하는 조망은 없다. 오히려 화이트헤드가 말했듯, 관찰자는 사건이 "자기완성 프로세스"에서 모양을 형성하는 최끝단에 서 있다. 역사가 막 형성되려는 순간에 과거와 미래는 현재에 "내재하고" 그 간격 속에서 서로에 내재하여 있다. 역사에 대한 비판은 오로지 형성 중인 사건이 막 자기-완성을 이루려고 하는 순간 상호 간의 내재성 안에만 존재한다. 초 단위의 단편은 우리가 사건의 독특성을 기록하고 사건의 귀환을 파악하는 곳이다. 이것은 쉬운 일이 아니다. 역사의 끝단은 또한 사건의 빈 지점, 즉 사건이 일어나지 않았던 순간이기 때문이다.

이것이 역사가 가장 집중하는 것은 "시간이 어긋난[반시대적]"untimely 것이라고 니체가 주장했던 이유이다. 또 푸코가 "현재의 역사"(푸코 1979, 31)인 실질적effective 역사의 필요성을 역설했던 이유이다. "실질적 역사는 … 그것에 가장 가까운 것 ─ 신체, 신경계 … 에너지 ─ 에로 시야를 압축한다"(푸코 1977b, 155). 오직 내재적인 비판만이 한순간의 실질적 자

---

3. * 원래 '~을 강조하다'는 'place emphasis on ~'이다. 여기서는 강조하는 주체가 따로 존재하지 않고 그 자체가 중요하다는 의미를 부각하기 위해 'emphasis of'를 논하고 있다.

기-완성과 동시에 일어나는 에너지상 발생하지 않은 것을 '관찰'할 수 있다. 역사가 형성 중인 그 간격 속에서!

이 책은 현재의 역사 안에서 하나의 연습이다. 이 책은 방금 언급했던 모든 것에 대한 질문이었다. 즉, 사건들의 독특성과 회귀, 에너지 상의 분기에 대한 질문, 내재성과 직관에 대한 질문, 신경이 분포된 신체에 대한 질문, 일어날 수도 있었지만 일어나지 않았던 것으로 가득한 순간의 자기-완성을 위해 간간이 힘을 불어넣는 단기간의 '개념적 설득'을 행하는 권력에 대한 질문이었다. 이것은 '장기전'이라고 불렸던 것, 즉 '테러와의 전쟁'이라는 사건의 장에서 일어난 이 모든 것에 대한 질문이다.

이 책의 논지는 그 '장기전'이 사실상 전쟁 권력들을 시간이 어긋난 간격 안으로 압축시켜 그 전쟁 권력들을 더욱 효과적으로 자기-완성하게끔 만들었다는 것, 즉, 위협적일 정도로 압축된 형성 중인 역사로 만들었다는 점이다. 이 논지의 귀결은 마치 블랙홀 근처에서 시공간이 왜곡되듯, 권력장 전체가 이러한 강력한 수축 위에서 형태가 왜곡되었다는 것이다. 이러한 권력장의 왜곡이 이름하여 '선제성'이다.

우화를 만드는 습관을 완전히 피하는 것은 가능하지도, 바람직하지도 않다. 우화는 나름의 쓸모가 있다. 우화는 우리가 시간을 넓게 확장해서 이해할 수 있게 한다.[4] 그러나 아마도 우리는 우리의 역사기술

---

4. 물론 화이트헤드는 역사의 우화[허구]적 본성에도 불구하고 (또는 바로 그것 때문에) 역사가 중요한 역할을 한다는 입장을 유지한다. 화이트헤드에게 모든 사건은 "재시행"(reenaction)의 초기 단계에서 시작하는데, 직전의 과거에서 물려받은 활동의 패턴이 형성 중인 현재를 위해 "다시 활기를 띤다"(Whitehead 1967a, 192). 재시행은 물려받은 패턴이기에 지나간 현재들을 형성했던 관계의 현재 양식을 위해 새로이 갱신한다. 이로 인하여 활동의 패턴을 전진하게 한 물려받은 경로의 사변적(speculative) 재구성이 가능해진다. 이 재구성은 두 가지 이유에서 우화적이다. 첫째, 재시행은 인지되는 시점 이전에 더 확실히 느껴진다(이는 '이해'된다기보다 '파악'된다). 완전히 반성적 의식이

지적인 예측과 후술에 몰두하면서, 사람들이 잘 가는 길에서 다른 길을 따라가며, 현재의 개념적 설득, 즉 시간이 어긋나게 형성 중인 역사의 붙잡기 힘든 간격에 대한 이야기를 만들어낼 수 있을 것이다.

되기 전 초기 형성의 간격에서 느낌이 오며, 그 본성이 일어나는 경험의 동요를 선택적으로 편집한다(Whitehead 1967a, 217, 244). 이는 과거가 언제나 현재의 조건들에 의해 굴절되며, 모든 재구성은 현재 구성의 필수 부분인 무의식적이고 결정되지 않고 모호한 영역에 의해 무늬가 그려진다는 것을 의미한다. 재구성이 우화[허구]인 두 번째 이유는 과거의 재연이 현재 안의 미래의 내재성과 같이 일어난다는 점이다. 과거로부터 물려받아 현재 순간이 펼쳐질 때 변조되거나 즉흥적으로 나오는 활동 패턴을 지속하는 초기 방향성과 경향의 형태로, "이 즉각적인 미래는 어느 정도 구조 정의에 내재하여 있다"(Whitehead 1967a, 217, 244). 스스로를 드러내는 과거의 패턴들은 미래성의 구조와 합쳐진다. 이는 과거의(back-casting)에 역으로 사변적인 허구의 기미를 더한다. 요점은 푸코, 니체, 화이트헤드와 같은 사상가들이 이해하는 '현재의 역사'는 과거를 실질적으로 움켜쥐어, 매 순간이 일어나는 중심에서 과거의 재연의 느낌이 생생하고 거부할 수 없다는 것이다(Whitehead 1967a, 210). 그것은 살아있는 것이고 신체적인 것이다. 그것은 그 나름으로 현재 일어나고 있는 진실이다. 지금 논의와 관련해서 본다면, 현재의 역사는 과거의 문제를 존재론적 문제 ― 또는 더 나아가 존재생성적인 문제(순간들의 발생, 순간들이 설정되는 구조, 순간들을 뛰어넘는 되기) ― 로 바꾼다. 이러한 측면에서 인식론의 문제는 존재생성의 질문과 분리될 수 없다. 이것은 최근의 사변적 리얼리즘 논쟁에서 형성되었던 완전히 인식론적인 방식과는 극명한 대조를 이룬다. 특히 퀑탱 메이야수의 '원-화석'(arche-fossil)개념이 그러한데, 우리가 몇 겹의 시간이 흐른 후에 다다른 빛을 보게 될 먼 은하의 별의 죽음처럼 인간의 경험을 넘어선 규모에서 일어나는 사건들을 다룬다. 메이야수는 마치 현재의 주체와 멀리 있는 사건 사이에 직접적 인지 관계가 불가능한 것이 문제인 것처럼 이야기한다. 현재의 역사의 관점에서 보면 이것은 잘못된 문제이다. 이는 과거 사건의 빛이 현재에 (빛이 지나온 경로에 개입한 사건들로 굴절된) 활동의 패턴을 가지고 현재에 이른다는 사실을 논외로 한다. 그 활동 패턴은 "관련된 질서의 안정성에 대한 우리의 경험" 덕분에 ― "상상력의 도약"의 도움을 받아 ― 추론적 재구성을 가능하게 한다(Whitehead 1967a, 248). 문제는 인지의 주체와 외부 사건의 관계가 아니다 ― 심지어 현재의 지각에서도 절대 아니다. 오히려 문제는 생각의 계기를 일으키는 (형성의 '간격' 안에서) 현재의 구성에 내재한 내적 관계이다. 더욱 근본적으로 말하면 그것은 미리 구성된 주체와 주어진 객체의 관계라기보다, 생각의 주체가 나타나는 시간 차원들의 상호 간의 어긋난 시간의 관계이다. 존재생성은 객체와 '상관관계'에 있는 미리 형성된 주체 또는 의식 장을 전제하지 않으며, 차라리 주체와 객체가 사건에서 함께 나타나는 것으로 이해한다. 화이트헤드는 죽은 별의 빛과 기타 과거의 지식과 관련된 "원-화석"에 대한 논제를 1964 (151~153), 1967a (247~248), 그리고 1967b (89~90)에서 논한다. 언제나 계기가 일어나는 내재성을 통과하는 과거로부터 전송의 "역사적 경로"에 대해서는 1967a (195~197)을 보라.

작동논리

이 맥락에서 개념적 설득은 우리의 주관적인 의도와 '저기 있는' 세계 사이를 매개하면서 우리가 보통 개인적으로 개념을 설득할 때 사용하는 방식을 의미하지 않는다. 그것은 단지 간격 속에서 개념적인 것에 의해 직접적으로 행사되는 설득력을 의미할 뿐이다. 이것은 사실상 역사적 리얼리티를 개념적인 것의 결과로 본다. 이는 역사가 만들어지는 프로세스에 역사의 추상적 힘이 내재해 있다고 주장한다. 이 책의 분석은 사건들을 내재적으로 굴절하면서 사건들이 자기-완성에 이르도록 추상적으로 활력을 주는 이상하리만큼 효과적인 힘의 개념에 천착한다. 이 책에서 이러한 힘에 부여한, 현혹될 정도로 평범한 명칭이 바로 '작동논리'이다.

이 책에서 주장하는 바는 선제성이 현재의 가장 강력한 작동논리라는 것이다. 작동논리는 권력의 장이 휘어지는 주변에서 일어나는, 시간이 어긋난 유인력이다.

처음 들으면, 직접적으로 효과적인 추상적 힘이라는 관념은 이해하기 힘들어 보인다. 그러나 현실에서 하나의 개념이 어떻게 나름의 힘을 행사하는지 보는 건 그다지 어렵지 않다. 질 들뢰즈와 펠릭스 가타리에 의하면, 개념은 의미 블록을 쌓아서 유의미한 진술로 만드는 사슬에 지나지 않는다. 실행적인 면에서 개념은 동시적으로 단계들phases을 쌓아서 문제적 노드를 만드는 것이다(들뢰즈와 가타리 1994, 18, 25).

예를 들어 '국민의, 국민에 의한, 국민을 위한'이란 공식을 보자. 이 개념은 미국 민주주의가 반복적으로 회귀할 수밖에 없는 노드이며, 그에 대한 역사적 변주곡을 끊임없이 생산했다는 적극적인 의미에서 미국 민주주의의 전통적인 문제이다. 이 문구는 나라를 두 동강이 나게 한 남북전쟁 와중에 에이브러햄 링컨 대통령이 한 '게티스버그 연설'에서 나온 말이다. 연설문은 '독립선언서'에서 나온 어법을 쓰고 있는데, 세 부분으로 이루어진 이 공식은 "여든하고도 일곱 해" 전에 개국한 이 나라의 첫 개시 행위를 미래로 전달하면서 미국 건국의 역사적 힘을 압축하고 있음을 암시한다. 사실 이 공식은 종종 헌법에서 나온 문구로 오해받는다. 이 공식은 통일의 기원이 효력을 잃고 산산이 해체된 상황에서 건국의 힘으로 스스로를 정립한다. 그 문구는 미국의 역사에서 연속성이 끊어진 이러한 틈새에서 말해졌다. 하나의 개념으로 그것은 다시 통일로 회귀하기 위해 간격 속에서 추상적으로 동요한다.

모든 개념이 무한히 다양한 자체의 방식으로 이처럼 시간이 어긋난 방식으로 스스로를 실행한다. 개념은 자신을 정초적 힘으로 내세운다. 즉 간격 속에서, 다시 말해, 기원의 유보와 기원이 제자리에 설정한 모든 것이 내파하는 깜박임에 의해 생겨난 바로 그 틈새에서 자신을 증명한다. 그것은 연속적인 흐름에로의 회귀를, 사실 그 회귀란 갈등 중이라 명백히 불가능한데도, 그 회귀를 손짓하며 부른다. 화이트헤드의 유명한 공식에 따르면, 생성의 연속체는 없지만 연속체의 생성은 있다(화이트헤드 1978, 35). 하나의 개념은 연속체의 생성을 위한 문제적 노드이다. 그것은 유보의 간격에서 나온 역동적인 통일의 명백히 불가능한 흐름을 위한 촉매이다. 하나의 노드로서 "국민의, 국민에 의한, 국민을 위한"이란 문구가 갖는 문제는, 현재의 역사가 '우리'와 '우리의' 가능성을 모두 갈가리 찢어놓았고 길에는 시체가 즐비한데 어떻게 '우리'(국민이 누구이든)가 다시금 전체를 만들어서 역동적으로 '우리의' 길을 함께 계속 갈 수 있는가이다.

통일은 갑자기 오지 않는다. 그 이유는 통일이 그 개념적 공식의 의미 안에 미리 포함되어 있지 않기 때문이다. 이러한 상황에서 어떻게

'의'와 '의한'과 '위한'의 통일이 가능할 것인가? 그것의 의미는 무엇이 될 수 있는가? 특히나 그 공식은 자체가 3중으로 되어 있다. 어떻게 통일이 다수성에서 나올 수 있는가? 국민에 '의한' 정부와 국민을 '위한' 정부 사이에는 조금의 공존불가능성이라도 없는가? 링컨은 진정 '의한'과 '위한'이 공존한다고 암시하고 있는가? 이는 대표 기관이 없는 직접 민주주의를 함축한다고 볼 수 있다. 그 공식은 헌법의 근본이 되는 수행적 행위를 반복하려고 애쓰고 있음에도 불구하고 바로 그 헌법과 모순되지 않는가? 그리고 '의한'과 '위한'이 실제로 전개되는 방식에 따라 '의'라는 소유격의 의미가 아주 다른 함의를 갖는 게 아닌가?

그 공식이 스스로 모순된다는 게 요점이 아니다. 요점은 개념적 문제는 의미의 문제가 아니라는 것이다. 개념적 문제는 그 공식을 아주 무의미하게 만드는 구성 성분들 사이의 공존불가능성이다. 그 문구에서 '의', '의한', '위한'은 해결할 수 없는 긴장 상태에 있다. 물론 그들의 모순은 해석을 하면서 사라질 수 있다. 긴장은 더 상위의 개념적 종합에서 극복될 수 있다. 이때의 '개념적'이란 말은 (독특한 추상적 힘과 반대인) 추상적인 일반적 관념이라는 일상적 의미로 사용되었다. 그러나 공식이 하고자 하는 바가 거부할 수 없는 역사의 형성적 힘일 때, 개념적 종합은 공식을 철학의 역사 안에 있는 하나의 일화로 만들며, 단지 박식한 자기만족이라고 쉽게 무시될수록 그 종합은 더 완전해진다. 모순은 극복되기 위해 있는 것이 아니다. 긴장이 거기에 함께 또 펼쳐져서 작동하고 있다. 모순과 달리 긴장은 해결될 수 있다. 스스로 해소될 수 있지만 오직 임시적인 실행적 해결의 형식 안에서만 해소될 수 있다. 이 해결은 오직 이 공식이 하나의 프로세스가 되어 뻗어나갈 때에만 일어날 수 있다.

'위한'으로 시작해보자. 대의적 정부 기관들은 국민 통일체와 떨어져 있거나 종종 대립한다. 그렇다고 치자. 그러나 거기에서 끝나는 게 아니라면? 계속해보자. '의한'으로 전환시켜보라. 정부 대의제가 국민에 '의한' 심사를 받게 하라. 그 전환은 동시에 두 길을 간다. 국민에 '의한' 이라고 하자마자 '위한'이 돌아온다. 물론 이것은 선거 문제이다. 선거 운용의 성공은 얼마나 선거가 국민에 '의해' 예컨대 공정성이나 포괄성의 측면에서 경험되는가에 달려있다. 선거 기구의 모든 재배치는 '의한'과 '위한'을 다소간 다르게 서로 공명하거나 간섭하게 하면서 상대적으로 조절할 것이다. 공명 또는 간섭은 정부가 그러해야 한다고 사람들이 느끼는 '의'의 정도를 결정할 것이다. '의'의 변하는 방향이 통일 프로젝트의 성공을 가늠한다. 개념적 문제는 이제 일련의 실천적 문제로 확장된다. 어떻게 '의한'이 분리 독립하려는 남부로 확대될 수 있는가? 해방된 노예를 단지 형식적으로가 아니라 실제로 포함할 것인가? 그러고 나서 여성을 포함할 것인가? 어떻게 돈이 이 방정식 안으로 들어오는가? 각각의 연속적인 변조는 개념적 문제에 대한 해결 사례에 해당하는 동시에 진행 중인 일련의 실천적 문제들을 발생시키고, 그 각각은 투쟁과 갈등의 씨앗이 된다. 그리하여 어느 순간에는 '의', '의한', '위한'이 다시 의문시되고, 국가에 재정초의 문제를 노정하며, 다른 식의 해결책을 강구하도록 압박한다. 개념적 문제의 '의미'란 바로 이러한 파생문제들의 연이은 발생이다. 개념적 공식은 정확히 이런 의미에서, 즉 진행 중인 기반 위에서 문제들이 실행적으로 생산되는 추상적 매트릭스가 된다는 의미에서 '문제적'이다. 이것이 프로세스 안에서 되어가는 현실적 '연속체'이다. 즉, 진로의 모든 단계에서 긴장의 해결에 의해 추동되고 갈등에 의해 잘리면서 긴장으로 분열된 펼침이다.

해결 사례들이 펼쳐지는 경로에서 공식 안에 명시되지 않은 구성물들이 경쟁에 뛰어들어 개념적 문제의 해결 기구에 추진력을 더한다. 사법부는 어떤가? 판검사들도 역시 선거로 뽑아야 하는가? 사법부는 진정 '의한'과 '위한' 사이의 '힘의 균형'을 보증하는가? 그리고 '위한' 의 선거체와 그 집행기능, 즉 관료라는 지류들 사이의 균형을 보증하 는가? 그리고 군대는? 비정부기구는 물론이고. 관료는 일을 잘하고 있 는가? 군대는 도를 넘지 않는가? 비정부기구는 일을 하기 위한 접근력 과 영향력을 가지는가? 개념적 문제의 해결 활동은 문제에 해결 사례 를 제공하면서 부수적인 구성물들을 임시적으로 안정시킨다. 그러한 각각의 안정 상태는 이질적인 요소들의 장 전체를 포함하는데, 그것의 매트릭스의 긴장 주위로 이질적 요소들은 잠재적인 공존을 이룬다. 그 공식에 의해 표현된 구성적 긴장의 모든 변조는 전체 장의 변조이다. 그것의 효과들은 장의 모든 구석으로 흘러내리며, 적응하기 위해 쿡쿡 쑤시고 교란하고 휘젓는다. 한 곳을 찌르면 사방이 동요한다. 개념은 효과 면에서 전역적 힘이다.

이 예로부터 몇 개의 핵심을 수확할 수 있다. 개념적 공식은 실행적 인 해결 활동을 다스리기에 하나의 작동논리이다. 그것은 고유의 의미 가 없다는 특별한 의미에서 작동논리이다. 그것의 해결 활동이 각 해결 사례에 특정한 의미를 준다. 따라서 그 공식을 구성하는 미분적 긴장 은 의미에 있어서의 모순이 아니다. 그것은 해석이 아니라 생산을 반응 으로 요구하는 패러독스이다. 그 논리는 생산적인 패러독스의 논리이다.

그 공식을 구성하는 부분-개념들['의', '의한', '위한']은 나름의 이접 disjunctness을 고집한다. 그 공식에서 그들은 비관계의 관계 속에 있다. 그러나 패러독스에서 빠져나오면서 그들은 효과적으로 결합하고 상호 간에 프로세스의 단계들을 전제한다. 이는 의미 차원의 모순을 완화 하는데, 미국 정부의 '위한'이 선거 주기에 굴복할 때처럼, 그들에게 문 제가 되는 동시성에 거리를 두면서 각자에게 현실적인 회로의 일부로 서 자신만의 시간을 줌으로써 의미상의 모순을 완화한다. 전환은 참여 요소들 사이의 명백한 모순을 그들의 이접성을 극복하지 않고도 매끄럽게 넘어간다. 이접성은 투쟁과 갈등의 형태로 남아있다. 회로 안의 구성물들은 기능적으로는 협력하지만, 그들의 매끄러운 기능 위로, 그 너머로 무언가가 남겨져 있다. 투쟁과 갈등은 작동논리를 구성하는 부분-개념들 사이의 해결할 수 없는 긴장의 잔여물이다. 그들은 그 공식이 실행적 장을 계속하여 동요시키는 형식이다. 동요는 이미 자리 잡은 해결 활동의 작동적 결속이 결국 단계적으로 사라짐을 표상한다. 이것이 문제가 되는 해결의 단계적 도입에 애초부터 앞질러 동반된 단계철회dephasing이다. 이 단계변이에 걸쳐서 긴장 에너지의 잉여분이 프로세스에 의해 다시 포획되고 회로 안에 재투입된다. 즉 단계적으로 재도입된다. 이 일이 일어날 때 잉여-가치가 생산된다. 정착된 해결 사례가 잉여-가치를 재포획하고 단계적으로 재도입될 수 있다면, 그것은 전역적 작동 장에서 변화에 적응할 수 있게 되고, 후속적인 단계변이에 걸쳐 계속될 것이다. '국민의, 의한, 위한' 공식의 예와 그 해결 사례에서 잉여-가치는 직접적으로 질적인 형태를 띤다. 그것은 까다로운 장 안에서 또 그 장을 통해서 생산된 느껴진 통일이라는 잉여-가치이며, 공동체, 국가 자부심, 또는 심지어 논리에 대한 경쟁적인 헌신으로 체험된다.

작동논리는 이중적 생산으로 이해될 수 있다. 먼저, 진행 중인 일련의 실행적인 해결 사례들을 생산하는데, 대체적으로 공명과 간섭을 하면서 전체적인 삶의 장에 접촉하는 복잡한 배치를 만든다. 그런 다음 그에 곁들어 단순히 기능하는 화용론을 넘어, 스스로 정착하는 해결 사례들의 회로와 사이클의 진행 중인 생산이라는 어렵게 얻은 성공을 부가가치 창조의 형태로 등록하는 여분의 무언가가 있다. 이 잉여-가치는 용케도 축적된다. 그 프로세스는 나름의 작동의 안정에서 두 가지 결과물을 만든다. 두 기관이다. 하나는 회로와 재배치의 주기적 반복을 보증하는 재생산적 기구(이 경우에는 선거 기구)이다. 다른 하나는 들뢰즈와 가타리가 '포획 장치'라고[5] 부르는 것으로서, 생산된 잉여-가치의 축적을 보증하는 메커니즘의 세트로서, 전략적 지점에서 진행하는 회로에 피드백한다(이 경우에는 공동체, 국가 자부심, 과정에 대한 헌신의 감각을 양육하고 수확하는 국경일, 재향군인회, 애국 퍼레이드, 담론 및 미디어 이미지 메커니즘들이다).

공식의 부분-개념들을 기능적 위상이나 현실적 회로의 구체적인 중심점으로 변환하는 장치들을 시작하고 관리하는 임무를 맡고 있는 여러 다양한 구성물들은 아무리 열심히 노력한다 하더라도 결코 하나의 목소리를 낼 수 없다. 또한 장의 도처에서 동반된 다양한 구성물들도 능력이 어떻든 하나의 소리를 낼 수 없다. 현실적인 구성물들은 언제나 경향들의 교차로에 있다. 경향들이야말로 작동논리가 궁극적으로 존재하는 있는 곳이다. 프로세스에 일관성을 주는 것은 경향적 방향으로서, 그것에 사로잡힌 구성물들은 긴장을 가로질러 함께 움직인다. 자, 이것이 '통일'이다. 이것은 또 다른 추상으로서, 앞서 언급했던 두 가지 추상, 즉 작동논리의 구성적 개념인 문제적 노드의 추상적 힘과, 해석의 일반적 관념이라는 단순히 일반적인 추상과는 다르다. 이것은 유인력을 행사하는 독특한 추상이다. 이것은 미래에 관하여 느껴진 추상이다. 이것은 개념적 공식처럼 의미 있는 내용이 부재하지만, 개념적 공식이 스스로의 펼침에 내재적으로 동요하는 반면, 이것은 감질나게 개념적 공식의 외부에 있다. 이 외부의 추상이 작동논리가 지배하는 모든 프로세스의 모든 실행적 변이들이 결코 도달함이 없이 향하는 지점이다. 그것은 그 프로세스의 저 너머 한계ulterior limit이다. 그 한

---

5. 포획 장치 이론은 Deleuze and Guattari(1987, 424~473)에서 광범위하게 개진된다.

계는 순수하게 잠재적이다. 그것의 완전한 실현은 불가능하다. 작동논리는 두 번에 걸쳐 불가능하다. 한 번은 부분-개념들 사이의 긴장상의 미분적 차이에서, 또 한 번은 긴장이 동력을 공급하는 프로세스적 운동의 종착지에서. 그 사이에, 두 개의 불가능 간의 활동에 의해 가능해진 작동의 전역적 장이 놓여있다. 함께, 두 배로 추상적인 거리에서 서로를 부르며 그들은 패러독스의 미결정에서 시작하는 움직임을 잠재화한다. 그러나 이것은 C. S. 퍼스의 말을 빌리면, 해결 사례들을 연쇄적으로 생산하는 중에 결정되도록 결정되는 미결정성이다. 해결 사례의 각 경우는 불가능을 잠재화함으로써 나름의 가능성을 창조하고, 미래 참조와 반복 실현을 위하여 세계 속에 가능성을 예치한다.

작동논리는 해결 사례들을 통해 연쇄적으로 진행해 나가는데, 그 사례들 각각은 프로세스의 저 너머 경향적 종착지에는 결코 완전히 도달하지 못하지만, 그래도 현실적인 표현을 부여한다. 각각의 현실적 표현은 완전한 실현의 불가능한 한계-경우에 다 가까워지거나 더 멀어진다. 각 현실적 표현은 어느 정도는 그것을 충족한다. 그 정도가 그 사례에 있어서 작동논리의 현실화 강도의 양이다. 그 해결 사례의 전개에 관련된 각각의 이질적인 구성물은 경향들의 교차로에 있다. 왜냐하면 각 구성물의 논리가 현실화되는 각각의 정도가 스스로를 다음번 반복의 종착지로 취하기 때문이다. 한계가 다른 경향적 변이들이 급증하면서 장은 분열한다. 변이들의 일부는 대항 경향들을 이룰 수도 있다. 대항 경향은 다른 식으로 전개되는 개념적 공식의 생산적인 패러독스의 추상적 힘을 느끼는 문제화인데, 공식을 이루는 부분 개념들이나 사이에 있는 위상들에 다른 가중치를 두거나, 특정 해결 사례에 의해 변환된 해당 작동에 다른 가중치를 두는 것이다. 예를 들어, '의한'을 강조하는 것은 그 공식에서 전제된 대의제의 모델에 대항하는 직접 민주주의를 향한 경향을 활성화할 수 있다. 또는 '위한'에서 나오는 어떤 해결 활동은 다양성을 지지하고 통일이라는 종착지에 함축된 모든 것에 대항하는 경향을 지닐 수도 있다.

이 모든 것은 이분법적 이원론으로 보이는 것, 예컨대 통일과 분열 (또는 잘 알려진 학문적 예를 들자면, 들뢰즈와 가타리의 '매끄러움'과 '홈이 파임' 사이의)의 상황에 중요하다. 그들은 이분법이 아니다. 그들은 분기하는 프로세스상의 종착지들이다. 이분법은 일반적인 추상이다. 그들은 의미의 수준에서 모순과 대립에 관련 있다. 경향이 향하는 한계들은 역동적 장을 에워싸는 극들이다. 그들은 결코 홀로 오지 않으며, 쌍으로 되자마자 다수로 증식한다. 그들이 향하는 경향들의 다수성과 경향들을 향하게 하는 장치들의 다수성은 작동논리의 생산적 패러독스의 표현들이다. 작동논리의 패러독스는 경향적 표현들 모두를 내적으로-형성한다. 그것은 모든 곳에서 프로세스적 장에 내재하며, 바로 그 문제적 본성을 구성한다. 그것은 장의 구성적, 내재적 한계이다. 이 한계는 해결 사례들이 생길 때 확장과 연쇄를 가로질러 추상적인 거리를 두고, 그 장의 저 너머 한계들에, 또는 그 장이 가장 멀리 미치는 곳을 에워싸는 이상적인 종점들에 응답한다. 그것의 응답은 그 장의 문제적인 해결 활동의 굴절의 형태를, 즉 저 너머의 모티브에 의해 경향적으로 휘어진 굴절의 형태를 띤다. 문제적 노드의 구성적인 내재성 – 그 프로세스의 엔진이 되는 개념적 공식의 – 은 문제적 노드가 해결 사례의 모든 반복 안에, 장의 도처에, 모든 거리 두기와 모든 타이밍에, 모든 곳에 언제나 그리고 다시 그 자신의 저 너머 도달에 의해 경향적으로 굴절되어 있다는 것을 의미한다. 이것이 저 너머 한계가 이 용어의 일반적 의미에서 '외부의' 한계가 아닌 이유이다. 다시 말해, 그것은 작동논리의 해결 활동 안으로 추상적으로 접힌다. 이것은 또한 개념적 공식이 비국지적인 이유이기도 하다. 그것은 계열 안에 있는 각각의 독특한 사건을 생산적인 긴장과 해결하는 굴절로써 내적으로-형성한다. 그것은 매 반복의 매트릭스로서 회귀한다. 그것의 실재성은 심지어 그것이 지배하는 사건들이 일어나지 않을 때에도 느껴지는데, 예컨대 진행 중인 해결 활동을 단락시키거나 대체하는 데 성공한 대항 경향에 의해 방향을 틀어버릴 때에도 느껴진다.

핵심 중의 핵심은 '프로세스의 엔진'과 '다스리다'라는 말이다. 이 말들은 작동논리의 추상적인 문제적 노드에 실제 효과의 힘을 부여한다. 이 말들은 개념적 공식이 나름의 굴절된 펼침을 향한 원인이 되는 힘의 형태를 소유한다고 암시한다. 공식의 원인력은 특별한 종류의 힘이다. 그것은 결과를 완전히 결정하지 않는다. 그것은 작용인이 아니다. 움직이는 것은 움직이기 위해 장치가 필요하고 이것이 작용인을 제공한다. 그래도 공식은 정말 잠재력화한다. 그것은 출현하는 해결 사례에서 표현될 잠재력으로 프로세스를 내적으로-형성한다. 그것은 모든 전환점에서 추상적일지라도 실제로 프로세스에 에너지를 공급한다. 그것은 일종의 목적인과의 결합을 통하여 작용인의 부족을 보상하는 것 이상이다. 그것의 해결 활동은 프로세스가 언제나 반복하여 향하는 유인하는 극점들, 즉 종점들을 감지한다. 이러한 경향적인 종착지들은 프로세스의 저 너머 한계들에서 경계 지대로부터 끊임없이 피드백한다. 그들은 잠재력화하는 매트릭스로 다시 접히며 앞으로 올 표현들을 굴절한다. 그들은 협력하여 프로세스에 동력을 공급한다. 프로세스의 내재적이고 저 너머의 한계들은 함께, 프로세스에 움직이고 향해 가는 힘을, 충분히 작용인 없이도 완전히 실재하는 힘을 준다. 작동논리의 추상적 힘은 준[*]-인과적이다. 유사-인과성은 일반적인 의미에서 전혀 역사적이 아니다. 공식의 비국소성과 그것의 효과로 나타나는 잠재화는 그 장의 간격 두기의 모든 지점을 통하여 움직이며 프로세스가 순회하는 모든 순간에 움직여 들어간다(이입하고 내재적으로 진동하며 내적으로-형성한다). 작동논리는 공간의 지점들과 시간의 순간들을 바꾼다. 그것은 단지 비국지적일 뿐 아니라, 비국지성으로 인하여 역사를 초월한다. 그것은 비국지적인 만큼 '비시간적'이다.[6]

계속 진행하기 전에, 개념적 공식이 본질적으로 어떻게 구성되어 있는지 생각해보는 것이 중요하다. 이 장에서 지금까지는, 생산적인 패러독스에 대한 해결 사례들이 풀어나가는 프로세스에서 개념적 공식이 어떻게 표현되는지에 대해 훨씬 더 많은 이야기들을 했다. 그 공식은 ('의한'에서 '위한'으로 또는 그 반대로) 추상적으로 움직이는 부분-개념들과 위상들로 구성되어 있다고 이야기했다. 부분-개념들과 그 위상들의 선택은 실행적으로 해결 활동을 하여 역사적 프로세스의 현실적인 기능을 하는 회로와 순환이 된다. 이 역사적 변환에서 개념적 위상들은 관련된 각각의 장치에 특정한 방식으로 간격을 둔다. 간격 두기는 현실적인 회로와 순환을 이루는 전이들의 시간 연쇄를 가능하게 한다. 공식의 부분-개념들은 이제 서로로부터 기능적으로 분리된다. 그들은 작동 기계의 활동 부분으로 전환된다. 장치는 시작되었다. 역설적으로 공식 그 자체는 활동하는 부분들을 갖지 않는다. 즉, 해결 사례를 벗어나서는 의미도 기능도 없다. 공식에서 부분-개념들 사이의 위상들은 추상적으로 동시에 모든 방향으로 달린다. 이러한 상호 위상들의 무차별한 혼합은 실행가능하지 않다. 각 해결 사례에서 위상들의 무차별적 혼합은 감소된다. 이는 기능이 일방적이라는 의미가 아니다. 사실상 약

---

6. * 'untimely'는 보통 '어긋난 시간'으로 번역했는데 여기서는 '비시간'으로 번역했다. '비시간'은 현실의 시간이 아니라는 함의보다는 씨앗 안에 잠재적으로 접힌 시간 또는 줄기세포가 담고 있는 시간으로 이해하면 될 듯하다.

간의 상호성을 유지하는 것은 절대적으로 필수적이다. 이것은 종종 피드백의 양방향성으로 번역된다. 예를 들어 '위한'은 '의한'으로 작동적으로 피드 포워드하고, '의한'은 '위한'으로 피드백하며 그들의 교차 연결은 '의'를 조정한다. 활동 부분들 사이의 이러한 선택적이고 기능적으로 제한된 작동상의 연대는 개념적 공식 자체를 성격 짓지 않는다. 그 결과 개념적 공식은 해결 사례들과 전혀 닮지 않게 된다. 공식은 그것의 추상적 힘이 유사-원인이 될 수도 있는 모든 가능한 회로를 잠재적으로 담고 있다. 그것은 심지어 결국 생겨나지 않는 잠재적 회로들도 포함한다. (이들은 어느 정도까지 강력해졌음에도 불구하고 어떤 역사적인 우발성의 이유인지는 모르겠지만 가능해지지 않았던 것이다.) 그 공식은 모든 전이들을 포함한다. 모든 공명들도. 모든 간섭들도. 그들이 상호적으로 굴절하고 공식의 유사-인과성이 결정되도록 결정하는 경향의 모든 변이들을 파생시키는 모든 방법들도 포함한다. 공식이 되는 문제적 노드는 이처럼 해결 사례들이 넘쳐흐르기 때문에 추상적인데, 그들은 발생하지 않았다고 해도 실제적인 것으로 인정되어야 한다. 만약 당신이 무수히 많은 방식으로 모든 부분-개념들을 다방향으로 연결하면서 모든 전이들을 통해 움직이는 모든 회로들을 상상해보려고 노력한다면, 개념적인 공식이 어떤 것인지 이미지를 얻을 수 있을 것이다. 그런 다음 그 모든 것을 무한의 속도로 상상해보려고 한다면 변이들은 도플러 효과 속으로 희미해질 것이다. 문제적 노드는 바로 그 도플러 효과이다. 즉, 서로 안에서 장을 잠재적으로 동요시키는 모든 변이들의 불가능한 상호 포함이다. 부분-개념들은 함께하지 않기 때문에 비관계의 관계에 있는 것이 아니라, 그 반대로 그들 각각이 너무나 독특하게 서로를 향하여 잠재적인 확장으로 침윤되어 있어서 그들이 그 모든 역설적으로 잠재적인 영광 속에서 '주목할 만한 지점'으로 두드러지기 때문에 비관계의 관계 속에 있다.[7] 그들은 동료 부분-개념들의 도 플러 효과적인 상호 포함의 독특한 각도에 의해서 분리되어 있다. 이것 은 그들이 잠재적으로 함께하는 장에서 상호적이지만 비대칭적인 방식 으로 그들 나름대로의 감쌈이다. 모든 것 중에서 가장 큰 패러독스는 프로세스의 심장부에 있는 비관계의 관계가 함께-함의 저지할 수 없 는 잉여라는 점이다.

이러한 것이 부분-개념이다. 그러나 언제나 그렇듯, 그것은 '인'is 것 이 무엇인지에 모두 달려있다. 왜냐하면 부분-개념은 아닌isn't 것이기 때문이다. 그들이 구성하는 개념적 공식 역시 행동하고 있어도 존재하 지 않는다. 그것이 잠재력을 키우고, 각 잠재력의 해결 활동에서 동력 을 공급하고 방향성을 가진다 해도 말이다. 그것이 이상하리만큼 강력 한 기묘한 원인력을 가지고 있다고 해도 말이다. 부분-개념의 힘은 그 것이 존재하기에는 너무나 강력하게 추상적이지만 그래도 자신을 표현 하기에는 충분할 만큼 (그리고 프로세스 안에서 역사를 만들 만큼 충 분히) 원인이 된다는 데 있다.

존재권력

우리는 이 책의 주제에서 너무 멀리 헤맨 것처럼 보인다. 그러나 참 조로 하는 사건들의 지위를 이해하기 위해서, 그리고 사건들을 통해 움직이는 관역사적인 프로세스들이 역사적인 의미를 갖게 되는 것을 이해하기 위해서 필요한 우회였다. 이 복잡성을 진단하는 것이 이 책의

7. 순수하고 이접적인 다수성을 구성하지만 아직 언제나 이미 서로를 향해 확장하는 "독 특성"에 관해서는 Deleuze (1990, 68, 109)를 보라. "주목할 만한 지점들"("이접적 지점 들"로 번역된)에 관해서는 Deleuze (1994, 46~48, 253~254)를 보라.

목표이다.

　이 책은 관역사적 프로세스를 작동논리로 접근한다. 앞서 말한 논의에 비추어 볼 때, 이는 관역사적 프로세스가 경향이라는 말이다. 그들은 프로세스의 심장부에서 문제적 노드 안에 실질적으로 상호적으로 포함된 변이들의 간격 두기와 시간 잡기를 위한 장치들이 있는 경향적 표현의 장을 다스린다. 경향적 표현의 장은 일상적 의미에서 경계가 없다. 그것은 실제적인 경계를 가지지 않는다. 그것은 작동논리 자체의 내재적 한계(그것이 상호 포함하는 잠재적 표현들의 꾸러미)에 의해 잠재적으로 한정되며, 해결 사례들이 풀어나가는 활동의 저 너머 한계(그것에 의해 잠재적 표현들의 펼침이 방향성을 갖게 되는 경향적 종점)에 의해 한정된다. 각각의 해결 사례는 다양한 이질적인 구성물들을 포함한다. 오로지 현실적인 이질성의 한가운데에서, 경향과 그 되기의 추상적 힘이 파악될 수 있다. 그것을 직접 잡으려고 하면, 마치 도플러 효과처럼 유령같이 미끄러져 사라져버린다. 경향은 오로지 행위 중에, 혼합 안에서 잡을 수 있다.

　이 책의 이론화 작업은 표현의 장의 현실적인 혼합에서 경향의 추상적 힘을 증류하고자 하는 것이다. 즉, 문제적 노드가 잠재력화하는 것을 통하여 자신을 표현할 때 그 표현을 주고자 한다. 이것이 왜 이 책의 기획이 역사적인 일이 아닌가 하는 이유이다. 역사는 혼합의 현실적인 조건들과, 경향적 표현의 장에서 협력하거나 갈등하는 장치들의 의미와 기능을 다룬다. 이 책의 기획은 역사적이라기보다 철학적이다. 철학은 역사에 대해 할 말이 많은데, 역사가 엄청나게 틀렸기 때문도 아니고, 미래를 예측하거나 과거를 재구성하는 것이 허구적인 해석으로 가치가 없기 때문도 아니다. 철학이 역사에 불만인 것은 오직 역사가 스스로 생산하는 해석들을 개념으로 오인하는 그 정도이다. 즉, 역사는 문제적 장의 경험적 분석만이 그 장에 활기를 불어넣어 움직이게 하는 것을 이해하는 데 충분하다고 생각한다는 점이다.

역사를 활기 있게 하고 움직이는 것을 파악하기 위해서는 보다 추상적 차원으로 이동하는 것이 필요하다. 왜냐하면 역사의 힘은 구체적인 표현들로 해결되는 것보다 훨씬 추상적이기 때문이다. 그것은 철저히 추상적 힘이고, 바로 그 이유로 철학은 역사적인 요청을, 즉 역사를 초월하라는 요청을 받는다. 철학의 역사적 대상은 역사를 내적으로-형성하는 관역사적인 운동이다. 그 '대상'(하나만은 아니다)은 유사-원인적인 추상의 특별한 지위를 가진다. 오로지 형이상학만이 무엇'이다'를 역사적인 구성물의 이면에서, 또 훨씬 떨어져서 추상적으로 이해하는 데 적합하다. 철학의 역사적 과업은 실제로 존재하는 구성물들의 경험적인 분석만을 통해서는 성취할 수 없다. 그것은 경험적인 분석의 바로 그 가능성을 내적으로-형성하는 것에서 뽑어져 나오는 초경험적인 것에 전념해야 한다. 그것은 **급진적으로 경험적**이어야 한다. 급진적 경험주의는 관계성이 나름으로 실재reality의 양식이고, 관계는 (효과의 즉각성을 내적으로-형성하는 것으로서만) 직접 지각될 수 있다는 공준으로 정의된다. 사실상 무경계인 변이 장을 구성하는 비-부분들의 상호포함이 바로 가장 순수하고 가장 강력한 의미에서 (함께-함의 억제할 수 없는 잉여의 실재적 잠재력으로서의) 관계이다.

이는 이 책에서 참조한 사건들의 지위와 관련된다. 하나의 경향의 각 표현은 그 경향을 현실적인 변이에서 현실화하는데, 이는 그것의 이상적인 종점의 완전한 실현에 더 가까워지는가 아니면 멀어지는가 하는 의미에서 더 상위의 힘으로 또는 더 낮은 힘으로 경향을 운반한다. 이것의 의미는, 각각이 경험적으로 관찰가능하다고 했을 때, 경향적 문제의 현실적인 해결 활동은 작동논리의 **힘 표현**이라는 것이다. 역사적 장에 대한 철학적 분석은 힘 표현을 평가하는 임무를 가진다. 그렇게 하기 위해, 가능한 한 최선으로 그것은 표현 장의 내재적이고 저 너머의 한계들을 생각해야 한다. 즉, 가장 멀리 미치는 것을 경계짓는 극점과, 그 중심의 모든 곳에 있는 미분적 엔진을 생각해야 한다. 다시 말해, 그 임무는 경향들을 평가하는 것이다.

앞서 언급했듯이 각각의 현실적 구성물은 경향들의 교차로에 있다. 그러나 어떤 경향이 최상위의 표현이 되는 사건들이 있다. 이 모범적이고 예외적인 사건들에서 가장 명확히 표현된 경향의 힘과 방향이 스스로를 가장 강력하게 표현한다. 급진적으로 경험적인 연구가 주목해야 할 것이 이러한 사건들이다. 그것은 엄청나게 많은 경쟁하는 경향들로부터 지배적인 경향의 최상위의 힘을 증류해야 한다. 이는 사건들의 반복에 의해 표현된, 그리고 방출된 잠재력을 이해하기 위해서이다. 그 방출이 열쇠이다. 어떤 잔여물이 남겨져서 다시 접혀지고 프로세스를 잠재적 종착지를 향하여 더 멀리까지 움직이게 하는가? 이러한 프로세스의 잉여-가치는 어떻게 포획되어 프로세스로 다시 피드백되어 표현의 훨씬 더 높은 힘으로 잠재적으로 움직이게 하는가? 이것이 경향이 원하는 게 아닌가? 자신을 표현하는 것이? 자신을 앞으로, 가장 강도 높은 표현으로 운반하는 것이? 경향의 힘 표현 각각은 자신을 권력에의 의지로 인정하지 않는가? 작동논리의 재생산 경향을 제공하는 프로세스의 해결 활동의 메커니즘이 실제로 그것을 방해하지 않는가? 왜냐하면 메커니즘은 그것을 일정한 현실적인 작동의 한도 내에서 특정한 형태로 포획하여 의미와 기능에 경계를 설정하기 때문이다. 권력에의 의지로서 작동논리는 자신의 재생산 기관을 공격하고 능가해야 하지 않는가? 역사의 대상은 종종 '사회'(또는 '문화' 또는 정치 시스템이나 제도)가 자신을 재생산하는 메커니즘으로 이해된다. 역사의 철학은 역사의 장을 내적으로-형성하는 추상적 힘들의 증류에 헌신하는 정도로, 이러한 자기-봉쇄를 공격하고 능가해야 하지 않은가?

니체와, 그를 따라 들뢰즈와 가타리가 말했듯이, 역사와 **생성**becoming은 별개의 것이다. 이 책의 기획은 현재의 생성의 역사를 이해하기 위한 몇 가지 요소들을 제공하고자 하는 것이다. 그 예시로 활용된 사건들은 주로 조지 W. 부시가 미국 대통령직에 있었을 때의 사건들로서, 그 구성적 경향을 표현의 최고 강도까지 끌어올렸다. 작동논리의 해결 활동의 유사-원인적 효과로서 촉매작용을 한 생성의 각도에서 보자면, 권력 표현은 하나의 존재권력이다. 존재권력은 그 힘이 최대한 추상적인 생성 권력의 이름이다. 그 권력은 이 장에서 작동논리라는 용어로 해설했듯이 '개념적 설득'이다. 존재권력은 하나의 창발 권력이다. 동일한 힘의 굴곡, 또는 경향에 속한 일련의 변이들의 생산을 위한 권력이다.

이 책은 존재권력에 대한 연구이다. 현재의 창발 장 도처에 구불거리면서 가장 문제가 되고 있는 권력의 굴곡은 선제성이라는 작동논리에 의해 다스려진다. 이 책에서 이 작동논리를 평가한 예시적인 사건들이 대부분 역사적으로 부시 행정부에 몰려 있지만, 그 사건들이 표현하는 권력의 굴곡은 그 시기를 넘어선다. 여기서 선제성은 미국이라는 지리적인 한계와 36대 대통령이라는 시간 프레임에 의해 한정되지 않는 관역사적인 생성으로 이해된다. 권력의 굴곡의 한계들은 다른 식으로 설정된다.

현재의 역사는 본보기가 되는 사건들의 현실적 날짜로 한정되지 않는다. 현재의 역사는 다른 곳이 아닌 그 독특한 사건들 안에 있다. 그러나 또한 그 사건들의 귀환에 있다. 심지어는 그 사건들이 일어나지 않음에도 있다. 그것은 관역사적인 만큼 비국지적이다.

역사의 대상에 대한 질문이 제기되었다. 그러나 역사의 주체는 어떠한가? 한마디로 그것 역시 다수적이다. 국민을 '위한' 정부의 국민은 공식이 아무리 반복되어도 정부가 '의해' 있게 되는 '국민'과 (직접 민주주의의 불가능성이 장치의 발명을 유발하여 그러한 것이 가능하도록 정치적 장을 재잠재력화하는 때까지) 전적으로 일치할 수 없다는 것은 말할 필요도 없다. 작동논리가 스스로를 해결해나갈 때, 개념적 공식의 각 부분-개념은 역사의 완전히 다른 주체로서 현실화한다. 우리가 '국민'이란 말을 할 때 마치 하나의 집합적 주체를 다루는 것처럼 보인다. 그러나 우리가 작동논리의 맥락에서 '의'나 '의한'이나 '위한'의 질문을 던지자마자 명백해지는 것은 단일한 집합적 주체가 스스로의 관계에서, 즉 회로의 각 정지마다 독특하게 다르다는 것이다. 따라서 '대표격'The 국민은 단일하고 전반적인 의미 통일체 아래에 집합을 포함하는 어떠한 일반적인 관념으로도 환원할 수 없는 프로세스적 측면에서 독특하고-다수적이다. '국민'의 독특성은 전반적인 것과 함께할 수 없다. 그것은 자체의 프로세스에 내재적으로 각 단계변이에서 작동적으로 증식한다. 공식을 구성하는 부분-개념들은 프로세스적인 부분-주체들로 표현한다. 그 어느 것도 전체 프로세스를 소유하지 못하며, 단계 진입을 위하여 각각은 연달아 다른 것들을 필요로 한다. 기능적으로 겹칠 수 있으나, 환원할 수 없는 주체적 다수성에 대항하지 않는다. 단지 새로운 상태의 현실적 복합성을 추가할 뿐이다.

경향들은 오직 개념적 공식의 해결 활동의 결과적인 수준에서 부분-주체들을 가진다. 어떠한 경향, 개념, 또는 역사적인 사건이라도 '대표격' 주체는 없다. 해결 활동을 통하여 스스로를 추진하는 것은 경향의 본성이다. 결국 자신을 현실적 표현들 안에 다시 접는 그 나름의 유사-원인적 효율성을 통하여 경향들은 자신의 변이들에 종속된다.

그들은 근본적으로 자기-원인이다. 그들은 자체적으로 원인이 되는 주체 없는 주관성들이며, 그 추상적이면서 강력하게 실재하는 요소들은 부분-주체들로서 현실적으로 표현한다. 주관적인 통일체라는 일반적 관념은 부분-주체들의 움직이는 다수성 위에 놓인 근시안적인 좁은 점이다. 이러한 일반적 관념은 너무나 자기 몰입이 되어 있어서 바로 코앞에서 전개되는 소동을 기록할 수 없다. '대표격' 주체는 긴 미래와 긴 과거('길다'는 정도가 의도적 행위의 시간이나 분으로, 개인사의 햇수로, 건국의 수백 년으로, 문명의 시대로 측정되든 간에)를 곱씹는 우리의 '문학적 습관'의 가장 인위적이고 집요한 '우화들' 중의 하나이다. 이러한 이유로 '대표격' 행동-의-주체라는 함의와 함께하는 '행위주체'agency라는 개념을 이 책에서 부지런히 피했다. 그 말을 대신하여 훨씬 유사-원인적이고 장-친화적인 '유발', '촉진', '점화'라는 용어가 사용되었다.

회로

1장. 이 장의 전제는 '(국민)의, (국민)에 의한, (국민)을 위한'이라는 자유민주주의 작동논리가, 비록 완전히 대체되지는 않았다 해도, 9·11 사건 발발 이후 현저한 일관성을 띠는 새로운 작동논리에 의해 배경으로 밀려났다는 것이다. 선제성의 작동논리는 완전히 다른 부분-개념들 part-concepts을 포함한다.

부분-개념 1 : 세상은 불확실하며 위험으로 가득 차 있다. 이는 모든 것을 포괄하는 위협-환경이라고 할 수 있다. 부분-개념 2 : 포괄적인 위협-환경에서 위협이 완전히 나타날 때까지 기다릴 여유가 없다. 왜냐하면 항상 예상치 못한 형태로 그렇게 하기 때문이다. 잠재적으로 출현할 때 그것들을 붙잡아야 한다. 부분-개념 3 : 잠재적 상태의 위협을 붙잡는 가장 좋은 방법은 그 잠재성에서 튀어나오게flush out 만드는 것이다. 위협을 방어하려면 위협을 생성해야 한다.

선제성의 작동논리는 보안의 논리이다. 국민의 자유-민주주의 국가의 작동논리는 안보 국가의 작동논리를 가진 신자유주의에 의해 추상적인 박치기를 당해서 바깥으로 밀려났다. 이제 점점 더 지배적으로 되어가는 프로세스적 매트릭스가 제기하는 문제는 정의와 공정성보다 지각과 시간과 관련된다. 그것의 해결 사례들은 제도적 배치보다 훨씬 더 반격과 공격에 가깝다. 지각이 문제가 되는 이유는, 위협이 출현하기 전에 포착해야하는 의무가 특히 까다로운 문제를 제기하기 때문이다. 아직 출현하지 않은 것을 어떻게 지각한단 말인가? 잠재적인 것을 어떻게 지각하는가? 이 지각 문제는 가장 실행적인 측면에서 즉각적으로 시간-문제이다. 어떤 메커니즘에 의해 아직-아닌 것the not-yet이 작동될 수 있는가?

물론 그 작동화에 바쳐진 장치는 전쟁 장치이다. 이 책의 대부분은 전쟁의 이론과 실행에서 선제성의 작동논리가 전개되는 방식을 다룬다. 그러나 이 논리는 전쟁터에만 국한되지 않는다. 위협-환경은 모든 것을 다 아우른다. 그것은 뒤로 날아들어 '국내 전선'home front까지 아우른다. 특히 치안 및 감시와 같은 현실적 구성물을 내적으로-형성한다(347쪽 메모 참고 : '스테로이드 맞은 부시?'). 작동논리는 사실상 정해진 경계가 없으며 권력에 대한 의지이기 때문에 강력한 형태-변환 능력을 가지고 있다. 그것은 자신의 고유 분야에서 자신을 표현하는 해당 장치의 변이형들을 생성할 수 있을 뿐만 아니라('테러와의 전쟁' 같은 비대칭전의 무정형 전장), 또한 비국지성(실제로는 미디어와 같은 확산 장치의 도움을 받음)과 분야 전환field-hop도 마구 이용할 수 있다.

그것은 새로운 분야에 자기 논리를 끼워 넣어 완전히 다른 형태의 구성물에서 스스로를 표현할 수 있다. 어떤 의미에서 이것은 동일한 경향의 표현 분야의 연장이랄 수 있으며, 각기 다르지만 함께-공명하며 상호 간섭하는 프로세스의 영역들에서 양상을 바꾼다complexioned. 작동 논리에 의해 활성화된 프로세스는 항상 실제적 경계가 정착되어 — 협력하거나 투쟁하거나 갈등하면서 — 그것을 포함한 모든 것을 밀어내고 있다. 그 경향의 경향은 야생으로 돌아가서 자신의 새로운 종을 심는 것이다. 작동논리는 구속받지 않는다(그러나 한계가 없다는 말은 아니다. 앞서 논의했듯이, 그것의 한계는 실제적이면서도 추상적인 '권능을 부여하는'enabling 제약이다). 현재의 우리 역사는 광범위한 선제성의 야생성에 의해 권능을 부여하는 경계짓기(경계-허물기)가 진행되고 있다.

1장은 예방, 억제dissuasion, 선제 논리들 사이의 차이점에 초점을 맞춘다. 강조점은 선제성이 어떻게 작동논리의 자기-인과적 힘을 역사상 프로세스에서 보기 드문 수준으로 강도 높게 올리느냐 하는 것이다. 들뢰즈나 들뢰즈와 가타리에 익숙한 독자들은 책 전체에 걸쳐 선제 논리가 발전되고 분기하는 "도표"diagram(들뢰즈 1988, 34~44)와 "추상 기계"[8]의 여러 측면을 알아볼 것이다.

불가피하게 이런 질문들이 제기된다. 선제성에서 '새로운' 점은 무엇인가? 선제공격은 항상 실행돼오지 않았나? 그것은 고전적인 전쟁 교리의 일부가 아닌가? 그렇다. 그리고 아니다. 이 질문은 여기서 문제가 되고 있는 것들의 절대적인 새로움에 대한 어떤 뚜렷한 주장도 제기하지 못하므로 요점을 벗어났다. 작동논리를 소유하게 된 장치는 현재의 역사가 원기 왕성하게 자신을 끼워 넣은 그 간격 속으로 오래전에 들어

---

8. '작동논리'와 관련하여 들뢰즈의 '추상 기계' 개념을 둘러싼 논의는 7장 20번 주석 참조.

왔다. 그 장치들의 구성 요소에는 자체 이력이 있다. 부분-개념들은 그 장치들의 표현의 부분-주체에서 이전에 이미 느껴졌다. 하지만 진정, 그럼에도 불구하고, 새로운 것이 있다. 새로운 일관성과 새로운 강도. 새로운 일관성은 문제가 되는 항목을 구성하는 부분-개념들이 새로운 굴절의 압력을 받으면서도 보이는 상호 포함의 견고함이다. 고전적인 전쟁 교리에서 선제성은 '명확하고 현재적인 위험'에 대해 정당화되었다. 이것은 아직 출현하지 않은 위협과는 매우 다르다. '아직 출현하지 않은 위협을 포착한다'는 부분-개념은 '임박한 위협'을 향해 '임박한 위험'을 굴절시킨다. 이러한 것은 실제 장치들과 그것들이 포괄하는 일반적인 관념이 설사 동일하게 그대로 유지된다 해도, 모든 것을 변화시킨다. 다른 두 부분-개념(위협-환경과 당신이-두려워하는 것-생산)은 이 굴절 주위에서 구부러진다. 이것은 변화하는 문제problem이다. 변화를 어떻게 인지하며 어떻게 잠재적으로 그렇게 할 것인가라는 선제적 문제(즉, 역사적으로 인지할 수 있는 가장 작은 간격보다 작은 간격)는 놀랍도록 신선하다. 이 새로운 문제화는 이전에 여러 번 반복된 사건들(예를 들어, 미국의 해외 침공)에도 매우 새로운 색채를 부여한다. 사건들은 반복된다. 반복을 통해 문제가 새로워진다. 이러한 갱신으로 인해 반복은 닮음의 논리에 따라 이루어지지 않는다. 작동논리는 (연속적 변이, 불연속적 간격에 걸쳐 발생하는 되어감의) 미분[차이화]differentiation의 논리이다.

선제의 작동논리에 의해 생산된 잉여-가치는 위협의 잉여-가치이다. 그것은 9·11 이후 셀 수 없이 많은 방식으로 발생한 정치적 부가가치였다. 경향이 더 많이 변할수록 그것들은 더욱 동일하게 유지된다. 이때 경향들의 권력에 대한 의지가 충분히 높은 자체 추진 강도에 도달하며, 그 잉여-가치들의 실제적 표현은 변이가 계속되는 연쇄적 갱신을 통해 적절하게 활기를 유지한다.

참고 : 스테로이드 맞은 부시? 조지 W. 부시의 부통령이자 신보수주의적 전쟁의 대표 주창자인 딕 체니는 '그 일'을 예견했다. 버락 오바마가 2008년 당선된 직후, 그의 취임 이전에 체니는 대중에게 너무 큰 변화를 바라지 말라고 경고했다. 그는 오바마의 차기 행정부에 대해 평소답지 않게 절제된 어조로, "일단 그들이 맡게 되면, 우리가 매일 처리하는 것과 같은 문제에 직면하게 될 테고, 그러면 우리가 마련해 놓은 몇 가지 사항에 감사할 것"이라고 말했다(바르 2008). 그는 특히 부시 행정부에서 대통령의 재량권이 급격히 확장된 점을 거론했다. 계속적으로 '전쟁'의 경계가 불명확해지는 상황에서 그 권력은 위협의 미래로 한정 없이 뻗어가며, 권력 스펙트럼의 끝에서 끝까지, 연성 권력의 잘 드러나지 않는 것(감시)에서부터 경성 권력의 탄도미사일(군사 공격)에 이르기까지 확장되었다.[9] 3년 후, 오바마의 대테러 '드론 전쟁'의 기세가 꺾였을 때, 체니는 "내가 그렇게 말했잖아"라는 태도를 취했고, 더 나아가 오바마가 선거 기간 동안 부시의 외교 정책 및 시민 자유와 관련된 기록에 대해 비판했던 것을 공식적으로 사과하라고 당당하게 요구했다(워릭 2011). 이것은 오바마가 전례없이 미국 시민까지 포함하여 표적 암살의 대상을 정한 사법 외 "살생부"를 만들었다는 사찰 건이 터지기 전이었다(벡커와 셰인 2012 ; 그린왈드 2012). 오바마는 부시 행정부의 전략을 개발하는 데 도움을 준 미국 해병대의 대테러 및 대

---

9. 전역적 힘에 대한 더 많은 정보는 3장을 보라.

반란 전문가인 존 네이글을 칭송하면서 "거의 산업 수준의 대 테러 살인기계"(그레이와 에지 2011)의 제작을 주관하였다. 이는 외국에 주둔한, 암처럼 퍼진 최소 750개 미군 기지 네트워크의 지원을 받았다(터스 2011, 2012; 존슨 2004, 151~186; 공통된 추정치는 54개국). 6년 정도 미국 국무 장관들 아래서 직업 외교관으로 근무해온 애런 데이비드 밀러는 오바마 대통령이 2012년 2선을 위해 출마했을 때, 체니의 2008년 선거 캠페인 경고를 반향하며 오바마는 "스테로이드 맞은 부시"가 되었다고 농담했다. 그것은 찬사였다. 밀러는 "9·11 이후 20년 동안 나타난 것은 국가 외교 정책의 핵심 접근 방식에서 민주당원과 공화당원 사이의 놀라운 일치"라며 그 "놀라운 사실"을 축하했다(밀러 2012).

여기선 오바마가 부시 정부에서 시작된 영장 없는 감시를 대규모로 확장한 일은 아직 거론조차 하지 않았다. 에드워드 스노든은 정부 문서를 공개하여 우리가 생각조차 못한 대량의 감시가 진행되고 있음을 드러냈을 뿐만 아니라, 감시가 질적으로 변했다는 사실을 실감케 했다. 미국 국토안보부에서 사용하는 대량 저인망 어업식 기술은 선제성 기반으로 작동하는데, 이는 선제 공식에 나와 있듯이 아직 완전히 나타나지 않은 위협 징후에 대하여 데이터 채굴을 지향한다. 그리고 세계 주요 20개국 정상회의G20와 같은 국제회의에서 가장 가시적으로 드러나고 선언된 것 같은 치안의 확연한 선제적 전환도 추가로 고려해야 한다. 강제집행을 할 수 있는 어떤 위반이 발생하기 전에도 시위자들을 한데 모아 가두는 방식인 "가두기" 같은 기법은 거기 참여한 사람들을 잠재적 위협으로 취급하고 공식적인 법적 활동에 대해 사법 외 예외 권한을 적용하면서 범죄와 항변 사

이의 경계를 흐리게 만든다.[10]

공격할 대상을 생산하는 선제 논리의 작동 경향을 극명하게 잘 보여준 것이 바로 토론토에서 열린 2010 G20 회의에서 채택된 치안 전략이다. 회담 장소에 시위대가 접근하지 못하도록 하기 위해 회의장 주변에 경계 울타리가 세워졌다. 당연히 시위대는 울타리 부근의 저지선 주변까지 모일 수 있을 것이라 이해했다. 그러나 토론토 시의회는 울타리에서 5미터 이내로 들어오는 것을 불법으로 규정하는 특별법을 통과시켰으며, 이 법을 비밀에 부쳤다. 시위자들은 그들이 아는 한에서 합법적인 집회를 했다는 이유로 체포되었을 때 불시에 체포된 것이다. 이런 생각은 시위대가 더 '전진'할수록 실제 위험에 더 가까운 것으로, 아직 덜 출현한 위협이라는 것을 분명히 보여준다. 체포된 이들을 대변하는 변호사는 "밤새 바위 밑에서 자라는 버섯처럼 은밀하게 행해졌다."고 말했다(양 2010). 생산하는 선제는 경찰의 함정수사라는 다른 형태로 오랫동안 행해져 왔다. 함정수사는 수사와 조장 사이의 경계를 넘나든다. 미국에서 대테러 행동은 당연히 조장하는 것은 금지돼 있다. 사실 정부가 경계한 덕분에 저지되었다고 대중에게 널리 알려진 거의 모든 국내 테러 계획의 사례는 FBI가 시작하고 적극적으로 계획하고 실질적으로 지원한 것으로 밝혀졌다. 어떤 경우엔 "범죄자"들 편에서 강한 항의가 있었다(액커먼 2014; 국제인권감시기구 2014).

감시에서도 유사한 선제적 전환이 있었다. 이는 오바마 정부

---

10. 예외, 군사행위와 연결된 치안유지의 위치, 선제에 특정한 공간성의 돌출에 관한 논의를 포함하여 선제적 치안유지로의 전회에 관한 분석은 Lafleur (2014), Gillham (2011), 그리고 Starr, Fernandez, and Scholl (2011)을 보라.

가 개인들을 테러 데이터베이스 및 비행 금지 목록에 올리는 내부 지침에서 찾아볼 수 있다(국가대테러센터NCC 2013, 스카힐과 더버로 2014). 그 지침은 누군가를 올리려면 "합리적 의심"이 있어야 한다고 요구한다. 그러나 합리적 의심은 순환적으로 정의된다. 합리적 의심으로 목록에 포함되려면 개인이 "테러 및/또는 테러 활동을 구성, 준비, 지원 또는 관련된 행위를 하는 것으로 알려지거나 의심되거나, 아니면 연루된 것으로 알려져 있는" 것으로 판단되어야 한다(NCC 2013, 33; 강조 추가). 달리 말해, 의심되어 온 사람은 합리적으로 의심된다(선제의 위상학에 대해서는 7장 참조). "반박할 수 없는 증거 또는 구체적인 사실이 반드시 필요한 것은 아니다"(NCC, 34). 필수적인 것은 때로 반박할 수 있고 구체적이지 않은 테러리즘과 "관련된", "가능한 연계"(NCC, 23)의 일부가 되는 것이다. 이것은 아직 완전히 출현하지 않은 위협을 아우르기 위해 감시 범위를 확장시킨다. 미리 정해진 범주에 속하는 개인을 기반으로 한 전통적 프로파일링은 "만남 이동 관리 및 분석"(NCC, 58~77)으로 대체된다. 감시는 현재 진행 중인 이동 패턴에서 아직-완전히-출현하지 않은 것을 그때그때 즉석에서 인지하려고 한다. 프로파일링은 비교검토를 위한 특징들의 체크리스트가 아니라, "만남 패키지"(NCC, 58)의 집합으로 구성된다. 기본 개념은 만남encounter이며, 이는 보안 실행을 신원-기반보다 사건-기반으로 만든다. 프로파일링된 것은 이동 곡선의 추정을 통해 만들어진 잠재적 미래이다. 프로파일된 것은 더 이상 소속에 따른 신원 표시가 시사하는 그나 그녀의 과거에 대한 해석을 바탕으로 한 개인 자체가 아니다. 물론 예컨대 피부색이나 종교 복장에 기반한 전통적인 프로파일링은 여전히 실행된다. 그러나 그것은 범죄와 테러 통제를 위한 효과적인 도구로 이용되기보다는, 영향을 받은 지역사회들에서 분노나 저항을 일으키는 불발된 시위들에 더 자주 관련된다 (2014년 미주리주 퍼거슨에서 일어난 사건을 보라).[11] 작동적인 면에서 프로파일링은 평화를 유지하려는 명시된 목적에 부합하지 않는 시대착오적인 것이다(대신 인종주의적 현상 유지를 재확인하는 데 기여함). 어쨌든 전통적인 프로파일링은 현재의 선제적 환경에 부적합한 예방 도구이다(예방과 선제 간의 차이에 대해서는 1장 참조). 그러나 예방적 메커니즘으로서 그 같은 부적합함이 아마도 그것에 생산적인 선제적 기능을 제공할 것이다. 그것의 불발은 퍼거슨에서 비무장 흑인을 쏘아서 촉발된 시위와 같이 당국에 의해 잠재적 위협의 상황으로 인식되는 상황을 만든다. 그리고 나서 선제적 치안 배치의 구실이 된다. 치안은 9·11 이후 권력의 전역에서 전략적 국내 전선 역할을 한 덕분에 고도로 군사화된 형태를 취하는 경향이 있다(발코 2013).

표면적으로는 사라진 것처럼 보이는 부시 시절 관행 중 하나는 고문이다. 고문은 대부분 비밀 감옥들('블랙 사이트')인 미국의 '감옥 군도'(단연 그 왕좌는 관타나모이다)와 밀접하게 결합된 '예방적 구금'에서처럼 선제의 작동논리에 깊이 참여한다. 그것은 위협을 현재의 위험인 것처럼 취급하고, 재판은 말할 것도 없고 형사고발보다 형벌이 우선하도록 만듦으로써 사법적

---

11. * 2014년 8월 경찰에 의한 마이클 브라운 총격 사건 이후 미주리주 퍼거슨에서 2주간 발생한 시위 및 시민불복종 사태. 시위자들은 브라운 총격이 인종차별에 바탕한 무고한 시민의 사살이라고 주장했으나 해당 경관은 정당방위로 풀려났으며, 오바마 대통령은 그 판결을 받아들이는 성명을 발표했다. 경찰관의 불기소 결정이 내려진 직후 시위대는 격한 시위를 펼쳤고 이는 미국 주요 도시로 확산되었다.

타임-루프를 가동시킨다(7장에서는 이러한 선제의 역설적 시간 성을 분석한다). 오바마가 고문을 끝내고 부시의 블랙 사이트를 폐쇄했다는 것이 일반적인 인식이다. 오바마는 대통령에 취임한 직후인 2009년 블랙 사이트를 폐쇄하는 행정 명령을 내렸다. 그러나 종종 간과되는 점은 그 명령이 CIA가 운영하는 블랙 사이트에만 적용된다는 점이다. 다른 미국 대행사들이 운영하는 모든 사이트는 여전히 운영 중이다(호튼 2010). 또한 해군 함정에 떠다니는 블랙 사이트가 만들어졌다(렌드먼 2013). 이들은 주로 단기 억류 기지이다. 구금자는 육지에서 시행 중인 헌법상의 권리에 의해 방해받지 않고 심문을 받은 후 배에서 민간 법원 또는 특별 군사위원회로 이송될 수 있다. 그러나 자본가의 기획서에서 한 페이지를 훔치면 다른 국가로 보낼 수도 있다 : 즉, 외주 보내기이다. 고문 관행, 예방적 구금 차원에서 혐의자 납치("용의자 인도"), 대규모 블랙 사이트 운영이 대행체제로 계속되고 있다(위트록 2013). 미국 특수부대는 여전히 합법 외 "용의자 인도"(납치에 대한 정중한 표현)를 행하고 있지만, 포로들의 구금을 협력 국가(군사 지원, 훈련 및 기타 지원에 대한 대가로 미군 기지를 제공하는 국가)로 이송시킨다. 여기서는 부시 정부가 "향상된 심문 기술"이라고 부른 처리를 배제하지 않는다. 오바마는 고문 및 기타 국제법 위반에 연루된 부시 행정부 관리들의 기소를 거부함으로써 미래의 대통령들이 면책의 확신을 가지고 스스로의 기술을 재-강화할 수 있는 문을 활짝 열어두었다.[12]

---

12. CIA의 향상된 심문 기술을 묘사하는 단어로 임기 동안 처음으로 "고문"이라는 단어를 사용하여 2014년 오바마는 "우리는 몇몇 사람들을 고문했다"고 인정했다. 그는 CIA의 "실수"를 비판했다. 그러나 왜 그런 일이 벌어졌는지 "이해한다"고 재차 말했고,

또 다른 명백한 차이점은 오바마가 "국가 건설"을 주저하며 "군대 주둔"을 꺼린다는 점이다. 이 부문에서 부시의 과거 노력에 대해 가혹한 비판을 했음을 감안할 때 이 점을 이해하기는 어렵지 않다. (너무 많은 경우에 이러한 비판은 전 공범자들의 편에서는 임종 시의 개종 같은 냄새를 진하게 풍기는데, 아프가니스탄과 이라크 침략과 "테러와의 전쟁"이라는 예외 정치에 상당한 정당성을 부여한 주요 입법(애국법Patriot Act)의 경우, 민주당의 거의 전체를 포함한다.) 오바마가 선호한 것은 전 세계 공간을 채우는 경향이 있는 미군 기지의 네트워크를 활용하여 엄밀한 특수 부대 임무와 빈번한 무인 드론 공격을 하면서 신속하게 지상군에 공중 폭격을 하는 방식이었다. 이라크의 붕괴와 미국 지상군의 철수에 따른 아프가니스탄의 상황 악화, 그리고 언론에서 가장 많이 언급되는 것만 뽑아보면 리비아, 시리아, 소말리아, 우크라이나에서의 일련의 위기들은 스펙트럼의 강력한 극단을 향한 또 다른 전반적인 전환을 요구할 것이다. 일부, 특히 신보수주의의 주장에 의하면, 오바마 치하에서 장렬한 군사 교전이 부재하는 것은 이 "스테로이드를 맞은 부시"가 실망스러울 정도로 "수동적"인 사람임을 입증한다(크라우트해머 2014).

그 짓을 다른 사람에게 한 그 사람들을 "애국자"라고 불렀다. 그는 왜 실수가 이해할 만한지 (그리고 그 메시지는 분명하고 용서할 만한 것이었다) 한 단어로 요약했는데, 그것은 "공포"였다. 오바마는 부시 임기 시의 CIA 고문 관행을 조사하는 미국 상원 위원회를 위헌적으로 정보활동을 했다고 하여 맹비난을 받고 있던 존 브레넌 CIA 현 국장에게 아낌없는 지지를 표시했다(Lewis 2014). 2014년 12월 상원 위원회의 보고가 발표된 이후 기소 요청이 빗발쳤으며, 미국시민자유연합과 인권감시단체의 공동발의가 가장 강경했다. 이들 단체들의 가장 큰 우려는, 특별검사가 지휘하는 충분한 범죄 심문이 결여될 경우 "고문이 미래의 행정부에서도 허용 가능한 치안 선택지가 될 수도 있다는 생각을 심어줄 것"이라는 점이다(Pilkington 2014).

요약 : 선제 및 그와 관련된 예외의 정치는 여전히 우리에게 매우 중요한 의미가 있다. 미국의 해외 개입주의에 대해 목소리 높여 비판해온 직업 군인이자 자칭 보수 정치이론가인 앤드루 바세비치는 이렇게 썼다. "한때 글로벌 테러와의 전쟁으로 알려진 사업이 〔오바마하에서〕 계속되었음에도 불구하고, 모든 일관성을 잃고 전이되기 시작했다"(바세비치 2011, 185). 그것은 자체의 자율 추진 모멘텀에 따라 우후죽순으로 증가하며 국내 전선에 새로운 무대를 개척하고 미국 본토의 국경을 넘어 권력 의지를 확장하였다(캐나다, 영국, 호주는 특히 땅속으로 자라는 데 적합한 암석을 제공한다).

이것은 복잡한 프로세스다. 한 분석가(밀러)는 통합된 "의견 일치"를 보고, 다른 분석가(바세비치)는 "일관성"이 완전히 결여된 것으로 본다. 앞에서 논의한 바와 같이, 작동논리는 자기 변환의 큰 힘을 가지고 있다. 항상 돌연변이를 일으키고, 새로운 상황에 맞춰 변한다. 오바마 행정부에서 확대되는 부시-같은 경향은 의회나 사법부, 대중의 반발을 사지 않은 것은 아니다. 작동논리는 자신이 마주치는 여러 장애물을 자기 자신의 프로세스 형태에서 적극적 변화의 형식으로 긍정한다. 이런 것 때문에 그 프로세스에 대한 역사적 분석은 매우 힘든 작업이 된다. 하지만 꼼꼼하게 분석한다 해도 상황은 여전히 한 번 명확하게 통일되었다가 전체적으로 비일관적인 것으로 나타난다. 이것은 작동논리의 "일관성"이 관역사적 수준에 있기 때문이다. 그것의 역사적 표현은 푸코가 주장하는 "파열"의 간격들로 가득 차 있다. 그 간격들은 역사의 프로세스를 공유된 출현 장의 전역적 기저-패턴화라고 이해하는 데 매우 중요하다. (푸코가 초기 저작에서 "에피스테메"라고 칭한 것은 지식에 대한 강조와 구조주의적 냄새가 나서 여기에서 채택하지 않았다. 3장과 4장은 선제 논리에 의해 작동되는 체화된 무지에 대해 논의한다). 푸코는 출현 장이 분산적이라고 주장했다. 작동논리는 통일되면서도 일관성이 없어 보일 수 있다. 이는 한편에선 실제로 나타나는 역사적 배열의 경험적 수준에서 발생하는 파열과, 다른 한편에선 질서와 그것들의 발작과 시작의 유사-원인이 되는 기저경험적 경향의 소요라는 역동적 분산-속-통일unity-in-dispersion 사이의 분리 때문이다.

작동논리의 분산적인 역동적 통일은 파악하기 어렵다. 그것은 단순한 분산이 아니라 재분배이다. 경향적 운동의 각기 돌발적인 출현은 권력의 전역에 걸쳐 파급되며, 모든 선을 따라 상관적 조정을 수반한다(애니메이션 소프트웨어에서 스플라인[매끄러운 선을 그릴 때 사용되는 도구]의 시간 엄수 작동이 모든 것을 따라 지속적으로 변화의 움직임을 전파하는 방식과 유사). 더욱 어려운 것은 그 작동이 기존의 공간적 또는 시간적 순서에 맞지 않는다는 것이다. 3장, 4장, 7장에서 주장하듯이, 작동논리는 그 자체의 공간성과 시간성을 돌출시킨다. 그것은 그 자체로 작동성을 위한 시공간을 생산한다. 작동논리의 존재권력을 집약해서 보여주는 것은 바로 이러한 시공간적 창조genesis의 힘이다.

이 책의 목적은 역사적 분석을 수행하거나 부시 행정부에서 오바마 행정부에 걸쳐 수반되는 선제의 작동논리의 인프라 뒤틀림과 전환을 모두 추적하려는 것이 아니다. 이 책의 목표는 더 겸손한 것이다(그러나 여전히 까다롭다). 즉, 현재 삶의 분야의 경향들을 전체적인 선에서, 그러나 정확한 스플라인에서 진단하는 것이다. 부시에서 오바마에 이르는 선들에서 가끔씩 나타나는 표시가 대부분 주석에 포함되어 있다. 2장에서는 "권력의 생태학"이라는 관점에서 선제권력 분야의 역사적/관역사적 복잡성을 논한다. 6장과 7장은 미국 국내 전선에서 언론이 조장한 소용돌이의 일부를 보여준다.

2장은 선제의 작동논리가, 생명의 장과 동연同延적coextensive이며 또 다른 작동논리들과도 동연적인 권력의 장과 어떻게 공거하는가cohabit라는 문제를 다룬다. 이 후기의 다른 곳에서 특별히 언급되지 않은 중요한 구별은 프로세스와 시스템 사이에서 나온다. 각 시스템에는 고유한 논리가 있다. 그러나 시스템 논리는 기능 및/또는 의미의 조합론combinatorics이다. 프로세스의 작동논리는 다양한 반복 아래 발생하는 사건의 독특성에 관한 것이다. 그것들은 조합론이 아니라 내재성과 해결활동working-out에서의 '상호 포함'에 근거한다. 즉, 배열이 아니라 실제적 표현으로 나타날 관계의 잠재성에 근거한다. 시스템은 강하게 권력적이다. 프로세스는 강하게 존재권력적이다. 시스템은 모든 세부 사항은 아니지만 적어도 일반적인 형태로 구성된 장치의 재생산을 욕망한다. 프로세스는 자신의 존재권력의 증대라는 이름으로, 심지어는 완전히 다른 것이 되는 것까지 받아들이면서 더 높고 높은 정도의 강도가 되어가는 구성적 경향을 의지한다will. 프로세스는 내용 없는, 되어감becoming의 독특한 힘을 동원한다mobilize. 시스템은 기능과 의미의 일반적인 형태에, 그리고 그것이 구성하는 내용의 재생산에 집착한다. 시스템은 그것의 구성된 형식의 일반 한도 내에서 변이를 유지하려 애쓴다. 물론 시스템이 프로세스에 연결되어 있지 않은 것은 아니다. 사실 시스템은 프로세스의 표현이다. 그것은 역사적으로 특정한 장치에서 구체화된 것에서 볼 수 있듯, 어떤 작동하는 프로세스 논리의 실제적 표현이다.

시스템-프로세스 구분은 시스템(현실적 구성물로 구체화됨)과 프로세스(그러한 모든 구체화를 내적으로-형성하고 넘쳐흐르는, 역사의 내재적 동력) 사이의 상호작용 속에 있기 때문에 중요하다. 그 상호작용 속에서 현재의 역사로서의 철학과 오랜 기간 우화화된 역사가 조율된다negotiated. 경험적으로 존재하는 역사적 형성과 관역사적 되어감이라는 초경험적 존재-이상의-것 사이의 경첩(그 자체가 프로세스인!)을 형성하는 것은 바로 그 시스템과 프로세스 사이의 상호 작용이다.

2장에서는 선제의 작동논리와 프로세스 범위 및 독성 면에서 유일하게 필적하는 다른 작동논리에 대해 생각하는데, 바로 자본주의이다. 신자유주의적 자본주의에서 문제가 되는 노드에는 특히 '기업도 사람이다'라는 짧은 공식이 있다. 이 작동적으로 논리적인(다른 모든 면에서 비논리적일지라도) 개념적 공식은 두 개의 대법원 판결을 통해 미국에서 검증되었다.[13] 그것의 더 긴, 아니 세 겹이 되는 공식은 다음과 같이 진행된다. '기업도 사람이다 — 기업은 권리가 있다 — 그들의 권리는 사람의 권리와 마찬가지로 자유 시장에 의해 보장된다.'[14] 첫 번째 부분-

---

13. 헌법이 보장한 개인의 권리를 법인체에까지 확대한 대법원 판결 두 개는 '시민 연합 대(對) 연방 선거 위원회'(2010)와 '버웰 대(對) 하비 라비'(2014)이다.

14. 이 장에서 세 부분의 개념적 문구를 반복한 것은 단지 편의성 때문이다. 앞서 논의한 대로 서로 간에 부분-개념들의 상호 포함을 고려할 때, 부분의 숫자가 어떻든 모두 나름대로 합당하다. 개념적 문구의 다수성은 숫자가 아니다. 세 부분은 원환 — 그리고 자체 완결되지 않는 원환은 이원 대립으로 나가거나 변증법을 암시할 수 있기에 — 을 생각하는 게 쉽기에 편리하다. 개념 문구의 3은 변증법적 모순의 종합을 의미하지 않는다. 3의 유쾌함이 기분 좋게 4를 초대한다(그리고 4는 5를 초대한다…). 개념 문구는 부분 개념들이 몇 개이든 펼쳐질 수 있고 또는 역으로 외견상 통합된 표현('기업들도 또한 사람들이다'와 같이)으로 단축될 수 있다. 열거의 수는 가까이 있는 개념-역사적 문제에 달려 있으며, 그 문제가 경향이라는 스나크[루이스 캐럴의 무의미 시인 『스나크 사냥』에 나오는 환상의 동물]의 사냥꾼에게 어떤 임무를 맡기는지, 또 어떤 경향을 그 사냥꾼이 임무로 데리고 오는지에 달려 있다. 사건과 과정 또는 생성의 철학은 언제나

개념은 '인적 자본'을 주체 없는 신자유주의 프로세스의 주체를 표현하는 특권적 부분-주체로 상정한다. 부분-개념 2(기업 권리)와 3(자유 시장)은 부분-개념 1과 결합하여 개별 행위자actor의 문제를 제기한다. 이것이 개인주의와 자유 선택에 대한 여러 수사에도 불구하고 신자유주의의 작동논리의 문제이다. 즉, 시장과 거의 규모가 같은coterminus 삶의 장이 대항적인 경향을 가진 행위자들의 방해하는 개입을 받지 않고 기업의 방식으로 자체-조직화하는 권리를 가진다면, 개별적 행위 주체에게 어떤 행위능력agency이 남는가? 한마디로 문제는 자유의 문제이다. 그 해결 사례들은 신자유주의의 공식이 억누르고자 애쓰는 차이들에서 구성적 긴장이 발생할 때 그 긴장에 대한 잠정적 해결이다. 즉, 그것은 기업-인corporate persons이 누리는 시장의 자유와 보통 사람들people persons을 위한 선택의 자유 사이의 차이이다. (이런 모든 사항들 및 자유, 선택, 경제적 행위자에 대한 신자유주의의 개념이 신자유주의 자신의 활동을 설명하는 것조차 부적절하다는 점에 대해서는 마수미 2015a 참조).

자본주의 프로세스는 선제 프로세스와 동일한 위협-환경에서 작동한다. 하지만 그것은 다른 각도에서 접근한다. 그것은 양적 잉여-가치의 생산과 축적에 전념한다. 또한 아직 완전히 출현하지 않은 것에 정성을 들이는데, 이는 수익화된 가치를 창출하기 위해 출현을 활용하는 시장 메커니즘에 참여하기 위해서이다. 선제와 마찬가지로 신자유주의 자본주의는 하나의 존재권력으로서 작동한다. 그것은 그것의 장치가 포획하는 것이 된다. 그것은 생명의 출현 장을 활용하는 되어감의 권력이다.

구성적인 일이다.

이 장에서는 역사적 편의를 이유로 선제 프로세스를 신보수주의 프로세스로 분류한다. 호전적인 신보수주의적 프로세스와 신자유주의적 자본주의 프로세스는 모두 동일한 출현 장을 다룬다. 그러나 그것들은 모두 작동논리로서, 그들 사이의 작동논리상 차이가 존중받아야 하는 경향적 자율성을 가지고 그렇게 한다. 예를 들어, 전쟁 장치는 자본주의적 제국주의에 봉사한다고 말하는 것은 너무 단순한 말이다. 어떤 면에서 역사적으로 봤을 때, 그것이 사실이라는 데는 의심의 여지가 없다. 그러나 그런 연결에 만족하면 체계적인 수준에 머무르게 되며, 헤게모니를 일반적인 기능의 형태, 즉 전쟁을 포괄하는 자본 형태의 속성으로 보게 된다. 헤게모니의 개념은 항상 너무 일반적이며 따라서 프로세스로서는 불충분하다. 프로세스 면에서 볼 때, 신자유주의와 신보수주의는 서로 얽혀 단일 공생으로 들어간다. 그러나 그들 각각의 작동논리가 의지하는will 바는 오직 그들 자신, 오직 그들 자신의 지배 경향일 뿐이다. 이는 그들의 공생이 동일한 출현 장에서 동거하는 우연한 결과임을 의미한다. 다시 말해, 프로세스적인 정략결혼이다. 프로세스들의 역사적 표현에 운명이란 없다. 언제든 자본주의와 전쟁, 신자유주의와 신보수주의가 분리되는 것은 가능하다. 하나가 쇠하고 그 대가로 다른 하나가 증대하는 것 같은 후속적인 사건-시리즈가 언제든지 일어날 수 있다(미국의 많은 자유주의자들뿐만 아니라 기독교 우파 중 일부도 바라듯이). 그러나 현재로서는 이 두 프로세스가 서로를 강화하는 방식으로 긴밀한 프로세스로 엉켜 있다.

이러한 공동–작동co-operation을 이해하기 위해, 신자유주의와 신보수주의의 존재권력적 결합을 더 넓은 권력 양식의 생태계(그 각각의 권력 양식이 작동논리를 형성하지만 시스템적 재생산과 프로세스적 되어감 사이에서 다른 균형을 이룬다)에 배치해보면 도움이 될 것이다. 2

장은 미셸 푸코의 유형학typology, 즉 주권권력, 규율권력, 생명권력을 채택하고 적용함으로써 생태적 권력 분야의 복잡성을 이해하는 이 작업에 대해 다룬다(분류상의 간결성을 위해 목회적 권력은 무시하였다). 여기서 주장하는 바는 존재권력이 이러한 권력의 어떤 양식보다 더 프로세스적으로 강력하고 광범위하다는 것이다. 이것은 존재권력의 두가지 종種, 즉 신자유주의와 신보수주의 모두에 해당되며, 그들이 상호선제적으로 결합한 프로세스적 한 쌍일 때는 더욱 그러하다. 특히 존재권력은 개념적으로 생명권력과 구별되며, 동반되는 다른 권력 양식과 함께 생명권력을 프로세스적으로 아우른다고 주장한다. 권력 양식들의 경우 작동논리에 의해 효과적으로 동력이 공급되는 한 죽는 법을 알지 못한다. 그들은 단지 '향하는'to tend 법을 알 뿐이다. 즉, 그들은 그들의 실제 표현의 새로운 간격과 타이밍에서 변화를 겪으며 다른 강도로 돌아오는 법만을 알고 있다. 존재권력은 다른 권력 양식들을, 심지어는 생명권력도 넘어서며 또한 아우른다. 푸코의 용어로, 존재 권력은 푸코가 『생명관리정치의 탄생』에서 지나가면서 대강 가설을 세운 "환경적 권력" 양식이 진가를 발휘한 것이다(푸코 2008, 271). 이 권력 양식은 들뢰즈가 "통제"라고 부른 것과 매우 유사하다(마수미 2015a). 그것이 전반적으로 특징짓는 권력의 생태학에서 환경적 통제(생명 장에서 출현을 내재적으로 변조하는 권력)는 부활하는 주권권력과 특별한 공생 관계를 맺는다. 이것은 환경적 조직에 빠져버린 예외상태의 싱크홀(아감벤 2005)의 형태를 취한다. 즉, 오바마-부시ObamaBush에 대한 앞의 주석에서 설명한 것 같은, 전쟁권력의 임의적 행사를 위한 법외 탈출 비상구인 셈이다.

3장은 프로세스의 사유에 의해 내적으로-형성된in-formed 대로, 전쟁의 이론과 실천의 현재사를 상세히 탐구하려는 노력의 시작이며 4

장과 5장으로 이어진다. 3장은 선제 논리의 시간 함축에 중점을 두었다. 아직-완전히-출현되지-않은 것을 결정적-형태를-취하도록 하여 그 위협을 선제할 수 있게 하기 위해서는, 단지 잠재적인 것을 지각할 뿐 아니라, 당신이 그것을 지각한다고 적이 지각하기 전에 ― 또는 사건이 일어나려고 할 즈음 적이 그 자체를 지각하기 전에 ― 당신이 잠재적인 것을 먼저 지각하는 것이 필요하다. 지각 무기 경쟁이 잇따른다. 전쟁 장치에 의해 동원된 존재권력은 자체 작동논리에 의해 활성화되어서 팽팽한 긴장 상태하에 지각할 수 있는 가장 작은 간격보다 더 작은 간격으로 축소되고 그로부터 전투 준비가 된 지각의 잉여-가치를 배가한다. 이 잉여-가치는 신속한 공격의 형태로 프로세스적 장에 되접히고, 자신의 '준비전위'readiness-potential로서의 지각 개시를 초 단위 이하로 작동시킨다. 이러한 작동은 지각이 사건의 아직-일어나지-않은 간격 속으로 축소해 들어갈 때, 행위는 상반되게 지각 속으로 축소해 들어감을 의미한다. 즉 이 작동은 행동-지각인 것이다. 행동-지각의 활성화는 다가오는 경험의 시작의 점점 사라지는 짧은 간격에서 일어난다. 그것은 의식적으로 인지하기에는 너무나 빠르다. 그것은 신체를 타격한다. 신체는 행동-지각을 강화하는 도가니로 재개념화되어야 한다. 그것은 본질적으로 선제권력의 선도하는 말단의 간격 속으로 끼어들어가는 것으로 이해되어야 한다. 그것은 행동-지각의 지각할 수 없는 시작을 가능하게 하는 항상적 준비전위의 양식이어야 한다. 비록 지각할 수 없지만, 행동-지각의 개시는 즉각적이고 그 전개는 변조가능하다. 오늘날의 전쟁 이론과 실천이 전제하는 이러한 신체의 개념은 여기서 날 활동이라고 명명되었다. 날 활동의 개념은 이 책을 통하여 여러 장에서 다양한 각도에서 발전되며 주기적으로 되돌아온다. 그것은 활기차고(내재적으로 활성화되고), 문제적으로 동요된('자극된') 신체이다.

이 모든 것은 비의식적 지각의 문제와, 그것이 완전히 결정되지 않았지만 하나의 역동적 형태-취하기를 향하도록 자극되고 조절되는 방식에 대한 문제를 제기한다. 3장은 비의식적 지각의 실험심리학에서 관련된 개념들을 가져와 소개하는데, 가장 주요한 것은 점화 개념이다. 이 장에서 연구되는 것은 비의식적 지각이 전쟁 같은 행동-지각으로 강화되는 것인데, 참고되는 핵심 텍스트는 21세기 초 미국의 군사전략을 내적으로-형성한 '군사 혁신' 흐름에 속한 전쟁 이론 텍스트이며, 또한 이라크 전쟁의 현장에서 일어난 사건들이다. 이 장에서 군사 전략의 논의는 악명높은 '충격과 공포' 독트린을 지각적 프로세스의 용어로 해석하는 것에 집중된다. 철학적으로 핵심적인 주장은 선제의 작동논리에 의해 행사된 지각적인 시간-압력이 전쟁 이론과 실천을 직접적으로 인식론으로, 심지어 순전히 형이상학적으로 만들고 있다는 것이다. 그러나 인식론은 존재론 안에 퍼지고 존재론은, 창발 또는 결정된 형태로 존재하게-될 것에 관한 한, 존재생성론(생성의 형이상학)이다. 존재생성적 행동-지각으로 축소해 들어가는 것을 고려한다면, 인식론에 대한 접근은 변함없이 비-인지적이어야 한다. 공격의 잉여-가치를 생산하기 위해 비의식적 지각을 지렛대로 활동하는 것은 '식역하 영향'이라는 구식 모델과는 구분되어야 한다. 식역하 영향은 여전히 인지적 개념이다. 그것은 유의미한 내용이 잠재의식적으로 전달된다는 생각에 의존하고 있다. 점화에서 의미와 내용은 효과로서 나중에 온다. 그리고 그 모델은 메시지를 전달하기 위한 커뮤니케이션 모델이 아니라, 이전에는 전달한 적이 없는 무언가를 생산하기 위한 활성화, 즉 새로운 변조의 모델이다.

4장은 이 장에서 가장 긴 장이다. 그것의 기획은 오늘날의 전투를 활성화하는 경향을 평가하는 것이다. 이 장의 초입에서 설명된 바와 같이, 경향의 평가는 그것의 한계에 달려있다. 선제의 작동논리의 내재적 한계는 1장에서 3장까지 중심 이슈였으며, 책 전체를 통하여 계속하여 중심적으로 다루어진다. 그러나 그것의 저-너머의 한계는 어떠한가? 1990년대 후반과 2000년대의 군사이론은 선제 전쟁의 잠재적 끝개를 명시한다. 선제의 행동-지각을 활성화하고 방향 짓는 데 협력하는 이러한 이상적인 한계는 '네트워크 중심의 전쟁' 담론에서 명확하게 제시된다. 자기-동기화가 그 이름이다. 자기-동기화는 '전투공간' 또는 비대칭 전쟁의 경계 없는 프로세스적 장을 통해, 정보가 너무나 빠르고 효과적으로 분배되어 가장 하위 수준의 '전투공간 개체'도 간격 속에서 자율적으로 결정할 수 있는 힘을 가질 때를 말한다. 이처럼 행동-지각의 가장 즉각적인 수준에 결정이 분배되는 것은 전쟁 장치를 최대한 자기-조직하게 만든다. 전쟁 기계가 즉각적으로 자기-조직하게 되어서 군사 위계가 전적으로 수평적인 조직과 기능적으로 등가가 될 때, 자기-동기화의 불가능한 이상이 성취된다. 다시 말해, 정보가 군사 기구 도처에서 너무나 신속하게 행동-지각으로 전환되어, 위계와 현장-수준의 전투공간 개체들(때로는 군인들이지만 점점 더 비인간적 개체인) 사이의 격차differential가 네트워크로 분산된다.

여기에서 암시되는 바이지만, 군사 이론 텍스트는 이를 정보 투명성이나 완전한 정보를 위한 노력이라는 면에서 결코 말하지 않는다. 그와는 반대로, 전체 기획은 복잡한 위협-환경에서 정보는 본성상 불완전하다는 의견에 입각해 있다. '전쟁의 안개'는 극복될 수 없다. 그것은 인식-존재론적 소여이다. 그렇다면 도전은 정보의 결핍을 운용하는 것이다. 이는 아무리 적은 정보라도 있기만 하다면 이것이 즉각 행동-지각으로 전환되는 것을 보장함으로써 이루어진다. 정보는 '뾰족해'진다. 그것은 불완전성에도 불구하고, 직접적으로 또 간접적으로 무기가 된다.

그것은 선제의 첨단이 되어서, 전쟁 되기의 날 활동의 심장부를 타격한다. 정보의 어쩔 수 없는 불완전성이 그것의 뾰족함에 의해, 즉 정보가 행동–지각으로 전환되는 속도에 의해 보상된다. 이는 전쟁 기계의 네트워크–중심의 자기–조직하는 능력의 기능으로서, 그 힘의 곡선이 자기–교정하는 일련의 간섭들을 신속하게 생성한다.

이 기획의 비–인지적 성격을 정립한 후에, 4장은 어떻게 군이 날 활동의 자기–동기화된 신체로 스스로를 추상적으로 정립하는지 단계별로 살핀다. 이는 주요한 군사 교본들을 면밀히 읽음으로써 이루어진다. 보조로서, 비의식적 점화 개념이 단서의 역할에 중점을 두면서 상세히 전개된다. 지각의 철학과 시간의 철학으로 확장된 논의가 한계를 향해 움직이는 자기–동기화에 개입한다.

5장. 전쟁이 사실상 형이상학적으로 되는 것, 그리고 위협–환경이 도처에 편재하면서 그 대응으로 전 스펙트럼에 걸쳐 권력이 전쟁같이 되는 것은 권력의 영역에서 무엇이 진행되는지 이해하기 위해 역사를 철학적으로 접근하는 것이 절대적으로 필요하게 되었다. 5장은 이 장의 첫 부분의 주된 의제로 돌아와서 역사지와 역사의 철학의 차이에 대해 간략하게 성찰한다. 이 긴장은 앞서 설명했듯이, 역사의 추상적 힘으로서 경향의 프로세스적 실재성과 관련된다. 5장은 현실적으로 존재하는 경험적 구성물들의 혼합의 문제와, 그 결과 각 구성물이 위치하는 교차로를 이루는 경향적 힘들의 다성 음악을 개념적으로 평가할 필요를 논한다. 이는 어떤 경향이 주어진 구성물의 기능을 가장 강렬하게 내적으로–형성하는가를 가늠하는 것을 포함한다. 다른 경향들과, 또 (기능의, 의미의) 다른 계들과 역사적으로 섞여있는 혼합에서 독특한 관역사적 경향들을 증류하는 것은 그들을 함께 활성화하고 방향 짓는 이상적인 종점에 대한 평가를 필요로 한다. 이 장은 윌리엄 제임스의 급진적 경험주의의 핵심 요소인 프로세스적 종점의 개념의 밑그림을 그린다.

6장은 '테러와의 전쟁'의 '국내 전선'으로 이동한다. 이 장에서는 부시 행정부가 전역적 비대칭 전쟁을 위해 언론매체에 기반하여 인구를 점화하는 테러 색상경보시스템에 관해 논의한다. 색상경보시스템은 아직 존재하지 않는 위협을 공포fear의 형태로 현존하게 만든다. 이 장의 주제는 다음의 공식으로 요약된다 : 위협은 공포의 예견prospect이다. 공포는 위협의 투사이다. 다시 말해, 모든 것을 포괄하는 위협-환경에서 작동하는 것은 불안전함insecurity의 감소를 의미하지 않는다. 불안전함의 감소는 정보의 부족을 채우는 것만큼 불가능하다. 그것은 오히려 불안전함을 생산하는 것을 의미한다. 불안전함의 생산은 공포에 속한다. 공포의 생산은 정치적 네거티브가 아니다. 그것은 날 활동의 전개를 행동-지각으로 조정하는 점화 기회이다.

여기서 날 활동은, 사람들이 불안전함 연출acting-out에 참여하는 것 외에는 선택지가 없다는 식으로 날 활동적 사실에 대한 반응을 방향 잡도록 공포의 정동적 색조에 물들어 있다. 공포를 생산하는 위협-신호를 점화하는 것이 일사분란한 반응을 보장하진 않는다. 개인적이고 상황적인 많은 요인들에 따라 사람들의 반응은 아주 다양하다. 그 성공은 기껏해야 통계적이다. (그리고 통계에 따르면 효과가 있다. 경보시스템을 운용한 초반기 몇 해 동안 부시의 지지율은 위협 단계가 증가할 때마다 평균 2.75퍼센트가 올랐다.〔월러 2004〕) 점화가 그 자체로 선형적인 결과를 낳지는 못한다. 그것은 유사-인과적 양식의 개입이다. 그것은 통일된 반응을 만들 수 없다. 그러나 점화가 할 수 있는 것은 사람들을 다 함께 새로운 장 ─ 모든 사람들이 예외 없이 지배적 색조인 공포에 어느 정도 조율되는 정동적 풍경 ─ 으로 전송하는 것이다. 그것이

할 수 있는 것은 정동적 조율affective attunement을 촉진하는 것이다.[15] 조율은 다양한 반응에 따라 차이가 나지만, 올 것(또는 오지 않을 것)을 대비해 사람들을 고정시킨다는 점은 보편적이다. 올 것이 오든 안 오든 그것은 비물질적이다. 일어나지 않는 – 현실적 위험으로 사건화되지 않은 – 위협은 여전히 집단적 개체화를 유도하는 이러한 유사-인과적 힘을 운반한다. 왜냐하면 그것이 바로, 창발하는 정동적 조율의 독특한 보편성 속으로 모든 것을 미분적으로 포괄하는 것, 즉 모든 인구를 복잡한 상호연관 속에서 개체화하는 것이기 때문이다. 집단적 개체화가 한창일 때 개인은 그 자체 부분-주체로 산다. 여기서 집단적인 것 – 진정 프로세스적 의미에서 '집단적' – 은 개인들의 무리가 아니다. 그것은 독특하게 다중적인 주체 없는 주체성이며, 서로와 또 과거의 자신과 상호연관적으로 다르게-되기의 동기화 속에서 부분-주체들을 통해 스스로를 표현한다.

6장은 위협 프로젝트로서 공포의 유사-인과적 힘이 생성의 자기결정하는 주체-없는-주체성으로 점점 더 자율성을 띠는지 보여주는 데 상당한 시간을 할애했다. 공포-생산은 선제의 작동논리가 더욱더 강렬하게 자신을 지휘하면서 존재권력의 상위 레벨로 올라가는 중앙대로 중의 하나이다. 어떤 작동논리가 재생산 장치의 도움을 최대한 포기하고 순수하게 공식적으로(즉, 순전히 추상적으로, 오로지 '사고thought-기호'에만 의지하여) 자신을 실행하며 창출하는enact 권력을 가질 때, 자기-인과성의 최상위 권력에 도달한다. 이것은 공포가 꼬리를 물고 스스로 수행하는 '공포 자체에 대한 공포'가 될 때 도달하는 지점이다.

---

15. * 6장에서 마수미는 주로 '조정'(modulation)이라는 말을 쓰지만, 후기에선 '조율'(attument)이라는 말을 내세우고 있다.

7장은 자기-인과성을 실행하며 창출하는 작동논리 프로세스를 더 깊게 파고든다. 그 분석은 위협의 예견이 자체-인증하는 정동 사실들을 생산하는 방식들에 집중한다. 선제성의 프로세스적 논리는 논리라는 말의 규범적 의미에서 볼 때 독특한 종류의 논리를 함축한다. 조건부 논리가 그것이다. 이것은 완전히 납득할 수 있는데, 유사-인과성은 다름 아닌 조건화 형식이기 때문이다. (조건부 인과성 대 고전적 인과성에 대해서는 3장을 보라.) 점화의 유사-인과적 효능과 기타 존재권력의 선도하는 끝단들은 선형적인 인과성이 아니며 결과를 완전히 결정하지 않는다. 고전적인 선형적 원인의 요구사항이었던 원인과 결과 사이의 비례관계도 없다. 선형적 인과성에서는 원인력의 입력을 넘는 결과의 초과, 즉 결과의 레버리지(배가)가 있으면 안 된다. 그러나 존재권력에는 바로 그 결과의 레버리지가 있다. 존재권력은 전통적 의미에서 무엇이 생기게끔 하는 원인이 아니다. 그것은 조건을 만든다. 그것은 창발의 장을 재조건화하여 그것에서 생성적으로 전개되는 것을 변조하고 정향하려고 한다. 선제성의 작동적인 존재-논리가 앞세우는 것은 다음의 공식으로 요약할 수 있다. '할 수 있었다면, 했을 것이다. 예전에 꼭 그랬던 것처럼.' 다시 말해, 위협이 현실적인 위험으로 사건화하지 않았다 하더라도 언제나 그럴 수 있었을 것이고, 따라서 선제행동은 언제나 옳을 것이다. 이것은 동어반복적 논리이지만, 스스로 와해되지 않는 논리이다. 오히려 그것은 생산한다, 정동 사실을.

정동 사실의 생산은 위협의 모호한 경험적 위상에 근거해 있다. 위협은 '실제'일(즉 현실에 상응할) 수 있다. 또는 위협은 느껴서 실존할 수도 있다. 만약 내가 두렵다면 나는 위협을 느낀 것이다. 현존하건 아니건 그것은 비물질적이다. 위협은 어쨌든 미래에서 온다. 그것은 자신을 보여주지 않는다. 위험은 자신을 보여준다. 위협은 어렴풋이 어른거린다. 그리고 그것의 어렴풋함은 현재 공포의 형태로 그림자를 드리운다. 그래서 내가 공포를 느꼈다면 이는 위협의 미래성이 위협을 느끼게 하기 때문이다. 한 번 미래성이면 언제나 미래성이다. 즉, 위협은 언제나 사건화될 수 있었다. 그것이 문제의 정동 사실이다. 이는 위협을 피하기 위해 취한 행동이면 무엇이든 합법적이고 정당하게 만든다. 위협이 자신을 드러내지 않았다는 것이 위협이 여전히 있다는 증거가 된다. 부시: 내가 이라크를 침공한 것은 옳았다. 왜냐하면 사담 후세인은 대량 살상무기를 가지고 있을 수 있었을 테니까. 그리고 그랬다면 그는 그것은 사용했었을 것이니까. 그가 사용'했었을'would have 것이라는 건 이러한 조건부 논리의 아킬레스건이다. 이는 실제 개인의 마음 상태에 대한 경험적 사실을 주장한다. 그것은 정동 사실에 속하는 것으로, 오롯이 미래성의 추상적이고 유사-인과적인 힘의 근본적으로 경험적인 현실과 관련된다.

이 조건부 논리는 별나다. 그것은 미래성과 과거성 사이에 피드백 루프를 만든다. '할 수 있었다면, 했을 것이다'는 사실이었다. 이 타임 루프가 선제의 작동논리의 성격이고, 그것이 있는 곳에는 어디나 선제적 존재권력이 있다. 특히 공동체와 민족의 기원이라는 개념과 함께 작동할 때는 심지어 대중문화에도 있다. 영화감독인 스티븐 스필버그는 국수주의적 정동 사실을 고전적으로 생산했다. 미국의 키치-공동체 화가인 노만 록웰에 대해 그는 다음과 같이 말했다. "나는 이 그림들을 [그림이 묘사한 대로] 그럴 수 있었을 미국으로, 또 언젠가는 다시 그럴지도 모를 미국으로 생각하며 되돌아 본다"(고프닉 2010). 이 얼마나 대단한 루프인가? 그는 그림들을 현재에 존재하는 것처럼 돌아보며, 그럴 수 있었을 것이기에 미국의 과거를 미래로 본다. 밖으로 내뱉진 않았으나 정동적으로 사실적인 결론은 이렇다. 미국이 했던 모든 것은 선험적으로 옳다, 미국은 세계에서 가장 위대한 나라이다, 등. 이러한 시간-회귀적인 올바름의 생산은 '올바른' 국가의 기원을 생산하는 것을 목표로 한 역사 우화들의 특징이다. 국가의 기원은 (모든 기원은) 본성상 존재권력적으로 시간 순환적loopy이다. 대중문화는 시간 순환으로 가득하다. 그 시간 순환은 오랫동안 관심이 지속되는 것들을 위해 전통 역사지의 많은 계통들에 의해 지탱된다. 여기 대중문화 형태로 본 기원 놀이의 순환이 '국민의-의한-위한'과 같은 개념적 공식들에 생산적인 패러독스의 힘을 부여함으로써 그것들을 작동논리로 만든다. 순환은 스필버그의 말처럼 반드시 공식의 의미론에 반영되지는 않는다. 순환은 (링컨의 게티스버그 연설 공식의 경우처럼) 개념적 공식이 자신이 나르는 표현을 내적으로-형성하는 것을 발화함으로써 내적으로-형성하는 수행적 조건으로 활성화된 암묵적 전제에서도 나타난다.[16]

2장에서 논한 바와 같이, 선제 논리는 또한 신자유주의 자본주의의 작동 방식에서 프로세스적으로 활발하다. 그것은 마케팅을 통해 대중문화로 서서히 나아간다. 스티브 굿맨(2010)은 로고와 브랜드의 선제성에 대한 설득력 있는 분석을 하였다. "하나의 상품이 반드시 브랜드와 소비자 간의 접촉보다 먼저 존재하는 것은 아니다. 오히려 유혹하는 전달음 접촉(예컨대 광고 노래와 같은 메커니즘에 의한 점화)이 아직 존재하지 않은 상품과의 접촉의 기억을 만드는 역할을 한다. 자본이 이런 식으로 투기가 될 때, 이는 똑같이 투기적인 영토에 대한 비판적 분석을 하게끔 한다"(145). "브랜드는 미래에서 당신에게로 접근한다"(146).

---

16. 언어 행위에 내재한 비언어적 형성적 힘으로서 암묵적 전제에 관해서는 Deleuze and Guattari (1987, 78~85)를 보라.

선제성의 작동논리와 정동 사실의 생산은 다양하고 증식하는 형태로 삶의 창발이 이루어지는 오늘날의 장의 특징이다. 세계가 이런 식으로 사변적이 될 때, 현재의 역사는 동일한 사변적 지형으로 떠밀려 들어갈 수밖에 없다.

대항-권력

절대 고정되지 않은 곳에서 어떻게 숨겠는가? — 헤라클레이토스 (1981, CXXII, 83)

권력 분석의 필수적인 사변적으로-되기는, 신자유주의, 신보수주의, 그리고 세상 곳곳에 퍼져있는 존재권력의 다른 많은 아바타에 대한 가능한 정치적 대응에 엄청난 도전을 만든다. 이 책에서 분석한 작동논리는 이러한 구성물에만 한정되지 않는다고 주장할 수 있다. 그것은 권력의 핵심논리이고, 이 책이 진단하고 있는 것은 단지 권력이 스스로 생산적으로 선제적인, 세계-창발적인 조건 짓는 본성이 되어간다는 것이다. 이것은 분명히 니체가 권력을 이해한 것과 일치한다. 즉, "하나의 힘의 정확한 모든 순간에 모든 힘들의 새로운 분포의 절대적 조건부가 주어진다. 그것은 결코 가만히 있지 않는다"(니체 1968, 547). 이것은 경첩에서 떨어지지는 않았지만 균형에서 벗어난 멈출 수 없는 진로인 것처럼 보이는 것에 어떻게 대응할 것인가라는 문제에 있어, 전통적으로 논리적인 역사의 사유와 합리적인 계산과는 이별하게 된다. "왜 다른 흐름이 아니라 저 흐름의 형태들이 나타나게 되었는지에 대해 역사에 내재한 어떠한 이유도 없다."(화이트헤드 1968, 90). 어떻게 정해지지 않았을 뿐 아니라 쉬지 않는 것 — 현재의 변함없는 조건적 미래성 — 으로부터 숨는가? 어떻게 적용되는 원인력의 양자가 선형적인 방식으로 예상되는 결과를 가져온다는 합리적인 확신이 전혀 없이 그러한 조건하에서 정치적으로 행동하는가?

여기서 문제는 숨을 곳이 없다는 것이다. 지각의 존재권력은 각 순간이 생기는 날 활동적인 간격으로 쉼 없이 돌아온다. 선제권력의 전역적 전투공간 ─ 수평선 없이 오직 한계로 향하는 통로만 있기에 결코 고정되지 않은 ─ 이 되어버린 이 창발의 장이, 급진적인 정치적 저항들이 그들 자신의 창발적인 대항-권력들을 부화시켜야 하는 바로 그 지형이기에 도전은 더없이 크다. 이 책에서 다루는 권력의 프로세스를 이해하기 위해 필수적이라고 판단된 어휘는, 21세기 초 반세계화 운동과 2010년대 초 오큐파이[점거] 운동과 인디그나도스[분노한 사람들] 운동까지 포함하여 1968년 이후 급진적 좌파에게 친숙한 어휘이다. 즉, '불가능한 것'의 요구, 잠재력의 즉각성과 가능성의 발명에 바치는 비가, 회고적으로 가능성을 발명하는 이러한 자체-신속한-전진에 상응하는 미래-과거의 이상한 시간, 끊임없는 변이와 변화에 대한 찬가, 자기-조직하는 집단적 개체화 프로젝트, 민주주의와 전반적인 정치적 매개의 재현적 형태를 거부하고 그 대신 창조적 힘을 가진 활동적이거나 수행적인 개입 방식을 선호하는 것, 이념적 분석과, 실천 수준에서 행동의 통일을 요구하고 이념의 수준에서 결속의 단일성을 요구하며 그 행동을 매개하는 프로그램된 정치학으로부터 모든 수준에서 차이들의 공동보조를 육성하는 직접적 행동의 양식들을 향한 변화 등이다. 창발하는 대항-권력을 지배 권력구조(사실상 하나의 구조나 시스템이 아니라 프로세스인)로부터 보호하는 대신에, 이 모든 것은 대항-권력들의 운동을 존재하는 권력들(혹은 더 정확히 말한다면 되어감의 권력과 되어가게 만드는 권력들)과의 가장 기묘한 수렴 안에 위치시킨다. 일부 논평자들은 이를 이러한 패러다임들이 오래되어 못 쓰게 된 신호라고 여긴다. 이는 이 책이 향하고자 하는 결론이 아니다. 숨을 곳이 없기 때문에 돌아갈 곳도 없다. 흐름의 방향을 그때그때 다른 종점으로 향하도록 굴절하면서 흐름과 함께 앞으로 전진하는 선택만 남아있다.

권력의 '절대적 조건부'와 역사에 내적인 이유가 없다는 것은 기뻐할 일이다. 역사에 형태들의 흐름의 내적인 이유가 없다는 사실은 "대안적 흐름이 없을 수 있는 이유도 없다는" 것을 의미한다(화이트헤드 1968, 90). "없을 수 있는." 왜 그렇지 않아야 하는지 필연적인 이유가 없을 수 있고 없을 것이다. 반전과 반자본주의 좌파가 필요한 것은 짧은 몇십 년간 활동적인 역사를 이룩한 행동-지각의 양식들을 폐기하는 것이 아니다. 그것들을 연마할 필요가 있다. 존재하는 유일한 지평인 생성becoming 위에서 계속하여 교전을 벌일 필요가 있다. 자체 발명한 가상적 끝개들이 다스리는 효과적인 경향들의 유사-인과적 영향력 아래 더욱더 존재권력이 될 필요가 있다. 존재권력을 살아있는 삶[17]의 잉여-가치의 형태로 굴절하여, 그것의 과도한 활기를 양적으로 포획하려는 자본주의를 거부할 필요가 있다. 또한 인간 자본의 역할을 각인하거나 전쟁 장치를 부추기거나 집단적 개체화의 위험한 키치인 전설적인 공동체와 민족이라는 대중적 개념을 재생산하는 여전히 질적인 잉여-가치의 형태들도 거부할 필요가 있다. 이러한 지형에서 참여하는 일은 일종의 정동의 정치학에 참여하여 다른 색깔인 정동 사실들을 생산하는 대항-정치를 실천하는 것을 필수적으로 포함한다.

개인적이건 사회적이건 역사의 사실은, 그것이 피했던 것과 또 간발의 차이로 피했음을 우리가 알 때 비로소 이해된다(화이트헤드 1968,

---

17. "살아있는 삶"(life living)은 에린 매닝이 『언제나 하나 이상』(2013)에서 들뢰즈의 "하나의" 삶 개념(2007)과 소통하면서 발전시킨 개념이다.

89~90). 존재권력의 지배적 처리 프로세스인 모든 '이었을 수 있는, 이었을…'에는, 역사가 다르게 흘러갔을 수 있는, 간발의 차이로 놓친 대안의 '그러지 않아야 했던 이유가 없는… 일종의 이었을 수 있는could have, 이었을would have'이 있다. 결국 지배 경향이 되었던 것은 모든 모퉁이에서 대항 경향으로 방향을 바꿀 뻔했다. 마찬가지로 잠재적 대항 경향의 부분-주체들은 지배 경향의 질주에서 빠져나오는 출구를 간발의 차이로 놓쳤다. 좌파는 창의적으로 도피의 걸음걸이를 쳐야 할 필요가 있다. 도피는 부정이 아니다. 그것은 아직 완전히 출현하지 않은 삶의 형태들로 가득 찬 날 활동에서 넘쳐흐르는 세계 잠재력의 또 다른 인정이다. 도피는 시간이 어긋나 있다. 결론은 다음과 같다.

> 우리의 시간에 대항하여 행동하고 그럼으로써 우리의 시간에 행동하면서 희망컨대 앞으로 올 시간을 위하여 행동하자. (Nietzsche 1983, 60)[18]

---

18. 대항-권력에 관한 더 많은 논의는 이 책의 범위를 벗어난다. 그것은 특히 정동의 문제와 관련하여 『경제 종말의 권력』(Massumi 2015a)과 『정동정치』(Massumi 2015b)의 논제이다.

:: 옮긴이 후기

　이 책은 2015년에 출간된 브라이언 마수미의 *Ontopower*를 옮긴 것이다. 그러나 저자는 서문에서 이 책의 탄생 시기가 미국 뉴욕 중심가에서 발생한 2001년 9·11 테러로 거슬러 올라간다고 명시하고 있다. 9·11 사건 이후 정치사회적 현상에 관해 마수미가 발표한 논문들이 이 책에 한데 엮여 있다. 이처럼 한 사건이 발단이 된 마수미의 사유는 현시대의 (정치)권력의 메커니즘을 밝혀내는 데 집중되어 진행된다. 그런데 그가 고찰의 대상으로 삼는 것은 그 전대미문의 테러를 저지른 주체가 아니다. 오히려 마수미는 그 테러를 저지른 '적'을 대상으로 움직이는 미국 정치권력의 '이상한' 움직임에 주목한다. 신보수주의와 신자유주의로 압축되는 미국 정치권력의 움직임은 조지 부시라는 대통령을 필두로 '선제행동'의 기조를 보이는데, 비단 이것은 보수 정권에만 해당하는 것이 아니라 공화당 부시에서 민주당 오바마로 정권이 바뀌어도 큰 변화 없이 지속되는 흐름이다. 말하자면, '보수'와 '민주'라는 두 축과 상관없이 기저를 흐르는 권력의 속성을 낱낱이 분석하고자 하는 것이 이 책의 목표이다.

　마수미의 글은 익히 번역하기 어렵기로 소문나 있었다. 나는 이전에 『정동 이론』을 번역하면서 그 속에 한 꼭지로 실린 마수미의 글(「정동 사실의 미래적 탄생」)을 통해 그 소문을 실감한 적이 있다. 내가 처음 마수미를 접하게 된 계기이기도 했던 그 글은 저자가 마지막 두어 페이지를 추가하여 이 책에도 거의 그대로 실렸다(그때의 번역은 다소 수정되었다). 이 글에서도 선명하게 드러나듯이, 마수미가 '존재권력' 이론을 펼치는 데 주요 참조점으로 삼는 것은 '정동' 이론이다. 질 들뢰즈의 스피노자론에 의거하여 '정동'affect 개념을 영미 학계에 소개하고 정동 연구의 발달에 중심적 역할을 한 장본인이기도 한 마수미는 정동 이론의 무수한 갈래 중에서 정동이 정치적으로 이용되는 현상에 주목하는 정동 이론가이기도 하다. 정동 이론에 대한 마수미의 탐구는 1995년 논문 「정동의 자율」The Autonomy of Affect에서 처음으로 발표되었으며 이는 『잠재적인 것에 대한 우화들: 운동, 정동, 감각』*Parables for the Virtual: Movement, Affect, Sentation*, 2002(이 책은 국내에서 『가상계』로 번역되어 나왔다), 『가상과 사건』*Semblance and Event*, 2011, 『존재권력』*Ontopower*, 2015, 『불안의 원리』*The Principle of Unrest*, 2017 등으로 계속 이어지고 있다.

마수미는 흔히 "들뢰즈주의 문화연구자"로 일컬어진다. 그가 들뢰즈와 가타리의 『천 개의 고원』을 번역하여 그들의 사상을 영미학계에 소개하기도 했거니와 마수미 자신이 즐겨쓰는 개념어들을 그들의 이론에서 다수 차용하거나 발전시켜서 쓰고 있기 때문이다. 그러나 『가상과 사건』, 『불안의 원리』와 더불어 마수미의 후기 저작에 속하는 이 책 『존재권력』에서는 들뢰즈·가타리의 영향은 다소 저변으로 깔리고, 푸코와 화이트헤드의 영향력이 도드라지게 나타나고 있다. 특히 마수미는 후기에서 '존재권력'이 푸코가 『생명관리정치의 탄생』에서 대강 가설만 세우고 지나간 '환경적 권력'environmental power이 제 모습을 띤 권력 양식이라고 말하면서, 푸코가 미완성으로 남긴 권력 이론을 계승·발전시키고 있다는 것을 공공연히 천명하고 있다. 푸코의 권력 양식 3총사, 즉 주권권력, 규율권력, 생명권력이라는 권력 이론의 점진적 발전이 현대 시대에 맞게 성숙한 이론으로 성장한 것이 자신의 존재권력 이론이라고 주장하는 셈이다.

마수미의 존재권력은 푸코의 생명권력과 유사하면서도 다르다. 가장 큰 차이는 존재권력이 생명권력보다 시간성의 활용에 있어서 더 적극적이라는 점이다. 마수미는 이를 '선제'라고 표현한다. 한마디로 말하자면 존재권력은 곧 선제권력이라 할 수 있다. 그런 점에서 이 책의 7장 「정동 사실의 미래적 탄생」은 존재권력의 핵심적 성격을 드러내는 글이라 할 수 있다. 1장 「선제 우선주의」는 이 책의 탄생 이유를 알려주는 배경설명으로 읽으면 좋을 듯하다. 여기서 우리는 아주 익숙한 이름인 '북한'이 정면으로 등장하는 것을 본다. '북핵'을 둘러싼 미국과 북한의 정치적 줄다리기가 주요한 분석 대상이 된다. 그래서 나는 처음에 이 책을 번역하기 시작했을 때(이미 오래전이다!) 북미, 나아가 남북의 관계 개선을 주된 번역 동기로 삼기도 했었다. 그러다가 문재인 대통령이 당선되고 남-북-미 사이가 갑자기 급 화해무드로 바뀌었을 때 나는 애초의 번역 동기를 상실한 듯했고, 이 책을 번역 출판할 이유가 사라졌다고까지 생각했었다. 기대치 않게 우발적으로 그동안의 위협-정치에 따른 갈등이 해소된다면 굳이 이런 난해한 이론이 필요하겠냐는 생각이 들었던 것이다. 그렇게 해서 2~3년이 흘러갔다. 그리고 그런 화해는 한낱 제스처였음이 명명백백해진 지금, 현실은 이론만큼, 아니 이론보다 더 지난한 것임이 드러났다. 그런 과정을 함께 지켜본 독자들이라면 마수미의 어려운 이 이론이 상대적으로 덜 어렵게 느껴질지도 모르겠다.

이 책의 마지막에는 저자의 '후기'가 들어있어 각 장의 내용에 대한 약간의 요약 내지 보충 설명을 한다. 그래서 이 옮긴이 후기에서 책의 내용을 일일이 요약할 필요는 없을 듯하다. 각 장의 내용을 먼저 전반적으로 일별하길 원하는 독자는 후기를 먼저 읽어보길 권한다. 그러나 유의할 것은 후기가 단지 각 장의 요약은 아니라는 사실이다. 후기는 이 책의 '8장'에 해당된다고 할 수 있을 만큼 또 다른 새로운 논의들을 펼치고 있다. 마수미가 말하는 '존재권력'의 이론적 밑바탕을 먼저 파악하고 싶은 독자는 2장 「국가사업 비상사태」를 읽으면 도움이 될 것이다. 2장은 이 책에서 펼치는 논의에서 기본적인 이론과 배경을 보여주고 있는 장이다. 여기서 마수미는 푸코의 생명권력에 대한 보충적 해석을 길게 덧붙이면서, 현재의 권력 양태를 분석하기 위해서는 푸코가 『생명관리정치의 탄생』 강의 마지막에서 제기한 '자연이란 무엇인가?'라는 물음을 이어갈 필요가 있음을 제기한다. 부시 정권 이후 두드러진 미국의 권력 작용 방식에서는 항상 '잠재적 위협'을 상정하는데 그 위협에는 카트리나 같은 우발적인 자연재해까지 포함된다. 그래서 그 권력의 양상은 비단 군사/민간영역의 구분을 넘어설 뿐만 아니라 전쟁에서 기후로까지 이어지는 스펙트럼을 보이며, 여기서 문화와 자연은 '상호 포함'mutual inclusion의 관계를 띠게 된다.

> 권력 연속체의 양 끝에 더 이상 유기적 개인의 신체와 인구라는 종적 존재를 놓지 않고, 일단 거칠게 어림잡아, 전쟁과 날씨를 둔다면 대체 자연이란 무엇인가? 환경을 특징짓는 우발적 사건들이 초기에 결정되는 수준이 일반적인 것이 아니라 독특하다면singular, 즉 한 세기에-한-번-있을-법한 허리케인이 자가증식적으로 형성되는 만큼이나 독특하다면 어쩌겠는가? 환경성environmentality은 규범화조차도, 그리고 그것과 결부된 권력의 생명정치적 메커니즘도 넘어서지 않는가? (40)

마수미의 이 질문은 권력이 대상으로 삼는 위협의 성격이 어떻게 권력의 성격과 연결되는지를 보여주기 위한 밑그림 그리기라고 할 수 있다. 존재권력은 위협이 "편재적으로 포괄적이고, 그 포괄적인 것이 스스로를 독특하게 느껴지게 만들며 … 위기를 배양하는 복잡한 삶의 환경을 위한 산출하는 자연의 전조"(60)가 될 때 이에 대응하여 발생하는 권력 양상이다. 이처럼 2장에서는 위협과 권력 사이의 복잡한 관계를 규명하며 선제권력이 왜 생명권력이 아니라 환경적 권력인가에 대한 논의를 전개하고 있다.

2장의 이론적 논의는 6장 「공포」, 7장 「정동 사실의 미래적 탄생」과 함께 선제권력, 즉 존재권력의 행사에 정동적 작동논리가 깊게 스며 있음을 보여준다. 3장 「지각 공격」과 4장 「말단으로 이동하는 권력」은 현대전을 중심으로 좀 더 구체적인 권력 작동의 양상에 대한 분석들로 채워져 있다. 이라크 침공과 함께 현대전은 있을지도 모를 위협을 미리 억제한다는 선제공격을 앞세워 공간전에서 시간전으로, 국지전에서 비전투의 전역전으로, 플랫폼 중심전에서 네트워크 중심전으로 바뀌었다. 3장에서 마수미는 문제는 공간을 장악한 권력이 아니라 시간을 장악한 권력이며, 특히 지각이 창발하는 미시 시간을 장악한 선제공격이 어떻게 지각 공격을 통하여 적을 정동적으로 마비시키는지 보여준다. 그리고 4장에서는 그러한 현대전의 군사교리가 지각-행동의 창발 과정과 어떻게 연동하는지 보여준다. 5장 「뒤엉킨 상황과 역사」는 뒤엉킨 복잡성이 불확실한 우연 속에서 창발하는 잠재성의 잔여이며, 따라서 현실성의 기록인 역사를 뛰어넘어 잠재성을 다루는 철학이 필요함을 역설한다.

마수미 글의 어려움은 기본적으로 여러 이론을 경유하는 그의 사유방식에서 기인하지만, 번역에서의 어려움은 무엇보다 그가 사유한 결과물을 새로운 어휘로 나타내거나, 기존의 말을 비틀어 쓰거나, 자연과학이나 공학 등 다른 학문 분야의 용어들을 가져와서 응용해 쓰는데서 발생한다. 마치 이론계의 셰익스피어라고 할 정도로 그의 글들은 곳곳에 그가 만든 조어들로 가득하다. 이 책은 그 점에서 가히 대표적이라 할 만하다. 책의 제목인 '존재권력'ontopower에서부터 그러한 면모가 드러난다. 여기서 '존재권력'은 하나의 개념어로서 만들어진 조어이다. '권력' 또는 '힘'을 뜻하는 power에 접두사 onto-를 붙였다. onto-는 두 가지 의미를 동시에 연상시키는 접두사이다. 전치사 onto-와 존재론ontology에서처럼 '존재'를 뜻하는 라틴어 접두사 onto-이다. 이런 맥락에서 마수미는 '존재권력'이란 한마디로 "존재하게 만드는 적극적인positive 권력"이라고 정의한다(「서문」 3).

이 외에도 이 책에는 'bare activity', 'process', 'syncopate' 등 익숙한 듯하면서도 낯설게 쓰이는 수많은 어휘들이 주요한 개념으로서 등장한다. 이러한 그의 독특한 어휘들을 만나면 번역자는 바싹 긴장하게 된다. 그 어휘가 쓰인 맥락과 함의를 고려해야 하기 때문이다. 그러면서 동시에 많은 함정들을 피해가야 한다. 예를 들어, bare activity에서 쓰인 'bare'를 어떻게 번역하면 좋을지에 대해 우리 역자들은 몇 번이고 생각을 거듭했다. 'bare'하면 제일 먼저 떠오르는 것은 조르조 아감벤의 '벌거벗은 생명'bare life이다. 아감벤의 'bare life'는 발터 벤야민에게서 가져왔고, 벤야민은 하이데거 등 이전의 철학자에게서 이 용어를 따왔다. 이런 역사를 감안하며 역어를 가늠하고 있는 사이, 마수미는 그럴 것을 미리 예상이라도 한 듯, 그의 bare activity가 아감벤이 말하는 bare life의 bare와 다르다고 설명한다. 그렇다면 이것은 '벌거벗은'으로도 '맨'으로도 번역해서는 안 된다. 우리는 이것을 '날'로 번역하기로 했다. '날 활동'. 여기서 '날'은 '날 것'이라고 할 때와, '생겨 나다'生라고 할 때의 용법에서 따왔다. 마수미가 말하는 '날 활동'bare activity은 '뭔가가 진행 중인 곳에는 어디에나 활동이 있다'는 윌리엄 제임스의 생각에 기반한 개념이며, 이는 곧 사건이나 변화의 사실 그 자체, 즉 '날 사실'bare fact을 의미한다(2장 주석 32 참조). 한편 'process'는 분명 화이트헤드의 '과정 철학'process philosophy의 전통에 줄을 대고 있는 용어이지만, 비단 화이트헤드에 그치지 않고 퍼스, 베르그손, 들뢰즈와 가타리에도 연결돼 있다. 그래서 우리는 이를 마음 편하게 '과정'으로 번역하지 못하고 '프로세스'와 번갈아 쓰기로 결정했다.

번역은 두 역자가 분담해 진행했으며, 주로 1, 2, 6, 7장과 3장의 전반부는 최성희가, 3, 4, 5장과 후기는 김지영이 맡아 했으며 서로 상호 체크하였다. 공동번역의 허점을 피해 가기 위해 두 사람이 여러 번의 논의를 거쳤으나 미흡한 점은 오로지 역자들의 몫일 것이다. 이 책의 공동 번역을 선뜻 맡아준 김지영 선생님께 감사드린다. 또한 번역을 시작한 지 오래됐지만 지금까지 기다려준 갈무리 출판사 편집진에 미안함과 함께 감사를 전한다.

2021년 8월
최성희 씀

:: 참고문헌

Ackerman, Spencer. 2014. "Government Agents 'Directly Involved' in Most High-Profile Terror Plots." *Guardian*, July 21. http://www.theguardian.com/world/2014/jul/21/government-agents-directly-involved-us-terror-plots-report. Accessed July 22, 2014.

Agamben, Giorgio. 1998. *Homo Sacer: Sovereign Power and Bare Life*. Trans. Daniel Helen-Roazen. Stanford, CA: Stanford University Press [조르조 아감벤, 『호모 사케르: 주권 권력과 벌거벗은 생명』, 박진우 옮김, 새물결, 2008].

_____. 2003. *The Open: Man and Animal*. Trans. Kevin Attell. Stanford, CA: Stanford University Press.

_____. 2005. *State of Exception*. Trans. Kevin Attell. Chicago: University of Chicago Press [조르조 아감벤, 『예외상태』, 김항 옮김, 새물결, 2009].

Alberts, David S. 1995. "Mission Capability Packages." Department of Defense Command and Control Research Program. http://www.dodccrp.org/events/13th_iccrts_2008/CD/library/html/pdf/Alberts_Mission.pdf. Accessed June 29, 2014.

Alberts, David S., John J. Garstka, and Frederick P. Stein. 2000. *Network Centric Warfare: Developing and Leveraging Information Superiority*. Washington, DC: Department of Defense C4ISR Cooperative Research Program, 2nd revised edition. http://www.dodccrp.org/html4/research_ncw.html. Accessed May 26, 2010 [David S. Alberts 외, 『네트웍 중심적 작전: 정보 우월성의 발전과 영향』, 서영길 옮김, 21세기군사연구소, 2000].

Alberts, David S., and Richard E. Hayes. 2003. *Power to the Edge: Command and Control in the Information Age*. Washington, DC: Department of Defense Command and Control Research Program, 3rd printing 2005. http://www.dodccrp.org/files/Alberts_Power.pdf. Accessed May 26, 2010.

Alberts, Sheldon. 2010. "'Terror' Has Returned to the White House: The Obama Administration Wanted to Move Away from the 'Politics of Fear,' but Politics and Fear Got in the Way." *Ottawa Citizen*, January 9. http://www.ottawacitizen.com/news/Terror+returned+White+House/2424122/story.html?utm_source=feedburner&utm_medium=feed&utm_campaign=Feed%3A+canwest%2FF239+(Ottawa+Citizen+-+News). Accessed January 11, 2010.

Apuzzo, Matt. 2014. "Holder Urges Europeans to Step Up Antiterrorism Tactics." *New York Times*, July 8. http://www.nytimes.com/2014/07/09/world/europe/holder-urges-better-antiterror-tactics-for-europe.html?_r=0. Accessed July 8, 2014.

Arquilla, John, and David Ronfeldt. 2000. *Swarming and the Future of Conflict*. Santa Monica, CA: RAND.

_____. 2001. *Networks and Netwars: The Future of Terror, Crime, and Militancy*. Santa Monica, CA: RAND [존 아퀼라·데이비드 론펠트 엮음, 『네트워크 전쟁: 테러·범죄·사회적 갈등의 미래』, 한세희 옮김, 한울, 2005].

Associated Press. 2004. "Cheney Arrives in N.Y. via Ellis Island." August 29. http://www.msnbc.msn.com/id/5859896/. Accessed May 26, 2010.

Austin, J. L. 1975. *How to Do Things with Words*, 2nd edition. Cambridge, MA: Harvard University Press [J. L. 오스틴, 『말과 행위: 오스틴의 언어철학, 의미론, 화용론』, 김영진 옮김, 서광사, 1992].

Bacevich, Andrew J. 2011 (reprint). *Washington Rules: America's Path to Permanent War*. New York: Metropolitan Books.

Badiou, Alain. 1999. *Deleuze : The Clamor of Being*. Trans. Louise Burchell. Minneapolis : University of Minnesota Press [알랭 바디우, 『들뢰즈 — 존재의 함성』, 박정태 옮김, 이학사, 2001].

Bajaj, Vkas. 2005. "Bloomberg Cites 'Specific Threat' to NY Subways." *New York Times*, October 6, A5.

Balko, Radley. 2013. *The Rise of the Warrior Cop : The Militarization of America's Police Forces*. New York : PublicAffairs.

Barnett, Roger W. 2003. *Asymmetrical Warfare : Today's Challlenge to U.S. Military Power*. Washington, DC : Brassey's.

Barr, Andy. 2008. "Cheney : Obama Not Likely to Cede Authority." Politico.com, December 15. http://www.politico.com/news/stories/1208/16594.html. Accessed July 26, 2014.

Baudrillard, Jean. 1995. *The Gulf War Did Not Take Place*. Trans. Paul Patton. Bloomington : Indiana University Press.

Baxstrom, Richard, Naveeda Khan, Deborah Poole, and Bhrigupati Singh. 2005. "Networks Actual and Potential : Think Tanks, War Games and the Creation of Contemporary American Politics." *Theory and Event* 8 (4). http://muse.jhu.edu/journals/theory_and_event/summary/v008/8.4singh.html. Accessed July 27, 2014.

Becker, Jo, and Scott Shane. 2012. "Secret 'Kill List' Proves a Test of Obama's Principles and Will." *New York Times*, May 29. http://www.nytimes.com/2012/05/29/world/obamas-leadership-in-war-on-al-qaeda.html?pagewanted=all. Accessed July 26, 2014.

Benjamin, Walter. 2003. "On the Concept of History." In *Selected Writings. Volume 4 1938-1940*. Trans. Edmund Jephcott et al. Ed. Howard Eiland and Michael W. Jennings. Cambridge, MA : Harvard University Press, 389-400 [발터 벤야민, 「역사의 개념에 대하여」, 『역사의 개념에 대하여, 폭력비판을 위하여, 초현실주의 외』, 최성만 옮김, 길, 2008].

Bergson, Henri. 1975. *Mind-Energy : Lectures and Essays*. Trans. H. Wildon Carr. Westport, CT : Greenwood [앙리 베르그손, 『정신적 에너지』, 엄태연 옮김, 그린비, 2019].

_____. 2001. *Time and Free Will : An Essay on the Immediate Data of Consciousness*. Mineola, NY : Dover [앙리 베르그송, 「시간과 자유의지」, 『시간과 자유의지/자라투스트라는 이렇게 말했다』, 정석해 옮김, 삼성출판사, 1990].

_____. 2007. *The Creative Mind : An Introduction to Metaphysics*. Mineola, NY : Dover [앙리 베르그송, 『사유와 운동』, 이광래 옮김, 문예출판사, 2001].

Berkowitz, Bruce. 2003. *The New Face of War : How War Will Be Fought in the 21st Century*. New York : Free Press.

Boyce, Peter. 2008. "Army to Accelerate Future Combat Systems (FCS) Deliveries to Infantry Brigade Combat Teams" (U.S. Army news release), June 26. http://www.army.mil/article/10392/Army_to_Accelerate_Future_Combat_Systems__FCS__Deliveries_to_Infantry_Brigade_Combat_Teams. Accessed July 27, 2014.

Bremer, Paul L, III. 2001. "New Risks in International Business." *Viewpoint : The Marsh and McLennan Companies Journal* 2. http://www.bettermanagement.com/library/library.aspx?1=4521&pagenumber=1. Accessed April 21, 2009.

Brouwer, Joke, and Arjen Mulder. 2007. *Interact or Die!* Rotterdam : V_2/Nai Publishers.

Bush, George W. 2000. *Dallas Morning News*, May 10, 2000. Cited in Miller (2002, 251).

_____. 2002. "President Bush Delivers Graduation Speech at West Point." The White House, June 1. http://georgewbush-whitehouse.archives.gov/news/releases/2002/06/print/20020601-3.html. Accessed April 21, 2014.

_____. 2005a. President's Radio Address. The White House, June 18. http://georgewbush-whitehouse.

archives.gov/news/releases/2005/06/20050618.html. Accessed April 21, 2014.

_____. 2005b. "President Bush Delivers Remarks on Hurricane Katrina Recovery." *Washington Post*, September 15. http://www.washingtonpost.com/wp-dyn/contentarticle/2005/09/15/AR2005091502252_pf.html. Accessed September 16, 2005.

_____. 2006. Transcript : Bush's News Conference. CNN.com, October 11. http://www.cnn.com/2006/POLITICS/10/11/bush.transcript. Accessed April 21, 2014.

_____. 2007. "The President's News Conference," August 9. The American Presidency Project. http://www.presidency.ucsb.edu/ws/index.php?pid=75649. Accessed July 3, 2014.

Calabresi, Steven G., and Christopher S. Yoo. 2008. *The Unitary Executive : Presidential Power from Washington to Bush*. New Haven, CT : Yale University Press.

Cebrowski, Vice Admiral Arthur, and John Garstka. 1998. "Network-Centric Warfare — Its Origin and Future." *Proceedings of the United States Naval Institute* 124 (1) (January) : 28~35. http://www.oft.osd.mil/initiatives/ncw/presentations/ncw.cfm. Accessed 26 May, 2010.

Chion, Michel. 1994. *Audio-Vision : Sound on Screen*. Trans. Claudia Gorbman. New York : Columbia University Press.

Chulov, Martin. 2014. "ISIS : The Inside Story." *Guardian*, December 11. http://www.theguardian.com/world/2014/dec/11/-sp-isis-the-inside-story. Accessed December 12, 2014.

Clausewitz, Carl von. 1946. *On War*. Trans. Col. J. J. Graham. London : N. Trübner. Online. Gutenberg Galaxy e-text. Originally published 1874. http://www.gutenberg.org/etext/1946. Accessed May 26, 2010 [카알 폰 클라우제비츠, 『전쟁론』, 김만수 옮김, 갈무리, 2016].

CNN. 2014. *Legal View with Ashleigh Banfield*. October 6. http://transcripts.cnn.com/TRANSCRIPTS/1410/06/lvab.01.html. Accessed October 13, 2014.

Combes, Muriel. 2013. *Simondon and the Philosophy of the Transindividual*. Trans. Thomas Lamarre. Cambridge, MA : MIT Press.

Connolly, William E. 1995. *The Ethos of Pluralization*. Minneapolis : University of Minnesota Press.

_____. 2008. *Capitalism and Christianity, American Style*. Durham, NC : Duke University Press.

_____. 2013. *The Fragility of Things : Self-Organizing Processes, Neoliberal Fantasies, and Democratic Activism*. Durham, NC : Duke University Press.

Cooper, Melinda. 2008. *Life as Surplus : Biotechnology and Capitalism in the Neoliberal Era*. Seattle : University of Washington Press [멜린다 쿠퍼, 『잉여로서의 생명 : 신자유주의 시대의 생명기술과 자본주의』, 안성우 옮김, 갈무리, 2016].

DARPA. 2014. "President's Funding Request for DARPA Aims to Fund Promising Ideas, Help Regain Prior Levels" (press release), March 4, 2014. http://www.darpa.mil/NewsEvents/Releases/2014/03/05.aspx. Accessed June 14, 2014.

Deleuze, Gilles. 1988. *Foucault*. Trans. Séan Hand. Minneapolis : University of Minnesota Press [질 들뢰즈, 『푸코』, 허경 옮김, 그린비, 2019].

_____. 1990. *The Logic of Sense*. Trans. Mark Lester and Charles Stivale. Ed. Constantin V. Boundas. New York : Columbia University Press [질 들뢰즈, 『의미의 논리』, 이정우 옮김, 한길사, 1999].

_____. 1993. *The Fold : Leibniz and the Baroque*. Trans. Tom Conley. Minneapolis : University of Minnesota Press [질 들뢰즈, 『주름, 라이프니츠와 바로크』, 이찬웅 옮김, 문학과지성사, 2004].

_____. 1994. *Difference and Repetition*. Trans. Paul Patton. New York : Columbia University Press [질 들뢰즈, 『차이와 반복』, 김상환 옮김, 민음사, 2004].

_____. 1995. *Negotiations*. Trans. Martin Jouglin. New York : Columbia University Press [질 들뢰즈, 『대담 1972~1990』, 김종호 옮김, 솔출판사, 1994 ; 질 들뢰즈, 『협상 1972~1990』, 김명주 옮김, 갈무리, 근간].

_____. 2003. *Francis Bacon : The Logic of Sensation*. Trans. Daniel W. Smith. London : Continuum.

_____. 2007. "Immanence : a Life." In *Two Regimes of Madness : Texts and Interviews 1975-1995*. Trans. Ames Hodges and Mike Taormina. New York : Semiotext(e). [질 들뢰즈, 「내재성 : 하나의 삶」, 『자율평론』 15호, 조정환 옮김, https://bit.ly/3iy32ex.]

Deleuze, Gilles, and Félix Guattari. 1983. *Anti-Oedipus*. Trans. Robert Hurley, Mark Seem, and Helen R. Lane. Minneapolis : University of Minnesota Press [질 들뢰즈 · 펠릭스 가타리, 『앙띠 오이디푸스』, 최명관 옮김, 민음사, 2000].

_____. 1986. *Kafka : Toward a Minor Literature*. Trans. Dana Polan. Minneapolis : University of Minnesota Press [질 들뢰즈 · 펠릭스 가타리, 『카프카 : 소수적인 문학을 위하여』, 이진경 옮김, 동문선, 2001].

_____. 1987. *A Thousand Plateaus*. Trans. Brian Massumi. Minneapolis : University of Minnesota Press [질 들뢰즈 · 펠릭스 가타리, 『천 개의 고원 : 자본주의와 분열증 2』, 김재인 옮김, 새물결, 2001].

_____. 1994. *What Is Philosophy?* Trans. Graham Burchell and Hugh Tomlinson. London : Verso [질 들뢰즈 · 펠릭스 가타리, 『철학이란 무엇인가』, 이정임 · 윤정임 옮김, 현대미학사, 1995].

Deleuze, Gilles, and Claire Parnet. 2007. *Dialogues II*. Trans. Hugh Tomlinson. New York : Columbia University Press [질 들뢰즈 · 클레르 파르네, 『디알로그』, 허희정 · 전승화 옮김, 동문선, 2021].

Dorrien, Gary. 2004. *Imperial Designs : Neoconservatism and the New Pax Americana*. New York : Routledge.

Dougherty, Kevin. 2007. "Province to Rid Schools of Junk Food. Youth Obesity a Pandemic : Couillard." *Montreal Gazette*, September 14 : A8.

Englehart, Tom. 2005. "The Can-Do Bush Administration Does … and the Presidency Shines (for Twenty-Six Minutes). http://www.tomdispatch.com/post/22726/. Accessed November 30, 2014.

Fanon, Frantz. 1965. *A Dying Colonialism*. Trans. Haakon Chevalier. Ed. Adolfo Gilly. New York : Grove Press [프란츠 파농, 『혁명의 사회학 : 알제리 민족해방운동 연구』, 성찬성 옮김, 한마당, 1979].

Foucault, Michel. 1977a. *Discipline and Punish : Birth of the Prison*. Trans. Alan Sheridan. New York : Pantheon [미셸 푸코, 『감시와 처벌 : 감옥의 탄생』, 오생근 옮김, 나남, 2020].

_____. 1977b. "Nietzsche, Genealogy, History." In Donald F. Bouchard, ed., *Language, Memory, Counter-practice*. Ithaca, NY : Cornell University Press. 139~164 [미셸 푸코, 「니이체, 계보학, 역사」, 『미셸 푸코 : 광기의 역사에서 성의 역사까지』, 이광래 옮김, 민음사, 1989].

_____. 1978. *The History of Sexuality*. Vol. 1, *An Introduction*. Trans. Robert Hurley. New York : Vintage [미셸 푸코, 『성의 역사 1 : 지식의 의지』, 이규현 옮김, 나남, 2018].

_____. 1979. *Discipline and Punish : The Birth of the Prison*. Trans. Alan Sheridan. New York : Vintage [미셸 푸코, 『감시와 처벌 : 감옥의 탄생』, 오생근 옮김, 나남, 2020].

_____. 1982. "The Discourse on Language." Trans. Rupert Sawyer. In *The Archaeology of Knowledge*. Trans. Alan Sheridan. New York : Pantheon. 215~237 [미셸 푸코, 『지식의 고고학』, 이정우 옮김, 민음사, 2000].

_____. 2003. *"Society Must Be Defended" : Lectures at the Collège de France, 1975-1976*. Trans. David Macey. New York : Picador [미셸 푸코, 『사회를 보호해야 한다 : 콜레주드프랑스 강의 1975~76년』, 김상운 옮김, 난장, 2015].

_____. 2007. *Security, Territory, Population. Lectures at the Collège de France, 1977-1978*. Ed. Michel Snellart. Trans. Graham Burchell. New York : Palgrave Macmillan [미셸 푸코, 『안전, 영토, 인구 : 콜레주드프랑스 강의 1977~78년』, 심세광 · 전혜리 · 조성은 옮김, 난장, 2011].

_____. 2008. *The Birth of Biopolitics : Lectures at the Collège de France 1978-1979*. Trans. Graham Burchell. New York : Palgrave Macmillan [미셸 푸코, 『생명관리정치의 탄생 : 콜레주드프랑스 강의 1978~79년』, 심세광 · 전혜리 · 조성은 옮김, 난장, 2012].

Gibson, James J. 1986. *The Ecological Approach to Visual Perception.* Hillsdale, NJ : Lawrence Erlbaum.

Gillham, Patrick F. 2011. "Securitizing America : Strategic Incapacitation and the Policing of Protest since the 11 September 2001 Terrorist Attacks." *Sociology Compass* 5 (7) : 636~652.

Giuliani, Rudolph. 2007. "Towards a Realistic Peace : Defending Civilization and Defeating Terrorists By Making the International System Work." *Foreign Affairs* 86 (5) : 8.

Goodman, Steve. 2010. *Sonic Warfare : Sound, Affect, and the Ecology of Fear.* Cambridge, MA : MIT Press.

Gopnik, Blake. 2010. "Norman Rockwell Exhibit Opens at the Smithsonian American Museum." *Washington Post*, July 3 : E1. http://www.washingtonpost.com/wp-dyn/content/article/2010/07/01/AR2010070107266.html. Accessed July 7, 2014.

Greenberg, Karen L., and Joshua L. Dratel, eds. 2005. *The Torture Papers : The Road to Abu Ghraib.* Cambridge : Cambridge University Press.

Greenfield, Kent. 2011. "Obama, Libya, and Executive Power." *Huffington Post*, May 20. http://www.huffingtonpost.com/kent-greenfield/obama-libya-and-executive_b_864529.html. Accessed July 27, 2014.

Greenwald, Glenn. 2012. "Attorney General Holder Defends Execution without Charges." *Salon*, March 6. http://www.salon.com/2012/03/06/attorney_general_holder_defends_execution_without_charges/. Accessed July 26, 2014.

Grey, Stephen, and Dan Edge. 2011. "Kill/Capture : Transcript." *Frontline*, May 10. http://www.pbs.org/wgbh/pages/frontline/afghanistan-pakistan/kill-capture/transcript/. Accessed July 26, 2014.

Grimmett, Robert F. 2004. "Instances of Use of United States Armed Forces Abroad, 1798~2004." Congressional Research Service Report RL30172. http://www.au.af.mil/au/awc/awcgate/crs/r130172.htm. Accessed July 29, 2014.

Guattari, Félix. 1995. *Chaosmosis.* Trans. Paul Bains and Julian Pefanis. Bloomington : Indiana University Press [펠릭스 가타리, 『카오스모제』, 윤수종 옮김, 동문선, 2003].

_____. 2002. "From Transference to the Aesthetic Paradigm." In Brian Massumi, ed., *A Shock to Thought : Expression After Deleuze and Guattari.* London : Routledge. 240~245.

Hallward, Peter. 2006. *Out of This World : Deleuze and the Philosophy of Creation.* London : Verso.

Henderson, D. A. 2009. "Disease and Terror : The Swine-Flu Outbreak Caught Health Officials Completely by Surprise — Just as a Bioterror Attack Would." *Newsweek*, April 30. http://www.newsweek.com/id/195422. Accessed May 6, 2009.

Heraclitus. 1981. *The Art and Thought of Heraclitus : An Edition of the Fragments with Translation and Commentary.* Ed. Charles H. Kahn. Cambridge : Cambridge University Press.

Herman, Arthur. 2006. "Getting Serious About Iran : A Military Option." *Commentary*, November. http://www.commentarymagazine.com/article/getting-serious-about-iran-a-military-option. Accessed April 21, 2014.

Horton, Scott. 2010. "Obama's Black Sites." *Harper's*, May 29. http://harpers.org/blog/2010/05/obamas-black-sites/. Accessed July 28, 2014.

Human Rights Watch. 2014. "U.S. : Terrorism Prosecutions Often an Illusion. Investigations, Trials of American Muslims Rife with Abuse," July 21. http://www.hrw.org/node/127456. Accessed July 27, 2014.

Ignatius, David. 2008. "The Right Iraq Footprint." *Washington Post*, June 19 : A19. http://www.washingtonpost.com/wp-dyn/content/article/2008/06/18/AR2008061802635.html. Accessed July 1, 2014.

Jaffe, Greg. 2012. "Obama Announces New, Leaner Military Approach." *Washington Post*, January

5. http://www.washingtonpost.com/world/national-security/obama-announces-new-military-approach/2012/01/05/gIQAFWcmcP_story.html. Accessed January 10, 2012.

James, William. 1950. *Principles of Psychology*. 2 volumes. New York : Dover [윌리엄 제임스, 『심리학의 원리 2』, 정양은 옮김, 아카넷, 2005].

_____. 1983. "What Is an Emotion?" In *The Works of William James*, vol. 13, *Essays in Psychology*. Cambridge, MA : Harvard University Press.

_____. 1996a. *Essays in Radical Empiricism*. Lincoln : University of Nebraska Press [윌리엄 제임스, 『근본적 경험론에 관한 시론』, 정유경 옮김, 갈무리, 2018].

_____. 1996b. *A Pluralistic Universe*. Lincoln : University of Nebraska Press [윌리엄 제임스, 『다원주의자의 우주』, 김혜련 옮김, 아카넷, 2018].

Johnson, Chalmers. 2004. *Sorrows of Empire : Militarism, Secrecy, and the End of the Republic*. New York : Henry Holt [찰머스 존슨, 『제국의 슬픔 : 군국주의, 비밀주의, 그리고 공화국의 종말』, 안병진 옮김, 삼우반, 2004].

Juhasz, Antonia. 2006. *The Bush Agenda : Invading the World One Economy at a Time*. New York : Regan Books/HarperCollins.

Kellner, Douglas. 1992. *The Persian Gulf TV War*. Boulder, CO : Westview.

Kierkegaard, Søren. 1983. *Fear and Trembling, and Repetition*. Trans. Howard V. Hong and Edna H. Hong. Princeton, NJ : Princeton University Press [쇠얀 키르케고르, 『공포와 전율/반복』, 임춘갑 옮김, 다산글방, 2007].

Klein, Gary. 1999. *Sources of Power : How People Make Decisions*. Cambridge, MA : MIT Press [게리 클레인, 『「의사결정」의 가이드 맵』, 은하랑 옮김, 제우미디어, 2005].

Klein, Naomi. 2008. *The Shock Doctrine : The Rise of Disaster Capitalism*. New York : Picador [나오미 클라인, 『자본주의는 어떻게 재난을 먹고 괴물이 되는가』, 김소희 옮김, 모비딕북스, 2021].

Knowlton, Brian. 2007. "Bush Insists Al Qaeda in Iraq Threatens U.S." *New York Times*, July 24. http://www.nytimes.com/2007/07/24/washington/24cnd-prexy.html?_r=2&hp=&adxnnl=1&adxnnlx=1185307982-HUTcmjEuKEuIonU+qEttPQ&oref=slogin&module=Search&mabReward=relbias%3Ar&. Accessed July 27, 2014.

Korling, Paul. 2011. "Say Goodbye to Orange Terrorist Alerts." *Globe and Mail*, April 20. http://www.theglobeandmail.com/news/world/americas/say-goodbye-to-orange-terrorist-alerts/article1993741. Accessed April 20, 2011.

Krauthammer, Charles. 2014. "The Vacant Presidency." *Washington Post*, July 25. http://www.washingtonpost.com/opinions/charles-krauthammer-the-vacant-presidency/2014/07/24/0b110fdc-1363-11e4-9285-4243a40ddc97_story.html. Accessed July 25, 2014.

Lafleur, Sylvain. 2014. "Analyse foucaldienne d'un dispositif policier à l'ère des manifestations altermondialistes et assembléistes." PhD dissertation, University of Montreal.

Langer, Susanne. 1953. *Feeling and Form*. New York : Charles Scribner's Sons.

La Presse (Montreal). 2005a. "ADM (Aéroports de Montréal) soutient que la sécurité des passagers a été améliorée." May 10 : A7.

_____. 2005b. "Plus de panique!" May 17 : A2.

Lardner, George Jr. 2002. "Nixon Archives Portray Another 'War' on Terror. Response to '72 Massacre and '73 Mideast War Has Many Echoes in Bush Administration's Challenges." *Washington Post*, May 7 : A04.

Latour, Bruno. 1993. *We Have Never Been Modern*. Trans. Catherine Porter. Cambridge, MA : Harvard University Press [브뤼노 라투르, 『우리는 결코 근대인이었던 적이 없다 : 대칭적 인류학을 위하여』, 홍철

기 옮김, 갈무리, 2009].

Layton, Lyndsey. 2014. "In New Orleans, Major School District Closes Traditional Public Schools for Good." *New York Times*, May 28. http://www.washingtonpost.com/local/education/in-new-orleans-traditional-public-schools-close-for-good/2014/05/28/ae4f5724-e5de-11e3-8f90-73e071f3d637_story.html?wpisrc=nl%5Fhdtop. Accessed May 29, 2014.

Lendman, Stephen. 2013. "U.S. Globalized Torture Black Sites." Global Research. http://www.globalresearch.ca/us-globalized-torture-black-sites/5353706. Accessed July 28, 2014.

Lewis, Paul. 2014. "Obama Admits CIA 'Tortured Folks' but Stands by Brennan over Spying." *Guardian*, August 1. http://www.theguardian.com/world/2014/aug/01/obama-cia-torture-some-folks-brennan-spying. Accessed August 2, 2014.

Libet, Benjamin. 2005. *Mind Time : The Temporal Factor in Consciousness*. Cambridge, MA : Harvard University Press.

Lippmann, Walter. 1920. *Liberty and the News*. New York : Harcourt, Brace and Howe.

Loughlin, Sean. 2003. "Bush Warns Militants Who Attack US Troops in Iraq." CNN.com, July 3. http://www.cnn.com/2003/ALLPOLITICS/07/02/sprj.nitop.bush/. Accessed April 21, 2014.

Manning, Erin. 2009. *Relationscapes : Art, Technology, Philosophy*. Cambridge, MA : MIT Press, 43~48.

_____. 2013. *Always More Than One : Individuation's Dance*. Durham, NC : Duke University Press.

Manning, Erin, and Brian Massumi. 2014. *Thought in the Act : Passages in the Ecology of Experience*. Minneapolis : University of Minnesota Press.

Marks, Laura U. 2002. *Touch : Sensuous Media and Multisensory Media*. Minneapolis : University of Minnesota Press.

Massumi, Brian. 1993. "Everywhere You Want to Be : Introduction to Fear." In Brian Massumi, ed., *The Politics of Everyday Fear*. Minneapolis : University of Minnesota Press. 3~38.

_____. 2002. *Parables for the Virtual : Movement, Affect, Sensation*. Durham, NC : Duke University Press [브라이언 마수미, 『가상계 : 운동, 정동, 감각의 아쌍블라주』, 조성훈 옮김, 갈무리, 2011].

_____. 2011. *Semblance and Event : Activist Philosophy and the Occurrent Arts*. Cambridge, MA : MIT Press [브라이언 마수미, 『가상과 사건 : 활동주의 철학과 사건발생적 예술』, 정유경 옮김, 갈무리, 2016].

_____. 2014a. *What Animals Teach Us about Politics*. Durham, NC : Duke University Press.

_____. 2014b. "Envisioning the Virtual." In Mark Grimshaw, ed., *The Oxford Handbook of Virtuality*. Oxford : Oxford University Press. 55~70.

_____. 2015a. *The Power at the End of the Economy*. Durham, NC : Duke University Press.

_____. 2015b. *Politics of Affect*. London : Polity Press [브라이언 마수미, 『정동정치』, 조성훈 옮김, 갈무리, 2018].

McChrystal, Stanley A., General. 2011. "It Takes a Network : The New Front Line of Modern Warfare." *Foreign Policy* 90 (2) (March/April) : 66~70. http://www.foreignpolicy.com/articles/2011/02/22/it_takes_a_network. Accessed July 18, 2011.

_____. 2013. "Generation Kill : A Conversation with Stanley McChrystal." *Foreign Policy* 92 (2) (March/April). http://www.foreignaffairs.com/discussions/interviews/generation-kill. Accessed July 28, 2014.

Meillassoux, Qentin. 2008. *After Finitude : An Essay on the Necessity of Contingency*. Trans. Ray Brassier. London : Continuum [퀭탱 메이야수, 『유한성 이후 : 우연성의 필연성에 관한 시론』, 정지은 옮김, 도서출판b, 2010].

Miller, Aaron David. 2012. "Barack O'Romney." *Foreign Policy*, May 23. http://www.foreignpolicy.com/articles/2012/05/23/barack_oromney?page=0,0&wp_login_redirect=0. Accessed July 26, 2014.

Miller, Mark Crispin. 2002. *The Bush Dyslexicon*. New York : Norton [마크 크리스핀 밀러, 『부시의 언어 장애』, 김태항 옮김, 한국방송출판, 2002].

Moffat, James. 2003. *Complexity Theory and Network Centric Warfare*. Washington, DC : US Department of Defense, Command and Control Research Program Publications. http://www.dodccrp.org/files/Moffat_Complexity.pdf. Accessed November 30, 2014.

Montreal Gazette. 2007. "Attacks Were the Most Important Historical Events in Our Lives : Poll." September 11 : A17.

Moore, Jason W. 2014a. "The Capitalocene. Part 1 : On the Nature and Origins of Our Ecological Crisis." Personal website Jason W. Moore. http://www.jasonwmoore.com/uploads/The_Capitalocene__Part_I__June_2014.pdf. Accessed December 10, 2014.

_____. 2014b. "The Capitalocene. Part 2 : Abstract Social Nature and the Limits to Capital." Personal website Jason W. Moore. http://www.jasonwmoore.com/uploads/The_Capitalocene__Part_II__June_2014.pdf. Accessed December 10, 2014.

Motluk, Allison. 2007. "How Many Things Can You Do at Once?" *New Scientist* 2598 (April) : 28~31.

Nagourney, Adam. 2000. "Bush and Gore Mix Jokes and Barbs at Smith Dinner." *New York Times*, October 20. http://www.nytimes.com/2000/10/20/nyregion/bush-and-gore-mix-jokes-and-barbs-at-smith-dinner.html. Accessed July 2, 2014.

National Counterterrorism Center. 2013. *Watchlisting Guidance*. March. Electronic Frontier Foundation : https://www.eff.org/files/2014/07/24/2013-watchlist-guidance_1.pdf. Accessed October 13, 2014.

Negri, Antonio. 1996. "Twenty Theses on Marx." In Saree Makdisi, Cesare Casarino, and Rebecca E. Karl, eds., *Marxism beyond Marxism*. London : Routledge. 149~180 [안토니오 네그리, 「맑스에 관한 20가지 테제 : 오늘날 계급상황에 대한 해석」, 『지배와 사보타지』, 윤수종 편역, 새길, 1996].

New York Times. 2008. "Transcript : Obama's National Security Team Announcement," December 1. http://www.nytimes.com/2008/12/01/us/politics/01text-obama.html?ref=politics. Accessed December 2, 2008.

Nietzsche, Friedrich. 1968. *The Will to Power*. Ed. Walter Kaufmann. Trans. Walter Kaufman and R. J. Hollingdale. New York : Vintage [프리드리히 니체, 『권력에의 의지』, 강수남 옮김, 청하, 1988 ; 프리드리히 니체, 「니체전집 21 — 유고(1888년 초~1889년 1월 초)」, 백승영 옮김, 책세상, 2004].

_____. 1983. *Untimely Meditations*. Trans R. J. Hollingdale. Cambridge : Cambridge University Press [프리드리히 니체, 『니체전집 2 — 비극의 탄생 · 반시대적 고찰』, 이진우 옮김, 책세상 2005].

Noë, Alva. 2004. *Action in Perception*. Cambridge, MA : MIT Press.

Obama, Barack. 2010. "Remarks by the President on Strengthening Intelligence and Aviation Security." The White House, January 7. http://www.whitehouse.gov/the-press-office/remarks-president-strengthening-intelligence-and-aviation-security. Accessed July 27, 2014.

_____. 2014a. "Transcript of President Obama's Commencement Speech at West Point." *New York Times*, May 28. http://www.nytimes.com/2014/05/29/us/politics/transcript-of-president-obamas-commencement-address-at-west-point.html. Accessed May 29, 2014.

_____. 2014b. "Barack Obama's TV Address on ISIS : Full Text." *Guardian*, September 11. http://www.theguardian.com/world/2014/sep/11/barack-obama-tv-speech-on-isis-full-text. Accessed October 13, 2014.

Paphitis, Nicholas. 2007. "Greek Government Points to Arson for Fires." *Guardian*, August 28. http://www.guardian.co.uk/worldlatest/story/0,,-6880199,00.html. Accessed September 1, 2007.

Peirce, C. S. 1992. *The Essential Peirce : Selected Philosophical Writings*. Vol. 1. Bloomington : Indiana

University Press.

_____. 1997. *Pragmatism as a Principle and Method of Right Thinking: The 1903 Lectures on Pragmatism*. Albany : State University of New York Press.

_____. 1998. *The Essential Peirce : Selected Philosophical Writings*. Vol. 2. Bloomington : University of Indiana Press.

Perera, Suvendrini, and Joseph Pugliese. 2011. "Introduction : Combat Breathing : State Violence and the Body in Question." *Somatechnics* 1 (1) : 1~14. doi : 10.3366/soma.2011.0002

Pilkington, Ed. 2014. "Human Rights Groups Call for Special Prosecutor to Investigate CIA Torture." *Guardian*, December 22. http://www.theguardian.com/law/2014/dec/22/aclu-human-rights-watch-ask-eric-holder-prosecute-cia-torture. Accessed December 24, 2014.

Raymond, J. E., K. L. Shapiro, and K. M. Arnell. 1992. "Temporary Suppression of Visual Processing in an Rsvp Task : An Attentional Blink?" *Journal of Experimental Psychology : Human Perception and Performance* 18 : 849~860. doi : 10.1037/0096-1523.18.3.849.

Roberts, Dan. 2014a. "Texas Governor Pushes for Troops on US Border amid 'Refugee Crisis.'" *Guardian*, July 3. http://www.theguardian.com/world/2014/jul/03/texas-governor-troops-border-refugee-crisis-child-migrants. Accessed July 3, 2014.

_____. 2014b. "Barack Obama Authorises Air Strikes against ISIS Militants in Syria." *Guardian*, September 11. http://www.theguardian.com/world/2014/sep/10/obama-speech-authorise-air-strikes-against-isis-syria. Accessed October 13, 2014.

Rumsfeld, Donald. 2001. US Department of Defense News Briefing with Secretary of Defense Donald Rumsfeld and Chairman of the Joint Chiefs of Staff General Richard B. Myers, October 12. http://www.defenselink.mil/transcripts/transcript.aspx?transcriptid=2068. Accessed July 27, 2014.

_____. 2002a. Department of Defense News Briefing, February 12. http://www.defense.gov/Transcripts/Transcript.aspx?TranscriptID=2068. Accessed May 30, 2014.

_____. 2002b. "Transforming the Military." *Foreign Affairs* 81 (3) (May~June) : 20~32.

Ruyer, Raymond. 2012. *Néo-finalisme*. 2nd edition. Paris : PUF.

Scahill, Jeremy. 2013. *Dirty Wars : The World Is a Battlefield*. New York : Nation Books.

Scahill, Jeremy, and Ryan Devereaux. 2014. "The Secret Government Rulebook for Labeling You a Terrorist." *Intercept*, July 23. https://firstlook.org/theintercept/article/2014/07/23/blacklisted/. Accessed October 13, 2014.

Schmitt, Eric, and Richard W. Stevenson. 2004. "Admitting Intelligence Flaws, Bush Stands by Need for War." *New York Times*, July 10 : A9.

Sewell, Sarah, John A. Nagi, David H. Petraeus, and James F. Amos. 2007. *The US Army/Marine Corps Counterinsurgency Field Manual*. Chicago : University of Chicago Press.

Shachtman, Noah. 2007. "How Technology Almost Lost the War : In Iraq, the Critical Networks Are Social — Not Electronic." *Wired Magazine* 15 (12). http://archive.wired.com/politics/security/magazine/15-12/ff_futurewar?currentPage=all. Accessed July 27, 2014.

Shapiro, Kimron L., J. Raymond, and K. Arnell. 2009. "Attentional Blink." *Scholarpedia* 4 (6) : 3320.

Sheets-Johnstone, Maxine. 2009a. *The Corporeal Turn : An Interdisciplinary Reader*. Exeter, UK : Imprint Academic.

_____. 2009b. "Animation : the Fundamental, Essential, and Properly Descriptive Concept." *Continental Philosophy Review* 42 : 375~400.

Simondon, Gilbert. 1989. *Du mode d'existence des objets techniques*. Paris : Aubier-Montagne [질베르 시몽동, 『기술적 대상들의 존재 양식에 대하여』, 김재희 옮김, 그린비, 2011].

_____. 2005. *L'individuation à la lumière des notions de forme et d'information*. Grenoble, France : Millon [질베르 시몽동, 『형태와 정보 개념에 비추어 본 개체화』, 황수영 옮김, 그린비, 2017].

Sklar, Aseal Y., Nir Levy, Ariel Goldstein, Roi Mandel, Anat Maril, and Ran R. Hassin. 2012. "Reading and Doing Arithmetic Nonconsciously." *PNAS Early Edition*, October 5. http://www.pnas.org/cgi/doi/10.1073/pnas.1211645109. Accessed July 27, 2014.

Soucy, Louise Maude Rioux. 2005. "Le virus de la prochaine pandémie de grippe n'existe pas encore." *Le Devoir*, October 19 : A1. http://www.ledevoir.com/2005/10/19/92964.html. Accessed October 19, 2005.

Starr, Amory, Luis Fernandez, and Christian Scholl. 2011. *Shutting Down the Streets : Political Violence and Social Control in the Global Era*. New York : New York University Press.

Stengers, Isabelle. 1997. "Turtles All the Way Down." In *Power and Invention*. Trans. Paul Bains. Minneapolis : University of Minnesota Press. 61~75.

Stern, Daniel N. 1985. *The Interpersonal World of the Infant*. New York : Basic Books. Stewart, Kathleen. 2010. "Atmospheric Attunements." *Rubric* 1 : 2~14 [다니엘 N. 스턴, 『(정신분석과 발달심리학적 시각에서 바라본) 유아의 대인관계적 세계』, 한동석 옮김, 씨아이알, 2018].

St. John, Mark, David A. Kobus, Jeffrey G. Morrison, and Dylan Schmorrow. 2004. "Overview of the darpa Augmented Cognition Technical Integration Experiment." *International Journal of Human-Computer Interaction* 17 (2) : 131~149.

Suskind, Ron. 2004. "Without a Doubt." *New York Times Magazine*, October 17. http://query.nytimes.com/gst/fullpage.html?res=9C05EFD8113BF934A25753C1A9629C8B63. Accessed April 21, 2014.

Szafranski, Col. Richard. 1994. "Neocortical Warfare?" *Military Review* (November) : 41~55.

Tarde, Gabriel. 1903. *The Laws of Imitation*. Trans. Elsie Clews Parsons. New York : Henry Holt [가브리엘 타르드, 『모방의 법칙』, 이상률 옮김, 문예출판사, 2012].

Trudel, Dominique. 2013. "Guerre, communication, public : Walter Lippmann et l'émergence d'un problème." PhD dissertation, University of Montreal.

Tumulty, Karen. 2014. "Obama Circumvents Law with 'Signing Statements,' a Tool He Promised to Use Lightly." *Washington Post*, June 2. http://www.washingtonpost.com/politics/obama-circumvents-laws-with-signing-statements-a-tool-he-promised-to-use-lightly/2014/06/02/9d76d46a-ea73-11e3-9f5c-9075d5508f0a_story.html. Accessed July 27, 2014.

Turse, Nick. 2011. "The Pentagon's Planet of Bases." *TomDispatch*, January 9. http://www.tomDispatch.com/blog/175338/. Accessed July 26, 2014.

_____. 2012. "The Pentagon's Bases of Confusion." *Tomdispatch*, September 4. http://www.tomdispatch.com/post/175588/tomgram%3A_nick_turse%2C_the_pentagon%27s_bases_of_confusion/. Accessed July 26, 2014.

Ullman, Harlan K. 2002. "Muscular Containment. Assertive Policy Could Be Applied to Iraq, North Korea" (op-ed). *Washington Times*, October 30. http://www.highbeam.com/doc/1G1-93607082.html. Accessed July 27, 2014.

_____. 2006. "Hard Lessons in 2006. Will White House, Congress Act Differently?" (op-ed). *Washington Times*, January 4. http://www.highbeam.com/doc/1G1-140492296.html. Accessed July 27, 2014.

Ullman, Harlan K., and James P. Wade. 1996. *Shock and Awe : Achieving Rapid Dominance*. Washington, DC : National Defense University Press. http://www.dodccrp.org/files/Ullman_Shock.pdf. Accessed May 26, 2010.

United States Government. 2002. "The National Security Strategy of the USA," September 20. http://georgewbush-whitehouse.archives.gov/nsc/nss/2002/index.html. Accessed April 21, 2014.

_____. 2010. *National Security Strategy*. http://www.whitehouse.gov/sites/default/files/rss_viewer/ national_security_strategy.pdf. Accessed May 30, 2014.

Virilio, Paul. 1975. *L'insécurité du territoire*. Paris : Stock.

Von Drehl, David. 2003. "For 'Shock and Awe' Author, Concern." *Washington Post*, March 22. http:// www.highbeam.com/doc/1P2-252425.html. Accessed December 10, 2014.

Walker, Peter M. B. 1991. *Chambers Science and Technology Dictionary*. Edinburgh : Chambers.

Warrick, Joby. 2011. "Cheney : After Yemen Strike, Obama Owes an Apology to Bush." *Washington Post*, October 2. http://www.washingtonpost.com/world/national-security/cheney-after-yemen-strike-obama-owes-apology-to-bush/2011/10/02/gIQADug9FL_story.html. Accessed July 26, 2014.

Weinberger, Sharon. 2008. "Army Looks to Save Its 'Future,' " June 26. http://blog.wired.com/defense/2008/06/army-looks-to-s.html. Accessed June 28, 2008.

Weiner, Rachel. 2009. "Tom Ridge : I Was Pressured to Raise Terror Alert to Help Bush Win." *Huffington Post*, September 20. http://www.huffingtonpost.com/2009/08/20/tom-ridge-i-was-pressured_n_264127.html. Accessed July 2, 2014.

Weissenstein, Michael. 2005. "Officials : NYC Terror Plot Uncorroborated." *Star Leger* (Newark, NJ), October 9 : 6.

Weizman, Eyal. 2006. "Lethal Theory." *Log* 7 (winter/spring) : 53~130.

_____. 2007. "Urban Architecture : Walking through Walls." In *Hollow Land : Israel's Architecture of Occupation*. London : Verso. 185~220.

Whitehead, Alfred North. 1964. *Concept of Nature*. Cambridge : Cambridge University Press [A. N. 화이트헤드, 『자연의 개념』, 안형관 · 전병기 · 이태호 · 김영진 옮김, 이문출판사, 1998].

_____. 1967a. *Adventures of Ideas*. New York : Free Press [알프레드 노스 화이트헤드, 『관념의 모험』, 오영환 옮김, 한길사, 1996].

_____. 1967b. *Science and the Modern World*. New York : Free Press [A. N. 화이트헤드, 『과학과 근대세계』, 오영환 옮김, 서광사, 2008].

_____. 1968. *Modes of Thought*. New York : Free Press [알프레드 노스 화이트헤드, 『사고의 양태』, 오영환 · 문창옥 옮김, 치우, 2012].

_____. 1978. *Process and Reality*. New York : Free Press [알프레드 노스 화이트헤드, 『과정과 실재 : 유기체적 세계관의 구상』, 오영환 옮김, 민음사, 2003].

_____. 1985. *Symbolism : Its Meaning and Effect*. New York : Fordham University Press [A. N. 화이트헤드, 『상징활동 그 의미와 효과』, 문창옥 옮김, 동과서, 2003].

Whitlock, Craig. 2013. "Renditions Continue under Obama, Despite Due-Process Concerns." *Washington Post*, January 1. http://www.washingtonpost.com/world/national-security/renditions-continue-under-obama-despite-due-process-concerns/2013/01/01/4e593aa0-5102-11e2-984e-f1de82a7c98a_story.html?wpisrc=nl_cuzheads. Accessed July 27, 2014.

Willer, Robb. 2004. "The Effects of Government-Issued Terror Warnings on Presidential Approval Ratings." *Current Research in Social Psychology* 10 (1) : 1~12.

Woodward, Bob. 2002. *Bush at War*. New York : Simon and Schuster [밥 우드워드, 『부시는 전쟁중』, 김창영 옮김, 따뜻한손, 2003].

Yang, Jennifer. 2010. "G20 Law Gives Police Sweeping Powers to Arrest People." *Toronto Star*, June 25. http://www.thestar.com/news/gta/g20/2010/06/25/g20_law_gives_police_sweeping_powers_to_arrest_people.html. Accessed July 27, 2014.

기타